Der Funktionswandel der deutschen Wertpapierbörsen
in der Zwischenkriegszeit (1924-1939)

Europäische Hochschulschriften

Publications Universitaires Européennes
European University Studies

Reihe V
Volks- und Betriebswirtschaft

Série V Series V
Sciences économiques, gestion d'entreprise
Economics and Management

Bd./Vol. 2406

PETER LANG
Frankfurt am Main · Berlin · Bern · New York · Paris · Wien

Joachim Beer

Der Funktionswandel der deutschen Wertpapierbörsen in der Zwischenkriegszeit (1924-1939)

PETER LANG
Europäischer Verlag der Wissenschaften

Die Deutsche Bibliothek - CIP-Einheitsaufnahme

Beer, Joachim:

Der Funktionswandel der deutschen Wertpapierbörsen in der Zwischenkriegszeit (1924-1939) / Joachim Beer. - Frankfurt am Main ; Berlin ; Bern ; New York ; Paris ; Wien : Lang, 1999
(Europäische Hochschulschriften : Reihe 5, Volks- und Betriebswirtschaft ; Bd. 2406)
Zugl.: München, Univ., Diss., 1998
ISBN 3-631-33762-0

D 19
ISSN 0531-7339
ISBN 3-631-33762-0

Für

Barbara-Maria

Vorwort

Die vorliegende Arbeit wurde im Juli 1998 von der Volkswirtschaftlichen Fakultät der Ludwig-Maximilians-Universität München als Dissertation angenommen. Sie entstand auf Anregung meines verehrten akademischen Lehrers Herrn Professor Dr. Dres. h.c. Knut Borchardt. Durch seine Anregungen, seine stete Diskussionsbereitschaft und konstruktive Kritik hat er maßgeblich zum Gelingen dieser Arbeit beigetragen. Ihm zuallererst bin ich daher zu besonderem Dank verpflichtet. Neben seinen fachlichen Ratschlägen bedeuteten mir die angenehme Zusammenarbeit und das mir entgegengebrachte Vertrauen sehr viel.
Herrn Professor Dr. Reinhard Spree danke ich herzlich für seine Bereitschaft, das Zweitgutachten zu erstellen.

Daneben ist vor allem Herrn Professor Dr. Albrecht Ritschl sowie Herrn Dipl. Ingenieur Clemens Hauber zu danken. Herr Professor Dr. Ritschl gab mir zur rechten Zeit in verschiedenen Diskussionen neue Anregungen und hinterfragte kritisch vorliegende Konzepte bzw. Hypothesen.
Obwohl Laie auf dem Gebiet, dachte Herr Hauber unter großem persönlichen und zeitlichen Einsatz meine eigenen Ideen quer und war mir insbesondere im quantitativen Teil der Arbeit eine wertvolle Hilfe.

Als nächstes sind das Interesse und die Hilfsbereitschaft zu erwähnen, die mir in Bibliotheken und Archiven entgegengebracht wurden. Allen Mitarbeitern, die mir bei den umfangreichen Recherchen geholfen haben, sei hier gedankt.

Für die mit großem Einsatz und Akribie vorgenommenen Lektorendienste bei der Erstellung des Manuskriptes bin ich Herrn Dipl. Ing. Hauber, Frau Hildegard Hilpert, Frau Traudl Straub und Herrn Dr. Marcus Volpert zu großem Dank verpflichtet.

Schließlich sind hier meine Frau Brigitte und meine beiden Söhne Tobias und Nikolaus zu erwähnen, die mit viel Nachsicht die Abwesenheit eines in seine Arbeit vertieften Ehegatten und Familienvaters ertragen haben. Ihr unschätzbarer Beitrag bestand vor allem in zweierlei - Verzicht und Verständnis.

München im Oktober 1998 Joachim Beer

Inhaltsverzeichnis

Abbildungsverzeichnis

Teil I:

Teil II:

Tabellenverzeichnis

Teil I:

Teil II:

Abkürzungsverzeichnis

AA	Auswärtiges Amt
ADHGB	Allgemeines Deutsches Handelsgesetzbuch
ADR	Akten der Reichskanzlei
AG	Aktiengesellschaft
AGB	Allgemeine Geschäftsbedingungen
ASG	Anleihestockgesetz
BAK	Bundesarchiv Koblenz
BAP	Bundesarchiv Potsdam
BBC	Berliner-Börsen-Courier
BBV	Berliner Börsenvorstand
BBZ	Berliner Börsen-Zeitung
BG	Börsengesetz
BGB	Bürgerliches Gesetzbuch
BHStA	Bayerisches Hauptstaatsarchiv
Bio.	Billion
BIZ	Bank für Internationalen Zahlungsausgleich
BO	Börsenordnung
Danat-Bank	Darmstädter- und Nationalbank
DAV	Dividendenabgabeverordnung
DAZ	Deutsche Allgemeine Zeitung
DeDi	Deutsche Bank und Disconto-Gesellschaft
DM	Deutsche Mark
DVO	Durchführungsverordnung
ebd.	ebenda
f.	folgende
ff.	fortfolgende
FAZ	Frankfurter Allgemeine Zeitung
FZ	Frankfurter Zeitung
GG	Geschichte und Gesellschaft
GM	Goldmark
GStAPK	Geheimes Staatsarchiv Preussischer Kulturbesitz
HAK	Historisches Archiv Krupp
HdSW	Handwörterbuch der Sozialwissenschaften
HdStW	Handwörterbuch der Staatswissenschaften
HdWW	Handwörterbuch der Wirtschaftswissenschaft

HGB	Handelsgesetzbuch
HZ	Historische Zeitschrift
IBZ	Internationale Bibliographie der Zeitschriftenliteratur
IfK	Institut für Konjunkturforschung
IfZ	Institut für Zeitgeschichte
IHK	Industrie- und Handelskammer
J.-D.	Jahresdurchschnitt
Jg.	Jahrgang
KAG	Kapitalanlagegesetz
KVStG	Kapitalverkehrsteuergesetz
KWG	Kreditwesengesetz
LAB	Landesarchiv Berlin
M	Mark
Mio.	Million
Mrd.	Milliarde
NL	Nachlaß
NSDAP	Nationalsozialistische Deutsche Arbeiter-Partei
NVO	Notverordnung
o.J.	ohne Jahr
o.O.	ohne Ort
o.V.	ohne Verfasser
PA/AA	Politisches Archiv des Auswärtigen Amtes
p.a.	pro anno
p.m.	pro Monat
RFM	Reichsfinanzministerium
RGBL	Reichsgesetzblatt
RM	Reichsmark
RWM	Reichswirtschaftsministerium
SZ	Süddeutsche Zeitung
VO	Verordnung
VoSta	Volkswirtschaftliche und Statistische Abteilung der Reichsbank
VSWG	Vierteljahresschrift für Sozial- und Wirtschaftsgeschichte
WiSta	Wirtschaft und Statistik
WTB	Wolff's Telegraphisches Bureau
WWA	Westfälisches Wirtschaftsarchiv

„Die Innovationsdynamik auf den internationalen Finanzmärkten wirkt sich auch auf die deutsche Börsenlandschaft aus. Die deutschen Börsen müssen den Strukturwandel begleiten und in der Lage sein, angesichts sich stetig verändernder Rahmenbedingungen flexibel ihrer Funktion bei der Eigenkapitalbeschaffung von Unternehmen sowie im Handel mit Wertpapieren gerecht zu werden.“[1]

Einleitung

Wertpapierbörsen stehen seit den achtziger Jahren wieder im Mittelpunkt des Interesses einer breiten Öffentlichkeit. Die Globalisierung und Deregulierung vieler Finanzmärkte sowie das Aufkommen leistungsfähiger elektronischer Wertpapierhandels- und Kursinformationssysteme haben die Funktion und die Organisation von Börsen tiefgreifend verändert und wirken weiter auf Veränderung hin.[2] Auch in der Wirtschaftswissenschaft ist die Börse wieder zu einem vielbeachteten Gegenstand geworden.[3]

---

1 Im April 1996 gab das Bundesministerium der Finanzen die Ausarbeitung eines Gutachtens zu dem Thema in Auftrag, welche Rahmenbedingungen ein modernes marktorientiertes Börsengesetz festlegen sollte und welche Änderungen in Deutschland erforderlich seien, um ein solches Gesetz zu schaffen. Das erstellte knapp 1200 Seiten starke Gutachten mündete in 30 Empfehlungen an den Gesetzgeber, deren Ergebnis in dem o.a. Zitat zusammengefaßt wurden. Börsenreform. Eine ökonomische, rechtsvergleichende und rechtspolitische Untersuchung. hrsg. von K. J. Hopt / B. Rudolph / H. Baum, Stuttgart 1997.

2 Dies wird an dem schon seit einiger Zeit zwischen den Regionalbörsen und der Deutschen Börse AG (Frankfurt) ausgetragenen Streit über „angemessene“ Zugangsbedingungen für alle Börsenplätze resp. Marktteilnehmer zum elektronischen Börsenhandelssystem „Xetra“ deutlich sichtbar. Vgl. o.V.: Xetra-Angebot heftig kritisiert, in: Börsen-Zeitung vom 5.2.1998, S. 3. o.V.: Börsentreffen ergebnislos, in: Börsen-Zeitung vom 7.2.1998, S. 1. o.V.: „Regionalbörsen erhalten“, in: SZ vom 25.2.1998, S. 27. o.V.: Finanzmarkt-Fördergesetz nimmt letzte Hürde, in: SZ vom 9.3.1998, S. 31.

3 Vgl. z.B. Horst Bienert: Der Marktprozeß an Aktienbörsen, Wiesbaden 1995. Herbert Hansen: Der deutsche Aktienmarkt. Entwicklungen, Veränderungen, Strukturen, Köln 1996. A. Picot / C. Bortenlänger / H. Röhrl: Börsen im Wandel. Der Einfluß von Informationstechnologie und Wettbewerb auf die Organisation von Wertpapiermärkten, Frankfurt am Main 1996. Dirk Schiereck: Internationale Börsenplatzentscheidungen institutioneller Investoren, Wiesbaden 1995. Stefan Stenzel: Außerbörslicher Aktienhandel. Teilband I: Umfang und Ursachen, Berlin 1995.

Zuvor ist es in Deutschland lange Zeit um die Börsen recht still gewesen. Sie spielten weder in der Wirtschaftswissenschaft noch als Streitgegenstand in politischen Auseinandersetzungen eine bemerkenswerte Rolle. Man muß etwa 100 Jahre zurückgehen, um einen Zeitraum zu finden, in dem die Verfassung der Wertpapier- und Warenbörsen im Zentrum der politischen Auseinandersetzungen gestanden hat und ähnliche Fragen Öffentlichkeit und Wissenschaft interessierten, wie sie heute wieder erörtert werden.[4] 1896 ist aus massiven politischen Konflikten ein Börsengesetz hervorgegangen, das seinerzeit wegen der Einschränkung der Autonomie der Börsenorgane und des Verbots bestimmter Handelsformen insbesondere die Vertreter liberaler Handelsinteressen nicht befriedigte. In großer Zahl haben sie sich den Regelungen des Gesetzgebers widersetzt und schließlich erreicht, daß 1908 der Reichstag eine Novelle des Börsengesetzes verabschiedete. In dieser Form hatte es Gültigkeit bis in die jüngste Vergangenheit.[5] Daß die Börse gleichsam das Herz des nationalen (und internationalen) Kapitalmarktes war, hielten vor dem Ersten Weltkrieg alle Gebildeten für ausgemacht. Und das Geschehen an der Börse wurde weithin als aussagekräftiges Barometer der wirtschaftlichen Befindlichkeit, insbesondere der konjunkturellen Lage verstanden.
Merklich anders hat es sich in der Zwischenkriegszeit verhalten. Einige Jahre nach dem Ende der Hyperinflation bemerkte man tiefgreifende Änderungen, die man nicht nur auf Besonderheiten einer Nachkriegsperiode zurückführen konnte.[6] Bald war von einem „Funktionswandel" der Wertpapierbörsen die Rede.[7] Die Diskussion darüber ist in den dreißiger Jahren vertieft und nach dem Ende des Zweiten Weltkriegs noch einmal aufgenommen worden.[8] Doch konnten die Zeitgenossen natürlich noch nicht

---

4 Eine derzeit aktuelle Frage ist, wie sich die Funktionsfähigkeit der Börse steigern läßt, nicht zuletzt in Hinblick auf die Verbesserung der Stellung der deutschen Wirtschaft in der Welt.

5 Vergleiche dazu die Ausführungen bei Meier (1992).

6 Vgl. Freude (1929/30), S. 59. Hirschstein (1929), S. 1263. Prion (1929b), S. 344.

7 Prion (1930) und Quirin (1930).

8 Vgl. Hans Hirschstein: Reorganisation der Deutschen Börse, in: Die Wirtschaft, 15. Jahrgang, Prag 1933, S. 369. Karl Burkheiser: Funktionswandel der Börse, in: Die Bank. Wochenhefte für Finanz- und Bankwesen, Berlin 1936, S. 394-398. Lotte Knapp: Die volkswirtschaftliche Funktion und Problematik der Effektenbörse in ihrem Wandel seit der Vorkriegszeit, Diss. Hamburg 1939. o.V.: Die Wandlung der Börse, in: Frankfurter Zeitung, 23.11.1941, Frankfurt a.M. 1941, S. 6. Erich Harder: Funktionswandel des Kapitalmarktes und der Effektenbörse, Diss. Freiburg 1953, Konstanz 1952.

erkennen, ob das, was sie beobachteten, lediglich vorübergehende Erscheinungen waren oder ob es sich um einen Prozeß anhaltenden Funktions- und Strukturwandels handelte.

Bemerkenswert ist, daß Organisation und Funktion der Börsen der Zwischenkriegszeit auch in den allgemeinen Darstellungen zur deutschen Wirtschaftsgeschichte dieses Zeitabschnitts keine besondere Beachtung gefunden haben.[9] Natürlich hat man die Kursentwicklung der Wertpapiere nicht übersehen - aber auch in ausführlichen historischen Studien des Kapitalmarktes war seine institutionelle Verfassung praktisch kein Thema. Erst in den achtziger Jahren wendeten sich deutsche Wirtschaftshistoriker, nicht zuletzt angeregt durch die Wiederbelebung der Börsen und des öffentlichen Interesses an ihnen, wieder dem Phänomen (Wertpapier-)Börse zu. 1992 ist die „Deutsche Börsengeschichte“ erschienen.[10] Aber in diesem umfassenden Sammelwerk werden zunächst noch vornehmlich das Material und die Ergebnisse der früheren, zum Teil weit zurückliegenden Forschung zusammenfassend dargestellt. Neue, speziell auch auf archivalischer Forschung beruhende Ergebnisse sind noch wenige in dieses Werk eingegangen. Insbesondere hat die „Deutsche Börsengeschichte“ die hier vorgelegte Arbeit nicht überflüssig gemacht, wird in ihr doch der Sachverhalt der Ausdünnung der Börsenfunktionen in der Zwischenkriegszeit eher beiläufig beschrieben und nicht systematisch im Hinblick auf Ursachen und Konsequenzen untersucht. Freilich handelt es sich hierbei auch nicht um triviale Probleme. Die vielfachen schockartigen Veränderungen in den Konstellationen der wirtschaftlichen Entwicklung Deutschlands haben es besonders erschwert, langfristige Muster im Funktionswandel der Börsen zu identifizieren und sie von den gleich-

---

9 Vgl. Theo Balderston: The origins and course of the German economic crisis. November 1923 to May 1932, Berlin 1993. Avraham Barkai: Das Wirtschaftssystem des Nationalsozialismus. Der historische und ideologische Hintergrund 1933-1936, Köln 1977. Gerald D. Feldman: The Great Disorder. Politics, Economics and Society in the German Inflation, 1914-1924, Berkly 1993. Carl-Ludwig Holtfrerich: Die deutsche Inflation 1914-1923. Ursachen und Folgen in internationaler Perspektive, Berlin/New York 1980. Harold James: The Reichsbank and Public Finance in Germany: 1924-1933, Frankfurt am Main 1985. Harold James: Deutschland in der Weltwirtschaftskrise 1924-1936, Stuttgart 1988. Stephen A. Schuker: American Reparations to Germany, 1919-1933: Implications for the Third-World Debth Crisis, in: Princeton Studies in International Finance, Nr. 61, Princeton 1988.

10 Deutsche Börsengeschichte, hrsg. von H. Pohl, Frankfurt am Main 1992.

sam ereignishaft kurzfristigen zu unterscheiden. Im zeitlichen Abstand von mehr als 50 Jahren sind wir Heutigen dazu besser in der Lage. Aber möglicherweise ist selbst das, was wir für die Zwischenkriegszeit als „Trend" diagnostizieren mögen, vor dem Hintergrund der neuesten Erfahrungen hinsichtlich der Funktionen von Börsen auch nur Teil einer sehr langwelligen Bewegung.

Vor dem so angedeuteten Problemhintergrund ist es das Ziel der vorgelegten wirtschaftshistorischen Arbeit, die Entwicklung der deutschen Wertpapierbörse in der Zwischenkriegszeit genauer nachzuzeichnen. Sodann sollen Ursachen für das, was man als den Funktionswandel der Börsen[11] bezeichnet hat und was vor allem ihren Bedeutungsverlust meint, diskutiert werden. Damit wird zugleich ein Beitrag zu speziellen Aspekten der Wirtschaftsgeschichte der Weimarer Republik und des NS-Reiches geleistet. Mangels eines sicheren theoretischen Fundaments für die Institution Wertpapierbörse und mangels hinreichend vielfältiger und die Periode ganz überdeckender Statistiken kann die Arbeit gewiß keine Ansprüche befriedigen, wie sie an cliometrische Forschung zu stellen sind. Da im folgenden vor allem historisch-institutionell argumentiert wird und die Handlungen von Beteiligten betrachtet werden, ist diese Untersuchung primär deskriptiv angelegt.

Die Arbeit gliedert sich in zwei Teile. Im ersten Teil, der primär längsschnittartig angelegt ist, erfolgt anhand von qualitativem und quantitativem Material die Identifikation und Periodisierung des Funktionswandels. Im zweiten Hauptteil wird dann im Zuge der Darstellung der Ereignisgeschichte genauer herausgearbeitet, welche Faktoren insbesondere 1924-1939 zum Funktionswandel der Wertpapierbörse beigetragen haben.

Die Untersuchung beginnt im ersten Abschnitt mit der Vorstellung und Systematisierung verschiedener Börsenfunktionen. In einem zweiten Abschnitt wird versucht, den Wandel in der Einschätzung der Wertpapierbörse zu erschließen, und zwar aus Urteilen ganz unterschiedlicher Provenienz - wie Geschäftsberichten der Großbanken, Berichten von Industrie- und Handelskammern, Aufsätzen in der Fach- und Tagespresse,

11 Wenn in dieser Arbeit von „Börse" gesprochen wird, so ist damit stets die Wertpapierbörse gemeint.

Dokumenten der mit dem Börsenwesen befaßten Behörden und wissenschaftlichen Texten. Drittens wird der Frage nachgegangen, welche Auswirkungen die Konzentration im Bankwesen auf die Börse hatte. Dabei wird zunächst geschildert, wie die Privatbankiers durch die Großbanken verdrängt wurden. Anschließend wird die schon von Zeitgenossen geäußerte Ansicht untersucht, es habe seit dem ausgehenden 19. Jahrhundert eine Tendenz zur Ausdehnung der Kompensation von Wertpapieraufträgen im Filialnetz der Großbanken gegeben.[12]

Im Mittelpunkt des vierten Abschnitts steht eine quantitative Abschätzung des Funktionswandels. Insbesondere wird überprüft, ob anhand der dafür zusammengestellten Datenreihen vom ausgehenden 19. Jahrhundert bis 1939 die Geschäftstätigkeit am deutschen Wertpapiermarkt - speziell an der Börse - meßbar ist und ob diese Zahlen spezifische Aussagen über deren Entwicklung liefern. Zunächst richtet sich der Blick auf die Entwicklung des Wertpapierbestandes sowie die Wertpapieremission. Anschließend werden anhand eines selbstentwickelten Schätzverfahrens erstmals Angaben zum Wertpapierumsatz am deutschen Kapitalmarkt vor 1940 gemacht. Außerdem wird auf den Teilmarkt für Aktien eingegangen. Schließlich werden auch anhand nicht monetärer Größen, wie zum Beispiel der Besucherzahl an der Berliner Börse, Aussagen zum Funktionswandel abgeleitet.
Im zweiten Hauptteil wird zunächst auf die höchst „unnormalen Zustände" während der Inflationszeit (1914-1923) eingegangen und aufgezeigt, welche auch langfristig wirksamen Auswirkungen diese auf die Börse hatten.
Abschnitt 2 untersucht in zwei ersten Schritten, welche zum Teil spezifisch auf die Inflationszeit zurückzuführenden Faktoren in den Jahren 1924-1926 eine Normalisierung der Verhältnisse an der Wertpapierbörse im Sinne eines Wiederanknüpfens an die Zeit von vor 1914 verhinderten. Dabei wird auf die Rolle der vorübergehenden Besteuerung des Börsenbesuchs im Jahre 1924 sowie die überaus hohen Transaktionskosten (1924/25) eingegangen. Anschließend wird die (1924-1926) geführte De-

---

12 Diese These ist in der Literatur weit verbreitet.
Vgl. Doll (1940), S. 46. Hampel (1952), S. 19. Hanssen (1976), S. 25f. Henning (1992), S. 257. Lütje (1970), S. 91 u. 97. Meier (1992), S. 210ff. Prion (1910), S. 57. Prion (1924), S. 1056. Prion (1932), S. 33f. und 45. Weber (1947), S. 322f. Wormser (1919), S. 184f.

batte um die Einführung einer halbamtlichen Notierung der „unnotierten Werte“ skizziert. Außerdem werden die Klagen der Kursmakler über ihre sich verschlechternde Lage nach 1924 dargestellt, um deutlich zu machen, welchem Verdrängungswettbewerb der amtliche Börsenhandel bereits in den ersten Jahren nach der Stabilisierung ausgesetzt war.
Abschnitt 3 wendet sich der Zeit zwischen dem „Wiederaufblühen der Börsenkonjunktur“ 1926 und dem Scheitern der Börsenreform im Frühjahr 1931 zu. Zunächst geht es darum aufzuzeigen, daß es aus Sicht der Reichsbank einen kausalen Zusammenhang zwischen der 1926 einsetzenden Hausse an den Aktienmärkten und der kommerziellen Auslandsverschuldung gab. Anschließend werden die Ereignisse um den sogenannten „Schwarzen Freitag“ vom 13. Mai 1927 dargestellt. In einem dritten Schritt wird geschildert, wie sich in der Zeit nach der Börsenkreditrestriktion die Krisensymptome an den Wertpapierbörsen häuften. Eine Darstellung der vergeblichen Bestrebungen zur Reformierung der Berliner Wertpapierbörse 1929/30 bildet den Abschluß dieses Kapitels.
Im Mittelpunkt des 4. Abschnitts steht die Unterbrechung des amtlichen Börsenhandels von Juli 1931 bis April 1932. Neben einer ausführlichen auf Archivmaterial gestützten Wiedergabe der Ereignisse werden vor allem die unterschiedlichen Interessenlagen der damals Handelnden aufgezeigt. Im zweiten Halbjahr 1931 wurde aus der normalen Anpassungskrise zunehmend eine Krise, die das gesamte kapitalistische System in Frage stellte. Eine Betrachtung des Geschehens um die Börse in diesem Zeitraum soll helfen, unser Verständnis für diese Systemkrise zu vertiefen.
Abschnitt 5 zeichnet die Entwicklung der Börse nach Überwindung des Krisentiefs von 1932 nach. Dabei wird deutlich, daß die Börse nicht einmal mehr die, im Vergleich zur Zeit vor 1914, reduzierte Rolle der ausgehenden zwanziger Jahre spielen konnte. Zur Erklärung werden zwei Faktorengruppen herangezogen. Zum einen sind hier die unter dem politischen System der NS-Herrschaft durchgeführten Änderungen an der Börse und in ihrem Umfeld zu nennen.[13] Zum anderen ist auf Faktoren zu verweisen, die als Folgen der Weltwirtschaftskrise eingetreten sind. Der

---

13 Bei deren Darstellung und Interpretation wird zwischen solchen Kausalfaktoren unterschieden, die allgemeine Veränderungen am Kapitalmarkt nach sich zogen, und solchen, die direkt auf die Börse zielten.

Schwerpunkt wird in dieser Arbeit auf die unter dem politischen System der NS-Herrschaft ergriffenen Maßnahmen gelegt.[14]
In einem Schlußkapitel wird unter Bezug auf die in der Studie behandelten Fragen zusammengefaßt, welche Schlußfolgerungen die Ergebnisse zulassen - und welche nicht.

Quellenmäßig kann sich diese Arbeit auf ein breites Fundament stützen. Die Basis für die historiographische Darstellung bilden vor allem die umfangreichen Aktenbestände des Reichsfinanzministeriums, der Reichskanzlei, des Reichswirtschaftsministeriums, die Handakten der Deutschen Reichsbank und der über weite Strecken bislang nicht genutzte Bestand des Reichskommissars bei der Berliner Börse im Bundesarchiv. Wichtige Informationen zum Börsenwesen in Preußen enthielten der Aktenbestand der Abteilung für Börsen- und Maklerwesen des preußischen Handelsministeriums im Geheimen Staatsarchiv Preußischer Kulturbesitz sowie der Bestand „Berliner Börse" des Landesarchivs Berlin. Außerdem konnten den Aktenbeständen des Ministeriums für Finanzen, des Ministeriums für Handel und des Ministeriums für Wirtschaft im Bayerischen Hauptstaatsarchiv München sowie dem Bestand „Sonderreferat Wirtschaft" des Politischen Archivs des Auswärtigen Amtes relevante Unterlagen zum Börsenwesen entnommen werden. Ferner hielten auch die Archive der Industrie- und Handelskammern von Frankfurt am Main, München und Oberbayern sowie Dortmund und die Archive großer Aktiengesellschaften[15] relevantes Material bereit. Schließlich standen zahlreiche zeitgenössische Monographien bzw. Zeitungs- und Zeitschriftenartikel zur Verfügung.
Bei der Auswahl von Quellen, die statistisches Zahlenmaterial bereithalten, wurde bevorzugt auf vermutlich zuverlässige Angaben der zeitgenössischen amtlichen Statistik zurückgegriffen. Enthielten die Unterlagen der amtlichen Statistik keine Angaben, so wurde versucht, diese Lücke

---

14 Dies liegt auch darin begründet, daß zur Analyse derjenigen Faktoren der Weltwirtschaftskrise, die nicht nur in Deutschland eingetreten sind, ein breiter internationaler Vergleich die einzig zu rechtfertigende Methode zu sein scheint, um wirklich Neues sagen zu können. Dazu wären aber u.a. auch Archive in verschiedenen Ländern zu besuchen gewesen. Dies hätte jedoch den zeitlichen Rahmen dieser Arbeit gesprengt.

15 Bayer Archiv Leverkusen, Historisches Archiv Krupp Essen, Siemens Archiv München, Mercedes Benz Archiv Stuttgart, Archiv der Bayerischen Hypotheken- und Wechsel-Bank München.

durch Material von Behörden, Wirtschaftsverbänden, Kammern, Unternehmen, der Presse und aus dem wissenschaftlichen Schrifttum zu schließen.

Da für die Zeit der Markwährung nur recht lückenhaftes amtliches Quellenmaterial zur Börsenstatistik zur Verfügung stand, basieren die in der Arbeit präsentierten Tabellen und Abbildungen für diesen Zeitraum im wesentlichen auf privaten Ermittlungen. Aus der Zwischenkriegszeit ist zwar deutlich mehr an statistischen Publikationen der Reichsbank, des Statistischen Reichsamtes, der Verbände des Kreditgewerbes und sonstiger Stellen überliefert, dennoch blieb bei der Materialsuche manche Frage offen. Zweifellos wäre es wünschenswert, die Auswertung auf geschlossene Zeitreihen von Jahres- bzw. Monatswerten zu stützen. Diese liegen jedoch für den Betrachtungszeitraum in der notwendigen Qualität nicht vor. Dennoch ist es auf der Grundlage der hier präsentierten Datenbasis möglich, zur Börsenstatistik von 1885 bis 1939 differenziertere Aussagen als bisher zu treffen.

In wesentlichen Teilen dieser Arbeit wird auf die Verhältnisse an der damals maßgeblichen Wertpapierbörse im Deutschen Reich in Berlin eingegangen, da es besonders schwierig war, Material zur Entwicklung an den Provinzbörsen in der Zwischenkriegszeit zu bekommen.

Teil I:
Identifikation und Periodisierung des Funktionswandels

1 Systematisierung der Börsenfunktionen

Die Börse stellt einen Teil, nach früher überwiegender Überzeugung das Herzstück, des Kapitalmarktes dar. Noch bis 1989 wurden in Deutschland Börsen in der Regel als Marktveranstaltungen charakterisiert, die an einem bestimmten Ort zu einer bestimmten Zeit regelmäßig stattfinden. Mit der Novelle des Börsengesetzes 1989[1] wurde das Erfordernis der Ortsgebundenheit des Börsengeschehens - zur Charakterisierung des Wesens einer Börse - aufgegeben.[2] Danach gilt heute ein Börsenbegriff, der sich wie folgt skizzieren läßt:

> Börse ist die organisierte, regelmäßig in verhältnismäßig kurzen Zeitabständen stattfindende, persönliche oder telekommunikative Zusammenführung von Angebot und Nachfrage in vertretbaren, typischerweise nicht zur Stelle gebrachten Gegenständen nach grundsätzlich einheitlichen Geschäftsbedingungen mit dem Ziel, Vertragsabschlüsse zwischen im Regelfall allein zum Handel zugelassenen Kaufleuten zu ermöglichen.[3]

Prinzipiell können vier Arten von Börsen unterschieden werden: 1. Effekten- oder Wertpapierbörsen; 2. Warenbörsen; 3. Finanzterminbörsen sowie 4. Devisenbörsen. Gegenstand dieser Untersuchung ist die deutsche Effekten- oder Wertpapierbörse in der Zwischenkriegszeit (1924-1939).

Als Marktveranstaltungen unterliegen Wertpapierbörsen den gleichen Kriterien für ihre *Funktionsfähigkeit* wie sie auch an anderen Märkten gelten. Danach ist eine Börse um so leistungsfähiger und erfüllt damit die von ihr wahrzunehmenden Funktionen um so besser, je mehr die Wertpa-

---

1 BGBL 1989, Teil I, S. 1402.

2 Die Änderung des Börsengesetzes war eine notwendige Voraussetzung, damit das Projekt einer computergestützten „Deutschen Terminbörse“ in die Praxis umgesetzt werden konnte. Vgl. Stenzel (1996), S. 20.

3 Eberhard Schwark: Kommentar zum Börsengesetz und zu den börsenrechtlichen Nebenbestimmungen, München 1994, S. 60ff.
In der neueren Literatur wird zum Teil auch vorgeschlagen, „Börse“ als einen Marktbetrieb anzusehen, der für den Handel von standardisierten Wertpapieren standardisierte Transaktionsprozesse anbietet. Röhrl (1996), S. 16f.

pierkurse sämtliche verfügbaren Informationen reflektieren, je weniger die Aktivitäten eines einzelnen Marktteilnehmers die Kurse beeinflussen können, je mehr Konkurrenz es innerhalb eines Marktsegmentes gibt, je niedriger die Transaktionskosten, je kleiner die Handelsrisiken sind und je größer das für den Börsenhandel frei verfügbare Wertpapiervolumen ist. Darüber hinaus bildet sich an einer funktionsfähigen Börse ein fairer Preis für die gehandelten Gegenstände.[4]

Ihre herausgehobene Stellung im Wirtschaftsgefüge verdankt die Wertpapierbörse den ihr zugeschriebenen volkswirtschaftlichen Funktionen, die in diesem Kapitel systematisch dargestellt werden.
Schon im 19. Jahrhundert ist aus der Beobachtung des tatsächlichen Geschehens heraus eine Typologie von volkswirtschaftlichen Funktionen der Börse entwickelt worden, und es entstand eine Vorstellung darüber, welche Eigenschaften eine Börse idealerweise haben sollte. Nach diesem Idealbild bildet die Börse nicht nur einen liquiden Markt, sondern leistet auch eine richtige Bewertung der Effekten. Über die Effektenkurse übt die Börse Einfluß auf die Allokation der Geldkapitalien aus, indem sie diese jeweils den rentabelsten Verwendungsmöglichkeiten zuführt. Aus der Beobachtung der Wertpapierkurse kann man auf den Zustand der zukünftig zu erwartenden allgemeinen Wirtschaftslage schließen. Die Börse stellt außerdem einen Emissionsmarkt dar, auf dem die anlagesuchenden Geldkapitalien der Volkswirtschaft zusammenströmen.

In der sich mit dem Börsenwesen beschäftigenden wissenschaftlichen Literatur wurde jeder dieser der Börse zugeschriebenen Aufgaben eine bestimmte Funktion zugeordnet. Daß sich dabei kein allgemein akzeptiertes System von gleichartig bezeichneten Funktionen herausgebildet hat, kann nicht überraschen.[5] Um so mehr ist es für diese Arbeit, die sich mit

---

4 Vgl. Engels (1980), S. 59f.

5 Wetzel (1996), S. 14f., unterscheidet zwischen Kapitalausgleichsfunktion, Effekten- bzw. Informationsumschlagsfunktion und Kursbildungsfunktion. Büschgen (1991), S. 98, spricht von Markt-, Mobilisations-, Substitutions- und Bewertungsfunktion der Börse. Lütje (1970), S. 58f., unterscheidet drei Hauptgruppen von Funktionen, und zwar die Grund-, die Finanzierungs- und die Zirkulationsfunktion. Jeder dieser drei Gruppen weist er noch vier bzw. sechs Unterfunktionen zu. Harder (1952), S. 16f., unterteilt die Börsenfunktionen in zwei Gruppen. Zum einen in die formellen Funktionen (Liquidisierung, Kursbildung, Umsatz) und zum anderen in die materiellen Funktionen (Kapitalausgleich, Kapitalbeschaffung). Knapp (1939), S. 5ff., sieht die Kapitalvermittlung und die Preisbildung als Grundfunktionen an. Daraus leitet sie die Kapitalmobilisierungs-, Kapitalbewertungs-, Liquidisierungs-, Indikator- und

dem Wandel der Funktionen befaßt, notwendig, sich auf ein System und die diesem System angemessene Begrifflichkeit festzulegen.

Grundlegende oder primäre Funktion der Wertpapierbörse ist die Marktbildung für den Tausch fungibler Wertpapiere. Als Primärfunktion der Börse wird in dieser Arbeit daher die *Marktbildungsfunktion* (oder Marktfunktion) bezeichnet. Bestandteile der Marktbildungsfunktion sind die Zirkulations- und *Liquiditätsfunktion* der Börse.

1.1 Die Primärfunktion der Wertpapierbörse

Eine leistungsfähige Börse ermöglicht einen schnellen und kostengünstigen Handel von Gütern zwischen verschiedenen Marktparteien. Durch Sammlung von Angebot und Nachfrage zentralisiert und konzentriert die Wertpapierbörse den Effektenhandel. Dadurch bildet sie einen breiten Markt[6] und bewirkt sowohl eine reibungslose Zirkulation der Effekten als auch einen erhöhten Liquiditätsgrad einer Kapitalanlage. Dem Zuwachs an Liquidität, den ein Schuldner durch Kreditgewährung erhält, entspricht in der Regel ein Liquiditätsverzicht beim Gläubiger.[7] Diese Entsprechung wird jedoch durch die Börse aufgehoben. Die Erhöhung des Liquiditätsgrades für den Gläubiger beim durch die Börse vermittelten Kapital wird dadurch erreicht, daß nicht mehr allein die Liquiditätslage eines bestimmten Schuldners maßgebend ist. Die Liquiditätslage aller potentiellen Gläubiger, die als Interessenten für ein Papier an der Börse auftreten, spielt nunmehr eine wichtige Rolle. Natürlich beeinflußt die Lage eines Schuldners auch das Interesse des Publikums an eben diesem Wertpapier. Da aber nicht für alle an der Börse gehandelten Papiere gleichzeitig eine Bonitätsverschlechterung eintreten wird, stellt der von der Börse bewirkte

---

die Kontrollfunktion ab. Prion (1924), S. 1038, gliedert die Börsenfunktionen nach ihrer (kapital)verkehrstechnischen und volkswirtschaftlichen Bedeutung auf.

6 Als *breit* kann ein Markt bezeichnet werden, wenn die dort abgewickelten Aufträge nicht nur zahlreich sind, sondern sich diese Aufträge außerdem auf hohe Handelsvolumina beziehen. Je breiter ein Markt ist, desto größer wird sein Preisstabilisierungspotential und desto eher können größere Mengen gehandelt werden. Schiereck (1995), S. 25.

7 Eine interessante Ausarbeitung über Kapitalmarkt und Börse, die den Aspekt der Liquidität betont, findet sich in den Handakten des im Reichswirtschaftsministerium für Grundsatzfragen zuständigen Oberregierungsrats Wilhelm Lautenbach. BAK, NL 233 Nr. 22, § 56.

Gewinn an Liquidität eine sichere Größe dar.[8] Erst die von der Börse garantierte jederzeitige Veräußerbarkeit von Effekten auf einem breiten und liquiden Markt macht Wertpapiere zu einem begehrten Vermögensanlageobjekt.[9]

Trotz unterschiedlicher Bezeichnungen stimmen in der Literatur die inhaltlichen Aussagen darüber überein, daß als wesentlichstes Merkmal einer Börse die *Marktbildung* anzusehen sei. Dabei macht es keinen großen Unterschied, ob diese Äußerungen zu Beginn dieses Jahrhunderts gemacht wurden oder aus jüngster Zeit stammen.[10] Wie gut die Marktbildung gelingt, hängt wiederum von verschiedenen Faktoren ab. Vor allem ist hier die zeitliche und räumliche Konzentration von Angebot und Nachfrage sowie das Umsatzvolumen zu nennen. Am augenscheinlichsten kommt diese Konzentration der Umsätze in der Einheitskursfeststellung des amtlichen Kursmaklers im Kassahandel zum Ausdruck. Falls es zwischen verschiedenen Börsenplätzen zu Arbitragehandel kommt, wird dar-

---

8 Ein *liquider* Markt bietet allen Anlegern die Möglichkeit, Kauf- und Verkaufsaufträge unverzüglich ausführen zu lassen, ohne daß dies für sie zu negativen Kurssprüngen führt. Es entsteht um so mehr Liquidität, je schneller und je öfter gegengleiche Orders zusammengefaßt und damit zum Abschluß gebracht werden können. Je mehr Liquidität ein Markt besitzt, desto eher leiten die Investoren ihre Orders an diesen Markt. Damit entsteht an diesem Markt noch mehr Liquidität. Röhrl (1996), S. 96 und 120. Stenzel (1996), S. 196.

9 Eine weitere Leistung der Börse besteht darin, als Intermediär zwischen „Kurzfristgläubigern" und „Langfristschuldnern" die unterschiedlichen Bedürfnisse der Fristigkeiten zu überbrücken. Vgl. Michie (1990), S. 107f. Cassis (1990), S. 7.

10 In Meyers großem Konversationslexikon, Band 3 von 1909, lesen wir unter dem Stichwort Börse auf Seite 241: „Der Schwerpunkt der Börse beruht auf der möglichsten Konzentration von Angebot und Nachfrage. Dieselbe bietet für Preisbildung und Bedarfsdeckung die Vorteile des großen Marktes und gestattet dem Geschäftsmann, die Strömungen und Schwankungen des Handels zu überblicken und hiernach seine Entscheidungen zu treffen." Ebenso äußert sich auch Ehrenberg in seinem Beitrag zum Börsenwesen im 3. Band des Handwörterbuches der Staatswissenschaften von 1909, S. 169. Auf der 32. Generalversammlung der Weltbörsenvereinigung FIBV, die im Oktober 1992 in Mexico City stattfand, wurde die Plenumsdiskussion mit der Feststellung eröffnet, daß als wesentlichste Funktionen einer Wertpapierbörse die Schaffung eines regulierten, zentralen Marktes und die Bereitstellung von Liquidität - bei fairer Preisbildung - sowie das Management von Risiken anzusehen seien. Jahresbericht 1992 der Deutsche Börse AG, S. 106f. Siehe dazu aber auch: Encyclopaedia Britannica, 15. ed., Vol. 23, Chicago/London 1992, p. 556. und Siegfried Kümpel: Wertpapierhandelsgesetz, eine systematische Darstellung, Berlin 1996.

über hinaus die regionale bzw. internationale Zusammenfassung von Umsätzen ermöglicht.

Wie die jüngste Entwicklung des computerunterstützten Wertpapierhandels zeigt, hängt die Funktion der Marktbildung nicht davon ab, ob sich die Marktteilnehmer persönlich zu einer bestimmten Zeit an einem bestimmten Ort versammeln. Die Computertechnik ermöglicht es, daß sich abstrakte, Raum und Zeit überbrückende Märkte bilden, an denen rund um die Uhr und rund um den Globus gehandelt werden kann. In der Zwischenkriegszeit waren mit den damals vorhandenen Kommunikationsmitteln Telefon und Telegramm diese Möglichkeiten virtueller Marktbildung zwar ansatzweise gegeben, aber die persönliche Versammlung auf dem Parkett war das vorherrschende Merkmal des Börsenhandels.

Die Marktbildung an der Börse wird aber auch durch die Anzahl und Zusammensetzung der Börsenteilnehmer beeinflußt.[11] Je kapitalkräftiger das Börsenpublikum ist, desto breiter und liquider ist der Markt, der sich bilden kann. Daher spielt die sogenannte Berufsspekulation bei der Sicherung der Liquidität an der Wertpapierbörse eine besonders wichtige Rolle. Über das Wesen und den volkswirtschaftlichen Nutzen der Spekulation werden bis heute Auseinandersetzungen geführt.[12]
Einigkeit herrscht bei den Beobachtern allerdings darin, daß die Tätigkeit der Berufsspekulation die Umsätze an der Börse steigert. Dies geschieht sowohl im Zuge des von der Spekulation besonders gepflegten Termin-

---

11 Da Liquidität nicht nur an börslich organisierten Märkten angeboten, sondern von der Gesamtheit der Marktteilnehmer auf dem Sekundärmarkt zur Verfügung gestellt wird, ist die Struktur der Marktteilnehmer und deren Anteil in einem Markt sowie die Struktur der von ihnen typischerweise vorgenommenen Transaktionen ein Faktor, der die Auswahlentscheidung zwischen börslicher und außerbörslicher Transaktionsausführung bestimmt. Stenzel (1996), S. 197.

12 Einen ersten Überblick zum Thema „Spekulation“ geben die Beiträge in verschiedenen Auflagen des „Handwörterbuches der Staatswissenschaften“ bzw. den Folgewerken: Wilhelm Lexis; *Spekulation*, in: HdStW, 7. Band, 3. Auflage, Jena 1911, S. 670ff. Wilhelm Röpke; *Spekulation*, in: HdStW, 7. Band, 4. Auflage, Jena 1926, S. 706ff. Rudolf Stucken; *Spekulation*, in: HdSW, 9. Band, Göttingen 1956, S. 690ff. Helmut Hochgesand; *Spekulation*, in: HdWW, 7. Band, Stuttgart u.a. 1977, S. 170ff.
In der Begründung der Bundesregierung zum Gesetzentwurf des Zweiten Finanzmarktförderungsgesetzes werden u.a. auch die vorgesehenen Anpassungen der Rahmenbedingungen im Börsenbereich erwähnt. Darin heißt es, daß durch die Beteiligung von Spekulanten auf der makroökonomischen Ebene Stabilitätsgewinne erzielt werden können. Deutscher Bundestag - 12. Wahlperiode Drucksache 12/6679.

handels[13] als auch durch die Aufnahme von Effektenkrediten. Zum einen handelt es sich bei diesen Krediten um die Finanzierung von Terminhandelsgeschäften und zum anderen um normale Wertpapierkredite am Kassamarkt. Der u.a. für die professionelle Effektenspekulation bereitgestellte Börsenkredit stellt ein die Liquidität des Marktes förderndes Element dar. Auf diese Weise tragen auch die kreditgebenden Banken dazu bei, daß sich ein elastischer und aufnahmefähiger Markt bilden kann. Für die Sicherstellung eines liquiden Marktes spielt neben der personellen Zusammensetzung „der Spekulation" somit auch die Gewährung von Effektenkrediten durch die Banken eine wichtige Rolle.[14]

1.2 Die Sekundärfunktionen der Wertpapierbörse

Die von der Primärfunktion abhängigen Funktionen werden allgemein als Sekundärfunktionen bezeichnet.[15] In dieser Arbeit wird zwischen fünf Sekundärfunktionen der Wertpapierbörse unterschieden. Zunächst wird die sogenannte *Emissionsfunktion* vorgestellt. In einem nächsten Schritt wird auf die *Bewertungsfunktion* sowie auf die damit zusammenhängende *Allokationsfunktion* eingegangen. Anschließend wird die *Informationsfunktion* der Börse anhand ihrer Rolle als Informations- und Kommunikationszentrum erörtert. Schließlich wird im Rahmen der *Barometerfunktion* gezeigt, unter welchen Voraussetzungen die Notierungen an der Börse als Konjunkturbarometer dienen können.

---

13 Daß der Terminmarkt zu einem großen Teil ein spekulativer Markt ist, ist als solches allgemein bekannt. Wenig spektakulär ist auch die Feststellung, daß schon Zeitgenossen des 19. Jahrhunderts in ihren Einschätzungen zum Terminhandel überwiegend die Meinung vertraten, daß es die wichtigste volkswirtschaftliche Aufgabe desselben sei, zu einer Verbreiterung des Marktes und somit zu einem besseren Funktionieren der Wertpapierbörse insgesamt beizutragen. Bemerkenswert ist jedoch, daß eben diese Ansicht über den Nutzen des Terminhandels von der volkswirtschaftlichen Abteilung der Reichsbank noch in einer Ausarbeitung vom 12.2.1936 vertreten wurde, zu einer Zeit also, als aus ideologischen Gründen die Effektenspekulation unerwünscht war. BAP, 25.01 Nr. 6548, Blatt 386f.

14 Vgl. Prion (1939), S. 24ff. und 32ff. Benning (1929), S. 83. Gunzert (1929), S. 13.

15 Von den Begriffen Primär- und Sekundärfunktion der Börse sind die Begriffe Primär- und Sekundärmarkt zu unterscheiden. Unter Primärmarkt versteht man den Markt für Neuemissionen an der Börse. Unter Sekundärmarkt versteht man den Handel von bereits im Verkehr befindlichen Wertpapieren an der Börse.

Im allgemeinen stehen für die Emission von Wertpapieren verschiedene Wege zur Verfügung. Da sich die meisten Emittenten außerstande sehen, Effekten im Rahmen der Selbstemission beim Publikum unterzubringen, bedienen sie sich in der Regel bei der Ausgabe und Unterbringung von Wertpapieren der Mitwirkung von Kreditinstituten. Neben der reinen Privatplazierung bei kapitalkräftigen Investoren kann eine Neuemission grundsätzlich durch Auflegung zur öffentlichen Zeichnung (Subskription), durch freihändigen Verkauf und durch das Tenderverfahren erfolgen.[16] Das jüngst aus dem angelsächsischen Raum nach Deutschland importierte „Bookbuildingverfahren" stellt eine Art Auktion unter großen institutionellen Anlegern dar.

Wenn unmittelbar über den Primärmarkt an der Börse neues Kapital durch Ausgabe von Wertpapieren beschafft wird, so übt die Börse in diesem Fall ihre Emissionsfunktion aus. Die Emission von Wertpapieren erfolgt dabei in Form des freihändigen Verkaufes. Den Vorteilen des freihändigen Verkaufes, die vor allem in einer schnellen Plazierung beim Anleger und in der Vermeidung der Probleme liegen, die im Zusammenhang mit der Zuteilung von überzeichneten Emissionen auftreten können, stehen jedoch auch Nachteile gegenüber, wie zum Beispiel Unkenntnis über die genaue Aufnahmebereitschaft des Marktes.
Tatsächlich hat die deutsche Börse die oben skizzierte Emissionsfunktion während des 19. Jahrhunderts auszuüben vermocht.[17] Die zur Emission anstehenden Kapitalbeträge wurden im Verlauf des 19. Jahrhunderts insgesamt größer. Nicht zuletzt deshalb konnte die Börse trotz wachsender Konkurrenz durch die Großbanken ihre Emissionsfunktion noch bis zur Jahrhundertwende ausüben. Infolge der Konzentration im Bankwesen ging der Anteil der direkt über die Börse in den Verkehr gebrachten Wertpapiere an den insgesamt ausgegebenen Wertpapieren zurück[18] Daß

---

16 Bei der Subskription werden die Anleger unter Bekanntgabe des Zeichnungskurses zur Abgabe einer Zeichnungserklärung aufgefordert. Nach Ablauf der Zeichnungsfrist und Feststellung des Zeichnungsergebnisses werden die Wertpapiere zugeteilt. Beim freihändigen Verkauf *an der Börse* werden die Wertpapiere während des laufenden Handels abgesetzt. Beim freihändigen Verkauf *außerhalb der Börse* werden die Wertpapiere von den Konsortialbanken fortlaufend ihren Kunden angeboten. Die Ausgabe von Wertpapieren im Tenderverfahren entspricht dem der Subskription, jedoch ist hierbei der Zeichnungskurs variabel.

17 Der freihändige Verkauf an der Börse lief, wenn wir den Äußerungen von Zeitgenossen Glauben schenken dürfen, vor dem Ersten Weltkrieg offensichtlich recht gut. Vgl. zum Beispiel Flersheim (1914), S. 108.

18 Vgl. Meier (1992), S. 19f. Gömmel (1992), S. 160. Harder (1952), S. 52.

die Börse vor dem Aufstieg der Großbanken als direkter Absatzmarkt fungieren konnte, wurde durch die relativ große Zahl von Börsenplätzen in Deutschland begünstigt. Prinzipiell leisteten die Effektenbörsen damals die regionale Zusammenfassung des Kapitalangebotes in gleicher Weise, wie es später vor allem durch die Filialnetze der Großbanken bewerkstelligt wurde.
Festzuhalten bleibt jedoch, daß die Börse schon im 19. Jahrhundert als direkte Kapitalbeschaffungsstelle nur aufgrund ihrer überragenden Bedeutung, Umsatzstelle für bereits emittierte Wertpapiere zu sein, in Frage kam. Wesentliche Voraussetzung für die Anlage von Geldkapital in Wertpapierform war und ist bis heute die Tatsache, daß ein liquider Sekundärmarkt zur Veräußerung eben dieser Wertpapiere zur Verfügung steht.

Die Preisbildung wird in der einschlägigen Literatur als wichtigste Sekundärfunktion der Börse angesehen.[19] Zentrale Aufgabe der Börse als Sekundärmarkt ist es demnach, einen der „wirklichen Geschäftslage des Verkehrs an der Börse“ entsprechenden Preis für den Eigentumswechsel der Effekten zu finden (§ 29 Abs. 3 BG). Die Preisbildung verläuft in diesem Sinne um so fairer, je mehr Aufträge an den Markt kommen. Daneben sind eine unparteiische Kursfestsetzung, angemessene Kursermittlungsmethoden und die laufende Veröffentlichung der festgestellten Kurse von Bedeutung.[20]
Läuft der Preisbildungsprozeß am Aktienmarkt korrekt ab, trägt die Börse auch zu einer richtigen Bewertung der verschiedenen Aktiengesellschaften bei.[21] Eine die Marktverhältnisse widerspiegelnde Preisbildung ist die

---

19 Vgl. Bienert (1995), S. 13f.
Die Bedeutung, die dem Preisbildungsprozeß an der Börse zugemessen wird, läßt sich auch daran ablesen, daß diese Funktion zum Beispiel von Wormser (1919), S. 111 und von Knapp (1939), S. 5f., als Primärfunktion beschrieben wird. Büschgen (1992), S. 98 und Harder (1952), S. 16f., stellen die Bewertungsfunktion gleichberechtigt neben die Marktbildungsfunktion.

20 An dieser Stelle soll eine Abgrenzung der Begriffe Preisbildung und Kursbildung vorgenommen werden. Wenn von Preisbildung gesprochen wird, so schließt dieser Begriff sämtliche Rahmenbedingungen des Bewertungsvorganges von Wertpapieren an der Börse mit ein. Unter Kursbildung wird dagegen nur die Methode der Kursfestsetzung verstanden.

21 In den Aktienkursen schlägt sich - neben anderen Faktoren - auch das Geschäftsgebaren einer Unternehmung nieder. Insbesondere für Kreditinstitute, deren Standing einen wichtigen Wettbewerbsfaktor darstellt, aber auch für alle anderen Unternehmen, die an guten „Investor Relations“ interessiert sind, spielen Überlegungen eine Rolle, wie die Aktienkurse auf ein bestimmtes riskantes oder unfaires Geschäftsgebaren reagieren könnten.

Voraussetzung dafür, daß die Börse ihre Bewertungsfunktion erfüllen kann. Die Kurse der festverzinslichen Wertpapiere ergeben in Verbindung mit den Zinssätzen die jeweiligen Umlaufsrenditen. Es sind in der Regel die an der Börse festgestellten Umlaufsrenditen vielgehandelter Papiere, die die Vorstellung von Höhe und Veränderung des Kapitalmarktzinses prägen. Sind die Börsenkurse in diesem Sinne bewertungseffizient, so tragen sie auch zur Allokationseffizienz des Kapitalmarktes insgesamt bei, indem sie Informationen und Erwartungen über die Erträge von Investitionen unterschiedlicher Wertpapierarten in komprimierter Form allgemein zugänglich machen.[22]

Den amtlich festgestellten Wertpapierkursen kommt eine über die Börse hinausgehende Bedeutung zu. Denn der offizielle Börsenkurs bildet nicht nur den Preis für die an der Börse getätigten Umsätze sondern dient auch als Orientierungshilfe für außerbörsliche Geschäfte.[23] Voraussetzung ist allerdings, daß eine ungehinderte Veröffentlichung der Wertpapierkurse möglich ist. Nur wenn sich Investoren von den festgestellten Kursen überzeugen können, laufen sie nicht Gefahr, übervorteilt zu werden.[24] Im 19. Jahrhundert wurde der Börsenkurs von den Zeitgenossen, sieht man von speziellen Fällen gezielter Kursmanipulationen ab, überwiegend als gerechter Preis angesehen. Diese Tatsache schlug sich unter anderem darin nieder, daß der Börsenpreis schon vor 1914 als objektiv maßgebende Norm für die Bewertung des Umlaufvermögens von Unternehmen Eingang in das Handelsgesetzbuch gefunden hat.[25] Für die am Börsen-

---

22 Bienert (1995), S. 22.

23 Börsenkurse sind Signale, die auch für andere Finanzierungsentscheidungen herangezogen werden. Die Güte dieser Signale stellt deshalb einen wichtigen Beitrag der Börse zur Bewertungseffizienz des Kapitalmarktes dar. Das Ideal wäre ein Markt, in dem die Kurse zuverlässige Signale für die Allokation der Ressourcen darstellten. Bienert (1995), S. 19.

Bekannt ist, daß während der Zwischenkriegszeit die Umsätze außerbörslicher Geschäfte (von Banken mit dem privaten Publikum), deren Preis durch den amtlichen Börsenkurs bestimmt wurde, oft größer waren als die Umsätze an der Börse selbst. Vgl. Knapp (1939), S. 56ff.

24 Die Zeiten der geschlossenen Börsen während des Ersten Weltkrieges und der Weltwirtschaftskrise zeigten, daß die Publizität der Börsenkurse ein wesentliches Element im Rahmen des Preisbildungsprozesses darstellt. Aus dieser Zeit finden sich zahlreiche Klagen darüber, daß Anleger sich durch Kursschnitte von bis zu 20 v.H. geprellt fühlten.

25 Der § 261 des bis Anfang 1937 gültigen HGB, der die allgemeinen Bewertungsvorschriften des § 40 für Aktiengesellschaften konkretisierte, sah u.a. vor, daß Waren, die einen Börsen- oder Marktpreis hatten, höchstens zu diesem Börsen- oder Marktpreis zum Zeitpunkt der Bilanzerstellung angesetzt werden durften. Inhaltlich

handel beteiligten Kreditinstitute stellte der Nachweis über die Abrechnung eines Wertpapiergeschäftes zum amtlichen Börsenkurs darüber hinaus die Voraussetzung dar, daß sie das Selbsteintrittsrecht des Kommissionärs wahrnehmen durften.

Die Grundprinzipien der Kursermittlung am deutschen Aktienmarkt, insbesondere die des Einheitskurses, haben sich in den letzten einhundert Jahren nicht wesentlich verändert, so daß das im folgenden Gesagte auch in der Zwischenkriegszeit galt.[26] Börsenkurse werden als freie Marktpreise durch Angebot und Nachfrage bestimmt und sind für die vertragschließenden Parteien verbindlich. Bei der Kursfeststellung ist grundsätzlich zwischen dem amtlichen und dem nichtamtlichen Handel zu unterscheiden. Als Kurs im amtlichen Handel ist gemäß § 29 III Börsengesetz (von 1896 bzw. 1908) derjenige Preis festzusetzen, welcher der wirklichen Geschäftslage des Verkehrs an der Börse entspricht. Der amtliche Handel an der Börse kennt wiederum die Unterscheidung zwischen dem Einheits- oder Kassakurs und der variablen Notierung. Beim Einheitskurs werden zunächst alle eingehenden Aufträge gesammelt. Zu einem festgelegten Zeitpunkt wird dann der Kurs ermittelt, zu dem die größten Umsätze möglich sind (Meistausführungsprinzip).[27] Die Kursformulierung des Einheitskassakurses bildet den formellen Abschluß des

---

hat sich am § 261 HGB bis zum Erlaß des Aktiengesetzes vom 30. Januar 1937 nichts geändert. Im Zuge der Aktienrechtsreform wurden wesentliche Teile des HGB (§§ 178-316 zur Aufstellung von Bilanz und Gewinn- und Verlustrechnung) ins Aktiengesetz verlegt. Die bis dahin im § 261 HGB kodifizierten Bestimmungen fanden sich deshalb ab 1937 im § 131 AktG wieder. Im Zuge der Aktienrechtsreform von 1965 war dann die Bewertung des Umlaufvermögens im § 155 Abs. 2 AktG geregelt. Nach dem Inkrafttreten des Bilanzrichtlinien-Gesetzes vom 19. Dezember 1985 findet sich die diesbezügliche Vorschrift im § 253 Abs. 3 HGB wieder.

26 Insbesondere für die Zwischenkriegszeit weisen die einschlägigen Bestimmungen der Berliner Börsenordnung keine relevanten materiellen Änderungen auf. Vgl. dazu die Berliner Börsenordnung, die u.a. in den „Usancen der Berliner Fonds-Börse“ abgedruckt wurde. Schneider, August u. Dahlheim, Louis: Usancen der Berliner Fonds-Börse. Ein Handbuch zum praktischen Gebrauch für Börsen-Interessenten, bearb. von K. Hartung, 18., 22., 23., 26. und 30. Aufl., Berlin 1919, 1924, 1925, 1928 und 1932. Einen genauen Überblick zur Kursfeststellung und zum Maklerwesen an der Berliner Börse vor dem Ersten Weltkrieg gibt Löb (1896). Vergleiche dazu auch Lücke (1929).

27 Genauere Erläuterungen zum Meistausführungsprinzip finden sich in jedem Lehrbuch zum Bank- und Börsenwesen. Vgl. z.B. Guido Eilenberger, Bankbetriebswirtschaftslehre, München 1987, S. 203f.

Preisbildungsprozesses am Kassamarkt. Wertpapiere, in denen regelmäßig größere Umsätze vorkommen, können zur variablen oder fortlaufenden Notierung gehandelt werden. Zu Beginn der Börsensitzung wird nach dem Prinzip der Einheitskursermittlung ein Eröffnungskurs festgestellt. Anschließend können je nach Marktlage Abschlüsse zustande kommen. Jeder Notierung liegt jeweils ein gesonderter Geschäftsabschluß zugrunde. Den Preisen im nichtamtlichen Handel sowie im außerbörslichen Telefonverkehr liegt wie im variablen amtlichen Handel jeweils nur ein Geschäft zugrunde. Die Kursermittlung erfolgt durch die Angabe von Geld- und Briefkursen (sogenannte Spannenkurse). Aus den angegebenen Spannenkursen kann jedoch kein Anspruch auf Ausführung von Aufträgen hergeleitet werden. Spannenkurse sind zum Teil nur gesprochene Kurse ohne Umsatz.[28]

So einfach es ist, die an der Börse festgestellten Preise zur Kenntnis zu nehmen, da diese ja in der Regel publiziert werden, so schwierig ist seit jeher die Ermittlung der die Preise bestimmenden Faktoren. In aller Regel verfügt der Markt über ein Wissen und verarbeitet Erwartungen und Informationen, die kein Analytiker je besessen hat. So ist es bislang auch nicht gelungen, Verfahren zu entwickeln, mit deren Hilfe sich Börsenkurse exakt voraussagen lassen.[29] Fundamentalanalyse und technische Analyse liefern bekanntlich allenfalls Anhaltspunkte, die kombiniert mit Vermutungen über die gesamtwirtschaftliche Entwicklung Kauf- oder Verkaufsentscheidungen rational erscheinen lassen.[30]

---

28 Vgl. Hielscher, (1988), S. 1036f.

29 Die Literatur zu diesem Thema ist mittlerweile unüberschaubar. An dieser Stelle soll nur eine kleine Auswahl zitiert werden. Winfried Reiß: Random Walk Hypothese und deutscher Aktienmarkt, Berlin 1974. Otto Loistl: Computergestütztes Wertpapiermanagement, München 1990. Harry M. Markowitz: Portfolio Selection, Cambridge 1991. Thorsten Poddig & Manfred Steiner (Hg.): Analyse und Prognose von Finanzmärkten, Bad Soden / Ts. 1996. Manfred Steiner & Christoph Bruns: Wertpapiermanagement, Stuttgart 1994.
Die Dokumentation eines am 26. und 27. November 1993 veranstalteten Seminars zum Thema: „Börse und Preisbildung" enthält eine Reihe von Beiträgen, die sich mit Versuchen, komplexe mathematisch-statistische Verfahren zur Börsenkursvorhersage zu entwickeln, beschäftigen. Vgl. dazu z.B. die Aufsätze: „Börse im Labor" von Martin Weber; „Mikrostruktur und Preisbildung" von Otto Loistl und „Zum Nutzen von Informationen bei Kapitalanlageentscheidungen" von Klaus Schredelseker, in: Börse und Preisbildung, hrsg. von Deutsche Börse AG Frankfurt 1995.

30 Dem interessierten Leser sei dazu eine Auswahl weiterführender Beiträge genannt: Zeitgenössische Analysen zu diesem Thema zum Beispiel bei: Donner (1934),

Die „Allokationsfunktion“ der Wertpapierbörse wird erfüllt, wenn die Institution Börse dazu beiträgt, ja immer knappes Kapital an diejenigen Stellen zu lenken, in denen es eine möglichst rentable Verwendung findet.[31]

Am Rentenmarkt wird die Allokation der Kapitalströme vor allem durch die Faktoren Zinsänderungsrisiko, Bonitätsrisiko und Währungsrisiko bestimmt. An der Börse wird eine Bewertung der Schuldner derart vorgenommen, daß sich - über die Parameter Kurs und Nominalzins - für verschiedene Emittenten unterschiedliche Refinanzierungskosten herausbilden. Gewinnchancen und Verlustrisiken kommen dabei im jeweiligen Effektivzins zum Ausdruck, der als Kostenfaktor in die Investitionsrechnungen und die daraus resultierenden Investitionsentscheidungen eingeht.[32]

Am Aktienmarkt entscheiden aus Sicht des Anlegers u.a. die beiden Komponenten Dividende und Aktienkurs über die Rentabilität einer Aktienanlage. Besonders gut wirtschaftende Unternehmen werden am Sekundärmarkt höher bewertet, da positive Unternehmensmeldungen über in Zukunft steigende Erträge und Dividenden Aktienkäufer anziehen. Höhere Kurse führen aber auch dazu, daß bei Kapitalerhöhungen ein höheres Emissionsagio den Unternehmen zur Verfügung steht. Somit wird über die unterschiedlichen Aktienkurse das Kapital zu den rentabelsten Unternehmen gelenkt.

Da die Börse ihre allozierende Funktion vor allem über die richtige Bewertung der Wertpapiere im Kursbildungsprozeß ausübt, stellt die Allokationsfunktion eine von der Bewertungsfunktion abhängige Größe dar. Hinsichtlich der für die Allokationsfunktion richtungweisenden

---

Goldsmith (1926), Kronenberger (1920), Lansburgh (1910), Mattersdorf (1925), Prion (1910) bzw. (1929) und Schmidt (1925).

Analysen aus neuerer Zeit steuern zum Beispiel bei: Apostolopoulos (1986), Erhardt (1977), Kasten (1959), Kiehling (1991), Loistl (1990), Perridon/Steiner (1993), Robroeks (1979) und Steiner/Bruns (1993), Stenzel (1995).

31 Eine „optimale“ Allokation erfordert, daß im Rahmen der durch Investitionsgelegenheiten, Vermögen und individuelle Einkommensbewertungen vorgegebenen Möglichkeiten jeder Marktteilnehmer eine Kombination von Konsum und Investition realisiert, die sich durch freiwillige Vereinbarung nicht mehr verbessern läßt. Bienert (1995), S. 15.

32 Der Rentenmarkt registriert in seinen Kursen bereits relativ geringe Schwankungen im Verhältnis von Angebot und Nachfrage nach Investitionskapital. Infolgedessen nimmt der sich dort bildende Effektivzins unter Berücksichtigung des Kurses und der Laufzeit einer Anleihe eine währungs- und konjunkturpolitische Schlüsselstellung ein.

Merkmale ist deshalb auf alle für die Bewertungsfunktion maßgeblichen Einflußfaktoren zu verweisen. Ihre Allokationsfunktion kann die Börse jedoch nur für die marktmäßig beschafften Kapitalien entfalten. Wird die Börse bei der Kapitalbeschaffung von den Unternehmen (z.B. via Selbstfinanzierung) oder dem Staat umgangen, so übt die Börse weder ihre Allokationsfunktion noch ihre Marktfunktion befriedigend aus.
Schließlich spielt es eine Rolle, ob der Börse alle für eine richtige Bewertung notwendigen Informationen zur Verfügung stehen. Zu denken ist dabei an Informationen aus den Bereichen der Politik und Wirtschaft, aber auch der Technik.

Die Börse ist ein Markt, und wie jeder Markt dient sie daher der Information über Angebot und Nachfrage hinsichtlich der Art, der Qualität und der Mengen der gehandelten Güter.[33] Die Informationsleistung eines Finanzmarktes setzt jedoch liquide und schnelle Märkte voraus. Veraltete Kurse - oder Kurse, die sich schon bei einem geringen Handelsvolumen massiv verändern - sind wenig aufschlußreich und haben einen geringen Informationswert. Darüber hinaus trägt die Börse zur Aktivierung und Nutzung gesellschaftlichen Wissens bei. Da dieses Wissen keinem Individuum in seiner Gesamtheit zur Verfügung steht, muß es zusammengeführt werden.[34] Somit kommt auch aus volkswirtschaftlicher Sicht der „Produktion" von Informationen durch die Börsen eine wichtige Bedeutung zu. Die heutige Börse stellt jedoch in erster Linie eine Institution dar, die externe Informationen verarbeitet.[35] Die so umrissene Informationsfunktion der Börse ist also passiver Natur.
Im 19. Jahrhundert bildete die Börse dagegen das Informations- und Kommunikationszentrum der gesamten Geschäftswelt. Dort trafen sich nicht nur die mit dem Börsenhandel befaßten Bankiers, sondern auch Kaufleute aller Branchen zum Meinungsaustausch. Die Börse bildete einen persönlichen und geistigen Geschäftsmittelpunkt des Handels. Ihr regelmäßiger Besuch war für die führenden Vertreter der Wirtschaft damals noch eine Selbstverständlichkeit. Diese Rolle der Börse als Treff-

---

33 Als informationseffizient gilt ein Markt, an dem die Preise zu jedem Zeitpunkt alle verfügbaren Informationen vollständig und richtig widerspiegeln.

34 Die Koordinationsleistung des Kapitalmarktes wird danach beurteilt, wie gut es dem Markt gelingt, die unkoordinierten, überall in der Wirtschaft verstreuten Wissensstücke zusammenzubringen. In diesem Prozeß kann durch die Informationsbeschaffung der Marktteilnehmer auch neues Wissen erzeugt werden. Vgl. Bienert (1995), S. 16.

35 Vgl. dazu Brestel (1980), S. 461. James (1992b), S. 116.

punkt der Hochfinanz und des Großhandels begründete im Ergebnis ihre zentrale Stellung im Informationssystem der Wirtschaft.[36] Der Bankier Carl Fürstenberg schreibt in seinen Lebenserinnerungen dazu:

> „Alle Finanzgrößen trafen sich an der Börse, und hier wurden Geschäfte beschlossen, deren Abwicklung heute die Abhaltung unzähliger Konsortialsitzungen nötig machen würde. ... Dauernd den Pulsschlag der öffentlichen Meinung zu verfolgen, immer richtig zu fühlen, ob der Wind aus der Richtung der Hausse oder aus der Richtung der Baisse weht, das setzt eine ständige Fühlung mit der Börse voraus."[37]

Die Börse war damals nicht nur Nachrichtenempfänger, sondern sie war auch eine der wichtigsten Quellen für Wirtschafts- und Finanzinformationen.[38] Ihre überragende Rolle als Informationszentrum konnte die Börse damals vor allem deshalb behaupten, weil die modernen Kommunikationsmittel - wie zum Beispiel das Telefon und der Telegraph - noch nicht allgemeine Verbreitung gefunden hatten.[39] Die Faktoren, die dafür verantwortlich waren, daß sich die Informationsfunktion der Börse weg von der Quelle neuer Informationen hin zu deren Verarbeitung verändert hat, sind daher in erster Linie in der sich rasch fortentwickelnden Kommunikationstechnik ab der zweiten Hälfte des 19. Jahrhunderts zu sehen.[40]

Als „Barometer fürs ganze nationale und internationale Geschäftsleben" und als „Gehirn der Volkswirtschaft" bezeichnete zu Beginn dieses Jahrhunderts Gustav Schmoller die Wertpapierbörse.[41] Schmoller hatte damit

---

36 Vgl. auch M. J. Daunton: Financial elites and British society, 1880-1950, in: Financiers in European History, ed. by Y. Cassis, Cambridge u.a. 1992, pp. 121-146.

37 Carl Fürstenberg: Lebensgeschichte eines deutschen Bankiers 1870-1914, hrsg. von Hans Fürstenberg, Berlin 1931, S. 312f.

38 Vgl. Meier (1992), S. 23ff.

39 Vgl. Walter (1989), S. 393ff.

40 Mit dem Aufkommen des Telefons 1878/79 wurde es möglich, ohne Zeitverlust die Ergebnisse des Börsenhandels außerhalb der Börse zu verbreiten. Damit entstand eine wichtige Voraussetzung zur Ausdehnung des außerbörslichen Marktes. Die „modernen" Kommunikationsmittel griffen in der Folge nicht nur in die Informationsfunktion sondern auch in die Kernsubstanz der Marktfunktion der Börse ein. Vgl. Michie (1985), S. 66f. Gömmel (1992), S. 159f. Engels (1980), S. 59. Henning (1992b), S. 24.

41 Unter der Wertpapierbörse ist in diesem Fall die Versammlung der am Börsenhandel beteiligten Personen zu verstehen. Schmoller (1904), S. 30. Vgl. auch Weber (1947), S. 328f. und Prion (1939), S. 86f.

jenen Sachverhalt vor Augen, der unter dem Begriff „Barometerfunktion" bekannt geworden ist. Unter Barometerfunktion der Börse versteht man, daß in der Kursbewegung am Renten- und Aktienmarkt die gesamtwirtschaftliche Entwicklung der Zukunft antizipiert wird.[42] Die Barometerfunktion der Börse stellt die bekannteste und in der einschlägigen Literatur am häufigsten erwähnte Börsenfunktion dar.[43] Die vorzugsweise Verwendung der Wertpapierkurse als Konjunkturindikator im 19. Jahrhundert lag nicht zuletzt darin begründet, daß es sich dabei um für jedermann sichtbare und täglich publizierte Größen handelte. Vor dem Ersten Weltkrieg gab es bekanntlich noch keine systematische Sammlung von statistischem Material, das als Konjunkturindikator hätte Verwendung finden können. Nicht zuletzt wegen fehlender Alternativen griffen die Zeitgenossen gerne auf die Börsenkurse zurück.[44] Da die Barometerfunktion eine vor allem von der Marktbildungs- und Bewertungsfunktion abhängige Leistung der Börse darstellt, sind für deren Wandel alle auch für diese Börsenfunktionen wichtigen Einflußfaktoren von Bedeutung.

Wenn in der Literatur vom Wandel der Barometerfunktion gesprochen wird, so wird damit impliziert, daß es irgendwann einen belegbaren Zusammenhang zwischen den Wertpapierkursen und der allgemeinen Konjunktur gegeben habe. Dieser Zusammenhang scheint vor dem Ersten

---

42 Das so gebildete Begriffspaar *Barometerfunktion der Börse* ist nicht unumstritten. Zu Recht wird die oft unkritische Anwendung des Begriffs Barometer auf die Börse beanstandet. Das meteorologische Barometer zeigt nichts anderes als den momentanen Luftdruck an. Keinesfalls kann aus dem Steigen oder Fallen des Luftdrucks eine Prognose über die längerfristige Entwicklung des Wetters vorhergesagt werden. Bei der Anwendung des Begriffs Barometer auf die Börse wird aber gerade unterstellt, daß ein weit in der Zukunft liegender Zustand schon heute sichtbar gemacht wird. Besser wäre es daher, in diesem Zusammenhang von der *Prognosefunktion* der Börse zu sprechen. Da aber der Begriff Barometerfunktion derart eingeführt ist, wird er auch in dieser Arbeit verwendet.

43 In der Literatur, die sich explizit mit den verschiedenen Börsenfunktionen auseinandersetzt, wird den Ausführungen zur Barometerfunktion stets besonders viel Raum gegeben. Aber auch in Beiträgen zum Börsenwesen, in denen nicht ausdrücklich auf die Börsenfunktionen eingegangen wird, findet sich an irgendeiner Stelle eine Erwähnung der Barometerfunktion.

44 Nach heutigen Maßstäben können Aktienkurse nicht mehr als Konjunkturbarometer bezeichnet werden. Konjunkturbarometer im heutige Sinne liegen erst dann vor, wenn eine Gruppe von statistischen Zeitreihen nach bestimmten Kriterien ausgewählt worden ist, um den Wirtschaftsablauf zu charakterisieren und den zukünftigen Verlauf des wirtschaftlichen Geschehens zu prognostizieren. Vgl. Feldsieper (1978), S. 109ff. Zwer (1963), S. 43. Borchardt (1982), 85ff.

Weltkrieg tatsächlich bestanden zu haben. Aus dem Umstand heraus, daß sich an der Börse zahlreiche Entscheidungsträger des Finanzwesens und der gewerblichen Wirtschaft trafen, kamen zeitgenössische Beobachter zu dem Schluß, daß die Börsen- und die Industriekonjunktur auf denselben Ursachen beruhe.[45] Ausgehend von der Annahme, daß ein Indikator unter bestimmten Voraussetzungen auch zum Regulator werden kann, wurde der Börse von den Zeitgenossen deshalb sogar eine aktive Rolle im Ablauf des Konjunkturschemas zugebilligt. Falls die Unternehmer gelernt hätten, aus steigenden Börsenkursen einen kommenden Konjunkturaufschwung zu antizipieren, so wäre eine Folge gewesen, daß Unternehmen mehr investiert hätten, um die kommende Nachfrage befriedigen zu können. Nach dieser Lesart machte die Börse geradezu die Konjunktur. Die Börsenhausse erschien aus dieser Perspektive nicht mehr als Begleiterscheinung, sondern als Voraussetzung für die Konjunkturbelebung.[46]
In der Zwischenkriegszeit wurden, aufbauend auf den vor 1914 gemachten Erfahrungen, komplexere Gesamtindikatoren zur Konjunkturprognose entwickelt. Den Wertpapierkursen kam jedoch auch in diesen Gesamtindikatoren stets die Rolle eines vorauslaufenden Teilindikators zu. Am bekanntesten ist das sogenannte *Harvard Barometer* gewesen, das auch als *A-B-C-Barometer* bezeichnet wurde. Zentrale Aussage war, daß die Börsenbewegung dem Konjunkturzyklus um sechs Monate vorauseile. Kritik an dieser dogmatisch formulierten Aufeinanderfolge der einzelnen Konjunkturschritte ist bereits von Zeitgenossen geübt worden. Beachtenswert war vor allem der Einwand, daß ein Vorlauf der Aktienkurse vor der allgemeinen Konjunktur u.a. auf einen Wahrnehmungs- und Veröffentlichungslag zurückzuführen sei. Während die Börsenkurse täglich Gegenstand von Berichten und Kommentaren seien, liegt ein Produktionsanstieg schon einige Zeit zurück, bis dieser Eingang in die Statistiken gefunden habe.[47]

In Deutschland wurde ab 1928 vom Institut für Konjunkturforschung ein alternatives Prognosemodell vorgestellt. In diesem Modell der drei Märkte (Aktien-, Waren-, Geldmarkt) wurde postuliert, daß erst bei Erreichen einer bestimmten Intensität ein Überspringen der Konjunktur von einem Markt auf einen anderen Markt stattfände. Eine Steigerung der

---

45 Vgl. dazu u.a. Gunzert (1929), S. 20ff. und 40. Knapp (1939), S. 74ff. Prion (1930b), S. 237. Axe & Flinn (1926), S. 1138. Arthur Spiethoff: Krisen, in: HdSt. 6. Band, 4. Auflage, Jena 1925, S. 10ff. Wolfgang (1931), S. 9f.

46 Vgl. Knapp (1939), S. 74ff.

47 Siehe dazu Axe & Houghton (1926), S. 237f. sowie Donner (1934), S. 34ff.

Aktienkurse hatte nach diesem Ansatz nicht zwingend eine Belebung der wirtschaftlichen Aktivität zur Folge, es wurde damit lediglich eine mögliche Entwicklung angedeutet.[48]

Zusammenfassend bleibt festzuhalten, daß die verschiedenen Börsenfunktionen jeweils von spezifischen Faktoren beeinflußt wurden. In den nachfolgenden Kapiteln dieser Arbeit soll u.a. aufgezeigt werden, welche Einflußfaktoren sich verändert haben. Unter Berücksichtigung der im vorangegangenen Abschnitt aufgezeigten Zusammenhänge soll damit aus unterschiedlichen Blickwinkeln und anhand verschiedener Materialien ein möglichst umfassendes Bild des Funktionswandels der Wertpapierbörsen nachgezeichnet werden.

---

48 Vgl. Untersuchung zur Frage der Marktzusammenhänge, in Vierteljahreshefte zur Konjunkturforschung, 3. Jahrgang 1928, Heft 2, Teil A, S. 30-41.

2 Der Funktionswandel der Börse im Lichte der öffentlichen Diskussion zwischen 1895 und 1939

Der noch nachzuweisende Funktionswandel der deutschen Wertpapierbörsen in der Zwischenkriegszeit war Teil eines umfassenden Strukturwandlungsprozesses der Wirtschaft. Methodisch läßt sich der Nachweis derartiger Prozesse zum Beispiel durch einen intertemporalen Vergleich verschiedener Zeitabschnitte führen. Voraussetzung ist, daß ein Zeitraum existiert, der als Referenzperiode herangezogen werden kann.

Bekannt ist, daß nach 1871 die deutschen Wertpapierbörsen den endgültigen Schritt von der vorindustriellen Wechselgeldbörse zur modernen Wertpapierbörse vollzogen haben. Der Aufschwung der Wertpapierbörsen wurde maßgeblich durch die Aufhebung der Konzessionspflicht für Aktiengesellschaften und den daraufhin einsetzenden Gründungsboom beeinflußt.[49] Im Zuge des zunehmenden Aktienhandels wurde der Terminhandel zu einem wichtiger werdenden Element an den Wertpapierbörsen.[50]
Im Boom der Gründerjahre konnten auch zahlreiche zweifelhafte Neuemissionen bei einem begierigen Publikum abgesetzt werden. Die großen Verluste des darauffolgenden Gründerkrachs trugen nun auch das breite Publikum und kleine Spekulanten. Die Ereignisse dieser Zeit haben wesentlich dazu beigetragen, daß man die Börse als „Spielhölle", „Spielkasino" oder „Monte Carlo ohne Musik" bezeichnete. Als genuin kapitalistische Institution wurde die Börse zur Zielscheibe von Kritik und Vorwürfen all derer, die mit dem kapitalistischen Wirtschaftssystem unzufrieden waren. Das schlechte Image der Börse in den folgenden Jahren ist auf eine Reihe von Gründen zurückzuführen. Zum ersten herrschten in einer noch stark agrarisch geprägten Gesellschaft grundsätzliche Vorbehalte gegenüber dem „unproduktiven" Gewerbe des Handels vor. Zum zweiten bot das laute Geschrei wild gestikulierender Männer auf dem Parkett tatsächlich einen Anblick, der das Gegenteil von kaufmännischer Seriosität zu sein schien. Zum dritten galt die Börse als *international* und *jüdisch*, was im deutschen Kaiserreich zwei negativ besetzte Begriffe waren.[51]

---

49 Gömmel (1992), S. 135.

50 Hinweise dafür gibt der wachsende Anteil von auf Termin gehandelten Eisenbahn-, Bank- und Industrieaktien an allen an der Berliner Börse amtlich notierten Aktien. Dieser Anteil stieg von 1,3 v.H. im Jahre 1870 über 5,4 v.H. im Jahre 1880 auf 8,2 v.H. im Jahre 1890. Löb (1896), S. 246 und 262.

51 Vgl. dazu Meier (1992), S. 8ff. und 32ff. sowie Sombart (1922), S. 112f.

Die Börse erwies sich nach 1871 nicht nur als typische, sondern auch als überaus wichtige Institution zur Finanzierung der weiteren Industrialisierung Deutschlands.[52] Die Börsenenquete-Kommission, die sich 1892/93 mit der Frage der Vorbereitung eines Börsengesetzes zu beschäftigen hatte, beschrieb deshalb zu Recht die Börse als „unentbehrlichen Faktor für die heutige Volkswirtschaft".[53] Sowohl in der zeitgenössischen Literatur als auch in neueren Arbeiten wird der Zeitraum von 1880-1913 als Blütezeit der deutschen Wertpapierbörsen angesehen.[54] Auch wenn dabei bislang weitgehend übersehen wurde, daß es bereits vor 1914 erste Anzeichen eines Funktionswandels der Wertpapierbörse gegeben hat, so ist die Charakterisierung des eben genannten Zeitraumes als Referenzperiode m. E. nach wie vor gerechtfertigt.

Bei der Diskussion des Funktionswandels wird in dieser Arbeit vor allem auf die Verhältnisse an der Berliner Börse eingegangen. Das soll kurz begründet werden.
Nach der Reichsgründung im Jahre 1871 übernahm Berlin von Frankfurt die Rolle der Leitbörse in Deutschland, und seit den achtziger Jahren des vorigen Jahrhunderts bestimmte die Entwicklung der Berliner Börse das Bild, das man sich vom Börsengeschehen in Deutschland insgesamt machte.[55] In welchem Ausmaß die Berliner Börse das Wertpapiergeschäft im Deutschen Reich dominierte, kann zum Beispiel anhand der Statistik der Börsenumsatzsteuereinnahmen abgeschätzt werden. In den Jahren 1896 bis 1913 schwankte der Anteil des Berliner Steueraufkommens am gesamten Steueraufkommen im Deutschen Reich zwischen 64 und 69

Interessanterweise findet sich auch außerhalb von Deutschland eine lange Tradition der Antibörsenstimmung. In England gab es im 18. Jahrhundert einen breiten Konsens zwischen Kaufleuten und Theoretikern gegen das unnütze Spekulanten- und Börsenjobbertum. Michie (1990), S. 95.

52 Meier (1992), S. 16.

53 zit. nach Meier (1992), S. 33f.

54 Vgl. dazu Borchardt (1971), S. 124. Henning (1992b), S. 27. Kiehling (1991), S. 104. Knapp (1939), S. 34. Müller (1992), S. 18 und 219ff. Prion (1924), S. 1037 sowie die Berichte über die Kapitalmarktverhältnisse in den Geschäftsberichten der Großbanken.

55 Vgl. Wormser (1919), S. 179f. Gerlach (1905b), S. 20 und Prion (1924), S. 1040. Auch in einer Ausarbeitung der Volkswirtschaftlichen Abteilung der Reichsbank vom 15.1.1929 wird diese Einschätzung zur Rolle der Berliner Börse bestätigt. BAP, 25.01 Nr. 6704, Blatt 1.

Prozent.[56] Bei den Wertpapierzulassungen konnte die Berliner Börse im Durchschnitt der Jahre 1900 bis 1913 mehr als 75 v.H. aller an deutschen Börsen zugelassenen Wertpapiere auf sich vereinigen.[57]
Die Berliner Börse wurde aber nicht nur zur maßgebenden Börse im Deutschen Reich, sie stieg bis zum Ausbruch des Ersten Weltkrieges sogar in den Rang einer der führenden internationalen Börsen auf. Diese Entwicklung läßt sich in aller Kürze etwa so skizzieren: Bis 1871 kam der Berliner Börse nur die Rolle eines Provinzplatzes zu. Von 1871 bis 1880 entwickelte sie sich zum nationalen Hauptmarkt in Deutschland, stand aber noch in starker Abhängigkeit von Wien und Paris. Zwischen 1881 und 1903 erlangte die Berliner Börse den Rang eines neben anderen europäischen Märkten gleichberechtigten Marktes. Von 1904 bis 1914 rückte sie zur zeitweise führenden kontinentaleuropäischen Börse auf.[58]

2.1 Entwicklung der allgemeinen Einschätzung der Börsenfunktionen

Schon in den zeitgenössischen Erörterungen über Aufgaben, Leistungen und Funktionen der Börse finden sich zahlreiche Fingerzeige auf einen beobachteten Funktionswandel. Diese können erste Hinweise auf das zu Untersuchende geben, ja sind vermutlich selbst schon Tatsachen mit einer gewissen Beweiskraft. Im folgenden wird versucht, aus Urteilen ganz

---

56 Die Zahlenangaben wurden den Tabellen über den Umsatzstempel von Wertpapieren im Berliner Jahrbuch für Handel und Industrie, Band I, Jahrgänge 1903-1913, Berlin 1904-1914, entnommen. Gömmel teilt für die Jahre 1882-1913 ähnliche Zahlen mit: Berlin 66 v.H., Frankfurt 12 v.H., Hamburg 9 v.H. Die Börsen von Breslau 1,7 v.H., Dresden und Leipzig 1,6 v.H., Köln 1,3 v.H., Bremen und Stuttgart 0,8 v.H. waren vergleichsweise unbedeutend, was damals auch für die Münchener Börse galt, die in der Statistik nicht aufgeführt werden konnte. Gömmel (1992), S. 179. Meyer (1902), S. 43ff. schreibt, daß die Berliner Börse ihren Anteil am Gesamtumsatz von Wertpapiergeschäften im Deutschen Reich von 1885 bis 1900 etwa verfünffachen konnte.

57 Da nicht wenige Papiere an mehreren Börsen zum Handel zugelassen worden sind, würden sich die Anteilsziffern für alle Börsen zu mehr als 100 Prozent addieren. Es kann aber, wie schon ein Blick auf die Kurszettel der verschiedenen Börsen zeigt, kein Zweifel bestehen, daß Berlin eine überragende Stellung innehatte. Vgl. Wormser (1919), S. 228. Kiehling (1995), S. 91 teilt für den Zeitraum Januar 1921 bis September 1922 einen Marktanteil der Berliner Börse bei Wertpapierzulassungen von 60 v.H. mit.

58 Croner (1923), S. 344. Merten (1933) S. 89.
Die ehemals führende kontinentaleuropäische Börse in Wien unterlag bereits um 1900 herum einem Bedeutungsrückgang. Vgl. Baltzarek (1973), S. 105.

unterschiedlicher Provenienz den Wandel in der Einschätzung der Wertpapierbörsen zu erschließen.[59] Um das zeitgenössische Material über die Börse einer Analyse zugänglich zu machen, erscheint es zweckmäßig, die verschiedenen Meinungsäußerungen in folgende Kategorien einzuordnen:

1. Beiträge, in denen vor allem die große Bedeutung der Börse bzw. deren vorzügliches Funktionieren hervorgehoben wurde
2. Beiträge, in denen sachliche Kritik geübt wurde, aber auch polemische Angriffe gegen die Börse[60]
3. Beiträge, in denen bereits auf Veränderungen hingewiesen und zum Teil explizit von einem Funktionswandel der Börse gesprochen wurde.

Durch Vergleich, wie sich die Gewichte dieser drei Gruppen zueinander verschoben haben, lassen sich Schlußfolgerungen über die Wahrnehmung der Zeitgenossen ziehen.

Seit der Jahrhundertmitte, vor allem aber seit den Börsenskandalen des Jahres 1891[61], fand bis zur Verabschiedung des Börsengesetzes von 1896 in der interessierten Öffentlichkeit eine lebhafte Diskussion über grundsätzliche Fragen zum Börsenwesen statt.[62] In den damaligen Debatten hat

---

59 Der Gesamtzeitraum wird aus leicht verständlichen Gründen in folgende Abschnitte unterteilt: 1895-1913; 1914-1923; 1924-1932; 1933-1940.

60 Damit aus der Börsenkritik Schlußfolgerungen gezogen werden können, ist eine Würdigung der jeweiligen, für die Kritik ursächlichen Motive notwendig. Beispielsweise weist die Tatsache, daß sich im 19. Jahrhundert die Kritik vor allem an den Auswüchsen im Börsenhandel im Zuge des expandierenden Geschäftsvolumens entzündete, auf einen Bedeutungszuwachs der Wertpapierbörsen hin.

61 Ende Juli 1891 war bekannt geworden, daß es an der Börse zu Fälschungen von Maklerschlußnoten gekommen war. Im September 1891 stellte sich dann heraus, daß es in Bank- und Börsenkreisen gang und gäbe war, Pressevertreter mit finanziellen Zuwendungen zu bedenken, wenn es darum ging, für eine neue Emission gute Stimmung zu machen. Diese Vorkommnisse beschädigten das Ansehen der Börse und führten zu einem Vertrauensverlust im Publikum. Im November 1891 wurden innerhalb weniger Tage mehrere Bankhäuser in Berlin zahlungsunfähig. Ursächlich waren u.a. Veruntreuungen bzw. Betrügereien mit Kundendepots. Meier (1992), S. 89ff.

62 Bei dieser Diskussion ging es um die Börsenverfassung und die Art bzw. Abwicklung der Börsengeschäfte. Im Zuge des Börsengesetzes von 1896 wurden alle Börsen der staatlichen Aufsicht unterstellt. Außerdem wurde der zuvor mögliche Terminhandel mit Anteilen von Bergwerken und Fabrikunternehmen untersagt. Zur Entstehung des Börsengesetzes von 1896 siehe die ausführlichen Darlegungen bei Meier (1992) sowie - weniger zuverlässig - Schulz (1994).

das Börsentermingeschäft von Wertpapieren und insbesondere der Warenterminhandel in Getreide und Mühlenprodukten von seiten der Agrarier heftige Kritik erfahren.[63]
Wenn auch die Zeitgenossen den immer wieder vorkommenden Mißbräuchen an der Börse ablehnend gegenüber standen und das Image der Börse in weiten Kreisen der Bevölkerung denkbar schlecht war, so blieb es unter Nationalökonomen die vorherrschende Meinung, daß die Börse eine wichtige Bedeutung für die deutsche Volkswirtschaft habe.[64] Im wesentlichen argumentierte man dabei so, wie es der vom 19. bis 26. November 1896 tagende provisorische Börsenausschuß in seinem Gutachten an den Reichskanzler tat:[65]

> „Für die mobilen Werthe, ..., sei es ein ungeheurer Vorteil, einer oder mehrerer Stellen in Deutschland sicher zu sein, an denen durch Zusammenführung von Angebot und Nachfrage, ..., festgestellt werde, wie hoch zur Zeit der in diesen Effekten steckende und zu realisierende Geldwerth sei."[66]

Der Anteil positiver Äußerungen - in der Gesamtzahl der ausgewerteten Beiträge - zum Thema Börse nahm nach der Jahrhundertwende weiter zu. Offensichtlich waren die grundsätzlichen Auseinandersetzungen über die Rolle der Börse zu deren Gunsten entschieden. Nimmt man die Äußerun-

---

63 Noch bis in die neunziger Jahre war die Landwirtschaft der dominierende Wirtschaftszweig des Deutschen Reiches. Die Interessenverbände der Landwirtschaft, so etwa der „Bund der Landwirte" sahen ihre Hauptaufgabe in der Bekämpfung der Preisschwankungen bei landwirtschaftlichen Produkten. Die Ursache dieser Schwankungen sah man auch in der Preismanipulation durch spekulative Warentermingeschäfte. Aus Sicht der Agrarier waren die Börsenspekulanten Parasiten, die ihre Spielleidenschaft ohne jegliches anerkennenswertes volkswirtschaftliches Interesse auf Kosten der Landwirtschaft auslebten. Die radikalsten Forderungen waren auf vollständige Abschaffung der Produktenbörsen gerichtet. Gemäßigtere Stimmen verlangten eine Beschränkung des Warenterminhandels bei gleichzeitiger Börsenreform und eine schärfere staatliche Börsenaufsicht. Ausführlich dazu Meier (1992), S. 56ff.

64 Werner Sombart: Die deutsche Volkswirtschaft im 19. Jahrhundert, Berlin 1903, S. 233.

65 Mit der Verabschiedung des Börsengesetzes im Juni 1896 wurde die Einrichtung des Börsenausschusses zur Begutachtung über die ihm zugewiesenen Angelegenheiten beschlossen. Der *provisorische* Börsenausschuß kam erst- und letztmalig im November 1896 zusammen. Informationen über Aufgaben, Zusammensetzung und Tagungshäufigkeit des *regulären* Börsenausschusses finden sich zum Beispiel in einem Vermerk betreffs der „Neubildung des Börsenausschusses" beim Reichswirtschaftsministerium vom 17.5.1926. BAP, 31.01 Nr. 16913.

66 BHStA, MH Nr. 11250.

gen von Zeitgenossen als Maßstab, befand sich die Börse in Deutschland etwa zwischen 1900 und 1913 auf dem Höhepunkt ihrer volkswirtschaftlichen Bedeutung.[67] Typisch für die damalige Stimmung waren zum Beispiel die Ausführungen Schmollers im „Grundriß der allgemeinen Volkswirtschaftslehre“:

> „Die Börse ist heute der Markt aller Märkte, der Mittelpunkt alles großen Geschäftslebens geworden. Die Börsenmeinung an ihr ist die Destillation der Geschäftskenntnisse aller leitenden wirtschaftenden Persönlichkeiten. Indem sie den Kapitalmarkt beherrscht, verfügt sie darüber, ob und zu welchem Preis Kapital fürs Ausland, für die Regierungen, für bestimmte Geschäftszweige, für Neugründungen aller Art vorhanden sei; ihre Kurse sind der Barometer fürs ganze nationale und internationale Geschäftsleben. Sie ist gewissermaßen das Gehirn der Volkswirtschaft geworden.“[68]

Auch andere Wissenschaftler haben in diesen Jahren ähnlich geurteilt. Die Börse wurde als das „Herz des modernen Verkehrslebens“ bzw. als der „Mittelpunkt des modernen wirtschaftlichen Lebens“ sowie als „unentbehrlicher Faktor des Wirtschaftslebens“ bezeichnet. Man beobachtete, daß die Börse in „vollkommener Art“ Angebot und Nachfrage auszugleichen vermochte und als „Seismograph für die Schwankungen in Politik und Wirtschaft“ fungierte.[69]
Vor dem Beginn des Ersten Weltkrieges finden sich in den im Rahmen dieser Arbeit ausgewerteten Unterlagen keine Belege dafür, daß es bereits eine Diskussion über grundsätzliche Veränderungen gegeben hat, die an der Wertpapierbörse zu beobachten gewesen wären.[70]

---

67 Etwas übertrieben wird die damals vorherrschende Meinung in dem folgendem Zitat ausgedrückt:.„Die Frage ‘Was gab es Neues auf der Börse?’ war eine wichtige, freud- und sorgenvolle Frage von ganz Berlin. Das Studieren des Kurszettels war eine populäre Angelegenheit, ja ein politisches Barometer. Die Berliner Börse um 1900 war mehr als eine gewöhnliche Börse, sie stand an allgemeiner Bedeutung kaum hinter London, sicher nicht hinter Paris zurück.“ Hans O. Modrow: Berlin 1900, Berlin 1936, S. 35.

68 Schmoller (1904), S. 30. Ähnlich auch die Lobeshymne auf die Berliner Börse bei Buss (1913), S. 154f. Später haben Schmollers Äußerungen entschiedene Kritik erfahren. Vgl. dazu Göppert (1930), S. 28.

69 Vgl. Wiener (1905), S. 278. Bacharach (1906), S. 11f. Ehrenberg (1909), S. 183 und 194.

70 Allerdings wurde bereits auf die immer weiter fortschreitende Konzentration im Bankwesen mit ihren möglicherweise negativen Folgen für die Wertpapierbörse hingewiesen. Siehe dazu Prion (1910), S. 197.

Nach Kriegsbeginn, als der amtliche Börsenhandel ruhte und die Veröffentlichung der im außerbörslichen Verkehr ermittelten Kurse verboten war, blieb es bei der vorherrschenden Meinung über die langfristig wichtige volkswirtschaftliche Bedeutung der Börse. Daß sich zwischen 1914 und 1923 die Rolle der Börse und das Börsengeschehen in vielfacher Hinsicht änderte, hat seinerzeit kaum jemand übersehen. Aber weit verbreitet war man der Ansicht, daß nach „Normalisierung der Verhältnisse" auch die Börse zu alter Gestalt und Funktion zurückfinden werde. Während der ganzen Inflationszeit fand bis auf wenige Ausnahmen keine Diskussion darüber statt, daß sich hinter der momentanen Scheinblüte ein tiefgreifender Wandel anbahnte.[71]
Die Großbanken beschrieben in ihren Geschäftsberichten 1918-1923 den wilden Haussetaumel an der Börse und das überschäumende Effektengeschäft ihrer Wertpapierabteilungen. An gleicher Stelle zeigte man dem Leser auch die Zusammenhänge der Aktienkurssteigerungen mit der immer rascher fortschreitenden Geldentwertung auf. Die für die Kurs- und Umsatzentwicklung an der Börse maßgeblichen Zusammenhänge wurden von den Banken schon in der Frühphase der Nachkriegsinflation erkannt. Ebenso sah man voraus, daß nach Beendigung der Inflation eine Bereinigung (bezüglich der aufgeblähten Organisation) an der Börse einsetzen würde.[72] Interessanterweise fehlen jedoch Ausführungen darüber, daß dann auch die Wertpapierbörse als Institution zur Abwicklung von Wertpapier-Transaktionsleistungen grundsätzlich veränderten Rahmenbedingungen gegenüberstehen könnte. Überlegungen, welche Auswirkungen die Inflation auf die Börse haben könnte, wurden in Bankenkreisen nicht angestellt.[73] So hielt zum Beispiel auf dem V. Allgemeinen Deutschen

---

71 Daß es in der unruhigen Übergangszeit von der Monarchie zur Republik Berichte gegeben hat, in denen die Unsicherheit des Autors über das „was in Deutschland werden würde" auch im Hinblick auf die Börse artikuliert wurde, stellt dazu keinen Widerspruch dar. Vgl. Heinrich Göppert, Die Zukunft der Börse, in: Bank-Archiv. Zeitschrift für Bank- und Börsenwesen, 18. Jahrgang, Nr. 21, 1919, S. 219-220, S. 219. Ebenso Hans Goslar, Revolution und Börse, in: Weltwirtschafts-Zeitung, 3. Jahrgang, Nr. 49 vom 6.12.1918, S. 1328-1329.

72 An dieser Stelle seien, stellvertretend für andere, die folgenden Geschäftsberichte genannt: Deutsche Bank 1919, S. 12f. 1920, S. 13. Disconto-Gesellschaft 1919, S. 7. Bayerische Hypotheken- und Wechsel-Bank 1920, S. 10f. Bayerische Vereinsbank 1920, S. 8.

73 So bezeichnete im Juli 1919 der Bankier Max Rosenthal in seiner „Abhandlung über den Terminhandel" die Berliner Börse als eine „kraftvolle Institution mit internationalem Gepräge", die auf „sensibelste Weise jeder Veränderung im Wirtschaftsgefüge" nachspüre und dies auch in Zukunft tun werde. BAP, 31.01 Nr. 17743.

Bankiertag im Oktober 1920 der Privatbankier Eduard von Speyer ein Referat zum Thema „Die Anforderungen der heutigen Volkswirtschaft an die Effektenbörsen".[74] Seine Ausführungen ließen erkennen, daß er trotz der durch den Krieg veränderten Verhältnisse davon ausging, daß die Effektenbörse noch die gleichen wichtigen Funktionen zu erfüllen imstande sei, die vor dem Krieg von ihr verlangt wurden.
Die gleiche Ahnungslosigkeit läßt sich aber nicht nur bei Banken, sondern auch bei anderen sachkundigen Zeitgenossen feststellen, etwa den Industrie- und Handelskammern oder den für das Börsenwesen zuständigen Behörden. In den von diesen Stellen abgegebenen Einschätzungen und Analysen zur Lage beschrieb man vor allem das Geschehen an der Aktienbörse und verwies zur Erklärung auf den Zusammenhang zwischen der Geldentwertung und dem Drang „aller Leute am Börsenspiel teilzunehmen".[75] Bemerkenswert erscheint, daß auch hier keine weitergehenden Überlegungen bezüglich der zukünftigen Entwicklung der Wertpapierbörse angestellt wurden.
Auch auf der Seite der Börsenkritiker ging man weiter vom status quo ante aus oder nahm - wie schon vor 1913 - vor allem zu den tatsächlichen und vermeintlichen Auswüchsen des Börsenverkehrs Stellung. Die Kritik an dem allgemeinen Haussetaumel war durchaus berechtigt, denn die Zustände an der Börse stellten tatsächlich einen Beleg für die Auswüchse der damaligen inflationsbedingten Spekulationswut dar.

Nach der Stabilisierung der Mark scheinen die meisten Zeitgenossen zunächst geglaubt zu haben, daß nun endlich eine Rekonstruktion der Verhältnisse aus der Vorkriegszeit kommen werde.[76] Die rasche Beruhigung

---

[74] Verhandlungen des V. Allgemeinen Deutschen Bankiertages zu Berlin am 25., 26. und 27. Oktober 1920, Berlin/Leipzig 1920, S. 264.

[75] In den zeitgenössischen Beiträgen wurde vor allem hervorgehoben, daß die Börsenhausse das naturnotwendige Gegenspiel des Marksturzes sei. Die Leute kauften Aktienwerte, weil sie sich - angezogen von den enormen Kurssteigerungen - einen Spekulationsgewinn in kurzer Zeit erhofften. Typische zeitgenössische Einschätzungen stellen z.B. dar: ein Aktenvermerk zur Börsenlage vom 7.9.1921 für den Bayerischen Handelsminister (BHStA, MH Nr. 13644) sowie die Ausführungen über die Börse in den Jahresberichten 1920 und 1921 (Seite 19f. und Seite 20f.) der Handelskammer zu Berlin (WWA, S 6 Nr. 911).

[76] Unter Rekonstruktion der Verhältnisse ist in diesem Zusammenhang eine Rückkehr zum System einer liberal kapitalistischen Volkswirtschaft gemeint. In einer solchen Volkswirtschaft mußte aber der Wertpapierbörse wieder der ihr gebührende wichtige Platz zukommen. Die Erwartung bevorstehender Normalität im Wirtschaftsleben spricht zum Beispiel aus den Ausführungen des Geschäftsberichtes der Siemens und Halske AG von 1923/24. Vgl. auch Spoerer (1996), S. 19.

nach dem Abklingen des Spekulationstaumels am Aktienmarkt wurde dahingehend gedeutet, daß eine Rückkehr zu den normalen Verhältnissen im Gange sei.[77] Deshalb glaubte man (1924-1928) unverändert, eine voll leistungs- und funktionsfähige Börse vor sich zu haben.[78] Nach wie vor bezeichneten Zeitgenossen die Börse als „Mittelpunkt des gesamten geschäftlichen Lebens", als „Zentralstelle für die Kapitalverwendung", als „Zentralleitung, durch die die notwendigen Kapitalströme ihrer wirksamsten Verwendung zuströmen" und als „Brennpunkt aller Marktleistungen".[79]

Ein qualitativ neues Moment kam in der Börsenkritik durch die Angriffe von Seiten der Nationalsozialisten hinzu. Diese verbanden die schon lange bekannten Argumente der traditionellen Börsenkritik mit ihrer rassistisch orientierten Weltanschauung. Im Ergebnis war es vor allem das „Finanzjudentum", das für sämtliche Mißstände an der Börse, aber auch für andere Probleme, verantwortlich gemacht wurde.[80] Die NSDAP erhob den Kampf gegen das „raffende Finanzkapital" an der Börse zu ihrem festen Programmpunkt und nutzte jede Gelegenheit, diesen Kampf in der Öffentlichkeit auszutragen.[81] In gewisser Hinsicht zeigt die NS-Agitation jener Jahre Parallelen zu den schon im 19. Jahrhundert ausgetragenen Debatten über die Börse auf. Besonders vom damaligen Chefideologen Gott-

---

77 Jahresbericht der IHK-Berlin von 1924, S. 210, in: WWA, S 6 Nr. 911.
In ihrem Geschäftsbericht für 1926 schreibt die Danat-Bank u.a., daß sich eine wieder zu den normalen Grundsätzen hindrängende Entwicklung am Kapitalmarkt breitgemacht habe. Geschäftsbericht der Darmstädter- und Nationalbank für 1926, ohne Seitenangabe.

78 Vergleiche zum Beispiel Willy Schoor: Der Börsenwert von Aktien vor dem Kriege und heute, in: Zeitschrift für Betriebswirtschaft, 2. Jahrgang, 1925, S. 477-481. Die Deutsche Bank schrieb in ihren Geschäftsberichten u.a., daß sich die Börse wieder zu einem zuverlässigen Wirtschaftsbarometer entwickelt habe. Vgl. Geschäftsberichte der Deutschen Bank von 1926 und 1928, S. 18 und 19.

79 Georg Obst: Geld-, Bank- und Börsenwesen. Eine gemeinverständliche Darstellung, 25. Auflage, Stuttgart 1927, S. 375. Ähnlich äußerten sich auch Prion (1924), S. 1044 und der Münchner Handelsverein in einem Schreiben vom 6.10.1924 an den Reichswirtschaftsminister. BHStA, MWi Nr. 8500.

80 Die Bezeichnung der Wertpapierbörse als jüdisch dominierte Organisation war nicht grundsätzlich neu. Bis dahin hatte es jedoch eine vergleichbar radikale Agitation gegen Juden und gegen die Börse nicht gegeben. Ein besonders abschreckendes Beispiel für intellektuelle Kurzschlüsse stellen die Haßtiraden in Hitlers „Mein Kampf" dar. Adolf Hitler: Mein Kampf, 474. Auflage, München 1939, S. 345 und 702.

81 Diese Programmpunkte wurden explizit im § 11 „Brechung der Zinsknechtschaft" und im § 16 „Befreiung des Staates ... aus seinen Verpflichtungen gegenüber dem Großleihkapital" des NSDAP Parteiprogramms ausgeführt. Feder (1927), S. 7f. und 23.

fried Feder sind polemische Ausführungen in seinen Schriften überliefert.[82] Bei einer Rede im Reichstag am 5. Februar 1927 führte Feder u.a. aus:

> „Nur eines wird übersehen: Die alles beherrschende, alles überragende Tatsache der unbegrenzten Herrschaft des Finanzkapitals. ... Ganz Deutschland ist heute politisch und wirtschaftlich das Objekt für die Ausbeutungswut der Finanzbanditen. ... Wohin Sie sehen, überall werden Sie an den wichtigsten Stellen Juden finden. Ich habe bereits ... darauf hingewiesen, daß immer und überall, wo es am besten und nachhaltigsten zu saugen gibt, Großjuden sitzen. Ich habe darauf aufmerksam gemacht ... , daß allein im vergangenen Jahr an der Börse über 12.000 Millionen arbeits- und mühelose Gewinne gemacht worden sind.“[83]

Erst gegen Ende der zwanziger Jahre wurde der Strukturwandel, der im Vergleich zur Vorkriegszeit in der Volkswirtschaft eingetreten war, von den Zeitgenossen erkannt und zum Gegenstand von Analysen gemacht.[84] Vor Ausbruch der Weltwirtschaftskrise tauchten im Zusammenhang dieser Debatte Berichte auf, die auch auf tiefgreifende Veränderungen im Börsenwesen hinwiesen. So schrieb Prion im Jahr 1929:

> „Alles zusammen: Zeichen dafür, daß sich die Börse noch in einem Übergangsstadium befindet, daß sie den ihr wesenseigenen Aufgaben als Ausgleichsstelle zwischen dem Kapitalbedarf und Kapitalangebot und als Konjunkturbarometer noch nicht wieder im vollen Umfang genügen kann.“[85]

---

82 Vgl. u.a. G. Feder: Das Manifest zur Brechung der Zinsknechtschaft des Geldes, München 1926. G. Feder: Das Programm der NSDAP und seine weltanschaulichen Grundgedanken, München 1927. G. Feder: Kampf gegen die Hochfinanz, München 1933.

83 Reichstagssitzung vom 5. Februar 1927. Verhandlungen des Reichstages. III. Wahlperiode 1924, Band 391, Stenographische Berichte, Reprint Bad Feilnbach 1986 S. 8880. Angriffe Feders finden sich auch in den Protokollen anderer Reichstagssitzungen. Vgl. dazu Verhandlungen des Reichstages. IV. Wahlperiode 1928, Band 424, 425, Stenographische Berichte, Reprint Bad Feilnbach 1986, S. 1504f. und 2631. Auch in der von Feder herausgegebenen Schriftenreihe: „Nationalsozialistische Bibliothek“ wurden polemische Beiträge veröffentlicht. Vgl. zum Beispiel Reinhardt (1929), S. 46ff.

84 Siehe dazu u.a. die von Bernhard Harms herausgegebene Aufsatzsammlung: Strukturwandlungen der Deutschen Volkswirtschaft, 1. und 2. Band, Berlin 1929.

85 Prion (1929b), S. 344.

Und nur ein Jahr später führte derselbe Autor aus:

> „Es kann keinem Zweifel unterliegen, daß sich in den Funktionen der Börse wichtige Umgestaltungen vollzogen haben. Die Börse ist nicht mehr ein Organ der Kapitalbeschaffung ... die Funktion des Handels wird immer mehr eingeengt; es bleibt noch die Funktion der Preisbildung, doch diese vollzieht sich auf einer anderen Grundlage, auf einer noch nicht wiederhergestellten Gleichgewichtslage."[86]

In den Begründungen für diese Entwicklung verwies man u.a. darauf, daß in einem Wirtschaftssystem, welches zunehmend die spezifischen Eigenschaften einer kapitalistischen Wirtschaft zu verlieren drohe, die Wertpapierbörse keinen zentralen Platz mehr einnehmen könne.[87] In der Folgezeit diskutierten die Zeitgenossen zum ersten Mal über die Existenzberechtigung der Wertpapierbörse aus Gründen, die weder ideologisch motiviert waren, noch sich an den Auswüchsen eines immer weiter um sich greifenden Börsengeschäftes entzündet hatten. Erstmalig wurde auch von einer nachlassenden Aktualität des Themas „Börse" in der öffentlichen Meinung berichtet.[88] Bemerkenswert war auch, daß in den Verhandlungen und Berichten der großen Enquete über die „Erzeugungs- und Absatzbedingungen der deutschen Wirtschaft" die Börse allenfalls am Rande Erwähnung fand, obwohl es einen eigenen Unterausschuß zum Geld-, Kredit- und Finanzwesen gegeben hatte.[89]

---

86 Prion (1930c), S. 37.

87 Kaliski (1932), S. 106.
Über die Verhältnisse an der Wiener Börse wurde mitgeteilt, daß diese nur noch vor sich hindämmere. Vgl. dazu: Adolf Drucker: Agonie der Börse, in: Vossische Zeitung, Nr. 42 vom 18.2.1928, Berlin 1928, 3. Beilage.

88 Vgl. Göppert (1930), S. 1ff.
Interessanterweise läßt sich zu dieser Zeit in anderen Ländern eine ähnliche Entwicklung beobachten. So wurde gegen Ende 1929 in Großbritannien eine Kommission zur Untersuchung des Verhältnisses von Wirtschaft und Finanzwesen eingesetzt, der unter anderem auch J. M. Keynes angehörte. Von den in diesem Komitee versammelten Sachverständigen wurde die Wertpapierbörse weder zu den besonderen Stärken noch zu den Schwächen des britischen Finanzsystems gezählt. Der Börse kam keine besonders herausragende Bedeutung zu, und deshalb brachte man ihr auch kein ausgeprägtes Interesse entgegen. Vgl. Michie (1990), S. 95.

89 Vgl. dazu: Ausschuß zur Untersuchung der Erzeugungs- und Absatzbedingungen der deutschen Wirtschaft. Verhandlungen und Berichte des Unterausschusses für Geld-, Kredit- und Finanzwesen (V. Unterausschuß). Die Reichsbank und Der Bankkredit, Berlin 1929 bzw. 1930.

Nach der Machtübergabe an Hitler wurde während der dreißiger Jahre vor allem darüber diskutiert, ob die Börse im neuen Staat noch eine Existenzberechtigung habe. Unstrittig war bei den Teilnehmern an dieser Debatte, daß es entscheidend von der Verfassung der Wirtschaft eines Landes abhänge, ob es eines organisierten Kapitalmarktes in Form einer Börse bedarf. Wo immer sich Ersparnisse ergäben, die die Eigentümer nicht selbst investieren wollten, bedürfe es eines Marktes, an dem sich Angebot und Nachfrage nach diesem Kapital treffen könnten. Angesichts einer in vielen Bereichen gelenkten Wirtschaft müsse der für alle sichtbare volkswirtschaftliche Nutzen, der einmal von der Börse ausgegangen sei, kleiner werden.[90]
In einer zunehmenden Zahl von Beiträgen wurde auch von einem Funktions- oder Bedeutungswandel der Börse berichtet. Daran läßt sich ablesen, wie stark sich dieses Phänomen mittlerweile ins Bewußtsein der interessierten Öffentlichkeit geschoben hatte. Man stimmte darin überein, daß sich die Aufgaben der Börse grundlegend verändert hatten und ihre Bedeutung geringer geworden sei.[91]

Gegen Ende der dreißiger Jahre hatte das Thema Börse an Interesse verloren. Man redete kaum noch über sie. So fand die Börse auf dem Allgemeinen Deutschen Bankiertag im Mai 1938 keine Erwähnung mehr, während sie in früheren Jahren oft ein Hauptberatungsgegenstand gewesen war. Dieses Schweigen zum Thema Börse in den Jahren ab 1938 stellte ein neuartiges Phänomen dar, denn gleichgültig ob die Beteiligten der Börse feindselig oder bewundernd gegenübergestanden hatten, stets ist die Börse interessant genug gewesen, auf die eine oder andere Art und Weise Erwähnung zu finden.[92]

---

90 Es finden sich eine Reihe von Beiträgen, in denen zum Ausdruck kam, daß eine Börse im Sinne der aus der privatkapitalistischen Zeit bekannten Institution nicht mehr notwendig sei. Vgl. dazu: Dröse: Brauchen wir noch eine Börse?, in: Stuttgarter Neues Tageblatt, Abend-Ausgabe vom 24.5.1937, Stuttgart 1937. o.V.: Börse - aber wie?, in: Zahlungsverkehr und Bankbetrieb, 20. Jahrgang, Nr. 5, Berlin 1938, S. 124-125. o.V.: Warum noch Börsen, in: Ruhr und Rhein. Wirtschaftszeitung, 20. Jahrgang, Heft 38, Essen 1939, S. 798. o.V.: Die Börse im Kriege, in: Die Wirtschaftskurve, hrsg. unter Mitwirkung der Frankfurter Zeitung, Heft 4, November, Frankfurt a.M. 1939, S. 354-357.

91 Vgl. Burkheiser (1936), S. 398.

92 In dem 1941 erschienenen Buch „Deutsches Wirtschaftsleben" von Adolf Weber, einem Werk, das nach den Worten des Verfassers den Versuch unternahm, das „neuzeitliche Wirtschaftsleben darzustellen", kam die Börse - bei insgesamt über dreihundert Seiten - nicht mehr vor. Vgl. Adolf Weber: Deutsches Wirtschaftsleben, Berlin 1941.

2.2 Spezielle Urteile zum Funktionswandel

Im vorigen Abschnitt ging es um die Frage, ob und falls ja, wann Zeitgenossen prinzipiell einen Funktionswandel der Börse erkannt haben. Im nun folgenden zweiten Schritt ist darzustellen, welche Veränderungen von Funktionen der Börse in diesem Zusammenhang beschrieben worden sind.

Nach übereinstimmender Meinung der Börsen-Historiker hat die Börse schon vor 1914 die ursprünglich für zentral gehaltene Funktion der Kapitalbeschaffung weniger und weniger erfüllt.[93] In der Zeit des Eisenbahn-Booms ist noch der größte Teil der Neuemissionen direkt an der Börse zum Verkauf gekommen. Mit dem Wachstum der Aktienbanken änderte sich dies. Die von den Banken vorgeschossenen Kredite wurden zwar durch die Emission von Wertpapieren konsolidiert, aber die Konsolidierung geschah zunehmend durch die Plazierung von Wertpapieren über das Filialnetz der Banken. Wenn man dann eine Börsenzulassung beantragte, war bereits ein Großteil oder der Gesamtbetrag der Wertpapiere untergebracht.[94]
Mit der Loslösung der Kapitalbeschaffung von der Börse und dem Übergang dieser Aufgabe auf die Banken kann ein erster Funktionswandel festgestellt werden. Die Kapitalbeschaffungsfunktion trat mehr und mehr zurück, während sich der Sekundärmarkt noch kräftig ausweitete, die Börse also noch deutlicher als zuvor den Charakter vornehmlich einer Kapitalumverteilungsinstitution erhielt. Der Beginn dieser Entwicklung wird etwa auf das Jahr 1880 veranschlagt.[95] Als Zeitpunkt, an dem die Emissionsfunktion bereits in erheblichem Ausmaß auf die Großbanken übergegangen war, kann die Jahrhundertwende angenommen werden.[96]
In der Zwischenkriegszeit wurden nur noch in ganz bescheidenem Um-

---

93 Vgl. dazu: Achterberg (1962), S. 5. Hardach (1950), S. 259. Harder (1952), S. 53. Hielscher (1988), S. 1012f. Walter (1989), S. 405. sowie K. Mellerowicz: Emissionsgeschäft, in: Enzyklopädisches Lexikon für das Geld-, Bank- und Börsenwesen, Band 1, 3. Auflage, Frankfurt a.M. 1967/68, S. 464-476.

94 Vgl. Pohl (1982), S. 282.

95 Pohl (1982), S. 284.

96 Ehrenberg bezeichnete im Jahre 1909 die Emission von Wertpapieren in Deutschland als einen Teil des Bankgeschäftes. Ehrenberg (1909), S. 185f. Vergleiche dazu auch Pohl (1982), S. 284. Sowie Wormser (1919), S. 70f.

fang Mittel direkt über die Börse beschafft.[97] Die nachträgliche Börsenzulassung hielt man aber nach wie vor für unumgänglich, damit Wertpapiere überhaupt erfolgreich beim Publikum abgesetzt werden konnten. Und solange die Börse als Sekundärmarkt für bereits umlaufende Wertpapiere von zentraler Bedeutung war, zog praktisch jede Wertpapieremission einen Antrag auf Börsenzulassung nach sich.

Diente die Wertpapierbörse bereits nach der Jahrhundertwende im wesentlichen nur noch als Zirkulationsmarkt, so ist es von besonderem Interesse zu erfahren, wie der Wandel einzelner Sekundärfunktionen beschrieben wurde. Bis 1914 behauptete die Börse ihre Rolle als Zirkulationsstelle für Wertpapiere noch weitgehend unangefochten. Trotzdem gibt es schon erste Berichte, die sich mit Veränderungen der Marktfunktion beschäftigten.[98] Gegen Ende der zwanziger Jahre registrierte erstmals ein größerer Kreis von Zeitgenossen den Umsatzrückgang auch am Sekundärmarkt der Börse. In den Erklärungsansätzen wurde analog zu den Darstellungen für den Verlust der Emissionsfunktion die Erledigung von Aufträgen in den Filialnetzen der Großbanken für den Verlust an Marktbreite verantwortlich gemacht.[99] Aber erst nach 1933 hatte man allgemein verstanden, daß die Umsatzrückgänge der Marktfunktion schwer gescha-

---

97 „Als Organ der Kapitalbeschaffung tritt die Börse mehr und mehr zurück; jetzt vollzieht sich die Kapitalbeschaffung im allgemeinen außerhalb der Börse durch das industrielle Kreditgeschäft und das Emissionsgeschäft der Banken sowie neuerdings durch die Unterbringung und den Handel mit Aktienpaketen." Prion (1931a), S. 352f. Vergleiche auch Knapp (1939), S. 78f. sowie den Artikel von Hirschstein: Bedeutungswandel der Börse, in: Magazin der Wirtschaft, 5. Jahrgang, Nr. 32, 1929, S. 1253.

98 So finden wir erstmals bei Prion eine Andeutung, daß die Kompensationsgeschäfte der Großbanken sich negativ auf die Marktbreite an der Börse auswirken könnten. In Kenntnis dieser Entwicklung hielt es Wormser kurz nach Kriegsende trotzdem nicht für angebracht, den Wertpapierbörsen eine Zukunft als reines Abrechnungsbüro der Großbanken zu prognostizieren. Vgl. Prion (1910), S. 57. Wormser (1919), S. 184f.

99 Vgl. u.a. Lücke (1929), S. 9.
Prion (1930b), S. 237 stellt insofern eine Ausnahme dar, als er zur Erklärung des zu beobachtenden Rückgangs der Börsengeschäfte ein Bündel von mehreren Faktoren heranzog:
1. Eine zu geringe Dividende der Aktiengesellschaften;
2. Zu hohe Besteuerung der Sparkapitalien und daraufhin einsetzende Kapitalflucht ins Ausland;
3. Kompensationen von Wertpapieraufträgen durch die Großbanken.

det haben.[100] In den Erklärungen, die für diese Entwicklung angeboten wurden, fanden vor allem aktuelle Probleme ihre Berücksichtigung, während weiter zurückliegende Aspekte nicht für so wesentlich erachtet wurden.[101] Eine Reihe von Faktoren, die in diesem Zusammenhang eigentlich zu erörtern gewesen wären, fanden in der einschlägigen Literatur keinen Niederschlag.[102]

Die Zeitgenossen machten vor allem den außerbörslichen Handel für den Wandel der Bewertungsfunktion verantwortlich.[103] So hob zum Beispiel der Präsident der Berliner Maklerkammer auf einer Sitzung des Börsenvorstandes im Februar 1935 hervor, daß die „amtlichen Kurse nach wie vor oft nur durch Ausgleich kleinster Spitzenbeträge zustande kämen, während sich die wirklichen Umsätze außerhalb des Marktes abspielten."[104] Unstrittig ist, daß Wertpapierkurse, die nur aufgrund von Spitzenbeträgen ermittelt werden, leicht durch die am Kursbildungsprozeß Beteiligten zu manipulieren sind. Insofern scheinen die damals geäußerten Zweifel, ob eine derartige Kursbildung überhaupt noch als Abbild der tatsächlichen Marktlage angesehen werden könne, berechtigt gewesen zu sein.

---

[100] Nach Überwindung der Weltwirtschaftskrise war der Umsatzrückgang im amtlichen Handel so stark, daß die Diskussion darüber zum zeitweise beherrschenden Thema in den Fachkreisen wurde. In regelmäßig über den Kapitalmarkt berichtenden Publikationen häuften sich die Äußerungen über die Marktenge und die sehr geringen Börsenumsätze, die auf einzelnen Marktgebieten „geradezu als Marktverödung" bezeichnet werden mußten. Siehe dazu: Die Wirtschaftskurve der Jahre 1933 bis 1939. Vierteljahrshefte zur Konjunkturforschung der Jahre 1934 bis 1936/37 oder die Rubrik: „Die Börse" in Wirtschaft und Statistik der Jahre 1934 bis 1939.

[101] Als Gründe wurden Sachverhalte genannt, die in folgenden Stichworten beispielhaft aufgezählt werden: Selbstfinanzierung der Unternehmen, Neuorientierung der Geldkapitalbildung, wachsende Betätigung des Staates in der Wirtschaft und eine internationale Isolierung der Volkswirtschaften. Vgl. dazu: o.V. (Segen 1939), S. 138. Gerber (1935), S. 110. o.V.: Aktuelle Börsenfragen, in: Die Bank. Wochenhefte für Finanz- und Bankwesen, Berlin 1936, S. 703-705. Knapp (1939), S. 14ff.

[102] Zu diesen Faktoren gehören zum Beispiel die Auswirkungen der Vernichtung der Kapitalvermögensbestände durch die Inflation. Auch die besondere Bedeutung, die den Phasen der Börsenschließung 1931/32 für die Förderung des außerbörslichen Handels zukam, wurde nicht erwähnt.

[103] Vgl. Ernst Horwitz: Die Kursbildung am Aktienmarkt seit der Stabilisierung, Berlin 1929. Prion (1931a), S. 352f.

[104] BHStA, MWi Nr. 519.

Nach der Machtübergabe an die Nationalsozialisten registrierten die Zeitgenossen, daß sich neben diesem Umstand auch die verschiedenen Maßnahmen zur Preislenkung negativ auf die Bewertungsfunktion der Börse ausgewirkt hätten.[105]
Wenn die amtlichen Wertpapierkurse aufgrund zunehmend geringerer Umsätze zustande kamen, so büßten sie damit auch weitgehend ihre Eignung ein, als Signal für die Allokation von Kapital zu dienen. Der Verlust der Allokationsfunktion der Börse ist in der zeitgenössischen Literatur jedoch nicht explizit zum Gegenstand intensiver Erörterungen gemacht, sondern eher beiläufig im Zusammenhang mit den Ausführungen zur Bewertungsfunktion abgehandelt worden. Ebenso wurde nur am Rande erwähnt, daß die Börse in ihrer Funktion, als Informations- und Kommunikationszentrum zu dienen, einem Wandel unterlag.

Wesentlich für die Bedeutung der Börse als Kommunikationszentrum des 19. Jahrhunderts ist ja vor allem die Zusammensetzung der Börsenbesucher gewesen. Die Besuchergruppe, der die Börse ihren legendären Ruf als Informationszentrum verdankte, waren die leitenden Persönlichkeiten aus Industrie, Handel und Finanzwesen. Deshalb war es von einschneidender Bedeutung, daß diese Personen immer weniger persönlich zum Börsenbesuch erschienen. Leider liegen Publikationen von Zeitgenossen über Auswirkungen des Strukturwandels der Besucher auf die Informations- und Kommunikationsfunktion der Börse nicht vor.[106] Insbesondere wurde nicht genauer beschrieben, daß es vor allem auch den Fortschritten in der Nachrichtentechnik zu verdanken gewesen ist, daß die Börsen als Versammlungsstätte leitender Persönlichkeiten des Wirtschaftslebens nicht mehr gebraucht wurden.[107]

---

105 Vgl. Knapp (1939), S. 56f. und Prion (1939), S. 79 sowie Weber (1947), S. 319f.

106 Es wurde lediglich zur *Kenntnis* genommen, daß sich die Struktur der Börsenbesucher verändert und die Qualität verschlechtert hatte. Vgl. dazu Wormser (1919), S. 233. Jahresbericht der IHK-Frankfurt am Main 1925, S. 21. IHK-Archiv Frankfurt am Main, Nr. 371. o.V. (Börsen-Invaliden 1928): Börsen-Invaliden - Invalide Börsen, in: Frankfurter Zeitung, Nr. 807 vom 27.10.1928, Frankfurt a.M. 1928, S. 3. Meyer (1920), S. 28f. Elsberg (1925), 3. Beilage.

107 In der Literatur und der Quellensammlung dieser Arbeit fand sich lediglich bei Prion (1924), S. 1043 ein kurzer Verweis auf die Bedeutung des Nachrichtenwesens für die Börse. In der neueren Literatur zum Börsenwesen wird dagegen den Fortschritten im Nachrichtenwesen eine erhebliche Bedeutung für die Veränderungen an der Börse beigemessen. Vgl. Gömmel (1992), S. 149f. Henning (1992), S. 252 und 259. Michie (1985), S. 66ff. Röhrl (1996). Bienert (1995). Schiereck (1995).

Der Vorsitzende des Centralverbandes des deutschen Bank- und Bankiersgewerbes Bernstein bezeichnete im August 1925 den Börsenausschuß beim Reichswirtschaftsministerium[108] als „obsoletes Gremium“.[109] Er begründete dies damit, daß es angesichts des mittlerweile erreichten Organisationsgrades der Wirtschaft und der *modernen Kommunikationsmittel* möglich sei, innerhalb von 24 Stunden für jede denkbare Frage einen Kreis berufener Sachverständiger zu Rate zu ziehen.

Ironischerweise wurde in den dreißiger Jahren die personelle Verödung der Börsen als Mangel benannt. Deutlich wird dies zum Beispiel aus einer Pressenotiz über eine Sitzung des Berliner Börsenvorstandes vom Februar 1935. In dieser Sitzung führte der Präsident der Berliner Börse, Reinhart, u.a. aus:

> „Um die Börse nach Möglichkeit wieder zu einer Versammlungsstätte der Leiter kaufmännischer Unternehmungen werden zu lassen, seien erhebliche Erleichterungen für die Zulassung dritter und weiterer Vertreter eines zur Börse schon zugelassenen Unternehmens geschaffen worden. Die Börsenleitung habe bei Bekanntgabe dieser Neuerung an die Mitglieder der Berliner Börse die Bitte gerichtet, *die Börsenmitglieder und Geschäftsinhaber möchten wieder wie früher in dem täglichen Besuch der Börse eine selbstverständliche Berufspflicht sehen.*“[110]

In der Zeit der Weimarer Republik lagen die Meinungen darüber, ob die Wertpapierbörse als Konjunkturbarometer geeignet sei, zum Teil weit

---

[108] Nach § 3 des Börsengesetzes von 1896 war der Börsenausschuß als Sachverständigenorgan zur Begutachtung über die durch das Börsengesetz dem Bundesrat zugewiesenen Angelegenheiten gedacht. Er sollte dem Bundesrat das sachliche Material für seine Beschlußfassungen darbieten. Darüber hinaus sollte der Börsenausschuß zu allen wichtigen Fragen auf dem Gebiet des Börsenwesens gehört werden.

[109] Schreiben Bernsteins vom 12.8.1925 an Ministerialdirektor Schäffer im Reichswirtschaftsministerium. GStAPK, I. HA. Rep. 120, C XI, Nr. 49-2.

[110] BHStA, MWi Nr. 519.
Ähnlich auch die Ausführungen in einem undatierten Bericht (aus den Jahren nach 1933) der Abteilung für Börsen- und Maklerwesen des preußischen Ministeriums für Handel und Gewerbe über die Verhältnisse an der Frankfurter Börse. GStAPK, I. HA Rep. 120, CXI 1, Nr. 12-5.

auseinander.[111] Dennoch war die Mehrzahl sachkundiger Beobachter grundsätzlich von der Funktion der Börse als Konjunkturbarometer überzeugt.[112] Erst nach Überwindung des Krisentiefs der Weltwirtschaftskrise setzte sich die Überzeugung durch, daß Börsenkurse wohl doch nicht mehr als Konjunkturbarometer geeignet seien. Von den Zeitgenossen wurde dazu sinngemäß wie folgt argumentiert:

> In der Vorkriegszeit galt es als unbestrittenes Forschungsergebnis, die Börsenkonjunktur als Bestandteil des Konjunkturzyklus anzusehen. Die Nachkriegszeit brachte nun die zwar nicht völlig unbekannte, doch in dieser Schärfe früher so nicht ausgeprägte Erscheinung einer von der allgemeinen wirtschaftlichen Konjunktur abweichenden Börsenkonjunktur.[113]

Die Zunahme von Störungen am Kapitalmarkt durch Krieg, Inflation und Weltwirtschaftskrise wurde im Rückblick dafür verantwortlich gemacht, daß die Lehre von der Barometerfunktion nicht mehr gültig sei. Zeitgenossen der ausgehenden dreißiger Jahre konstatierten, daß man in einer

---

111 Für die Meinung, die Börse habe die Barometerfunktion, sprachen sich zum Beispiel aus: Georg Bernhard: Die Börsenhausse, in: Magazin der Wirtschaft, 2. Jahrgang, Nr. 6, 1926, S. 166ff. O. Flick: Börse und Konjunktur, in: Deutsche Tageszeitung, Nr. 511, 29.10.1927, Berlin 1927, S. 4.
Gegen die Meinung, die Börse habe die Barometerfunktion, sprachen sich zum Beispiel aus: Fritz Pudor: Wirtschaft und Börse, in: Wirtschaftsblatt Niedersachsens, 6. Jahrgang, Nr. 35/36, Hannover 1926, S. 628-629. Friedrich Köhler: Der Börsen-Irrtum als wirtschaftlicher Faktor, in: Die Bank, Monatshefte für Finanz- und Bankwesen, 1. Halbjahr 1927, S. 78-85.

112 In den Geschäftsberichten der Großbanken der zwanziger Jahre scheinen immer wieder direkte oder indirekte Äußerungen durch, die belegen, daß man von einem funktionalen Zusammenhang zwischen Börsenkursen und allgemeiner Konjunktur ausging. Siehe zum Beispiel: Die Geschäftsberichte der Danat-Bank von 1927 und 1928. Den Geschäftsbericht der Dresdner Bank 1926, S. 8. Den Geschäftsbericht der Deutschen Bank 1926, S. 18.
In der Presse wurde die Tatsache, daß die Börsen ihre Funktion als Konjunkturbarometer wieder auszuüben begännen, als Rückkehr zu „normalen Zeiten" gedeutet. Vgl. Willy Schoor: Die deutschen Börsen wieder Konjunktur-Barometer!, in: Neues Wiener Journal, Nr. 12440 vom 11.7.1928, Wien 1928, S. 14.

113 o.V.: Verkennt die Börse die Konjunktur?, in: Berliner Börsen-Courier, Nr. 529, Morgenblatt vom 11.11.1933, Berlin 1933, S. 9. Donner (1934) Schacht (1934), S. 5f. und 10ff. Melchior Palyi: Effektenkredite, in: Handwörterbuch des Bankwesens, hrsg. von M. Palyi u. P. Quittner, Berlin 1933, S. 165-172. Wolfgang (1931), S. 41.

weitgehend gelenkten Wirtschaft so etwas wie ein Konjunkturbarometer nicht mehr brauche - weil es ja keine Konjunktur mehr geben würde.[114] Zusammenfassend läßt sich festhalten, daß man in den Fachkreisen tiefgreifende Veränderungen an der Wertpapierbörse erkannte. Die Beiträge waren jedoch stark von den außergewöhnlichen Umständen der Zeit ihres Entstehens geprägt. In den Erklärungsansätzen wurde vor allem auf die sichtbaren Probleme der Zeit verwiesen. Nach der Machtübergabe an die Nationalsozialisten machten auf der einen Seite Zeitgenossen in sachlicher Form auf aktuelle Tendenzen wie etwa den immer größeren Einfluß des Staates auf alle Bereiche der Wirtschaft aufmerksam.[115] Auf der anderen Seite hoben Ideologen vor allem die grundsätzlich neue Orientierung der Wirtschaftspolitik seit 1933 hervor. Von NS-Seite wurde ausgeführt, daß der Funktionswandel der Börse nur denjenigen verwundern könne, der die grundlegende Neuausrichtung in der Nationalsozialistischen Wirtschaftspolitik nicht verstanden habe. Während früher die Entscheidungen und Anregungen über die Verwendung von Kapital von der Börse nahestehenden Kreisen ausgegangen sei, bestimme nun der Staat die Kapitallenkung.[116]

---

[114] So wurde zum Beispiel ausgeführt, daß der Aktienbörse keinerlei Bedeutung mehr als Barometer der Wirtschaftskonjunktur zukomme, weil es nicht nur zu einer weitgehenden Unabhängigkeit, sondern sogar teilweise gegenläufigen Bewegung von Industrieproduktion und privater Inanspruchnahme des Kapitalmarktes gekommen sei. Vgl. o.V.: Bedeutungswandel der Börse, in: Münchner Neueste Nachrichten, Nr. 252 vom 9.9.1938, München 1938, S. 10. Knapp (1939), S. 79 aber auch Wrede (1936), S. 141f.

[115] Burkheiser (1936), Reichhardt (1937), Knapp (1939), o.V. (Wandlung 1941).

[116] Gerber (1935), S. 30f., 53f., 92. Noll (1938), S. 105f. Prion (1938), S. 100f. Knapp (1939), S. 39f., 101f.

3 Auswirkungen der Konzentration im Bankwesen auf die Börse

Kreditinstitute stellen bis heute einen wichtigen Teil der Börsenkulisse dar. Nicht zuletzt deshalb haben Veränderungen in der Struktur des Bankwesens zeitweise erhebliche Auswirkungen auf die Börsen und deren Geschäfte gehabt.

3.1 Die Verdrängung der Privatbankiers durch die Großbanken

Der Privatbankier des 19. Jahrhunderts war aufgrund seiner Geschäftsstruktur besonders innig mit der Börse verbunden, machte doch der Wertpapierhandel in der Regel den bei weitem wichtigsten Teil seiner Erwerbstätigkeit aus.[117] Im Effektenkommissionsgeschäft betreute er hauptsächlich jene Personen, die als Kapitalrentner bezeichnet worden sind. Die Leiter von Privatbankierhäusern erschienen vor 1914 öfter als etwa Direktoren von Großbanken auf der Börse, und vor allem sie waren es, die dem Börsenhandel sein Gepräge gaben.[118] Solange ein Großteil der am Wertpapierhandel beteiligten Bankiers überwiegend aus dem Effektengeschäft sein Einkommen bezog, bestand ein vitales Interesse an einem „gutgehenden" Wertpapierhandel an der Börse.
Die Vorteile, die der Privatbankier im Wertpapiergeschäft gegenüber den Großbanken hatte, lagen in seiner größeren Flexibilität und dem persönlichen Charakter der Kunde-Bank-Beziehung. Seine Schwächen lagen in einer geschäftsmäßigen Beschränkung, da er im Gegensatz zu den Aktienbanken nicht auf ein großes eingezahltes Eigenkapital, sondern vor allem auf seine persönliche Solidität und Tüchtigkeit verweisen konnte. Nachteilig für die Privatbankiers war deshalb, daß die persönliche Kunde-Bank-Beziehung mit der Zeit an Bedeutung verlor. Insbesondere für die

---

[117] Unter dem Begriff Privatbankier wurden damals Institute subsumiert, die einerseits an die private Aktienbank ohne weitverzweigtes Filialnetz angrenzten. So bestand zum Beispiel zwischen der Berliner Handelsgesellschaft (AG) und so bedeutenden Privatbankierhäusern wie Mendelssohn, Warburg, Oppenheim kaum ein Wesensunterschied. Andererseits nannten sich aber oft auch die ärmlichsten Maklerfirmen, die vom Effektenkommissionsgeschäft und der Spekulation auf eigene Faust lebten, *Bankgeschäft*. Deshalb soll im folgenden zwischen den großen „Privatbankiers" und der als „Provinzbankiers" bezeichneten Gruppe von kleinen und vergleichsweise kapitalschwachen Instituten unterschieden werden. Vgl. Wixforth / Ziegler (1997), S. 212.

[118] Vgl. Helten (1922), S. 152.

nach 1924 maßgeblichen Sparerschichten waren andere Motive[119] bei der Auswahl ihrer Bankverbindung ausschlaggebend, als dies noch für die Kapitalrentner vor 1914 gegolten hatte.

Bis etwa zur Mitte des 19. Jahrhunderts waren die Privatbankiers die mächtigsten und wichtigsten Träger des gesamten Kreditwesens.[120] Von diesem Zeitpunkt an sahen sie sich einer verstärkten Konkurrenz der neu ins Leben gerufenen Aktienbanken gegenüber. Seit dem ausgehenden 19. Jahrhundert war in Deutschland eine Tendenz zur Konzentration im Bankwesen zu verzeichnen, so daß die Zahl selbständiger Privatbankiers zurückging.[121] Im Kreditgeschäft waren die Privatbankiers spätestens seit den neunziger Jahren des 19. Jahrhunderts nicht mehr konkurrenzfähig, so daß auch die größten und angesehensten unter ihnen begannen, sich auf eine oder mehrere Nischenfunktionen wie insbesondere das Effektengeschäft zu spezialisieren. Ausschlaggebend für den Rückzug war das rasante Ressourcenwachstum der Aktienkreditbanken durch die Pflege des Depositengeschäftes.[122] Aber auch im Wertpapiergeschäft veränderten sich die Rahmenbedingungen. Darunter sollten die kleineren Privatbankiers in der Provinz besonders zu leiden haben.

Das Reichsstempelgesetz von 1885 gestattete dem Privatbankier in der Provinz, die Originalschlußnote seines Bankiers am Börsenplatz - den er zur Abwicklung eines Wertpapierauftrages eingeschaltet hatte - direkt und ohne neue Abstempelung an seinen Kunden weiterzugeben. Allerdings wollten die Provinzbankiers gegenüber ihren Kunden in der Regel die Namen ihrer Geschäftspartner nicht preisgeben. So stempelten sie auch noch die den Kunden vorgelegten Schlußnoten, was entweder höhere Spesen für die Kunden oder aber - wenn diese aus Wettbewerbsgründen nicht durchsetzbar waren - einen entsprechenden Provisionsverzicht der Provinzbankiers bedeutete.[123]
Im Zuge des Börsengesetzes von 1896 wurde u.a. das sogenannte Börsenregister eingeführt, in das sich jeder eintragen sollte, der an dem auf ein

---

[119] Wie z.B. örtliche Nähe der Bank, sowie Angebot von Sparformen die für die Anlage regelmäßiger kleinerer Beträge geeignet waren.

[120] Born (1967), S. 48.

[121] Jacob Riesser: Die deutschen Großbanken und ihre Konzentration im Zusammenhang mit der Entwicklung der Gesamtwirtschaft in Deutschland, 4. Aufl., Jena 1912. Vgl. auch Strauß (1928), S. 11ff. Pohl (1982), S. 261f. Heni (1934), S. 64ff. und 104. Fischer (1994), S. 17. Wixforth / Ziegler (1997), S. 208.

[122] Wixforth / Ziegler (1997), S. 213.

[123] Blumer (1930), S. 68.

kleines Segment des Aktienmarktes eingeschränkten Börsenterminhandel teilnehmen wollte.[124] Da diese Eintragung jedoch nicht zwingend vorgeschrieben war, entstand eine erhebliche Rechtsunsicherheit.[125] Im Falle der Nichteintragung konnte ein Spekulant gegenüber seinem Kontrahenten den sogenannten Differenzeinwand[126] erheben und sich damit aus seinen Verpflichtungen befreien. Manche Zeitgenossen waren davon überzeugt, daß es vor allem aus diesem Grund nach 1896 am Aktienmarkt zu einer Verlagerung des Geschäftsvolumens weg vom Börsentermingeschäft und hin zum Kassahandel kam.[127]

Die im Kassageschäft übliche Abwicklung der Geschäfte innerhalb von zwei Bankarbeitstagen erforderte jedoch im Gegensatz zum Terminhandel die Verfügbarkeit vergleichsweise großer Barmittel. Insbesondere den mit geringem Kapital arbeitenden Provinzbankiers war damit die Möglichkeit genommen, das Effektengeschäft wie vordem zu betreiben, und so konzentrierten sich die Effektenumsätze allmählich bei den großen kapitalkräftigen Instituten.[128]

Zusammen mit dem Börsengesetz von 1896 wurde auch ein neues Depotgesetz erlassen. Die Provinzbankiers waren vielfach auf die Geldbeschaffung durch Lombardierung eigener und fremder Wertpapiere angewiesen.[129] Gemäß § 8 des neuen Depotgesetzes sollten die fremden Wertpapiere nur noch für die in Zusammenhang mit ihrem Erwerb oder ihrer Verwahrung entstandenen Forderungen haften. Dadurch wurde der Spielraum der Provinzbankiers für Lombardgeschäfte entsprechend verkleinert.[130]

---

124 Meier (1992), S. 357. Weber (1947), S. 334f.

125 Eine Eintragung in das als „Spielregister" angesehene Börsenregister lehnte die Mehrzahl der Börsenhändler und Bankiers ab. Auch das private Publikum war kaum bereit, sich eintragen zu lassen, denn das Börsenregister war insofern vollkommen falsch angelegt, als es das private Publikum gegen dessen Willen vor der Spekulation im Wertpapiergeschäft schützen wollte. Vgl. Meier (1992), S. 358.

126 Ein Differenzgeschäft ist ein auf Lieferung von Waren oder Wertpapieren lautender Vertrag, der in der Absicht geschlossen wird, daß nicht tatsächliche Lieferung und Abnahme erfolgen soll, sondern der „verlierende Teil" lediglich die Differenz an den anderen Teil zahlt. Die Gerichte haben im Streitfall das Differenzgeschäft immer wieder als ein „Spiel" im Sinne des BGB angesehen, bei dem nicht auf Leistung geklagt werden konnte.

127 Vgl. Hartmann (1921), S. 2f. Fritsche (1913), S. 29. Gerlach (1905b), S. 28 und 37f. Meyer (1902), S. 17. Jüngst hat sich Wetzel (1996), S. 160f. u. 241 dieser Auffassung der Zeitgenossen angeschlossen.

128 Vgl. Schulz (1994), S. 529ff. Wetzel (1996), S. 242.

129 Vgl. Prion (1932), S. 33f.

130 Vgl. Meier (1992), S. 345f.

Es ist nicht weiter erstaunlich, daß gegen den durch das Börsengesetz von 1896 geschaffenen „unhaltbaren Zustand“ in den folgenden Jahren heftig protestiert wurde, insbesondere von seiten der Provinzbankiers, aber auch von Interessenvertretungen, in denen diese Sitz und Stimme hatten.[131]

Als mit Kriegsbeginn die Börsen geschlossen wurden, konnte sich nach kurzer Zeit ein immer reger werdender Geschäftsverkehr außerhalb der Börsenräume etablieren. An diesem außerbörslichen Handel nahmen zunächst nur die Privatbankiers teil, bis am 2. Juni 1915 die Großbanken ihre bis dahin geübte Abstinenz aufgaben. Offiziell lautete die Begründung der Großbanken, man wolle dem außerbörslichen Wertpapierhandel damit ein breiteres Fundament geben. Tatsächlich war dieser Schritt jedoch eine Reaktion auf die Neigung von Effektenkunden, von den Großbanken zu den Privatbankiers abzuwandern.[132]
Mit einer Verordnung des Bundesrates vom 15. Februar 1915 wurde jegliche Veröffentlichung von Kursen, soweit sie sich auf im Inland gehandelte Wertpapiere bezog, verboten.[133] Während die Großbanken ihre eigenen Filialen über interne Zirkulare mit den gewünschten Kursnachrichten versehen konnten, waren insbesondere die Provinzbankiers vom Informationsfluß abgeschnitten. Verständlicherweise haben diese daraufhin gegen das Kursveröffentlichungsverbot protestiert. Diese Proteste nahmen Zeitgenossen zufolge in den Jahren 1915 und 1916 an Zahl und Heftigkeit zu.[134]

Anfang 1917 schlossen sich auch die Handelskammern verschiedener Börsenplätze den Forderungen der Provinzbankiers an. So kritisierte zum Beispiel die Handelskammer Berlin die erhebliche Wettbewerbsverzer-

---

131 So wurde zum Beispiel in einer Denkschrift der Handelskammer zu Frankfurt am Main vom 15.9.1900 auf den *ursächlichen Zusammenhang* der Einführung des Börsengesetzes, dem Verbot des Terminhandels und der Verdrängung der Provinzbankiers verwiesen. BHStA, MH Nr. 1233.

132 Stürmer/Teichmann/Treue (1994), S. 327. o.V.: Von der Berliner freien Börse, in: Frankfurter Zeitung, Abendblatt vom 29.5.1915, S. 4.

133 Verboten waren danach zahlenmäßige Angaben über die amtlich nicht notierten Werte in öffentlichen Bekanntmachungen oder in Mitteilungen, die für einen größeren Kreis von Personen bestimmt waren, welcher Preis für den Umsatz des Papiers in Betracht kam oder zu welchem Preis das Papier in letzter Zeit gehandelt worden war. Unter Mitteilungen fielen alle Kurszettel, Prospekte, Berichte und Ankündigungen, die dem Publikum zugesandt wurden, sowie Anschläge oder Auslagen in den Kunden zugänglichen Geschäftsräumen. RGBL 1915, S. 111.

134 Hartmann (1921), S. 35f.

rung zugunsten der Großbanken.[135] Um der fortgesetzten Schädigung zu begegnen, die den Provinzbankiers - aber auch deren Geschäftspartnern an den Börsenplätzen - entstünden, sei eine Änderung der betreffenden Verordnung nötig. Die Handelskammer zu Frankfurt am Main schloß sich in einem Schreiben vom 24. Januar den Ausführungen der Berliner Handelskammer an. Ebenso votierten die Handelskammer zu Düsseldorf am 27. Januar, die Hanseatische Gesandtschaft der Stadt Lübeck am 13. Februar, das Königlich Bayerische Staatsministerium des Äußeren, im Namen der Handelskammern München und Augsburg, am 14. Februar.[136]
Unter Berücksichtigung dieser Eingaben und unter Abwägung der darin vorgebrachten Argumente brachte der Reichskanzler am 20. Juni 1917 in einem Schreiben an den preußischen Minister für Handel und Gewerbe zum Ausdruck, daß er eine Beseitigung der Monopolstellung der Großbanken beim Effektenhandel „im Sinne der von den Interessenvertretern gemachten Vorschläge" befürworte.[137] Am 9. November 1917 wurde die Mitteilung von Aktienkursen zwischen inländischen Bankiersfirmen wieder erlaubt.[138]
Insgesamt zeigte es sich, daß sich das Gewicht der Großbanken gegenüber den Provinzbanken in den Kriegsjahren verstärkte.[139] Festzuhalten bleibt allerdings, daß der Bedeutungszuwachs der Großbanken durch die spezifischen Bedingungen der Kriegsjahre (z.B. dem Kursveröffentlichungsverbot) erleichtert, jedoch nicht erst ermöglicht wurde, da es sich hier um die Fortsetzung eines schon länger anhaltenden Trends handelte.[140]

Insbesondere Privatbankiers an den Börsenplätzen hatten sich im Verlauf des Ersten Weltkriegs verstärkt dem Effektengeschäft zugewandt. Der im Zuge der Nachkriegsinflation außerordentlich gesteigerte Wertpapierhandel wirkte sich auf die wirtschaftliche Lage der Privatbankiers grundsätzlich positiv aus.[141] Während der Nachkriegsinflation stieg daher die Zahl

---

[135] Schreiben der Handelskammer zu Berlin vom 15. Januar 1917 an den Reichskanzler Hohlweg. BAP, 31.01 Nr. 16916.

[136] Schreiben der Handelskammern von Frankfurt am Main, Düsseldorf, der Hanseatischen Gesandtschaft von Lübeck, des Königlich Bayerischen Staatsministeriums des Äußeren München, vom 24. bzw. 27. Januar 1917 sowie 13. bzw. 14. Februar 1917. BAP, 31.01 Nr. 16916.

[137] Quelle ebd.

[138] Weber (1922), S. 137f.

[139] Pfeiffer (1926), S. 28f. Fendler (1926), S. 68.

[140] Wixforth (1995), S. 57.

[141] Wixforth (1995), S. 63. Ähnlich auch Kiehling (1995), S. 91f.

von Privatbankiers entgegen dem langfristigen Trend wieder an. Allerdings hat es sich bei diesen Inflationsgründungen häufig um unsolide Adressen von zweifelhaftem Ruf gehandelt. Insofern war die Zunahme der Zahl der Privatbankiers in der ersten Hälfte der zwanziger Jahre nur eine Scheinblüte.[142] Die meisten von ihnen mußten mit dem Ende der Inflation während der Stabilisierungskrise liquidieren und verschwanden wieder von der Bildfläche. Trotz des zahlenmäßigen Anstiegs der Privatbankiers wird man deshalb davon ausgehen können, daß sich die Konzentration im Bankwesen auch während der Inflationszeit fortsetzte.[143] Abgesehen von den während der spekulativen Aktienhausse gegründeten „Winkelbanken" überstanden die meisten der großen und bekannten Privatbankiers die Inflationszeit relativ gut.[144]

Nach der Stabilisierung der Mark sahen sich erneut die kleineren Provinzbankiers einem harten Verdrängungswettbewerb ausgesetzt. Der Rückgang der Zahl der Privatbankiers gegenüber der Vorkriegszeit war bis 1927 fast ausschließlich auf diese Gruppe konzentriert.[145] Im Zuge der weiter voranschreitenden regionalen Ausdehnung der Aktienbanken wurde es für diese immer schwieriger, Kunden außerhalb des Börsengeschäfts zu finden.[146] Nach 1924 wandten sich die kleineren und mittleren Privatbankiers deshalb verstärkt dem Geschäft des Börsenmaklers zu. Nur die großen bekannten Namen übten auf das Publikum eine nach wie vor so starke Anziehungskraft aus, daß dieses Depositen bei ihnen einlegte.[147] Den renommierten Häusern gelang es, da sie sich den veränderten und für das Bankgewerbe insgesamt wenig günstigen Umständen flexibler als die Großbanken anpassen konnten, vom Aufschwung des Wertpapierhandels nach 1925 zu profitieren.[148] Dies kann nicht zuletzt auf die nach 1924 veränderten Rahmenbedingungen für Börsengeschäfte zurückgeführt werden.
Für die Liquidität und Marktbreite von Primär- und Sekundärmarkt der Börse war es nachteilig, daß die Geldkapitalbildung nach 1924 vornehm-

142 Wixforth / Ziegler (1997), S. 215.

143 Stürmer / Teichmann / Treue (1994), S. 335.

144 Wixforth (1995), S. 73.

145 Wixforth / Ziegler (1997), S. 216.

146 W. Boes: Sind die Privatbankiers zum Aussterben verurteilt?, in: Bankwissenschaft. Zeitschrift für das Bankwesen, 3. Jahrgang, Heft 8, 1926, S. 316-322.

147 Vgl. Walter (1992), S. 95.

148 Ausdruck für eine erneute „Blütezeit" waren wachsende Bilanzsummen und steigende Gewinne bei allen großen Privatbankiers. Ulrich (1995), S. 132.

lich von den kleineren und mittleren Einkommensbeziehern getragen wurde.[149] Kapitalkraft und Sparmotive der neuen Sparerschichten wichen nämlich von jenen der ehemals dominierenden „Kapitalrentnerschicht“ erheblich ab.[150] Tendenziell bekam der Börsenhandel bei engeren Märkten und kapitalschwacher Kulisse ein volatileres Gepräge.

In dieser Situation erwies sich der Sachverstand der Privatbankiers dem Know-how in den Filialstellen der Großbanken als überlegen. Gerade in „unsicheren Zeiten“ erfüllten die Privatbankiers das viel stärkere Bedürfnis der (noch) an Wertpapieranlagen interessierten Kundschaft nach Beratung besonders gut. Darüber hinaus schlossen sich führende Privatbankiers nach 1924 vermehrt zu Interessengemeinschaften zusammen und konnten mit den Großbanken erfolgreich konkurrieren.[151] Insgesamt zeigten die Jahre von 1925 bis 1930 das Bild, daß es bei rückläufiger Zahl von Privatbankiers jenen Instituten, die man als bedeutend ansehen konnte, nicht schlecht ging. Gustav Stolper sprach 1928 sogar von einer *Renaissance der großen Privatbankiers*.[152]

---

[149] Vgl. Döring (1932), S. 387. o.V. Die deutsche Finanzwirtschaft vor und nach dem Kriege, in: Einzelschriften zur Statistik des Deutschen Reichs, bearb. im Statistischen Reichsamt, Berlin 1930, S. 10.
Die inflationsbedingte Verlagerung der Geldkapitalströme schlug sich auch in einer veränderten Bestandsstruktur nieder. Von 1924 bis 1928 sind mehr als 70 v.H. aller Rentenpapiere nicht von privaten Haushalten, sondern von Banken, Sparkassen, Versicherungen und öffentlichen Stellen aufgenommen worden. Borchardt (1971), S. 136f.

[150] Während die Kapitalrentner im 19. Jahrhundert das Schwergewicht ihrer Kapitaldispositionen auf den langfristigen Ertrag angelegt hatten, zeigte das Massensparen nach 1924 eher zweckorientierten, zeitlich begrenzten und das Risiko scheuenden Charakter.

[151] So beschlossen zum Beispiel 1925 die Häuser Oppenheim und Levy in Köln, Hirschland in Essen, Mendelssohn in Berlin und Warburg in Hamburg eine Interessengemeinschaft für das Auslandsgeschäft zu gründen. Nicht zuletzt aufgrund der oftmals sehr guten - zum Teil über Familienbindungen abgesicherten - internationalen Beziehungen der Privatbankdynastien war es diesen viel eher als den Großbanken möglich, nach der Stabilisierung der Mark die von der Industrie dringend benötigten Kontakte zu den ausländischen Kapitalmärkten herzustellen. Mitte 1931 trugen 18 große Privatbankiers ein Fünftel der kurzfristigen Auslandsschulden aller deutschen Banken von insgesamt 5,1-5,2 Mrd. RM. Fischer (1994), S. 9. Wixforth / Ziegler (1997), S. 224. Stürmer / Teichmann / Treue (1994), S. 346f.

[152] Gustav Stolper: Die Renaissance des Privatbankiers, in: Der Deutsche Volkswirt, 2. Jahrgang, Nr. 29 vom 20.4.1928, Berlin 1928, S. 967-968.

Die Zahl der (großen und renommierten) Privatbankierhäuser wurde erstmals in der Zeit der Weltwirtschaftskrise dramatisch reduziert.[153] Durch die Bankenkrise wurden auch viele Privatbanken in den Provinzzentren sowie in Berlin und Frankfurt schwer geschädigt. Im Gegensatz zu den Einlagen der Großbanken wurden jene der Privatbankiers nicht staatlich garantiert und auch sonst erhielten sie keine staatliche Stützung.[154]
Das Eintreten der öffentlichen Hand für die Großbanken stellte eine krasse Benachteiligung der nun um ihre Existenz ringenden großen und renommierten Privatbankierhäuser dar. Nach Ansicht von Zeitgenossen entstand damals in der Öffentlichkeit der Eindruck, daß es einen unmißverständlichen Willen der verantwortlichen Staatsstellen gäbe, Gebilde von so eminenter wirtschaftlicher Bedeutung wie die Großbanken unter allen Umständen zu erhalten.[155]
Im Sommer 1932 stellten die in Berlin ansässigen Privatbankiers die Forderung auf, die Großbanken sollten sich gänzlich aus dem Börsengeschäft zurückziehen.[156] Natürlich stieß dieses Ansinnen bei den angesprochenen Instituten auf wenig Sympathie und wurde abgelehnt. Insbesondere von der im Wertpapiergeschäft führenden Deutschen Bank kam Widerspruch. So verwies ihr Vorstandsmitglied Mosler in einem internen Vermerk vom 6. August 1932 darauf, man solle nach der Schwächung infolge der Börsenschließung jetzt keine Experimente mit der über Jahrzehnte gewachse-

---

153 Die Bankenkrise 1931 spielte dabei zwar eine herausragende Rolle, aber es lassen sich auch schon während der Jahre 1929 und 1930 gehäuft Liquidationen von Privatbankierhäusern ermitteln. Während des gesamten Zeitraums zwischen 1927 und 1932 sank die Zahl der Berliner und Hamburger Privatbanken um fast die Hälfte und in Frankfurt um etwa ein Drittel. Wixforth / Ziegler (1997), S. 217.
Wie Walter (1992) zeigen konnte, betrug die „Aufgabequote" (Liquidation, Geschäftsaufgabe oder Konkurs) im Zeitabschnitt 1913-1925 48 v.H. und im Zeitabschnitt 1925-1933 91 v.H. Vgl. Walter (1992), S. 94.

154 Neben den existenzgefährdenden Kapitalverlusten vieler Privatbankhäuser dürfte die „Verordnung des Reichspräsidenten über Aktienrecht, Bankenaufsicht und über eine Steueramnestie" vom 19. September 1931 (RGBL 1931, Teil I, S. 493) dazu beigetragen haben. Zahlreiche Privatbankiers verloren infolge der Reduzierung der Größe von Aufsichtsräten ihre Mandate, da oft die materielle Ressourcenposition von Kapitalbesitz und Gläubigerposition stärker als die überwiegend immaterielle Ressourcenposition (Fachwissen und weitverzweigte Kontakte) der Privatbankiers wog. Vgl. Wixforth / Ziegler (1997), S. 230.

155 Materialien zur Vorbereitung der Banken-Enquete 1933, Zusammengestellt vom Centralverband des Deutschen Bank- und Bankiersgewerbes (E.V.), Berlin 1933, hier S. 90f.

156 Adam Schmied: Börsenreform und Banken, in: Der Deutsche Volkswirt, 7. Jahrgang, Nr. 17 vom 27.1.1933, Berlin 1933, S. 534-536, hier. S. 534.

nen Organisation der deutschen Wertpapierbörsen machen. Außerdem wären die Provisionsausfälle im Falle des Rückzugs aus dem Wertpapiergeschäft für die Großbanken nicht zu verkraften, und zudem würde das Emissionsgeschäft leiden, wenn es ausschließlich über die kapital- und damit plazierungsschwachen Privatbankiers laufen sollte. Alles in allem würde eine solche Reform eine Schwächung der Kapitalkraft der Börsen, eine Erhöhung der Geschäftsabwicklungskosten - kurz, eine Verschlechterung der Lage bedeuten.[157]
Mosler nutzte, wie aus einem weiteren Aktenvermerk vom 24. August 1932 hervorgeht, die nächste Gelegenheit, seine Argumente Reichsbankpräsident Luther in einem persönlichen Gespräch vorzutragen. Dabei erklärte Luther, daß für die Reichsbank eine Umgestaltung der Börsenorganisation nicht in Frage komme.[158] Trotzdem gelang es der Interessengemeinschaft der Berliner Privatbankierfirmen im Herbst 1932, im Centralverband des Deutschen Bank- und Bankiersgewerbes eine Vollversammlung für den 11. Januar 1933 durchzusetzen.[159] Bei dieser Versammlung erhoben die Privatbanken erneut ihre Forderung zur Umgestaltung der Börsenorganisation. Mittlerweile sei es infolge der Konzentration im Bankwesen zu einer Funktionsunfähigkeit der Börse gekommen. Die Großbanken übten maßgeblichen Einfluß auf die Kursgestaltung aus und schalteten somit die Bewertungsfunktion der Börse aus. Außerdem kämen wegen der Kompensation von Aufträgen im Filialnetz der Großbanken zuwenig Aufträge an die Börse, was deren Marktfunktion schwäche. Die Großbanken sollten sich vom Börsengeschäft zurückziehen, und den Privatbankiers die Stellung von „Börsenbankiers" (also de facto ein Exclusivrecht der Zugangsintermediation) eingeräumt werden. Außerdem sollten sich die Großbanken verpflichten, alle Wertpapieraufträge der Börse zuzuführen.

Eine entsprechend diesen Vorstellungen erfolgte Änderung der Börsenorganisation hätte das Ende des deutschen Universalbankensystems bedeutet. Für eine derart umfassende Reform war, wie sich bald herausstellte,

---

[157] BAP, 80 Ba 2 Nr. P-344, Blatt, 001ff.

[158] Quelle ebd.

[159] Vgl. o.V.: Börsenreform, in: Frankfurter Zeitung vom 19.1.1933. o.V.: Kampf der Privatbankiers, in: Kölnische Zeitung vom 12.1.1933. o.V.: Vorstoß der Privatbankiers, in: Berliner Tageblatt vom 10.1.1933. o.V.: Börsen und Banken im Gegensatz, in: Frankfurter Zeitung vom 11.1.1933, Frankfurt am Main, S. 4. o.V.: Kampfabstimmung innerhalb der Berliner Privatbankiers, in: Frankfurter Zeitung, Abendblatt vom 10.1.1933, S. 4.

weder bei den maßgeblichen Akteuren im Bank- und Börsenwesen noch bei den zuständigen staatlichen Stellen eine Unterstützung zu finden. So blieb der Vorstoß vom 11. Januar 1933 ohne praktische Folgen.

In den Jahren nach 1933 setzte sich die Konzentration im Bankwesen sowie die Verdrängung der Privatbankiers unter veränderten Rahmenbedingungen fort. Nun spielten politische und ideologische Motive eine wesentliche Rolle, wenn über den Fortbestand oder die Auflösung bzw. Verschmelzung eines Institutes mit einer anderen Bank entschieden wurde.[160] Ein tiefgreifender Einschnitt für die Geschäftsgrundlage der meisten großen jüdischen Privatbankiers ergab sich aus der Rassenpolitik der Nationalsozialisten. Gegenüber Privatbankhäusern, die als Symbol des „jüdischen Weltkapitalismus" galten, setzten Drohungen und Störungen des Geschäftslebens ein. Sichtbar wurden die antijüdischen Maßnahmen in der Herausdrängung aus Ämtern und Aufsichtsratsmandaten. Die Tätigkeit der jüdischen Privatbankiers in Deutschland wurde bewußt eingeschränkt. Das spiegelt sich im Rückgang ihrer Bilanzsummen wider.[161] Unter den von 1933 bis 1939 um mehr als die Hälfte in ihrer Zahl reduzierten selbständigen Privatbankiers hat sich ein erheblicher Teil befunden, der nicht aus ökonomischen Gründen aufgab, sondern den Aktionen im Rahmen der von NS-Seite betriebenen Arisierung zum Opfer fiel.[162] Dabei hatte die Arisierung in den ersten Jahren der nationalsozialistischen Herrschaft noch eher den Charakter einer schleichenden und allmählichen Verdrängung. In der zweiten Hälfte der dreißiger Jahre wurde allerdings die Arisierung deutlich beschleunigt. Die Ausschaltung jüdischer Privatbankiers wurde nun *planmäßig* und *offen* betrieben.[163]
Mitte der dreißiger Jahre begann die Reichsbank damit, zwischen „arischen" und „nicht-arischen" Banken zu unterscheiden.[164] Nach einer Studie der Volkswirtschaftlichen Abteilung der Reichsbank waren 1935

---

160 Eckhard Wandel: Das deutsche Bankwesen im Dritten Reich, in: Deutsche Bankengeschichte, Band 3, Frankfurt am Main 1983, S. 178ff.

161 Ulrich (1995), S. 133ff.

162 Ein Bankier, der die Arisierungsdebatte im deutschen Bankgewerbe vorantrieb, war Kurt Freiherr von Schröder vom Bankhaus Stein in Köln. Der zum Leiter der Fachgruppe der Privatbankiers aufgestiegene Schröder leitete mit einem Artikel „Der Privatbankier und seine Aufgaben im neuen Staat" (Bank-Archiv, 1935, S. 152ff.) die forcierte Arisierung jüdischer Privatbankiers ein.

163 Kopper (1995), S. 254. Fischer (1994), S. 44f. Wixforth / Ziegler (1997), S. 231.

164 o.V.: Ausschaltung des Privatbankiers?, in: Die Deutsche Volkswirtschaft. Nationalsozialistischer Wirtschaftsdienst, 4. Jahrgang, Berlin 1935, Nr. 35, S. 1111.

rund 38 v.H. aller privaten Banken als „nicht-arisch“ einzuordnen. Als Göring 1937 den Posten des Reichswirtschaftsministers von Schacht übernahm, bestand eine seiner ersten Amtshandlungen darin, den Prozeß der Arisierung dadurch voranzutreiben, daß die Definition, wann ein Bankhaus als „nicht-arisch“ anzusehen sei, ausgedehnt wurde.[165] In der zweiten Hälfte der dreißiger Jahre spielten jene Privatbankiers, die die Umgestaltungen durch das NS-Regime überstanden, nur mehr eine bescheidene Nischenrolle, ohne einen bemerkenswerten Einfluß auf die Börse ausüben zu können. Insgesamt hatte sich der Privatbanksektor durch die „Arisierungs-Politik“ grundlegend gewandelt. Weit schwerer als der quantitative Bedeutungsverlust (Zahl der Bankhäuser, Bilanzsumme etc.) wog dabei der qualitative Bedeutungsverlust der Branche (Verlust bedeutender Persönlichkeiten aus dem Wirtschaftsleben).[166]

3.2 Die Kompensation von Aufträgen durch die Großbanken

Unter den Argumenten, die zur Erklärung des Austrocknens von Börsenumsätzen in der Zwischenkriegszeit genannt werden, hat schon seit langem jenes einen festen Platz in der Literatur, das auf spezifische Folgen der Konzentration im Bankwesen für den Wertpapierhandel verwies. In diesem Zusammenhang ist unter anderem der zunehmende außerbörsliche Handel genannt worden. Dabei gilt es als herrschende Meinung, daß parallel zur Konzentration im Bankwesen ein Trend zur Ausweitung des Anteils der im Filialnetz kompensierten Wertpapieraufträge an sämtlichen von den Großbanken abgewickelten Kommissionsgeschäften festzustellen sei.[167] Bis heute fehlen jedoch quantitative Belege, die erhellen könnten, in welchem Umfang die Banken Aufträge kompensierten. Vereinzelt wurden zwar Zahlen genannt, doch beruhten diese meistens auf Schätzungen.[168]

---

165 Stürmer / Teichmann / Treue (1994), S. 377ff.

166 Fischer (1994), S. 44f.

167 So schreibt z.B. Henning (1992), S. 257, daß nach dem Ersten Weltkrieg innerhalb der Banken mit großem Filialnetz das Kompensationsgeschäft außerhalb der Börse immer weiter ausgedehnt wurde. Vgl. auch Doll (1940), S. 46. Hampel (1952), S. 19. Hanssen (1976), S. 25f. Lütje (1970), S. 91 u. 97. Meier (1992), S. 219 u. 225f. Prion (1910), S. 57. Prion (1924), S. 1056. Prion (1932), S. 33f. und 45. Weber (1947), S. 322f. Wetzel (1996), S. 242. Wormser (1919), S. 184f.

168 Weber meinte zum Beispiel, daß in der Zwischenkriegszeit „normalerweise“ nur etwa ein Drittel aller Aufträge die Börse erreichte. Weber (1947), S. 322f.

Die noch im Allgemeinen Deutschen Handelsgesetzbuch von 1861 zugrunde gelegte Vorstellung des reinen Kommissionärs stimmte schon vor 1914 im Wertpapiergeschäft nur noch in den seltensten Fällen mit der Wirklichkeit überein.[169] Im Wertpapierhandel war seit der Einführung des HGB im Jahre 1897 durch die Bestimmung des § 400 der Selbsteintritt die rechtliche Form, in der sich in der Regel die Ausführung von Kundenaufträgen vollzog. Dadurch war es den Banken leichter möglich, Aufträge im eigenen Filialnetz zu kompensieren, ohne daß diese Praxis den jeweiligen Kontrahenten bekannt wurde. Voraussetzung für den Selbsteintritt war, daß der aktuell geltende Börsen- oder Marktpreis für den jeweiligen Gegenstand des Geschäftes zugrundegelegt wurde.[170] Der § 403 HGB ermächtigte den Kommissionär, auch im Falle des Selbsteintritts die gewöhnliche Provision sowie die „sonst regelmäßig vorkommenden Kosten“ zu berechnen. Diese Bestimmung setzte somit geradezu eine Prämie auf solche Geschäfte aus, die nicht über die Börse abgewickelt, aber unter Belastung aller Börsenspesen abgerechnet wurden. So verwundert es kaum, daß die Großbanken schon vor 1914 in ihren Allgemeinen Geschäftsbedingungen eine Passage aufgenommen hatten, daß sie *in jedem Fall* ihren Kunden gegenüber als Selbstkontrahenten auftreten würden.[171]

Kompensierbar waren in der Regel alle unlimitierten Wertpapieraufträge am Renten- und Aktienmarkt. Lagen bei einer Bank zwei entgegengerichtete Aufträge im selbem Wertpapier vor, so brauchte die Bank kein Deckungsgeschäft an der Börse abzuschließen, sondern konnte diese Aufträge in sich ausgleichen. Zur Ausführung an die Börse wurde in diesem Fall nur jener Betrag geleitet, um den sich die beiden Aufträge unter-

---

169 Meier (1992), S. 218f. und 226.

170 Das Selbsteintrittsrecht des Kommissionärs stellt eine eigenartige Verknüpfung von Kommissions- und Kaufrecht dar. Die Kommission hat einen Geschäftsbesorgungsvertrag zum Gegenstand, so daß der Kommissionär die Interessen des Auftraggebers unter Umständen seinen eigenen Interessen voranzustellen hat. Auf der einen Seite soll der Kommissionär also den günstigsten Preis für seinen Kunden herausholen, darf aber auf der anderen Seite selbst als Kontrahent auftreten. Um den Interessenkonflikt bei der Preisbildung zu lösen, wurde im Gesetz vorgeschrieben, daß der jeweils gültige Börsenpreis zugrundezulegen war. Vgl. Hanssen (1975), S. 25f. Lichtenfels (1975), S. 59f. und 67f.

171 Fürst (1917), S. 17. Göppert (1930), S. 18.

schieden (sogenannter Spitzenausgleich).[172] Je größer eine Bank und ihr Kundenkreis war, um so mehr Gelegenheiten für derartige Kompensationen mußten sich ihr bieten.
Die von Zeitgenossen vertretene Argumentation, daß jede Filialbank ein wirtschaftliches Interesse habe, ihre Kompensationsgeschäfte auszubauen, ist prinzipiell richtig.[173] Die Kompensation von Wertpapieraufträgen bei den Großbanken nahm bereits in den achtziger Jahren des 19. Jahrhunderts ihren Anfang. Zwar hatten solche außerbörslichen Transaktionen zunächst noch eine relativ untergeordnete Bedeutung, doch im Zuge des Wachstums der Großbanken kam es in der Folgezeit zur Ausdehnung dieser Geschäfte. Zahlreiche Emissionshäuser suchten die von ihnen emittierten Wertpapiere bei den eigenen Kunden unterzubringen, um auch den Sekundärhandel dieser Wertpapiere weitgehend im eigenen Filialnetz abwickeln zu können.[174] Im Gegenzug war der Gesetzgeber schon frühzeitig bemüht, durch die Einführung einer Zusatzsteuer den mit Kompensationen verbundenen Ertragsvorteil der Großbanken gegenüber den Privatbanken zumindestens teilweise wieder auszugleichen.[175] Mit einer „Verordnung zur Änderung des Reichsstempelgesetzes" vom 14. Juli 1900 wurde im § 12 des Reichsstempelgesetzes ein Passus eingefügt, der den wirtschaftlichen Vorteil der kompensierenden Bank in bezug auf den Umsatzstempel wegsteuerte.[176]

Ein Effektenkommissionsgeschäft bestand in der Regel aus zwei sogenannten Kundengeschäften (Kunde zu Bank) und einem Händlergeschäft (Bank zu Bank), vermittelt durch einen Makler. Im Zeitraum von 1900 bis 1939 waren vier Fälle von Relevanz:

---

172 Eine zeitgenössische Beschreibung über die Gestaltung und Abwicklung von Kommissionsgeschäften findet sich in einem Vermerk des Vorstandsmitglieds der Deutschen Bank Mosler vom 20.10.1936. BAP, 80 Ba 2 Nr. P-344, Blatt 53f.

173 Vgl. dazu: o.V.: Wie kann die Börse mehr der Allgemeinheit dienstbar gemacht werden?, in: Jahrbuch für Gesetzgebung, Verwaltung und Volkswirtschaft im Deutschen Reich, 31. Jahrgang, 1907, S. 119-148, hier S. 122. Lücke (1929), S. 9. Georg Bernhard: Berliner Börsen-Kulisse, in: Magazin der Wirtschaft, 6. Jahrgang, Nr. 14, 1930, S. 641-645. Prion (1932), S. 33f. Prion (1939), S. 73f.

174 Meier (1992), S. 219.

175 Die Einführung einer Kompensationsteuer war schon im Jahre 1894 angeregt, aber wegen juristischer oder praktischer Probleme im Reichstag abgelehnt worden. Meyer (1902), S. 17. Gerlach (1905b), S. 23.

176 RGBL 1900, S. 260f. Analog sind die entsprechenden Passagen in den späteren Fassungen des KVStG: RGBL 1918, S. 824. RGBL 1922, Teil I, S. 368. RGBL 1931, Teil I, S. 250.

1. Im ersten Fall wurde das Geschäft regulär über die Börse abgewickelt. Jede Bank verlangte von ihrem Kunden die Börsenumsatzsteuer für ein „Kundengeschäft" und ein halbes „Händlergeschäft" sowie die Maklercourtage und die Bankprovision. Die Steuer hatte jede Bank an den Fiskus abzuführen, die Courtage an den Makler. Die Provision verblieb bei der kompensierenden Bank.
2. Im zweiten Fall führte *eine Bank* das Geschäft durch Kompensation im eigenen Filialnetz aus. Sie berechnete ihren Kunden die gleichen Kosten wie im ersten Fall. Die Bank führte jedoch nur die Steuer für die beiden Kundengeschäfte an den Fiskus ab. Sie hatte damit einen wirtschaftlichen Vorteil in Höhe der ersparten Börsenumsatzsteuer eines Händlergeschäftes sowie der einfachen Maklercourtage.
3. Im dritten Fall wurde eine Kompensationsteuer genau in jener Höhe erhoben, die der ersparten Umsatzsteuer für ein Händlergeschäft entsprach und nun ebenfalls an den Fiskus abzuführen war. Somit verblieb der kompensierenden Bank noch jener Vorteil, den sie aus der zusätzlichen Vereinnahmung der ersparten Maklercourtage hatte.
4. Im vierten Fall wurde eine Kompensationsteuer mit einem prohibitiv wirkenden Steuersatz erhoben. Sowohl der Vorteil der ersparten Börsenumsatzsteuer als auch der Vorteil der ersparten Maklercourtage wurden dadurch mehr als wettgemacht.

Im Zeitraum von 1900 bis 1918 ist die Kompensationsteuer in der unter Nr. 3 skizzierten Form erhoben worden.[177] Den Banken verblieb im Falle einer Kompensation der wirtschaftliche Vorteil aus der ersparten Maklercourtage. Stellt man (wie hier) allein auf eine ökonomische Begründung ab, so kann für diesen Zeitraum nur dann ein *Trend* zur Ausdehnung von Kompensationsgeschäften unterstellt werden, wenn im wirtschaftlichen Vorteil der ersparten Maklercourtage ein hinreichend starker Anreiz gesehen wird.
Die Maklercourtage machte vor dem Ersten Weltkrieg 0,45 Promille vom Kurswert oder etwa 25 v.H. der gesamten Transaktionskosten eines Aktienkaufes aus.[178] Inwieweit dieser wirtschaftliche Anreiz (1900-1918) hoch genug gewesen ist, um - wie in der Literatur angenommen wird - die Kompensationsgeschäfte mehr oder weniger stetig auszudehnen, kann hier nicht entschieden werden.

---

[177] RGBL 1900, S. 260f.

[178] Die Wirtschaftskurve, hrsg. unter Mitwirkung der Frankfurter Zeitung, Jahrgang 1926, Heft II, Frankfurt am Main S. 149.

Als sich die Großbanken während der Nachkriegsinflation mehr dem Eigenhandel zuwandten, verloren die Kompensationsgeschäfte immer mehr an Bedeutung.[179] Der Wertpapierhandel lag zu einem wieder größer werdenden Teil in den Händen kleinerer Bankgeschäfte und Privatbankiers, bei denen die Kompensationsmöglichkeit naturgemäß nur im geringen Umfang gegeben war. Gerade deren Vertreter haben aber - wegen der mit der Zusatzsteuer verbundenen Verwaltungsarbeit - gegen Ende der Inflationszeit auf eine Aufhebung der Kompensationsteuer gedrängt. Durch den § 90 b Abs. 1 des Kapitalverkehrsteuergesetzes in der Fassung des Artikels V § 1 Nr. 17 der zweiten Steuernotverordnung vom 19. Dezember 1923 wurde die Kompensationsteuer mit Wirkung vom 1. Januar 1924 außer Kraft gesetzt.[180]

Am 1. Januar 1924 trat nun jene Situation (Nr. 2) ein, in der die Banken im Falle einer Kompensation den vollen wirtschaftlichen Vorteil der ersparten Transaktionskosten einbehalten konnten. Und in der Tat engagierten sich in den folgenden Jahren die Großbanken wieder verstärkt im Effektenkommissionsgeschäft, so daß der Anteil der Kompensationsgeschäfte an allen Wertpapiergeschäften von Jahr zu Jahr zunahm. Nach Aufzeichnungen des Reichsfinanzministeriums war jedoch erst im jahre 1929 eine für den amtlichen Handel an der Wertpapierbörse kritische Grenze überschritten.[181] Am 27. September 1929 entstand mit der Verkündigung der Fusion von Deutscher Bank und Discontogesellschaft ein Bankkonzern, der dank seiner Größe tatsächlich einen wesentlichen Teil des für die Börse bestimmten Wertpapierhandels im eigenen Filialnetz abwickeln konnte. Nun konstatierten Zeitgenossen, daß der Anteil an Kompensationsgeschäften stark gewachsen sei. Die Börsen seien als Ausgleichsstelle für den Effektenhandel in mancherlei Hinsicht überflüssig geworden und eines Teils ihrer Funktionen beraubt.[182]

---

179 Helten (1922), S. 172f.
Auch im Zeitraum 1918-1923 wurde die Kompensationsteuer gemäß der unter Nr. 3 skizzierten Form erhoben.

180 RGBL 1922, Teil I, S. 368. Sowie RGBL 1923, Teil I, S. 1205.

181 So heißt es in einem Vermerk vom 25.10.1930 auf Seite 3: „... erst seit dem Jahre 1929 ist es wirtschaftlich notwendig, dass die Kompensationsteuer wieder erhoben wird.“ BAP 21.01 Nr. B-7731.

182 Nach Schätzungen aus Pressekreisen beherrschte die damals neu geschaffene DeDi-Bank im ersten Halbjahr 1930 über 40 v.H. des deutschen Wertpapiergeschäftes und war in der Lage, einen wesentlichen Teil des für die Börse bestimmten Wertpapierhandels im eigenen Filialnetz abzuwickeln. Vgl. B. Saekel: Hilfe für die Börse, in: Berliner Tageblatt vom 23.3.1930. o.V.: Wie steht die Börsenreform?, in: DAZ vom 30.5.1930. Ebenso o.V.: Absterben der Börsen, in: Hamburger Corre-

Die Abteilung für Börsen- und Maklerwesen im Preußischen Ministerium für Handel und Gewerbe stellte fest:[183]

> „Durch die Fusion der Deutschen Bank und der Discontogesellschaft hat die Konzentration der Börsengeschäfte weitere Fortschritte gemacht. Diese Entwicklung wird noch weiter gehen, wenn diesem Zusammenschluß in kürzerer oder längerer Zeit noch weitere folgen werden ... . Infolge dieser Entwicklung strömen naturgemäß die sonst der Börse durch viele Kanäle zugeleiteten Aufträge zunächst in nur wenige Sammelbecken und werden dort gesichtet, d.h. diejenigen Aufträge zum Ersten, Einheits- oder Schlußkurs, die sich ausgleichen, werden gar nicht mehr bei den Maklern aufgegeben, sondern bei der Bank kompensiert. Hieraus erwachsen den Grossbanken ... ungeheure Einnahmen, indem sie die gesamten Unkosten ... zwar ersparen, ihren Kunden aber trotzdem in Rechnung stellen."

Der Anteil von Bankenkompensationen wurde für das Fiskaljahr 1929/30 vom Reichsfinanzministerium auf mindestens 50 v.H. aller Kundenaufträge geschätzt. Die Einnahmeausfälle des Börsenumsatzsteueraufkommens - die aus den nicht an den Fiskus abgeführten Steuerbeträgen der Händlergeschäfte resultierten - wurden auf 6-8 Mio. Reichsmark beziffert.[184] Um dem nach Meinung des Reichsfinanzministeriums börsenpolitisch und fiskalisch unhaltbaren Zustand Einhalt zu gebieten, sollte eine Überleitung der Kompensationsgeschäfte an die Börse bewerkstelligt werden. Bereits Sommer 1930 waren sich die beteiligten Reichsbehörden grundsätzlich in dem Ziel einig, die Großbanken zum Verzicht auf die Kompensation von Aufträgen zu bewegen.[185] Die Änderung der Börsengesetzgebung wurde jedoch aus den gegebenen politischen und wirtschaftlichen Gründen für nicht machbar gehalten. Eine freiwillige Verpflichtung der Banken, sämtliche Aufträge der Börse zuzuführen, sei aufgrund des Widerstandes der größten Bank in Deutschland nicht in die Praxis umsetzbar. Nur der Weg, die Kompensationsgeschäfte steuerlich so stark zu belasten, daß es für die Banken vorteilhafter werde, die Auf-

---

spondent vom 10.7.1930. Zeitungsausschnittssammlung der Reichsbank. BAP, 25.01 Nr. 1464 bzw. Nr. 1508.

183 Undatierter Vermerk der Abteilung Börsen und Maklerwesen im Preußischen Ministerium für Handel und Gewerbe. GStAPK, I. HA, Rep. 120, CXI 1, Nr. 45-4.

184 Vermerk des Reichsfinanzministeriums vom 25.10.1930. BAP 21.01 Nr. B7731.

185 Aktenvermerk ohne Datum aus dem Reichsfinanzministerium betreffend die Börsenumsatzsteuer bei Kompensationsgeschäften. BAP 21.01. Nr. B-7731.

träge an die Börse zu geben, wurde für gangbar gehalten. Der vom Reichsfinanzministerium ausgearbeitete Plan sah deshalb die Wiedereinführung der Kompensationsteuer vor.

Als ab dem 13. Juli 1931 der amtliche Börsenhandel ruhte, sah man in der geplanten Wiedereinführung der Kompensationsteuer darüber hinaus eine Maßnahme, die dazu beitragen sollte, den amtlichen Wertpapierhandel nach der Börsenwiedereröffnung stärker zu beleben.[186] Deshalb hatte man vor, die bisherige Fassung des § 59 KVStG nochmals zu verschärfen. Trotz des hinhaltenden Widerstandes der Großbanken (angeführt von der DeDi-Bank) wurde mit der „4. Notverordnung" vom 8. Dezember 1931 das Kapitalverkehrsteuergesetz entsprechend den Vorstellungen der Regierung abgeändert.[187]
Auf der Sitzung der Maklerkammer am 8. Januar 1932 dankte der Vorsitzende Stein vor Eintritt in die Tagesordnung den Herren Staatskommissaren für ihre Bemühungen, die sie zur Rückführung der Kompensationsgeschäfte der Banken an die Börsen auf sich genommen hätten. Mittlerweile sei eine von weiten Kreisen der Börse und der Öffentlichkeit aufgestellte Forderung erfüllt worden. Zweck der Vorschrift sei, durch Zuführung dieser Orders an die Kursmakler eine Verbreiterung der Kursbasis und damit eine größere Kurswahrheit herbeizuführen.[188]
Eine „Verordnung über die Erhebung der Börsenumsatzsteuer bei Kompensationsgeschäften" vom 24. März 1932 bestimmte, daß die in der vierten Notverordnung vorgesehene Kompensationsteuer ab dem 4. April 1932 erhoben werden sollte.[189] Damit wurden Kompensationsgeschäfte nun derart hoch besteuert (siehe oben Nr. 4), daß es für die Banken unrentabel war, Wertpapieraufträge im eigenen Filialnetz zu kompensie-

---

[186] Im Protokoll der Generalratssitzung der Reichsbank vom 15.12.1931 wird u.a. auf die Kompensationsteuer eingegangen. Die Reichsbank erwartete, daß mit der neuen Kompensationsteuer eine „Lücke" in die Vormachtstellung der Großbanken gerissen und sich eine *Belebung der Geschäftstätigkeit an der Börse* einstellen werde. BAP, 25.01 Nr. 6821, Blatt 315.

[187] In dem neu gefaßten § 59 KVStG hieß es sinngemäß, daß im Falle einer Kompensation von Wertpapieraufträgen eine Zusatzsteuer von 3,0 Promille für jedes der beiden Kommissionsgeschäfte zu entrichten war, jedoch nur die Hälfte bei Abwicklung der Kompensation über den amtlichen Kursmakler. Vierte Verordnung des Reichspräsidenten zur Sicherung von Wirtschaft und Finanzen und zum Schutze des inneren Friedens. RGBL 1931, Teil I, S. 737.

[188] Protokoll der Sitzung der Maklerkammer vom 8.1.1932. BAP, 31.03 Nr. 78.

[189] RGBL 1932, Teil I, S. 166.

ren.[190] Die Kompensationsteuer blieb unverändert in Kraft, bis sie durch den am 1. November 1941 eingeführten Börsenzwang für alle Wertpapieraufträge und das Kompensationsverbot überflüssig wurde.

Wie im Abschnitt 2.2.1 gezeigt, sahen sich die sogenannten Provinzbankiers bereits seit dem ausgehenden 19. Jahrhundert einem Verdrängungswettbewerb ausgesetzt. Hingegen konnten die großen und bekannten Privatbankiers an den Börsenplätzen ihre Stellung noch bis zum Ende der zwanziger Jahre weitgehend behaupten. Erst im Zuge der Bankenkrise gerieten auch sie in Bedrängnis.[191] Für den Zeitraum von 1933 bis 1939 fällt es nicht leicht zu unterscheiden, ob ein (jüdischer) Privatbankier aus ideologischen Motiven zur Aufgabe gedrängt wurde oder ob er infolge der Auswirkungen der Bankenkrise aus wirtschaftlichen Gründen zur Aufgabe oder Fusion mit einer Großbank gezwungen war.
Nach der in Abschnitt 2.2.2 vertretenen Auffassung muß es eine einstweilen offene Frage bleiben, ob es parallel zur Expansion der Aktiengroßbanken schon einen im ausgehenden 19. Jahrhundert einsetzenden langfristigen Trend zur Ausdehnung der Kompensationsgeschäfte in deren Filialnetz gegeben hat. Den hier ausgewerteten Quellen nach war lediglich feststellbar, daß es in den Jahren von 1924 bis 1929 zu einer deutlichen Zunahme der Kompensationsgeschäfte gekommen ist. Nach der Fusion von Deutscher Bank und Discontogesellschaft im September 1929 haben die im Filialnetz dieser Großbank kompensierten Aufträge vorübergehend sogar erheblich zum Umsatzrückgang im amtlichen Börsenhandel beigetragen. Als im April 1932 die Kompensationsteuer mit prohibitiven Sätzen wieder eingeführt wurde, war den Großbanken allerdings der wesentlichste Anreiz genommen, Wertpapieraufträge im eigenen Filialnetz zu kompensieren.

---

190 Vergleicht man die je nach Effektengattung anfallende Händlersteuer (Anhang Tabelle I-3E), so wird deutlich, daß die Kompensationsteuer von 3,0 Promille das 8- bis 30-fache des Händlerstempels betrug, der im Falle einer Ausführung über die Börse zu entrichten war. Die prohibitive Wirkung der Kompensationsteuer auf die „In-sich-Geschäfte" wird auch von Prion (1932), S. 36, sowie der Wirtschaftskurve, hrsg. unter Mitwirkung der Frankfurter Zeitung, Jahrgang 1933, Heft 1, Frankfurt am Main 1933, S. 162, bestätigt. Das Börsenbüro der Deutschen Bank führte im Jahr 1936 aus, daß wegen der Kompensationsteuer fast alle Kommissionsaufträge von den Banken über die Börse geleitet würden. BAP, 80 Ba 2, Nr. P-353, Blatt 19.

191 Vgl. Wixforth / Ziegler (1997), S. 222.

4 Quantitative Indikatoren des Funktionswandels

4.1 Quellenlage

Im Zentrum des Interesses dieser Arbeit steht der intertemporale Funktions- bzw. Bedeutungswandel der Wertpapierbörsen im Deutschen Reich. Das quantitative Material zur Identifizierung eines Funktionswandels der Wertpapierbörsen wird dabei jedoch nicht mit internationalen Daten verglichen. Im folgenden geht es vor allem darum, anhand der Zahlenwerte von Indikatoren den Funktionswandel der Wertpapierbörsen aus verschiedenen Perspektiven nachzuzeichnen, ihn zeitlich einzuordnen und im Ausmaß abzuschätzen. Außerdem wird mit dem hier zum Teil erstmals vorgestellten Material ein Beitrag zur Verbesserung der bislang nur unzureichend erschlossenen und aufbereiteten Börsenstatistik zu den Zeiten von Mark und Reichsmark geleistet.

Die Zahlen über den Umlauf von Wertpapieren von 1899 bis 1913 stammen aus dem statistischen Kompendium der Bundesbank.[1] Die Angaben über den Umlauf von Schuldverschreibungen im Zeitraum von 1924 bis 1939 wurden zwei verschiedenen Quellen entnommen. Für die Jahre von 1924 bis 1932 konnte auf Unterlagen des Untersuchungsausschusses für das Bankwesen von 1933 zurückgegriffen werden.[2] Dieses Material zeigt gegenüber den von der Bundesbank (1976) mitgeteilten Ziffern nur geringfügige Abweichungen, hat aber den Vorteil, daß die Lücke im Rentenumlauf für 1927 geschlossen werden kann. Für die Jahre 1933 bis 1939 stehen detaillierte Angaben der zeitgenössischen amtlichen Statistik zur Verfügung.[3] Die Zahlen zum Aktienumlauf von 1924 bis 1939 - der analog zur Zeit vor 1914 das Nominal- bzw. eingezahlte Kapital der Aktiengesellschaften umfaßt - entstammen den internen Statistiken der Reichsbank.[4]

Das Netto-Emissionsvolumen von Wertpapieren inländischer Emittenten von 1897 bis 1913 wird in dieser Arbeit anhand der Plazierungsstatistik der Frankfurter Zeitung dargestellt, wobei die Zahlenangaben der Arbeit

---

1 Deutsche Bundesbank (1976), S. 290. Die Bundesbank stützt sich dabei weitgehend auf Angaben, die Hoffmann (1965) schätzungsweise ermittelt hat.

2 Vortragsmanuskript von Reichsbankdirektor Emil Puhl zum Thema: „Wiederaufbau des Geld- und Kapitalmarktes"; Referat III/4 im Untersuchungsausschuß für das Bankwesen, in: BAK, RD 51/8, Anlage 2.

3 Statistisches Jahrbuch für das Deutsche Reich, 49. bis 59. Jahrgang, Berlin 1930-1941/42.

4 Graphisch-Statistische Tabellen vom Juli 1939, in: BAK, R 28 Nr.135, Blatt 155.

von Kleiner entnommen wurden.[5] Die Ergebnisse der Frankfurter Zeitung scheinen - wie im folgenden erläutert wird - gegenüber den bislang im wissenschaftlichen Schrifttum verwendeten Angaben des Deutschen Oekonomisten besser geeignet zu sein, die tatsächlich beim Publikum untergebrachten Wertpapierbeträge anzugeben.
Für die Reichsmarkzeit (1924-1939) liegt u.a. eine vom Statistischen Reichsamt zusammengestellte Statistik über die Bruttoausgabe von Wertpapieren im Inland vor.[6] Die tatsächliche Inanspruchnahme des Kapitalmarktes kann aber anhand der Bruttoemissionsstatistik nicht abgelesen werden. Eine Statistik der Nettoemissionen[7] von 1924 bis 1939 steht in veröffentlichter Form nicht zur Verfügung. In dieser Arbeit werden daher die Angaben des Nettoemissionsvolumens von Wertpapieren aus den internen Statistiken der Reichsbank präsentiert.[8]

Um Aussagen über die Entwicklung des Wertpapierumsatzes im Zeitraum von 1885 bis 1939 machen zu können, ist - da die Umsätze direkt nicht erhoben wurden - ein Rückgriff auf die Einnahmen aus der Börsenumsatzsteuer notwendig. Vermutlich zuverlässige Angaben über die jährlichen Einnahmen aus dem „Stempel für Anschaffungsgeschäfte von Wertpapieren“ bzw. ab 1922 den „Börsenumsatzsteuereinnahmen“ finden sich unter Tarifnummer IV der Rubrik „Kapitalverkehrsteuern“ im Statistischen Jahrbuch des Deutschen Reiches.[9] Will man aus den Steuereinnahmen auf die Wertpapierumsätze schließen, müssen für den Betrachtungszeitraum u.a. die Veränderungen in den einschlägigen Bestimmungen über Steuertatbestände, Steuerbemessungsgrundlagen, Steuerobjekte und Steuersätze beachtet werden. Als Quellen stehen dazu die z. B. im Reichsgesetzblatt abgedruckten Texte des Reichsstempelgesetzes bzw. ab 1922 des Kapitalverkehrsteuergesetzes zur Verfügung.[10]

---

5 Vgl. Kleiner (1914), S. 125ff.

6 Statistisches Jahrbuch für das Deutsche Reich, 47. bis 59. Jahrgang, Berlin 1928-1941/42.

7 Das Nettoemissionsvolumen errechnet sich aus dem Bruttoemissionssvolumen abzüglich Umtausch, Umschuldung, Fusionen und Sacheinlagen sowie der Rückflüsse von Pfandbriefen und Rentenbriefen und Kommunalobligationen aus dem Inland.

8 Graphisch-Statistische Tabellen vom Juli 1939, in: BAK, R 28 Nr. 135, Blatt 13.

9 Statistisches Jahrbuch für das Deutsche Reich, 14. bis 59. Jahrgang, Berlin 1893-1941/42.

10 RGBL 1906, S. 616f., RGBL 1909, S. 717f., RGBL 1913, S. 521ff., RGBL 1918, S. 813f., RGBL 1921, S. 1331., RGBL 1922, Teil 1, S. 366f., RGBL 1923, Teil 1, S. 555., RGBL 1923, Teil 1, S. 615f., RGBL 1923, Teil 1, S. 759f., RGBL 1923, Teil 1, S. 1035., RGBL 1924, Teil 1, S. 399ff., RGBL 1924, Teil 1, S. 741., RGBL 1925, Teil 1, S. 241., RGBL 1926, Teil 1, S. 215., RGBL 1931, Teil 1, S. 249.

Zur Konstruktion von auf Monatszahlen basierenden Aktienindices in langer Frist kann für die Jahre von 1870 bis 1913 auf eine sorgfältige Zusammenstellung privater Erhebungen von Donner zurückgegriffen werden.[11] Für die Jahre nach 1918 sind Angaben der amtlichen Statistik verfügbar.[12]
Um das Effektenkreditvolumen der Großbanken im Zeitraum von 1900 bis 1939 beziffern zu können, ist man für die Jahre vor 1914 auf private Quellen angewiesen. So stehen für die Periode von 1900 bis 1913 Angaben zur Verfügung, die Hahn in einer Arbeit für das Institut für Konjunkturforschung zusammengetragen hat.[13] Für den Zeitraum von 1924 bis 1939 können aus dem Kompendium der Bundesbank (1976) die gut aufbereiteten Zahlen der Jahresbilanzstatistik des Statistischen Reichsamtes übernommen werden.[14]

Für einen quantitativen Überblick zur Anzahl der von 1900 bis 1939 zum Börsenhandel in Berlin zugelassenen Besucher ist man darauf angewiesen, sehr unterschiedliche - teils private, teils offizielle - Erhebungen bzw. Materialsammlungen heranzuziehen. In Publikationen der amtlichen Statistik finden sich zu diesem Sachverhalt keine Informationen. Aufgrund der unzureichenden Quellenlage liegen darüber hinaus nur für bestimmte Abschnitte des Betrachtungszeitraumes zusammenhängende Angaben vor. So stehen für die Jahre von 1901 bis 1913 Zahlen zur Verfügung, die von den Ältesten der Kaufmannschaft im Berliner Jahrbuch für Handel und Industrie publiziert wurden.[15] Für den Zeitraum von 1924 bis 1932 ist man auf heterogene Quellen angewiesen, wie z.B. private Veröffentlichungen sowie unveröffentlichte Angaben von behördlicher Seite.[16]

---

11 Donner (1934), S. 97f.

12 Zahlen zur Geldentwertung in Deutschland 1914 bis 1923, in: Sonderhefte zu Wirtschaft und Statistik, Nr. 1, Berlin 1925, S. 44. Statistisches Jahrbuch für das Deutsche Reich 55. bis 59. Jahrgang, Berlin 1936-1941/42. Wirtschaft und Statistik, 20. bis 23. Jahrgang, Berlin 1940-1943.

13 L. A. Hahn: Zur Frage des volkswirtschaftlichen Erkenntnisinhalts der Bankbilanzziffern, in: Vierteljahreshefte zur Konjunkturforschung, 1. Jahrgang, Ergänzungsheft 4, 1927, S. 69.

14 Deutsche Bundesbank (1976), S. 79.

15 Berliner Jahrbuch für Handel und Industrie. Bericht der Ältesten der Kaufmannschaft von Berlin, Band I, Jahrgang 1903-1913, Berlin 1904-1914, darin: 1901-1913.

16 „Kleiner, aber feiner." Die gesäuberte Börse, Berliner Lokal-Anzeiger, 31.01.1934, darin: 1922, 1930-1933, in: GStAPK, I. HA Rep. 109, Nr. 1188. Schmidt, Richard (1925), S. 92, darin: 1913, 1923/24. Vermerk des Staatskommissars bei der Berliner Börse über die Zahl der Börsenbesucher. BAP, 31.03 Nr. 55, darin: 1924, 1928, 1930, 1932. Lewinsohn (1925), S. 192f. darin: 1923. Prion (1932), S. 17, darin: 1926.

Die Entwicklung der Besucherzahlen in der NS-Zeit kann wieder anhand einer (lückenlosen) Statistik des Berliner Börsenvorstandes nachgezeichnet werden.[17]

4.2 Das Umlaufvolumen von Wertpapieren im Deutschen Reich von 1895 bis 1913 bzw. von 1924 bis 1939

Zu den ältesten auf den Kapitalmarkt bezogenen Statistiken - und somit auch zu den längsten uns zur Verfügung stehenden Zeitreihen - gehören Schätzungen bzw. Aufzeichnungen über den Umlauf von Wertpapieren inländischer Emittenten. Diese beziehen sich nicht streng auf die Aktivität der Börse. Der Umlauf an Wertpapieren bezeichnete allenfalls den jeweiligen Bestand an Finanztiteln, der maximal für den Handel zur Verfügung stand. Die meisten Wertpapiere wurden innerhalb eines Jahres nicht bewegt, andere hin und wieder. Gewisse Teilbestände wurden aber im Verlauf eines Jahres häufiger, gar vielfach umgesetzt. Es ist daher nicht leicht, aus der Entwicklung des Umlaufs an Wertpapieren Schlüsse hinsichtlich eines Funktionswandels der Börse zu ziehen.

Ein intertemporaler Vergleich des Umlaufvolumens muß berücksichtigen, daß im Deutschen Reich seit dem Ende des 19. Jahrhunderts der Geldwert nicht konstant geblieben ist. Ein höheres Niveau der durchschnittlichen Güterpreise wird ceteris paribus auch mit höheren Wertpapierumlaufsvolumina verbunden sein. Um derartige Effekte zu eliminieren, müssen die originären Angaben der Quellen deflationiert werden. Hierfür gibt es keinen Deflator, der über alle Zweifel erhaben wäre. Im vorliegenden Fall wurde der Großhandelspreisindex gewählt.[18] Ebenso war es notwendig, die wiederholten Veränderungen der Wirtschaftskraft bzw. Wirtschaftsleistung infolge der Gebietsänderungen zu berücksichtigen.[19] Auch hier

---

17 Statistik des Berliner Börsenvorstandes über die selbständigen Börsenbesucher, in: LAB, (Sta.), Rep. 200-02, Nr. 163/55-46, darin: 1933-1942.

18 Trotz unterschiedlicher Bedingungen der Preisbildung auf den Binnenmärkten ist der Index der Großhandelspreise meines Erachtens geeignet, das Ausmaß und die Geschwindigkeit des Preisauftriebs im Inland anzuzeigen. Der Großhandelspreisindex hat außerdem den Vorteil, daß für den gesamten Betrachtungszeitraum eine ununterbrochene Zahlenreihe vorliegt. Zum Großhandelspreisindex siehe Deutsche Bundesbank (1976), S. 6f.

19 Bekanntermaßen waren die Grenzen des Deutschen Reiches 1914 andere als nach 1918, und mit dem Anschluß Österreichs im März 1938 veränderten sich diese erneut. Diese Gebietsänderungen spiegeln sich in der Zeitreihe der Originalzahlen wider, worüber nicht so ohne weiteres hinweggegangen werden kann. Zur Entwick-

für steht keine vollkommen befriedigende Methode zur Verfügung. Eine akzeptierte Näherungslösung besteht darin, die Beträge in Pro-Kopf-Zahlen umzurechnen.[20] Die deflationierten Pro-Kopf-Angaben zum Umlaufvolumen werden zur Veranschaulichung in der Abbildung I-4.1 als Reihe 2 präsentiert. Um eine Abschätzung der Effekte zu bieten, die auf die Bereinigung der Ziffern zurückzuführen sind, werden in der gleichen Abbildung in Reihe 1 die Originalangaben grafisch dargestellt. Für diese Reihe gibt die linke Ordinate die Werte in Mio. Mark bzw. Mio. Reichsmark an. Für die bearbeiteten Angaben der Reihe 2 gibt die rechte Ordinate die Werte in Mark bzw. Reichsmark an. Die Zahlenangaben zum Umlauf von Wertpapieren inländischer Emittenten zwischen 1895-1913 und 1924-1939 sowie die Quellenangaben und Ausführungen zu weiteren Problemen, die mit der Konstruktion dieser Zeitreihen verbunden sind, finden sich bei den Tabellen I-4A und I-4B im Anhang.[21]

Siehe Abbildung I-4.1

Die Abbildung I-4.1 zum Wertpapierumlauf zeigt auffällige Unterschiede zwischen Nominal- und Realentwicklung. Hervorzuheben ist, daß der annähernd lineare Trend der Zunahme des nominalen Umlaufes von Wertpapieren 1886 bis 1913 (Reihe 1) einer weniger steil ansteigenden und zyklischen Kurve des realen Wertpapierumlaufs pro Kopf Platz macht.[22] Die Bewegung der Reihe 2 entspricht dabei weitgehend dem typischen Bild, welches wir zur Darstellung konjunktureller Wachstumsphasen einer Volkswirtschaft kennen. Der Wertpapierumlauf betrug im letzten Friedensjahr 64,3 Mrd. Mark (oder 960 Mark pro Kopf).[23] Aus den Jahren

---

lung der Bevölkerung im Deutschen Reich siehe: Statistisches Handbuch von Deutschland 1928-1944, München 1949, S. 18. Bevölkerung und Wirtschaft 1872-1972, hrsg. vom Statistischen Bundesamt, Wiesbaden 1972, S. 90.

20 Rechnet man die Zeitreihen auf die Kopfzahl der Bevölkerung um, so schaltet man den Einfluß aufgrund der Bevölkerungsentwicklung aus. Das reale Umlaufvolumen pro Kopf ist für den Nachweis eines Funktionswandels de facto geeigneter als die Originalzahlen.

21 Die Tabellen I-4A und I-4B weisen die Zeitreihen für die jeweiligen Effektengattungen (Aktien, Pfandbriefe, öffentliche Anleihen, Industrieobligationen) einzeln aus.

22 Die Zyklik der Kurve 2 ergibt sich dabei nahezu ausschließlich aus den Schwankungen des Großhandelspreisindex.

23 Die Werte der Vorkriegszeit dürften die tatsächliche Entwicklung noch untertreiben, da für die hier abgebildeten Perioden jeweils der Umlauf *inländischer* Emittenten am deutschen Kapitalmarkt verglichen wird. Für die Zeit vor 1914 wissen wir aber aus der Emissionsstatistik, daß etwa 17 v.H. aller Emissionen auf *auslän-*

1914-1923 liegen, aus leicht verständlichen Gründen, keine Zahlenangaben vor. Die Zerstörung der Wertpapierbestände im Inflationsprozeß wird durch den für 1924 mit lediglich 4,7 Mrd. Reichsmark (oder 55 Reichsmark pro Kopf) ausgewiesenen Wertpapierumlauf deutlich.[24]

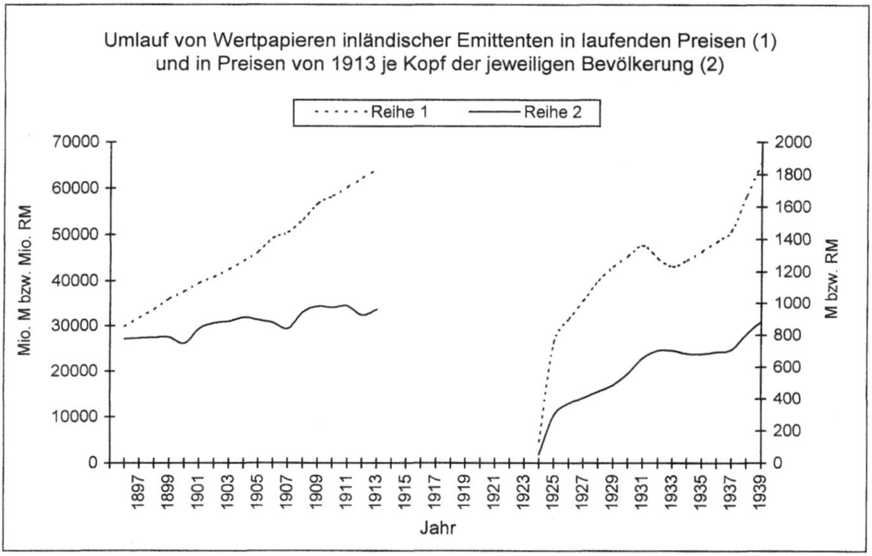

Abbildung I-4.1: Umlauf von Wertpapieren inländischer Emittenten 1895-1913 und 1924-1939 in laufenden Preisen in Mio. M bzw. Mio. RM (1) und in Preisen von 1913 je Kopf der Bevölkerung in M bzw. RM (2)

Quelle: Eigene Berechnungen aufgrund der Tabellen I-4A und I-4B im Anhang.

Während der Nachstabilisierungszeit nahm der Wertpapierumlauf mit einem durchschnittlich größeren Tempo zu als im Vergleich zur Zeit von 1896 bis 1913. Ein solcher Aufholprozeß ist ein typisches Kennzeichen von Rekonstruktionsperioden, in denen ein überdurchschnittliches Wachstum solcher Größen zu beobachten ist, die einen Entwicklungsrückstand aufweisen. Vor allem deshalb ist bei längerfristigen Betrach-

dische Emittenten entfiel. Deshalb muß der Wertpapierumlauf *in- und ausländischer* Emittenten am deutschen Kapitalmarkt vor 1914 höher gewesen sein.

24 In Preisen von 1913 gerechnet entsprach der Wertpapierumlauf von 1924 etwa 5,4 v.H. des letzten Vorkriegsjahres.

tungen des Kapitalmarktes eine Unterscheidung von Strom- und Bestandsgrößen vorzunehmen. Während sich Stromgrößen auch nach so katastrophalen Einschnitten, wie sie in Deutschland der Kapitalmarkt im 20. Jahrhundert erlebte, relativ rasch wieder erholen, dauern Regenerationsphasen bei Bestandsgrößen wie dem Wertpapierumlauf naturgemäß länger.[25] Nach der Inflation war das Reservoir am Rentenmarkt weitgehend zerstört.[26] Ebenso ergangen war es den Kassenbeständen der Wirtschaft, dem Geldumlauf und dem ganzen System der inneren Schuldverflechtung, das das Wesen einer modernen Kreditwirtschaft ausmachte. Die sich in den Jahren nach 1924 bildenden Forderungen und Verbindlichkeiten waren daher zunächst nur Ausdruck des notwendigen Wiederaufbaus nominalen Kapitals.[27] Deshalb mußte der Kapitalmarkt in den Jahren nach 1924 auf einen Großteil seiner Alimentierung durch Tilgungen und Zinseinkommen verzichten[28] Vor allem die Einbeziehung der Aufwertungsschuldverschreibungen in die Statistik ab 1925 ist für den sprunghaften Anstieg der Werte von 1924 auf 1925 verantwortlich.[29] Für

---

25 Die Dauer der Auffüllungsperioden von Beständen richtet sich dabei nach deren Umschlagsgeschwindigkeit bzw. Fristigkeitshorizont. Vgl. Stützel (1962), S. 527f.

26 Während vor dem Krieg die Vermögensverteilung im Deutschen Reich in einer breit angelegten, sich regelmäßig nach oben verjüngenden Pyramide dargestellt werden konnte, glich sie nach 1923 einem Pilz, dessen dünner Stempel den Schwund der mittleren Vermögen der Bürgerschicht zum Ausdruck brachte. Die Inflation sorgte mithin für eine Umschichtung in der personellen Einkommens- und Vermögensverteilung.

27 Vergleiche dazu auch das Gutachten zur statistischen Erfassung der Kapitalbildung von Wagemann, in: Verhandlungen und Gutachten der Konferenz von Eilsen. Erster Teil, hrsg. von G. Colm u. H. Neisser, in: Veröffentlichungen der Friedrich-List-Gesellschaft e.V., 4. Band, Berlin 1930, S. 177.

28 Der jährliche Verlust an langfristiger Geldkapitalbildung aus Tilgungen und Zinseinkommmen, der aufgrund der Verarmung ehemals wohlhabender Schichten eingetreten war, wird auf etwa 4 Mrd. RM geschätzt. Diehl (1932), S. 865ff. W.A. Thomas: The Big Bang, Oxford 1986, S. 10ff.

29 Durch die Reichsgerichtsentscheidung vom 28.11.1923 wurde das Prinzip Mark gleich Mark aufgegeben und eine Aufwertung als grundsätzlich für berechtigt erklärt. Als erster Schritt sah die dritte Steuernotverordnung vom 14.2.1924 eine Aufwertung der privaten Vorkriegsschulden in Höhe von 15 v.H. ihres Goldmarkbetrages vor, während die Aufwertung der öffentlichen Schulden mit Rücksicht auf die finanzielle Lage der öffentlichen Hände bis nach der Erledigung der Reparationsverpflichtungen hinausgeschoben wurde. Nach einem langen politischen Tauziehen in der Öffentlichkeit und hinter den Kulissen der Kabinettspolitik - bei dem sich verständlicherweise vor allem Reichsfinanzminister Luther gegen eine Aufwertung der Kriegsschulden aussprach - fand die Aufwertungsfrage schließlich ihre endgültige Regelung durch die Verabschiedung der Gesetze vom 15. und 16. Juli 1925. Holtfrerich (1980), S. 315ff.

die Marktbreite im Sekundärhandel am Rentenmarkt brachte die Aufwertungsregelung vom Juli 1925 - auch wenn sie möglicherweise nicht einer fairen Behandlung von Alt- und Neubesitzern entsprach - durchaus eine Verbesserung.[30] Bei den staatlichen Titeln zeigt das Verhältnis von 5,4 Mrd. RM Aufwertungsschuldverschreibungen zu 3,4 Mrd. RM Neuverschuldung in der Zeit von 1924 bis 1929 an, welche Bedeutung den aufgewerteten Titeln für die Breite des Rentenmarktes zukam.[31]

Bis der Aufbau der Fristenpyramide am Kapitalmarkt die Folgen von Kriegs- oder Inflationsverlusten überwunden hatte, mußten die Bestandsentwicklungen noch eine ganze Zeit im Zeichen der Auffüllung stehen.[32] Der hier vorgestellte dynamische Zuwachs an verbrieften Forderungsrechten war also nichts anderes als eine regenerationsbedingt zu erwartende Entwicklung. So problematisch es ist, Entwicklungen, die unter ganz anderen historischen Konstellationen abgelaufen sind, als Paradigma für andere Prozesse heranzuziehen, so offensichtlich erscheint bei einem Vergleich mit der gelungenen Wiederauffüllung der Bestände am Rentenmarkt nach 1949, daß man die Jahre 1924-1928 nicht als gelungene Rekonstruktionsperiode ansehen kann.
Wenn man den Wertpapierumlauf in Beziehung zum Sozialprodukt setzt, läßt sich eine nützliche Vergleichsgröße als Interpretationshilfe zur Abschätzung bilden, welche Schlüsse im Hinblick auf den Funktionswandel

---

30 Pfandbriefe wurden im Durchschnitt mit 20,9 v.H., Kommunalschuldverschreibungen mit 12,5 v.H. und Industrieobligationen mit 15 v.H. aufgewertet. Der Aufwertungssatz für die öffentliche Schuld blieb mit 2,5 bis 8 v.H. beträchtlich dahinter zurück. ADR. Weimarer Republik, Die Kabinette Marx I und II, 2 Bände, bearb. G. Abramowski, Boppard a. R. 1973, S. XXVIIf.

31 Vgl. Wirtschaft und Statistik, 7. Jahrgang, Berlin 1927, S. 637f.
Die folgende Übersicht vermittelt einen Eindruck des Verhältnisses von Alt- zu Neuverschuldung sämtlicher Forderungstitel in der Wiederauffüllungsphase bis zur Weltwirtschaftskrise.

Tabelle I-4.1: Struktur der Alt- und Neuverschuldung 1924-1930

Jahr	1924	1925	1926	1927	1928	1929	1930
Altverschuldung in v.H.	51	39	32	24	20	17	16
Neuverschuldung in v.H.	49	61	68	76	80	83	84

Quelle: „Die Verschuldung in Deutschland und ihre wirtschaftspolitischen Probleme“ hrsg. von der Abteilung für zentrale Wirtschaftsbeobachtung bei der Reichswirtschaftskammer. BAK R 11 Nr. 110, Blatt 5ff.

32 Stützel (1962), S. 529.

der Wertpapierbörse aus den vorgestellten Ziffern des Wertpapierumlaufes gezogen werden können. Dieser Quotient aus Wertpapierumlauf und Sozialprodukt kann als Maßstab zur Beurteilung der Bedeutung von Effekten für eine Volkswirtschaft zum jeweiligen Betrachtungszeitpunkt angesehen werden.[33] Definiert man diesen Quotienten als „Grad des Effektenkapitalismus" und unterstellt, daß er in einem engen Zusammenhang mit der gesamtwirtschaftlichen Bedeutung der inländischen Wertpapierbörsen steht, so erhalten wir aus der Zeitreihe dieses Quotienten auch eine näherungsweise Abbildung von Veränderungen der volkswirtschaftlichen Bedeutung der Wertpapier-Börsen in diesem Zeitraum.

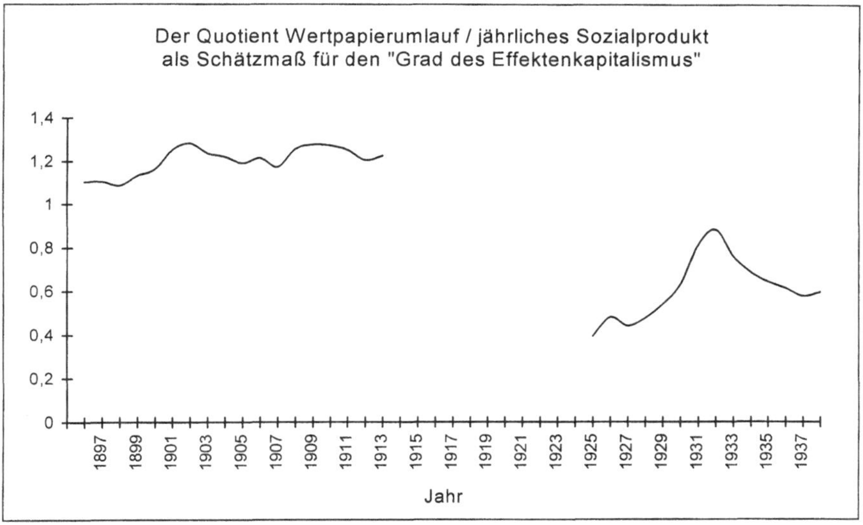

Abbildung I-4.2: Der Quotient Wertpapierumlauf / jährliches Sozialprodukt als Schätzmaß für den „Grad des Effektenkapitalismus"

Quelle: Eigene Berechnungen aufgrund der Tabellen I-4A, I-4B und I-4D im Anhang.

Bekannt ist, daß in entwickelten Volkswirtschaften seit Mitte des 19. Jahrhunderts die Summe der Aktiva der Institute des Sektors Geld und Kredit rascher gewachsen ist als die Summe des Sachkapitals oder als die volkswirtschaftliche Produktion. Unterbrochen wurde diese Aufwärtsbe-

[33] Ähnliche Vorgehensweisen finden sich auch bei Goldsmith (1985), S. 110ff. und Michie (1990), S. 96f.

wegung nur in einigen Ausnahmefällen und zwar dann (Inflationszeiten), wenn starke Rückgänge der Summe (realer) Finanzaktiva zu verzeichnen gewesen waren.[34] Deutschland machte in der Zwischenkriegszeit eine solche Sonderbewegung außerhalb des internationalen Trends durch. Wie die Abbildung I-4.2 zeigt, kam es im Verlauf der Inflation zu einem empfindlichen Rückschlag im Reifegrad des Effektenkapitalismus. Insgesamt konnte der Wertpapierumlauf - bezogen auf das Sozialprodukt nach den Zerstörungen der Geldvermögen im Inflationsprozeß - während der ganzen Zwischenkriegszeit nie an die Höhe des letzten Vorkriegsjahres heranreichen. Unter Berücksichtigung des mittlerweile gestiegenen Sozialproduktes läßt sich eine erheblich geringere gesamtwirtschaftliche Bedeutung der Effekten und dann wohl auch der Effektenbörse feststellen. Der vorübergehende Anstieg in den Jahren 1930-1932 ist nur ein statistisches Artefakt, da der starke Rückgang des Sozialproduktes im Verlauf der Weltwirtschaftskrise lediglich den Nenner des Schätzmaßes für den „Grad des Effektenkapitalismus" verringerte. Es erscheint möglich, aus dem Befund der Abbildung I-4.2 den Schluß abzuleiten, daß die Bedeutung der Börse in der Zwischenkriegszeit geringer gewesen ist, als in den Jahren vor dem Ersten Weltkrieg. Doch müssen, bevor ein solcher Schluß gezogen werden kann, noch weitere quantitative Belege ausgewertet werden.

4.3 Das Emissionsvolumen von Wertpapieren im Deutschen Reich von 1897 bis 1913 bzw. von 1924 bis 1938

In Publikationen mit Angaben zum Umfang der Wertpapieremissionen vor 1914 wurde bislang vor allem auf die Börsenzulassungsstatistik des „Deutschen Oekonomist" (im folgenden DO) bzw. des Kaiserlichen Statistischen Amtes (im folgenden KSA) zurückgegriffen.[35] In dieser Arbeit wird dagegen die Plazierungsstatistik der Frankfurter Zeitung (im folgenden FZ) verwendet. Dies ist kurz zu begründen.

In den achtziger Jahren des vorigen Jahrhunderts führte man an den deutschen Börsen den Prospektzwang ein. Der DO machte anhand der einzureichenden Zulassungsprospekte seine Statistik auf. Nicht zur Börse zu-

---

[34] Goldsmith (1985), S. 2f.

[35] Der Deutsche Oekonomist wurde zum Beispiel in folgenden Beiträgen als Quelle genutzt: Borchardt (1971), S. 122. Deutsche Bundesbank (1976), S. 290. Gömmel (1992), S. 160. Mößner (1934), S. 191. Spiethoff (1955), Tab. 3. Wetzel (1996), S. 196ff. Auf die Zahlen des Kaiserlichen Statistischen Amtes stützen sich zum Beispiel: Düring (1928), S. 28. Wormser (1919), S. 227f. Müller (1992), S. 84.

gelassene Effekten wurden nicht aufgenommen.[36] Außerdem versuchte der DO all jene Beträge außer acht zu lassen, die keine echte Neubelastung des Kapitalmarktes darstellten.[37] Im Anschluß an die Verabschiedung des Börsengesetzes von 1896 übernahm auch das KSA den Gedanken, die bei den Zulassungsstellen einzureichenden Anträge der amtlichen Statistik dienstbar zu machen. Seit 1897 publizierten die „Vierteljahrshefte zur Statistik des Deutschen Reiches“ und das „Statistische Jahrbuch für das Deutsche Reich“ die Ziffern der Börsenzulassungen. Je mehr die Börse als Primärmarkt fungierte - also die Papiere in der Regel im freihändigen Verkauf direkt beim Publikum untergebracht wurden - desto bessere Resultate konnte eine auf den Börsenzulassungen aufgebaute Statistik liefern. Je mehr jedoch die Großbanken die Emissionsfunktion der Börse übernahmen, desto fragwürdiger mußte eine solche Statistik werden.[38] Wie wir wissen, haben spätestens nach der Jahrhundertwende die Großbanken in erheblichem Ausmaß die Emission von Wertpapieren selbst durchgeführt.[39] Den Statistiken des KSA haftet - neben diesem Mangel - darüber hinaus ein weiterer Fehler an. Die dort mitgeteilten Zahlen zu den ausländischen Emissionen am deutschen Kapitalmarkt sind nämlich schlichtweg irreführend und daher nicht verwertbar.[40]

---

36 Kleiner (1914), S. 8.

37 Dazu gehörten insbesondere:
1. Emissionen, die auf Grund von Konversionen entstanden waren,
2. bloße Einführungen von bereits an anderen Inlandsbörsen notierten Werten,
3. Aktien, die im Austausch mit Aktien eines anderen Unternehmens (Fusionen) auf den Markt gebracht wurden.

Vgl. dazu: Der Deutsche Oekonomist, Nr. 1411, 28. Jahrgang Berlin 1910.

38 Vorratszulassungen, die im Realkreditsektor üblich waren, aber auch übriggebliebene Emissionsreste im Bankenbesitz stellen u.a. jene nicht quantifizierbaren Größen dar, die es unmöglich machen, aus den zur Zulassung an den Börsen gemeldeten Beträgen die tatsächliche Belastung des Kapitalmarktes zu ermitteln.

39 Leider läßt sich jedoch das Ausmaß dieses Wandels der Emissionsfunktion nicht quantifizieren. Vgl. Pohl (1982), S. 282ff.

40 Das KSA addierte alle Beträge, für die eine Zulassung an den deutschen Börsen nachgesucht worden war. Es war aber damals gängige Praxis, daß für den gesamten Betrag einer großen internationalen Emission eine Börsenzulassung beantragt wurde, auch wenn am deutschen Kapitalmarkt tatsächlich nur ein Teilbetrag zur Zeichnung kam. Der Vorteil dieser Vorgehensweise war, daß für sämtliche Stückenummern einer Anleihe unbeschränkte Handelbarkeit an allen internationalen Börsenplätzen gegeben war. Andernfalls wären zum Beispiel im Ausland plazierte Stücke in Deutschland börsenmäßig nicht lieferbar gewesen, ihr Marktgebiet dadurch verengt und der Handel erschwert worden. Vgl. Kleiner (1914), S. 54ff.

Die FZ verfolgte dagegen einen prinzipiell anderen Weg. Die Absicht war, den Betrag an Wertpapieren zu erfassen, der als definitiv beim Publikum untergebracht gelten konnte. Die FZ stellte zunächst jedes Papier mit seinem Zeichnungsbetrag in eine vorläufige Statistik ein. Durch konsequente Nachfrage bei den an der Emission beteiligten Bankhäusern, Maklern und aus sonstigen Anhaltspunkten versuchte die FZ anschließend festzustellen, welcher Betrag tatsächlich als plaziert gelten konnte. Konversionen und Abstempelungen älterer Papiere wurden, da sie keine Belastung des Marktes bedeuteten, nicht aufgenommen. Als Ergebnis ihrer Bereinigungen publizierte die FZ die Plazierungsstatistik. Natürlich können auch die Zahlen der FZ nur als eine Annäherung an die netto beim inländischen Publikum untergebrachten Beträge von Wertpapieren angesehen werden. Die Statistik der FZ hat aber den Vorteil, daß sie wohl als Untergrenze der Summe angesehen werden kann, die vom Markt aufgenommen worden war. Darüber hinaus waren die Ergebnisse der FZ unabhängig davon, welche Veränderungen sich beim Emissionsverfahren mit der Zeit einstellten.

Die Emissionstätigkeit während der Zwischenkriegszeit wurde bislang vor allem aufgrund der vermutet zuverlässigen Angaben der amtlichen Statistik dargestellt. Das Statistische Jahrbuch enthält jedoch leider nur die weniger aussagekräftigen Bruttoemissionen festverzinslicher Wertpapiere am deutschen Kapitalmarkt.[41] In dieser Arbeit wird auf der Basis von internen Statistiken der Reichsbank eine Kurve der Nettoemissionen präsentiert. Leider geht aus den Unterlagen der Reichsbank nicht explizit hervor, mit welchen Methoden die Zahlen gewonnen wurden. Allerdings fanden sich auch keine Hinweise, daß die Angaben womöglich nur auf Schätzungen beruhen könnten. Trotz einer gewissen Unsicherheit über die Güte dieses Materials sollen - auch um diese Angaben der interessierten Öffentlichkeit vorzustellen - die Zahlen der Reichsbank verwendet werden. Die so gewonnene Emissionsstatistik wird in Tabelle I-4C im Anhang präsentiert.
Für die Interpretation dieser Zeitreihen gelten natürlich ebenfalls die oben formulierten Bedenken hinsichtlich der Preisentwicklung und der

41 Daneben liegt bis einschließlich 1927 die aus der Vorkriegszeit fortgeführte amtliche Statistik der Börsenzulassungen vor. Im Jahre 1928 stellte das Statistische Reichsamt diese Statistik ein, da sie für nicht mehr notwendig erachtet wurde. Dies geht aus der Begründung des Präsidenten des Statistischen Reichsamtes in seinem Schreiben vom Januar 1928 zur Einstellung der Börsenzulassungsstatistik hervor. GStAPK, I. HA Rep. 120, CXI 1 Nr. 48, Blatt 190f.

Gebietsveränderungen im Deutschen Reich. In analoger Weise (Deflationierung und Pro-Kopf-Rechnung) wie bei der Betrachtung des Wertpapierumlaufes wurde auch bei der Bereinigung zur Wertpapieremission vorgegangen. So zeigt die Abbildung I-4.3 in Reihe 2 bereits bearbeitete Informationen zur Wertpapieremission. Für diese zweite Reihe gibt die rechte Ordinate die Werte in Mark bzw. Reichsmark an. Die nominalen Zahlenangaben werden in Reihe 1 dargestellt, und die linke Ordinate gibt deren Werte in Mio. Mark bzw. Mio. Reichsmark an.

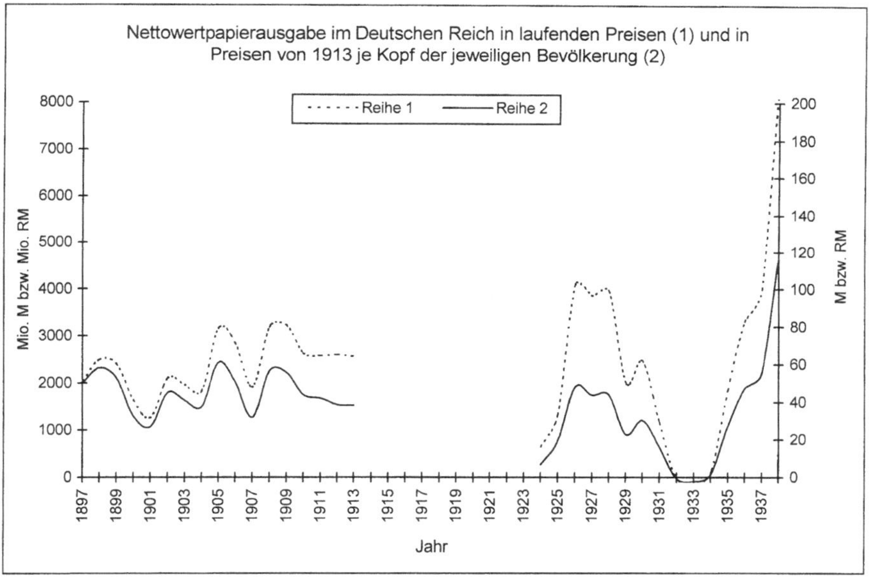

Abbildung I-4.3: Nettowertpapierausgabe im Deutschen Reich in laufenden Preisen in Mio. M bzw. Mio. RM (Reihe 1) und in Preisen von 1913 je Kopf der jeweiligen Bevölkerung in M bzw. RM (Reihe 2)

Quelle: Eigene Berechnungen aufgrund der Tabelle I-4C im Anhang.

Für die Reihe 2 lag im Durchschnitt der Jahre von 1897 bis 1913 in Preisen von 1913 das jährliche Emissionsvolumen bei ca. 45 Mark pro Kopf der Bevölkerung. Aus der Inflationszeit (1914-1923) liegen verständlicherweise keine verwertbaren Emissionsziffern vor. Bei der Betrachtung der Periode 1924-1938 fällt auf, daß der Durchschnitt der inflationsbereinigten Pro-Kopf-Werte der Reihe 2 nicht über das Durchschnittsniveau der Vorkriegszeit hinausgeht. Für den Zeitraum 1924-1938 ergab sich in Preisen von 1913 im Schnitt ein Emissionsvolumen von 32 Reichsmark pro Kopf der Bevölkerung pro anno, wobei die Zahlen nach 1936 - wie unten erläutert werden wird - durch Sonderbewegungen überhöht sind.[42]

Die Entwicklung des Emissionsvolumens von Wertpapieren nach der Stabilisierung scheint zunächst darauf hinzudeuten, daß es zu einer raschen Wiederauffüllung der Bestände am Rentenmarkt hätte kommen können. So konnte nach 1924 innerhalb kurzer Zeit ein in etwa den Vorkriegsjahren entsprechendes Emissionsniveau erreicht werden.[43] Bemerkenswerterweise setzte jedoch bereits ab 1926 ein zunächst leichter und ab 1928 erheblicher Rückgang in der Emissionstätigkeit ein, der dann bis 1933 anhielt.[44] Da es sich nach 1924 um eine Phase der potentiellen Wiederauffüllung der Bestände am Rentenmarkt gehandelt hat, verdient diese Entwicklung besondere Beachtung. Normalerweise hätte man erwarten können, daß die Emissionstätigkeit auf Jahre hinaus einen stetigen Anstieg zeigen würde. Ein Vergleich mit der Rekonstruktionsperiode nach der Währungsreform von 1949 zeigt, daß bei ungestörtem Verlauf der Wiederauffüllung die Nettoemissionsziffern für viele Jahre einen kontinuierlichen Anstieg aufweisen.[45] In der Zwischenkriegszeit wurde dieses Muster jedoch nicht eingehalten.

---

[42] Für den Zeitraum von 1924 bis 1936 ergibt sich in Preisen von 1913 ein durchschnittliches Emissionsvolumen von ca. 23 RM pro Kopf der Bevölkerung pro anno.

[43] Zum Beispiel entsprach die Nettozunahme an Neubeleihungen der Hypothekenbanken in den Jahren 1924-1931 in etwa der Darlehenszunahme der Jahre 1898-1913. Das Tempo der Geschäftsentwicklung war seit der Stabilisierung durchschnittlich etwa zweimal so hoch wie in der Vorkriegszeit. Vgl. Mößner (1934), S. 303ff.

[44] Daß der Absturz in der Emissionstätigkeit 1928 so abrupt ausfiel, könnte u.a. auf die Erschütterung des Aktienmarktes am „schwarzen Freitag“, dem 13. Mai 1927, zurückzuführen sein. Bekannt ist, daß die 25-prozentige Kürzung der Börsenkreditvolumina am 13. Mai für einen Kurssturz und eine monatelange labile Phase an der Börse sorgte. Die Veröffentlichung des „Gilbert-Memorandums“ am 7. November trug zu einer weiter wachsenden Verunsicherung am Wertpapiermarkt bei. Dies mußte sich auch negativ auf die Aufnahmebereitschaft des Primärmarktes auswirken. Ähnliche Überlegungen, die die obengenannte Vermutung stützen, hat bereits auch die Volkswirtschaftliche Abteilung der Reichsbank in einer Ausarbeitung vom November 1927 zum Thema „Wie sieht die Reichsbank die Lage und welche Konsequenzen zieht sie?“ angestellt. BAP 25.01 Nr. 6470, Blatt 89ff.

[45] Vgl. Deutsche Bundesbank (1976), S. 303.

Auch der steile Anstieg der Wertpapierausgabe[46] ab 1934 kann in diesem Zusammenhang nicht als verzögerter Aufholprozeß gedeutet werden. In den hohen Emissionsziffern dieser Jahre spiegelt sich in erster Linie die Finanzierung der Aufrüstung durch die öffentliche Hand wider.[47] Nun wissen wir aber, daß die vom Reich ausgegebenen festverzinslichen Titel - die vor allem zur Konsolidierung der schwebenden Schuld beitragen sollten - bevorzugt bei Kapitalsammelstellen untergebracht und dort stillgelegt wurden. Die öffentliche Verschuldung hatte zwar die Form von Kapitalmarkttiteln angenommen, muß de facto aber als direkte Kreditaufnahme bei den Kapitalsammelstellen bezeichnet werden. Somit kann man die Zahlen ab 1934 kaum noch mit denen zuvor als Repräsentanten der gleichen Entwicklung ansehen. Deshalb kann man davon ausgehen, daß es zu keinem - den Emissionsziffern entsprechenden - Anstieg des für den Börsenhandel frei zur Verfügung stehenden Materials kam.

Neben einer Betrachtung der Emissionsvolumina zeigt auch ein Blick auf die Struktur der Wertpapieremissionen (Tabelle I-4.2), daß sich innerhalb der relativ kurzen Zeitspanne von 1901 bis 1937 tiefgreifende Veränderungen am Primärmarkt vollzogen haben.

Tabelle I-4.2:

Struktur der Wertpapieremission ausgewählter Zeitspannen im Zeitraum 1901-1937

Jahresdurchschnitte in v.H.	1901-1913	1925-1931	1932-1937
Pfandbriefe	22,5	41,2	Zeilen 1+2
Kommunalanleihen	1,3	10,4	= 27,0
Reichs-, Staats- und Kommunalanleihen	46,1	14,7	62,4
Industrieanleihen	10,4	4,1	2,2
Aktien	19,7	29,6	8,4
Summe	100	100	100

Quellen: Materialien zur Vorbereitung der Banken-Enquete 1933, Berlin 1933, S. 45f. Strathus (1958), S. 985.

46 Hier wurde bewußt der Begriff „Wertpapierausgabe“ verwendet. Unter „Emission“ versteht man im allgemeinen die Ausgabe von Wertpapieren, ihre Unterbringung im Publikum und Einführung in den Verkehr. Gerade das „In-den-Verkehr-bringen“ fand nach 1934 aber zum Großteil nicht statt, wie weiter unten erläutert wird.

47 Nach der amtlichen Emissionsstatistik stieg der Anteil der Gebietskörperschaften am Emissionsvolumen von 1934 mit ca. 32 v.H. auf über 80 v.H. nach 1938.

Bei einem Vergleich mit der Vorkriegszeit zeigt die Struktur der Wertpapieremissionen in den Jahren 1925-1931 spezifische Auswirkungen der vorangegangenen Inflationszeit auf. Dies ist beispielsweise an den Verlagerungen zwischen Renten- und Aktienemissionen, aber auch an dem Übergewicht von Pfandbriefen innerhalb der Rentenemissionen abzulesen. Auch für die Jahre 1932-1937 lassen sich wieder zeitspezifische Besonderheiten erkennen. So fällt hier das Übergewicht der öffentlichen Schuldverschreibungen auf. Darüber hinaus erscheint es bemerkenswert, daß der Anteil von Industrieobligationen über den gesamten Zeitraum einen kontinuierlichen Rückgang aufweist. Dies deutet auf eine nachhaltige Veränderung in den Finanzierungsgewohnheiten von Aktiengesellschaften hin.

Vorerst bleibt festzuhalten, daß sich aus der Betrachtung des Wertpapierumlaufes und der Emissionstätigkeit einige Indizien für grundsätzliche Veränderungen am deutschen Kapitalmarkt ergeben haben. Insbesondere deuten die bisherigen Befunde auf einen Rückgang der Marktbreite an der Börse hin. Inwieweit dieses Ergebnis bereits ein Symptom für eine anormale Entwicklung der Wertpapierbörse war, kann erst unter Heranziehung weiterer quantitativer Größen beurteilt werden.

4.4 Analyse des Börsenumsatzsteueraufkommens von 1885 bis 1939

Deutete die Entwicklung des Umlaufes von Wertpapieren sowie der Wertpapieremission inländischer Emittenten nach 1924 auf eine verminderte Marktbreite hin, so erscheint es sinnvoll, in einem weiteren Schritt zu prüfen, ob sich diese Tatsache auch in einem Rückgang der Wertpapierumsätze am Sekundärmarkt Börse ausgedrückt hat.
Um Veränderungen der Umsatztätigkeit am Sekundärmarkt über den Zeitraum von fast 54 Jahren zu messen, wären Angaben über den Börsenumsatz erforderlich. Für den Betrachtungszeitraum von 1885 bis 1939 sind jedoch die Börsenumsätze nicht erhoben worden.[48] Vielfach hat man ver-

48 Dieser als unbefriedigend zu bezeichnende Zustand der deutschen Börsenstatistik ist bereits von Zeitgenossen kritisiert worden. So heißt es in einer Ausarbeitung der VoSta vom 22.12.1926 betreffend die Verbesserung der Börsenstatistik u.a.: „Über die Umsätze an den deutschen Börsen liegt eine direkte Statistik nicht vor, eine indirekte ist gegeben in dem monatlich veröffentlichten Aufkommen an Börsenumsatzsteuer. Diese hat erhebliche Mängel; sie erscheint einmal relativ spät, ungefähr 3 Wochen nach Ablauf der Berichtszeit; das Aufkommen aus Kundengeschäften und Händlergeschäften ... ist ... zusammengeworfen, und endlich ist nicht zu erse-

sucht, die Einnahmen aus der seit 1922 erhobenen Börsenumsatzsteuer und ihrer Vorgängerin, dem Umsatzstempel für Kauf- und sonstige Anschaffungsgeschäfte, als Näherungsmaß zu verwenden.[49] Dagegen lassen sich rasch verschiedene Einwände erheben, die zum Teil auch schon in der Literatur diskutiert worden sind. Beispielsweise führt schon der Name „Börsenumsatzsteuer“ in die Irre, weil Gegenstand der Besteuerung nicht nur die Umsätze an der Börse, sondern nahezu alle Anschaffungsgeschäfte von Wertpapieren gewesen sind. Die Börsenumsatzsteuer-Statistik ist also bestenfalls ein Anhaltspunkt zur Beurteilung des gesamten inner- und außerbörslichen Wertpapierumsatzes.

Dennoch soll auch hier im folgenden der Versuch gemacht werden, die Börsenumsatzsteuer-Statistik für den Zeitraum von 1885 bis 1939 auszuwerten in dem Bestreben, ihr mehr und bessere Hinweise auf die Abschätzung von Wertpapierumsätzen abzugewinnen, als dies bislang gelungen ist.[50] Voraussetzung dafür, daß man zu verwertbaren Ergebnissen gelangt, ist zunächst eine richtige Erfassung des Börsenumsatzsteueraufkommens aus den verschiedenen zur Verfügung stehenden Quellen. Da die Bezeichnungen der Steuertatbestände bzw. Steuerobjekte zu Mißverständnissen führen kann, muß kurz herausgearbeitet werden, was man - vor dem Hintergrund der Tatsache, daß der Begriff „Börsenumsatzsteuer“ erst seit 1922 amtlich verwendet wird - darunter verstehen soll.

---

hen, welcher Teil des Aufkommens auf festverzinsliche Werte und welcher auf Aktien entfällt. Eine Verbesserung der Börsenstatistik erscheint daher wünschenswert.“ BAP, 25.01 Nr. 6467, Blatt 15ff. und 27.

49 Balderston (1993), S. 211. Gunzert (1929), S. 70. Henning (1992), S. 212. Kalveram (1935), S. 44f. Knapp (1939), S. 84. Mosler (1933). Wagemann/IfK (1935), S. 115.

50 Jüngst hat Wetzel (1996), S. 231ff. eine Schätzung der Börsenumsätze für den Zeitraum 1885 bis 1913 vorgelegt und darüber hinaus Regressionen zur Erklärung der Umsätze gerechnet. Auf eine Reihe von Faktoren bezüglich der z.T. erheblichen Erfassungsprobleme, die sich ergeben, wenn aus dem Umsatzstempelaufkommen auf den *Börsenumsatz* geschlossen werden soll, geht Wetzel nicht ein. Zu diesen Faktoren gehören: die zeitweilige Befreiung von Wertpapieren von der Umsatzsteuerpflicht, die Besteuerung außerbörslicher Wertpapierumsätze, die Auswirkungen von Geldwertänderungen und Bevölkerungswachstum bzw. die Behandlung des Problems, daß ein Wertpapiergeschäft unter Umständen bis zu dreimal besteuert wurde. Dennoch stimmen Wetzels Aussagen zur Entwicklung des Wertpapierumsatzes vor 1913 mit denen dieser Arbeit im Kern überein (Vgl. dazu auch Anmerkung 96).

Wertpapiergeschäfte unterlagen in Deutschland seit 1881 verschiedenen Abgaben,[51] die man seinerzeit unter dem Oberbegriff Börsensteuer[52] subsumierte, und die zusammen mit anderen Verkehrsteuern bis Ende März 1922 im Reichsstempelgesetz kodifiziert waren.[53] Die Börsensteuer bestand zum einen aus dem „Effektenstempel“, der bei der erstmaligen Ausgabe von Wertpapieren anfiel, und zum anderen dem „Umsatzstempel“, der für Kauf- und sonstige Anschaffungsgeschäfte - unabhängig davon, ob diese an der Börse oder außerhalb der Börse abgeschlossen wurden - zu entrichten war. Im Kapitalverkehrsteuergesetz vom 8. April 1922 wurden die einschlägigen Bestimmungen neu geregelt.[54] Der Effektenstempel wurde in eine Gesellschafts- und eine Wertpapiersteuer aufgeteilt, der Umsatzstempel erhielt die Bezeichnung „Börsenumsatzsteuer“. Ferner wurde diesen Vorschriften die sachlich damit in keinem Zusammenhang stehende Aufsichtsratsteuer angegliedert. Steuerobjekt des Umsatzstempels bzw. der Börsenumsatzsteuer waren Effekten und börsenmäßig gehandelte Waren.[55] Steuertatbestand war das schuldrechtliche Verpflichtungsgeschäft, das den Umsatz vorbereitete, nicht etwa erst seine Erfül-

---

51 In Deutschland bestanden bereits vor der Reichsgründung in den Einzelstaaten „Kapitalverkehrsteuersysteme“ in höchst unterschiedlicher Ausgestaltung. In Anbetracht seiner chronischen Finanznot und seiner eingeschränkten steuerpolitischen Befugnisse mußte das neugegründete Deutsche Reich immer stärker auf diese Stempelabgaben zurückgreifen. Dementsprechend nahm auch die fiskalische Bedeutung der Steuern auf den Kapital- und Zahlungsverkehr für das Deutsche Reich bis zum Ersten Weltkrieg zu. Robert Fecht, Steuern auf Kapital- und Zahlungsverkehr, in: Handbuch der Finanzwissenschaft, Band 2, 3. Auflage, hrsg. von F. Neumark, Tübingen 1980, S. 888ff.

52 Der Terminus „Börsensteuer“ war 1881 insofern gerechtfertigt, als damals fast der gesamte Effektenverkehr über die Börse ging und es sich in der Hauptsache um eine Besteuerung von an der Börse abgeschlossenen Geschäften handelte. Blumer (1930), S. 9.

53 Zum Begriff und den Merkmalen des Umsatzstempels für Kauf- und sonstige Anschaffungsgeschäfte siehe auch: Erich Greif: Reichsstempelgesetz vom 3. Juli 1913, Berlin 1914, S. 77ff.

54 Kapitalverkehrsteuergesetz vom 8.4.1922. RGBL 1922, Teil I, S. 354ff. Vergleiche dazu auch folgende Quellen: Gammerdinger (1959), S. 65f. Pöhler (1930), S. 19 Einige nützliche Informationen lassen sich auch einer Ausarbeitung der VoSta vom September 1928 zum Thema: „Stand und Wirkung der Kapitalverkehrsteuern“ entnehmen. BAP, 25.01 Nr. 6631, Blatt 178ff.

55 Dazu gehörten z.B.: Getreide- und Mühlenprodukte, Kaffee, Tee, Zucker, Baumwolle, Kammzug, Gummi, Spiritus, Petroleum. „Börsenmäßig“ wurden Waren in Deutschland ausschließlich auf Termin gehandelt. Meier (1992), S. 164. HdStW, 2. Band, 1924, S. 1089.

lung durch Hingabe der Wertpapiere. Steuerbemessungsgrundlage war der Umsatzbetrag (bzw. der vereinbarte Preis) des einzelnen Anschaffungsgeschäftes. Der Steuerfuß war eine sich auf die Steuerbemessungsgrundlage beziehende Quote. Die Steuererhebung war an die Ausstellung von Schlußnoten geknüpft, die über jedes abgeschlossene Geschäft Auskunft gaben.[56] Als Mittel zur Stempelerhebung wurde bereits vor 1914 für alle Anschaffungsgeschäfte der Schlußnotenzwang[57] eingeführt, und deshalb ist der Umsatzstempel auch als „Schlußscheinsteuer" bezeichnet worden.[58]

Die „Stempelabgabe für Schlußnoten und Rechnungen, Kauf- und sonstige Anschaffungsgeschäfte" laut Tarifnummer 4 des Reichsstempelgesetzes betraf alle Wertpapierumsätze am Sekundärmarkt.[59] Die „Reichsstempelabgabe für Wertpapiere" gemäß Tarifnummer 1 des Reichsstempelgesetzes war, anders als der vielfach verwendete Begriff „Effektenstempel" zu signalisieren scheint, keine Abgabe auf Umsätze am Sekundärmarkt, sondern die Emissionssteuer. Die amtliche Statistik der Steuereinnahmen verwendete die Begriffe entsprechend.[60] Das hat leider für etliche Verwirrung Anlaß gegeben. Wiederholt haben Bearbeiter gemeint, der „Effektenstempel" sei die „Umsatzsteuer". Jüngst hat auch Henning (1992) sich bei seinem Versuch, die Börsenumsätze zu schätzen, fälschlich der statistischen Nachweise der Einnahmen aus dem Effekten-

---

56 Die Schlußnoten enthielten das Datum des Abschlußtages, die Namen der Kontrahenten, die Bezeichnung der Effekten, den Preis, den Lieferungstermin, den Namen des Vermittlers und die Tagebuchnummer des Maklers. Berufsmäßige Effektenhändler mußten ihre Schlußnoten fünf Jahre, Privatpersonen ein Jahr aufbewahren.

57 Zum einen stellte man den Nichtgebrauch von Schlußnoten unter Strafe, zum anderen bekamen nur solche Geschäfte, über welche Schlußzettel ausgestellt waren, die Klagbarkeit vor dem Börsenschiedsgericht verliehen.

58 Vgl. R. Friedberg: „Börsensteuer" in: HdSt, 3. Aufl., 3. Band, Jena 1909, S. 162f. Kloss: „Börsenumsatzsteuer", in: HdSt, 4. Aufl., 2. Band, Jena 1924, S. 1032f.

59 Vgl. dazu Pöhler (1930), S. 6. Saling's Börsen-Papiere. Erster allgemeiner Teil. Die Börse und die Börsengeschäfte, hrsg. von A. Schütze, 19. Aufl., Berlin / Leipzig 1925, S. 606ff.

60 Im Statistischen Jahrbuch müssen die Angaben zum Umsatzstempel der Rubrik Einnahmen aus den Stempelabgaben für *„Schlußnoten und Rechnungen, Kauf- und sonstige Anschaffungsgeschäfte"* und ab 1910 der Rubrik *„Kauf- und sonstige Anschaffungsgeschäfte"* entnommen werden.

stempel bedient.[61] Seine auch aus anderen Gründen unkorrekten Werte zeigt Tabelle I-4E im Anhang.[62]

Aus den amtlichen Statistiken der Einnahmen zur Schlußscheinsteuer, der eigentlichen Umsatzsteuer auf Geschäfte am Sekundärmarkt und (ab 1922) zur Börsenumsatzsteuer ergibt sich das unten stehende jährliche Aufkommen aus Börsenumsatzsteuern im Deutschen Reich von 1885 bis 1939 in 1000 Mark bzw. 1000 Reichsmark (*siehe Tabelle I-4.3*). Bei den Jahreszahlen handelt es sich um die Fiskaljahre, die jeweils am 1. April eines Jahres begannen.[63] Sowohl im Statistischen Jahrbuch als auch in anderen Quellen - wie zum Beispiel den internen Statistiken der Reichsbank - findet sich kein Hinweis darauf, daß das Börsenumsatzsteueraufkommen ab 1938/39 unter Einschluß des Steueraufkommens von Österreich (Wiener Börse) erhoben worden wäre.[64]

---

61 Für die Jahre 1910 bis 1913 übernahm Henning die Angaben zu den Einnahmen des „Effektenstempels“.

62 Aus der Zeit von 1914 bis 1919 fehlen bei Henning überhaupt Angaben, obwohl sich im Statistischen Jahrbuch von 1923 (auf Seite 366) sowohl die Daten zum „Effektenstempel“ als auch zum „Schlußnotenstempel über Anschaffungsgeschäfte von Wertpapieren“ finden. Die Werte von 1920 bis 1923 entnahm Henning vermutlich aus den Jahrgängen 1921-1923 des Statistischen Jahrbuches. Im Jahrgang 1921/22 findet sich auf S. 361 eine Übersicht „Einnahmen und Ausgaben des Deutschen Reiches nach den *Reichshaushaltsplänen 1920-1922“*. Dort finden sich die von Henning für die Jahre 1920 und 1921 mitgeteilten Ziffern. Der Jahrgang 1923 weist auf S. 351 eine Übersicht „Einnahmen und Ausgaben des Deutschen Reiches aus. (1920 und 1921 nach den *Reichshaushaltsrechnungen*, 1922 und 1923 nach den *Reichshaushaltsplänen*)“. Dort finden sich die von Henning für die Jahre 1922 und 1923 mitgeteilten Ziffern.
Im Statistischen Jahrbuch von 1926 lesen wir auf S. 420, daß infolge der Entwertung der Papiermark die tatsächlich angefallenen Einnahmen aus den Rechnungsjahren 1922 und 1923 nicht veröffentlicht wurden. Auch Hennings Angaben der Jahre 1924 und 1925 sind problematisch. Hier wird die Summe aus Anschaffungsgeschäften von Wertpapieren, Devisen, Waren und Bezugsrechten mitgeteilt, obwohl der Betrag - der auf den Wertpapierumsatz entfiel - gesondert ausgewiesen wurde.

63 So lagen z.B. dem für das Jahr 1898 ausgewiesenen Wert von 13.545.000 Mark die Umsatzstempeleinnahmen vom 1.4.1898 bis zum 31.3.1899 zugrunde.

64 Vgl. Statistisches Jahrbuch für das Deutsche Reich, 58. Jahrgang, Berlin 1939/40, S. 569.
Eine mögliche Erklärung, warum die Wiener Börse mit ihrem Steueraufkommen in der deutschen Statistik keinen Eingang gefunden hat, findet sich bei Baltzarek. Die Wiener Börse war nach dem deutschen Einmarsch vom 11.3.1938 bis zum 27.10.1938 geschlossen. Erst am 11.8.1939 traten die deutschen börsenrechtlichen Bestimmungen in Österreich in Kraft. Vgl. Baltzarek (1973), S. 137f.

Tabelle I-4.3:

Börsenumsatzsteueraufkommen von 1885 bis 1939

Fiskal-jahr	in 1000 M	Fiskal-jahr	in 1000 M	Fiskal-jahr	in 1000 M/RM	Fiskal-jahr	in 1000 RM
1885	5.031	1899	14.987	1913	18.646	1927	65.735
1886	7.938	1900	14.308	1914	5.072	1928	48.151
1887	7.398	1901	13.331	1915	3.393	1929	29.749
1888	12.457	1902	13.512	1916	6.120	1930	19.388
1889	15.143	1903	13.931	1917	14.842	1931	11.255
1890	13.456	1904	17.700	1918	44.418	1932	9.114
1891	11.021	1905	20.631	1919	181.472	1933	12.376
1892	9.320	1906	16.560	1920	355.516	1934	13.988
1893	8.165	1907	9.312	1921	2.133.572	1935	13.763
1894	16.407	1908	12.751	1922	-	1936	17.124
1895	19.889	1909	22.051	1923	-	1937	16.202
1896	13.226	1910	24.090	1924	83.377	1938	14.838
1897	13.729	1911	24.559	1925	28.459	1939	16.200
1898	13.545	1912	24.483	1926	82.867		

Quelle: Statistisches Jahrbuch für das Deutsche Reich, 14. bis 59. Jahrgang, Berlin 1893-1941/42. Mit geringfügigen Abweichungen werden die Zahlen vor 1914 auch durch private Erhebungen bestätigt. Wie etwa: Deutscher Börsen-Kalender und Effekten-Handbuch, Beilage zur Frankfurter Zeitung, 36. bis 52. Jahrgang, Frankfurt am Main 1899-1914 oder Berliner Jahrbuch für Handel und Industrie, Jahrgang 1903-1913, Berlin 1904-1914.

Obgleich Angaben über das Börsenumsatzsteueraufkommen für den ganzen Zeitraum (mit Ausnahme von 1922/1923) vorliegen, werden wir die Periode von 1914 bis 1924 nicht weiter betrachten. Unser Interesse gilt der langfristigen Entwicklung der Wertpapierumsätze. Ist man bei der Schätzung dieser Umsätze mit Hilfe der Angaben zur Börsenumsatzsteuer schon für die Zeit bis 1913 und ab 1925 auf zahlreiche Hypothesen angewiesen, so müßte man sich für die Jahre zwischen 1913 und 1925 vielfach auf allzu freizügige Spekulationen einlassen. Folgende Unklarheiten wären in dieser Zeit - neben den im weiteren Verlauf der Arbeit explizit erörterten Problemen - zusätzlich zu beachten:

1. Mit der VO vom 9.11.1921 wurde eine Umsatzsteuer auf Devisengeschäfte eingeführt, (RGBL 1921, S. 1333). Damit wollte man den immer umfangreicheren Spekulationen mit Devisen begegnen. Die Sätze der Devisenumsatzsteuer wurden parallel zu den anderen Steuersatzänderungen angepaßt. Es gibt jedoch keine Anhalts-

punkte darüber, welchen Anteil die Devisenumsätze am Gesamtaufkommen der Börsenumsatzsteuer gehabt haben. Bekannt ist lediglich, daß dieser Anteil beträchtlich gewesen sein muß. So teilt zum Beispiel Merzbach mit, daß die Devisenumsätze ein Vielfaches der Effektenumsätze betrugen. [65]

2. Mit dem Kapitalverkehrsteuergesetz vom 8.4.1922 wurde neben den Händler- und Kundengeschäften eine dritte Klasse - die Privatgeschäfte - geschaffen. Händlergeschäfte waren Geschäfte, bei denen beide Vertragsteilnehmer zum Börsenhandel zugelassenen waren. Kundengeschäfte waren solche, bei denen nur der eine Vertragsteil Händler war. Als Privatgeschäft wurde der Wertpapierhandel unter Privatleuten bezeichnet. Damit wollte man den „wilden Effektenverkehr" als Einnahmequelle heranziehen. Unbekannt ist, in welchem Umfang solche Privatgeschäfte überhaupt zur steuerlichen Anmeldung gelangten bzw. in welchem Umfang hier „schwarz" gehandelt wurde.
3. Mit der VO vom 14.7.1923 erweiterte der Gesetzgeber die Steuersätze für festverzinsliche Wertpapiere um zwei zusätzliche Kategorien. Es wurden gesonderte Sätze für wertbeständige Schuldverschreibungen und auf ausländische Währung lautende Schuldverschreibungen eingeführt. Galt zum Beispiel für Pfandbriefe im Jahre 1913 noch ein einheitlicher Tarif, so gab es dafür nun neun verschiedene Steuersätze. Die gerade skizzierten Regelungen waren (mit Ausnahme der Devisenumsatzbesteuerung) bis einschließlich September 1924 in Kraft. Mit der VO über die Senkung der Börsenumsatzsteuer vom 11.10.1924 wurden diese Bestimmungen beseitigt. [66]

Im folgenden wird zunächst dargestellt, welche Erfassungsprobleme sich ergeben, wenn aus dem Börsenumsatzsteueraufkommen auf den Wertpapierumsatz geschlossen werden soll.
Wie erwähnt, erfaßt die Schlußscheinsteuer bzw. die Börsenumsatzsteuer nicht nur Börsenumsätze in Wertpapieren, und sie erfaßt nicht alle Geschäfte, die zu Umsätzen an der Börse geführt haben. Tabelle I-4.4 zeigt im Detail, worum es sich handelt. In der linken Hälfte sind diejenigen Geschäfte aufgeführt, die Gegenstand der Besteuerung gewesen sind. Das im Hinblick auf unsere Fragestellung störendste Faktum ist, daß - im Ge-

---

65 Vgl. Merzbach (1922), S. 304. Mit der VO vom 28.12.1925 wurde die Devisenumsatzsteuer wieder abgeschafft. Zur Abschaffung der Devisenumsatzsteuer siehe RGBL 1925, Teil I, S. 476.

66 Sehr schön lassen sich die diversen Umgestaltungen anhand einer Übersicht zur Entwicklung der Börsenumsatzsteuersätze verfolgen, die sich im Bestand des RWM im Bundesarchiv in Potsdam befindet. BAP, 31.01 Nr. 10024, Blatt 47.

gensatz zur Bezeichnung der Steuer - eben auch die in der 1. Spalte angeführten außerbörslichen Wertpapiergeschäfte und börsenmäßige Waren(termin)geschäfte umsatzsteuerpflichtig waren. Sodann gab es aber, wie man aus der dritten Spalte von Tabelle I-4.4 ersieht, Wertpapierumsätze an der Börse, die steuerbefreit waren. Wie die Tabelle ausweist, setzt sich der uns interessierende „ideale Börsenumsatz“ aus einer Teilmenge des vom Umsatzstempel erfaßten Wertpapierumsatzes und einer Teilmenge des nicht besteuerten Wertpapierumsatzes zusammen. Leider ist es unmöglich, diese Effekte anhand von substantiell begründeten Schätzurteilen zu quantifizieren oder gar herauszurechnen.

Tabelle I-4.4:

Abgrenzungsschwierigkeiten bei der Börsenumsatzsteuer

Von der Börsenumsatzsteuer erfaßt		Von der Börsenumsatzsteuer nicht erfaßt	
und kein Wertpapierumsatz an der Börse	und Wertpapierumsatz an der Börse	und Wertpapierumsatz an der Börse	und kein Wertpapierumsatz an der Börse
1. außerbörsliche Wertpapierumsätze[67]	börsenmäßiger Wertpapierumsatz	z.T. steuerbefreite Wertpapierumsätze	z.T. steuerbefreite Wertpapierumsätze
2. gewisse Warenumsätze	= idealer Börsenumsatz		

Da die amtliche Statistik bis 1921 die Einnahmen aus dem Umsatzstempel von Wertpapier- und Warentermingeschäften in einer Summe ausweist,[68] muß für den von uns betrachteten Zeitraum 1885 bis 1913 das Börsenumsatzsteueraufkommen (gemäß Tabelle I-4.3) um die Anteile, die auf Warentermingeschäfte entfielen, näherungsweise bereinigt werden.

Eschenbach schätzt, daß für den Zeitraum vor dem Börsengesetz von 1896 ein Anteil von 25 v.H. der Steuereinnahmen aus dem Umsatzstem-

67 Dazu gehören zum Beispiel: Geschäfte in unnotierten Werten, der vor- und nachbörsliche Handel, der Handel von Aktienpaketen, der Verkauf effektiver Stücke über die „Tafel“, der Eigenhandel der Kreditinstitute außerhalb der Börsenzeit, die Ausführung von Kundenorders, für die eine außerbörsliche Abwicklung vorgeschrieben wurde, der Telefonhandel.

68 Ab dem Jahr 1924 wurden im Statistischen Jahrbuch die auf Anschaffungsgeschäfte in Wertpapieren entfallenden Einnahmen aus der Börsenumsatzsteuer gesondert in einer eigenen Spalte ausgewiesen.

pel auf das Warentermingeschäft entfiel.[69] Nach dem Inkrafttreten des Börsengesetzes verlor der Effekten- und Warenterminhandel erheblich an Bedeutung.[70] Um wieviel Prozentpunkte der Anteil der auf Warengeschäfte entfallenden Steuereinnahmen am Umsatzstempel nach 1896 zurückging, läßt sich schwer sagen. Im folgenden wird in Anlehnung an Wetzel (1996) davon ausgegangen, daß in der Zeit von 1896 bis 1908 der Anteil der Stempeleinnahmen aus Warentermingeschäften an den gesamten Stempeleinnahmen 5 v.H. ausmachte.[71] Die Börsengesetznovelle von 1908 brachte u. a. eine Korrektur der Bestimmungen zum Terminhandel.[72] Sie beließ diesem nun wieder genügend Luft für eine stärkere Entfaltung, allerdings ohne daß er den gleichen Umfang annehmen konnte wie in den Jahren vor 1896.[73] Für die Zeit von 1908 bis 1913 wird in Ermangelung weiterer Informationen ein in der Mitte der vorher genannten Eckwerte liegender Anteil von 15 v.H. am Umsatzstempelaufkommen unterstellt. Ausgangspunkt für die weitere Betrachtung sind die Werte aus Tabelle I-4.3, die für den Zeitraum 1885-1913 um diese Prozentsätze (25 / 5 / 15) gekürzt wurden.

Da in unserem Betrachtungszeitraum niemals alle Wertpapierumsätze mit dem gleichen Steuersatz belegt wurden, sind die Einnahmen aus der Börsenumsatzsteuer in keinem Jahr ein einfacher Prozentsatz aus den Umsätzen gewesen. In diesem Falle hätte man, wüßte man den einheitlichen Steuersatz im jeweiligen Fiskaljahr, von den Einnahmen - nach einigen Korrekturen - rasch auf die Umsätze schließen können.

---

69 Dieser Schätzung lagen Auswertungen der Zahlen der Börsenbesucher (Waren- bzw. Effektenbörse) und der Statistiken der Liquidationskassen über abgerechnete Waren- bzw. Effektentermingeschäfte zugrunde. Vgl. A. Eschenbach: Die Erträgnisse der sogenannten Börsensteuern, in: Jahrbücher für Nationalökonomie und Statistik, 3. Folge, 6. Band, 1893, S. 889.

70 Der Umsatz an der Magdeburger Zuckerbörse fiel in den ersten 5 Jahren nach Inkrafttreten des BG von 1896 um 50 v.H. und für die Leipziger Kammzugbörse kam 1899 das endgültige Aus. Meier (1992), S. 335ff. F. W. Henning: Börsentermingeschäfte in historischer Sicht, in: Bankhistorisches Archiv. Beiheft 19, Frankfurt am Main 1991, S. 26.

71 Wetzel schätzt für die Berliner Börse, daß nach 1896 etwa 5 v.H. der gesamten Umsatzstempeleinnahmen auf Warengeschäfte entfielen. Wetzel (1996), S. 231.

72 Das Börsenregister wurde abgeschafft und das Verbot des Terminhandels in Anteilen von Bergwerks- und Industrieunternehmen aufgehoben. Das Verbot des Börsenterminhandels in Getreide- und Mühlenprodukten blieb zwar der Form nach erhalten, wurde faktisch jedoch weitestgehend ausgehöhlt. Meier (1992), S. 342.

73 Henning (1991), S. 27.

Leider ist die Besteuerung nach Wertpapiergattungen unterschiedlich erfolgt, und der Gesetzgeber hat ab 1918 auch noch zwischen Händler- und Kundengeschäften unterschieden. Weil keine Unterlagen über die Einnahmen von Geschäften in den verschiedenen Wertpapiergattungen gar noch einmal unterschieden in Händler- und Kundengeschäfte vorliegen, muß man die durchschnittlichen jährlichen Steuersätze schätzen, wie es auch das Statistische Reichsamt einmal getan hat.[74] Bei dieser Vorgehensweise werden aber notgedrungen eine Reihe von Unterstellungen gemacht. Angesichts des zur Verfügung stehenden unzureichenden Materials erscheint dieser Weg eine praktikable Methode zu sein, um dem hier verfolgten Ziel - eine begründete Schätzung des Wertpapierumsatzes vorzulegen - ein Stück näherzukommen.

Ausgangspunkt der Schätzung des Durchschnittssteuersatzes bilden die jeweiligen Steuersätze gemäß dem Reichsstempel- bzw. Kapitalverkehrsteuergesetz. Bis zur Trennung von Kunden- und Händlergeschäften im Jahre 1918 können die entsprechenden Steuersätze direkt aus dem Reichsgesetzblatt übernommen werden. Nach der Trennung muß für jede Effektengattung ein durchschnittlicher Steuersatz berechnet werden. Da nicht bekannt ist, welcher Anteil an der Gesamtzahl aller Wertpapiergeschäfte den Kunden- bzw. Händlergeschäften zukam, wird hier unterstellt, daß der gesamte Wertpapierumsatz je zur Hälfte auf Kunden- bzw. Händlergeschäfte entfiel. Aufgrund dieser Annahme wird jeweils das arithmetische Mittel der Steuersätze gebildet, die für Kunden- bzw. Händlergeschäfte vorgesehen waren.[75] Aus diesen durchschnittlichen Steuersätzen für jede Effektengattung muß anschließend ein geschätzter Durchschnittssteuersatz über alle Wertpapierarten berechnet werden. Im folgenden wurde die Hilfskonstruktion gewählt, die Gewichtung gemäß dem prozentualen Anteil jeder Effektengattung am Wertpapierumlauf vorzunehmen. Dabei wird unterstellt, daß sich die Umsätze jeder Effektengattung entsprechend ihrem Anteil am Wertpapierumlauf verhalten ha-

---

[74] Bereits im Jahre 1914 hat das Statistische Reichsamt eine Schätzung der Effektenumsätze für die Jahre 1911-1913 vorgenommen. Die damaligen Berechnungen waren jedoch um einiges einfacher, da nur ein relativ kurzer Zeitraum untersucht wurde. Außerdem waren keine Steuersatzveränderungen zu berücksichtigen. Eine diesbezügliche Beispielrechnung des Statistischen Reichsamtes findet sich in: BAP, 31.02 Nr. 2497, Blatt 27-30.

[75] Ein auf diese Art geschätzter Wertpapierumsatz für die Jahre 1925-1939 muß zwischen jenen Werten liegen, die sich ergeben würden, wenn man von den Annahmen ausgeht, daß 1. nur Händlergeschäfte oder 2. nur Kundengeschäfte getätigt worden wären.

ben. Daß diese Annahme den tatsächlichen Verhältnissen entsprochen hat, ist (wie unten gezeigt wird) eher unwahrscheinlich, meines Erachtens jedoch das einzige praktikable Verfahren, um überhaupt zu einer Lösung des Problems zu kommen. Als Ergebnis erhält man den geschätzten Durchschnittssteuersatz eines bestimmten Jahres. Auf diese Weise kann nun für jedes Jahr des Untersuchungszeitraumes ein entsprechender Durchschnittssteuersatz ermittelt werden.[76]

Die Steuersätze für Anschaffungsgeschäfte in Wertpapieren hat man in dem Zeitraum von der Einführung des Reichsstempelgesetzes am 1. Juli 1881 bis zum Ende unseres Betrachtungszeitraumes insgesamt sechzehnmal geändert. Diese Änderungen sind bei einer Berechnung des geschätzten Wertpapierumsatzes zu berücksichtigen.[77]
Zunächst sind die für 1885-1913 festgestellten und für 1925-1939 ermittelten Steuersätze vorzustellen. Die folgende Aufstellung basiert auf den Angaben der Tabelle I-4F im Anhang. Dabei wurden nur jene Perioden berücksichtigt, für die eine Umsatzberechnung durchgeführt werden soll.

Tabelle I-4.5:

Steuertarife für Wertpapiergeschäfte (Promillesätze) 1885-1913 und 1924-1939

gültig ab dem:	Kriegs-anleihen	öffentl. Anleihen	Pfandbriefe	Industrie-obligationen	Aktien
29.5.1885	-	0,10	0,10	0,10	0,10
27.4.1894	-	0,20	0,20	0,20	0,20
1.7.1900, gültig bis 1913	-	0,20	0,20	0,20	0,30
10.11.1924	0,15	0,30	0,45	1,25	4,00
10.8.1925	-	0,30	0,45	0,75	2,00
29.4.1926, gültig bis 1939	-	0,30	0,45	0,75	1,125

Quelle: Tabelle I-4F im Anhang

76 Für die Jahre, in denen die Steuersätze geändert wurden, erfolgte die Ermittlung des Durchschnittssteuersatzes unter Berücksichtigung der Steuersatzänderungen (Steuersatz bis zum Änderungszeitpunkt und Steuersatz ab dem Änderungszeitpunkt, gewogen entsprechend dem Änderungszeitpunkt).

77 Die Grundzüge dieser Änderungen sind in der Tabelle I-4F im Anhang dargestellt.

Wie man Tabelle I-4F im Anhang entnehmen kann, gab es bis zur Erhöhung des Steuersatzes für Aktiengeschäfte am 1. Juli 1900 einheitliche Steuersätze. Daher entspricht auch der geschätzte Durchschnittssteuersatz in der unten gezeigten Tabelle I-4.8 in diesem Zeitraum dem Einheitssteuersatz. Grundsätzlich läßt sich bereits anhand dieser Tabelle ablesen, in welcher Richtung die noch zu schätzenden Durchschnittssteuersätze in ihrer wertmäßigen Größe von den Einzelsteuersätzen bestimmt werden. Insbesondere die hohen Steuersätze für Aktienumsätze der Jahre 1924-1926 haben hier einen maßgeblichen Einfluß ausgeübt. Die Kriegsanleihen (Spalte I) spielten in unserem Berechnungszeitraum keine Rolle und bleiben daher im folgenden unberücksichtigt.

Beim Effektenhandel konnten im Betrachtungszeitraum grundsätzlich drei Fälle unterschieden werden:

1. Wertpapiere wechselten von einem Privatkunden unter Einschaltung zweier Banken, die als Kommissionäre[78] auftraten, in den Besitz eines anderen Privatkunden über. In diesem Fall hat es sich steuerrechtlich gesehen um drei verschiedene Anschaffungsgeschäfte gehandelt.[79]
2. Ein Wertpapiergeschäft wurde von einem Privatkunden, einer als Kommissionär auftretenden Bank und einer als Eigenhändler auftretenden Bank abgewickelt. Hierbei handelte es sich steuerrechtlich um zwei Anschaffungsgeschäfte.
3. Zwei Banken schlossen ein Wertpapiergeschäft im Eigenhandel ab, so daß in diesem Fall ein einziges Anschaffungsgeschäft vorlag.

Je nach der konkreten Ausgestaltung einer Wertpapiertransaktion (Art und Anzahl der Marktteilnehmer) war für ein und denselben Umsatzvorgang demnach ein- bis dreimal Börsenumsatzsteuer zu entrichten. In dieser Arbeit wird unterstellt, daß alle drei Fälle in etwa gleich häufig auf-

---

78 Zum Begriff „Kommissionär“ siehe oben (Kapitel 2.2.2). Vergleiche auch Meier (1992), S. 203.

79 War das Geschäft durch einen Kommissionär zustande gekommen, so war gemäß § 19 III Reichsstempelgesetz die Abgabe sowohl für das Geschäft zwischen dem Kommissionär und dem Dritten als auch für das Abwicklungsgeschäft zwischen dem Kommissionär und dem Kommittenten zu entrichten. Vgl. Reichsstempelgesetz vom 3. Juli 1913 mit sämtlichen Ausführungsbestimmungen für das Reich und die größeren Bundesstaaten, hrsg. von E. Greiff, 2. Auflage, Berlin 1914, S. 131. Vgl. auch Meyer (1902), S. 17. Die hier erwähnte Bestimmung fand sich unverändert im § 58 des Kapitalverkehrsteuergesetzes von 1922 wieder. RGBL 1922, Teil I, S. 367.

traten. Deshalb wird bei der späteren Ermittlung des geschätzten Wertpapierumsatzes das Börsenumsatzsteueraufkommen durch den Faktor zwei dividiert, um zu einer annähernden Entsprechung von Steueraufkommen und Wertpapierumsatz zu kommen.[80]

Wie schon oben erwähnt, hat es sowohl im Reichsstempelgesetz als auch im Kapitalverkehrsteuergesetz von 1922 (und folgenden Fassungen) verschiedene Befreiungen von der Umsatzsteuerpflicht gegeben. Vielfach handelte es sich allerdings um Geschäfte, die nach unserem Verständnis gerade nicht Börsenumsätze von Wertpapieren betrafen.[81] Relevant war allerdings, daß mit der Änderung des Reichsstempelgesetzes vom 8. Juni 1906 die Befreiung von Schuldverschreibungen des Reiches und der Bundesstaaten vom Umsatzstempel in Kraft trat.[82] Im Börsenumsatzsteueraufkommen fehlt daher im Zeitraum 1906 bis 1913 der Betrag an Steuern, der sich auf Umsätze bezieht, die in diesen Wertpapieren erzielt wurden. Welcher Anteil des Wertpapierumsatzes auf diese Wertpapiere entfiel - und damit im Steueraufkommen nicht mehr enthalten war - ist unbekannt.[83] Man könnte auf die Idee kommen, anhand von Annahmen über die Umsätze ein fiktives Steueraufkommen für die Geschäfte in Schuldverschreibungen des Reiches und der Bundesstaaten (bzw. ab 1919

---

80 Wenn alle oben skizzierten Fälle gleich häufig auftraten, so errechnet sich der gesuchte Divisor wie folgt: (3+2+1) / 3 = 2.

81 Bis 1913 waren u.a. folgende börsenmäßig abgeschlossene Geschäfte von der Steuerpflicht befreit: Waren, welche von einem der Vertragschließenden im Inland erzeugt oder hergestellt worden waren; die Ausreichung eines durch Pfandbriefausgabe refinanzierten Hypothekendarlehens an den Kreditnehmer; die noch am gleichen Tag zu erfüllenden Geschäfte in ausländischen Sorten und Devisen sowie Gold und Silber; die zur Versicherung von Wertpapieren gegen Verlosung geschlossenen Geschäfte. RGBL 1900, S. 273.
Gemäß den Bestimmungen des § 42 des Kapitalverkehrsteuergesetzes von 1922 waren zusätzlich folgende Geschäfte von der Steuer befreit: Anschaffungsgeschäfte in Sorten und Devisen, sofern der Gegenwert des Geschäftes nicht mehr als 300 RM betrug. Die Annahme von Schuldverschreibungen des Reiches oder eines Landes an Zahlungs statt bei der Begleichung öffentlicher Abgaben. Anschaffungsgeschäfte über Schatzanweisungen des Reiches und der Länder, die längstens innerhalb von drei Jahren fällig wurden. Anschaffungsgeschäfte von Aktien, wenn die Gesellschaften ausschließlich gemeinnützigen Zwecken dienten, und die Zuteilung von Wertpapieren an andere Kapitalgesellschaften. RGBL 1922, Teil I, S. 364.

82 Artikel 4 der Verordnung vom 11.6.1906 zur Ergänzung des Reichsstempelgesetzes. RGBL 1906, S. 618.

83 Das Steueraufkommen brach jedenfalls von 1906 auf 1907 stark ein. Dies stellt möglicherweise aber auch eine Reaktion der Umsatztätigkeit an den Wertpapiermärkten auf Konjunkturschwankungen dar.

der Länder) zu ermitteln. Aber dabei geriete man nur in einen Zirkel. Beabsichtigt ist ja, mit Hilfe von Steuereinnahmen auf die direkt nicht bekannten Umsätze zu schließen. Hätte man bereits einigermaßen plausible Angaben zu den Umsätzen, so benötigte man die Steuereinnahmen nicht mehr. Tatsächlich bleibt nichts anderes übrig, als zuzugeben, daß am Ende die Schätzung der Wertpapierumsätze mit Hilfe der Statistik der Einnahmen aus der Börsenumsatzsteuer die tatsächlichen Umsätze im Zeitraum 1906 bis 1913 vermutlich unterschätzen wird.

Möglich erscheint es jedoch, einen Rahmen anzugeben, in welchem Umfang das Steueraufkommen ohne Befreiungen hätte höher sein können. Bei der im folgenden diskutierten Vorgehensweise - die wieder die Hilfskonstruktion über den Umlauf inländischer Wertpapiere verwendet - handelt es sich um einen Vorschlag, um zu zeigen, wie man an dieses Problem herangehen könnte. Daß dabei zum Teil recht grobe Annahmen gemacht werden, liegt in der Natur der Sache und wird bei einer Bewertung der Güte der Ergebnisse und ihrer Interpretation zu berücksichtigen sein. Zieht man den Anteil heran, der auf die steuerbefreiten Schuldverschreibungen des Reiches und der Bundesstaaten am gesamten Wertpapierumlauf inländischer Emittenten entfiel, so ergibt sich für die Jahre 1906 bis 1913 ein ziemlich konstanter Wert von etwa 34 v.H.[84] Unter der Annahme, es würde tatsächlich im Steueraufkommen ein Betrag - entsprechend dem Anteil dieser Wertpapiere am Wertpapierumlauf - fehlen, müßten die Zahlenangaben zum Börsensteueraufkommen aus den Jahren 1906-1913 mit einem Korrekturfaktor von etwa 1,5 multipliziert werden.[85]

Da sowohl inländische als auch ausländische Wertpapiere der Umsatzsteuerpflicht unterlagen, muß der Anteil steuerbefreiter Wertpapiere jedoch auf den gesamten Umlauf *in- und ausländischer* Wertpapiere bezogen werden. Eine Statistik, die alle am deutschen Kapitalmarkt umlaufenden Wertpapiere erfaßt, liegt aber nicht vor, so daß man auch hier auf Schätzungen angewiesen ist. Einen Anhaltspunkt, um welche Größenordnung der gesamte Umlauf von Wertpapieren größer als der Umlauf inländischer Wertpapiere war, kann ein Vergleich der ausländischen Wertpapieremissionen an den gesamten Wertpapieremissionen in Deutschland

84 Die Werte für den Umlauf von Schuldverschreibungen des Reiches und der Bundesstaaten (1906-1913) wurden den Spalten 1 und 2 der Tabelle 225 bei Hoffmann (1965), S. 790 entnommen. Der gesamte Wertpapierumlauf inländischer Emittenten wurde anhand der Tabelle I-4A (Summe aus Schuldverschreibungen insgesamt und Aktien) im Anhang dieser Arbeit ermittelt.

85 $(100 - 34) * x = 100 \Rightarrow x \approx 1{,}5$.

bieten. Bei dieser Vorgehensweise wird unterstellt, daß die Verhältnisse inländischer Wertpapieremission zu ausländischer Wertpapieremission in etwa dem Verhältnis des inländischen Wertpapierumlaufes zum ausländischen Wertpapierumlauf entsprochen haben.[86] Man kann aufgrund der aus der Emissionsstatistik bekannten Volumina sagen, daß der Anteil ausländischer Wertpapieremissionen im Schnitt der Jahre 1906-1913 etwa 20 v.H. des Betrages inländischer Wertpapieremissionen betragen hat.[87] Würde man nun den Anteil der steuerbefreiten Schuldverschreibungen auf ein auf diese Art geschätztes Volumen des in- und ausländischen Wertpapierumlaufs beziehen, so ergäbe sich, daß etwa 28 v.H. des gesamten Wertpapierumlaufes in Deutschland auf die nicht besteuerten Wertpapiere des Reiches und der Länder entfallen würden.[88] Die Börsenumsatzsteuerzahlen ab dem Jahr 1906 bis zum Jahr 1913 müßten in diesem Fall mit einem Korrekturfaktor von etwa 1,4 multipliziert werden, um zu einem dem Gesamtumlauf entsprechenden Ergebnis zu kommen.[89]

Bei einer solchen Vorgehensweise wird angenommen, daß die Umlaufgeschwindigkeit in allen Wertpapiergattungen die gleiche ist. Im Lichte der Zeit nach 1950 betrachtet erscheint diese Annahme jedoch unwahrscheinlich. Denn anhand der hierfür zur Verfügung stehenden Daten wissen wir, daß der Anteil des Umsatzes von Aktien am gesamten Wertpapierumsatz in der Nachkriegszeit stets größer als ihr Anteil am Wertpapierumlauf und entsprechend der Anteil des Umsatzes von Renten am gesamten Wertpapierumsatz stets kleiner als ihr Anteil am Wertpapierumlauf war. So lag in den Jahren 1956-1986 der Anteil des Umsatzes von Aktien inländischer Emittenten am gesamten Wertpapierumsatz zwischen dem zwei- und sechsfachen über dem entsprechenden Anteil von Aktien am Umlauf von Wertpapieren. Der Anteil des Umsatzes von Renten inländischer Emittenten am gesamten Wertpapierumsatz betrug in dem gleichen Zeitraum zwischen einem Fünftel und vier Fünftel des entsprechen-

---

86 Die Statistik der Wertpapieremissionen ist deshalb als möglicher Anhaltspunkt für den Wertpapierumlauf geeignet, da das Volumen und die Zusammensetzung der Emissionen einen gewissen Einfluß auf die zukünftige Struktur des Wertpapierumlaufes ausübt. Der Wertpapierbestand ist auf der einen Seite durch fortgesetzte Tilgungen von fälligen Rentenpapieren und das Verschwinden von Aktien (Konkurs, Umwandlung etc.) geprägt. Auf der anderen Seite werden beständig neue festverzinsliche Papiere und Aktien ausgegeben. Mit einer gewissen Zeitverzögerung wird sich die Struktur dieser Neuemissionen auch in der Bestandsstruktur auswirken.

87 Die 20 v.H. wurden anhand der Emissionsstatistik des Deutschen Oekonomisten berechnet. Vgl. dazu Kleiner (1914), S. 119ff. Zur Berechtigung dieser Vorgehensweise siehe ebd. S. 58.

88 $(100 / (100 + 20)) = x / 34 \Rightarrow x \approx 28.$

89 $(100 - 28) * x = 100 \Rightarrow x \approx 1{,}4.$

den Anteils von Renten am Umlauf von Wertpapieren. Dazu soll in Tabelle I-4.6 ein Beispiel für das Jahr 1970 durchgerechnet werden. Die Umsatzangaben bei Nr. I verstehen sich in Mio. DM Kurswert. Die Umlaufangaben bei Nr. II verstehen sich in Mio. DM Nominalwert am Jahresende.

Tabelle I-4.6:

Aktien- bzw. Rentenumsatz sowie Aktien- bzw. Rentenumlauf in 1970

I	Aktien	Renten	Summe
absolut	12.194	4.730	16.924
in v.H.	72	28	100

II	Aktien	Renten	Summe
absolut	55.604	159.882	215.486
in v.H.	26	74	100

Quelle: Eigene Berechnungen

Der Anteil des Aktienumsatzes am gesamten Wertpapierumsatz betrug 72,05 v.H. und der Anteil des Aktienumlaufes am gesamten Wertpapierumlauf betrug 25,80 v.H. Aus dem Quotienten dieser beiden Werte (72,05 : 25,80) ergibt sich, daß der Aktienumsatz im Jahr 1970 das 2,79 fache seines Umlaufanteils betrug. Diese Operation wurde sowohl für Aktien als auch Renten für jedes Jahr von 1956 bis 1986 durchgeführt, und auf diese Weise wurden die oben erwähnten Ergebnisse erzielt.[90]

Unterstellt, daß in unserem Betrachtungszeitraum analoge Verhältnisse geherrscht haben, kann man die für die Nachkriegszeit ermittelten Ziffern auf den nicht besteuerten Anteil der Schuldverschreibungen von Gebietskörperschaften am Wertpapierumlauf übertragen. In diesem Fall würde der Korrekturfaktor Werte von 1,1 bis 1,3 annehmen.[91]

Im Ergebnis erhalten wir eine mögliche Spannweite für den Korrekturfaktor des Börsenumsatzsteueraufkommens, die 1,1 bis 1,4 beträgt. Mit dieser Spannweite ist ein Anhaltspunkt für die mit dem unkorrigierten Steueraufkommen für die Jahre von 1906 bis 1913 möglicherweise verbundene Unterschätzung des Wertpapierumsatzes gegeben. In der unten angeführten Tabelle I-4.7 soll dargestellt werden, wie sich die beiden Extrem-

---

90 Die Zahlen zum Börsenumsatz und zum Umlauf von Wertpapieren stammen aus: Deutsche Bundesbank (1976), S. 300 und 307 sowie Deutsche Bundesbank (1988), S. 218 und 231.

91 Der Korrekturfaktor wurde, unter Berücksichtigung der oben ermittelten Werte zum Umsatzanteil der Renten an deren Umlaufanteil (1/5 und 4/5), nach folgender Formel berechnet:

$(100 - (0{,}2 * 28)) * K1 = 100 \Rightarrow K1 \approx 1{,}1$

$(100 - (0{,}8 * 28)) * K2 = 100 \Rightarrow K2 \approx 1{,}3.$

fälle auf das Steueraufkommen von 1906 bis 1913 ausgewirkt hätten. In einer ersten Spalte (I) werden die aus Tabelle I-4.3 übernommenen tatsächlichen Zahlen des Börsenumsatzsteueraufkommens gezeigt. Nur die Zahlen der Spalte I fanden bei der nachfolgenden Ermittlung des geschätzten Wertpapierumsatzes Berücksichtigung. In der Spalte II und III werden jene hypothetischen Werte gezeigt, die sich bei einer Korrektur um den Faktor 1,1 bzw. 1,4 ergeben würden. Die Angaben verstehen sich in laufenden Preisen in 1000 Mark.

Tabelle I-4.7:

Vergleich des unkorrigierten mit einem fiktiv möglichen Börsenumsatzsteueraufkommen 1906-1913

Jahr	I	II	III	Jahr	I	II	III
1906*	16.560	17.388	19.872	1910	24.090	26.499	33.726
1907	9.312	10.243	13.037	1911	24.559	27.015	34.382
1908	12.751	14.026	17.851	1912	24.483	26.931	34.276
1909	22.051	24.256	30.871	1913	18.646	20.511	26.105

* Das Jahr 1906 wurde anteilsmäßig berücksichtigt, da die Steuerbefreiung erst am 8.6.1906 in Kraft trat. I = Tatsächliches Börsenumsatzsteueraufkommen. II = Börsenumsatzsteueraufkommen * Korrekturfaktor 1,1. III = Börsenumsatzsteueraufkommen * Korrekturfaktor 1,4.

Analog ist auch für den Zeitraum von 1925 bis 1939 zu prüfen, ob erhebliche Teile des Wertpapierumlaufs von der Steuerabgabe befreit waren. Dies war jedoch nicht der Fall. Mit dem Kapitalverkehrsteuergesetz von 1922 wurde eine wichtige Änderung hinsichtlich der Befreiung öffentlicher Schuldverschreibungen eingeführt. Nach den Bestimmungen des § 42 Abs. c) KVStG waren lediglich Umsätze von Schatzanweisungen des Reiches oder der Länder steuerfrei, die eine maximale Laufzeit von drei Jahren hatten. Bei diesen Schatzanweisungen hat es sich aber um eine nicht sonderlich ins Gewicht fallende Größe gehandelt.[92]

92 In den Statistischen Jahrbüchern werden unter der Nummer F. Kreditvolumen (Tabelle 2) Angaben zum Betrag der umlaufenden Schatzanweisungen des Reiches und der Länder für den Zeitraum 1928-1939 gemacht. In diesem Zeitraum lag der durchschnittliche Anteil der Schatzanweisungen am gesamten Wertpapierumlauf bei 2,4 v.H. Falls sämtliche der dort ausgewiesenen Schatzanweisungen steuerfrei gewesen wären, beruhen die der Börsenumsatzsteuerstatistik zugrundeliegenden Werte auf 97,6 v.H. des gesamten Wertpapierumlaufs.

Ein weiteres Problem, das in diesem Zusammenhang erwähnt werden muß, stellt die zeitweilige Nichtbesteuerung der sogenannten Kompensationsgeschäfte dar. Wie bereits in Kapitel 2.2.2 erwähnt, wurde die Kompensationsteuer am 1. Januar 1924 außer Hebung gesetzt. Dies hat sich in dem in der amtlichen Statistik in den folgenden Jahren ausgewiesenen Börsenumsatzsteueraufkommen entsprechend niedergeschlagen. Das Börsenumsatzsteueraufkommen ist daher bis zur Fusion von Deutscher Bank und Discontogesellschaft im September 1929 um einen unbekannten, jedoch Zeitgenossen zufolge nicht allzu großen Betrag niedriger gewesen. Mit dem Entstehen der DeDi-Bank müssen die Ausfälle an Börsenumsatzsteuereinnahmen dann jedoch sprunghaft angestiegen sein.[93] Im Oktober 1930 schätzte das Reichsfinanzministerium, daß sich das Aufkommen an Börsenumsatzsteuer nach der Wiedererhebung der Kompensationsteuern um etwa 20 v.H. heben werde.[94] Unterstellt, diese Schätzung des Reichsfinanzministeriums sei zutreffend gewesen, ergäbe sich für das Jahr 1930 bzw. 1931 ein (korrigiertes) Börsenumsatzsteueraufkommen von 23,3 Mio. bzw. 13,5 Mio. Reichsmark.

Nachdem die Probleme, die sich einer Schätzung des Umsatzes in Wertpapieren an den deutschen Börsen anhand der Einnahmen der Börsenumsatzsteuer in den Weg stellen, aufgezeigt wurden, sind nun die Folgerungen zu ziehen. Wir haben zunächst, wie oben skizziert, für jedes Jahr des Betrachtungszeitraums einen durchschnittlichen Steuersatz zu schätzen. Zur Ermittlung der Gewichtungsfaktoren wird auf die Strukturdaten des Wertpapierumlaufes zurückgegriffen.[95] Abbildung I-4.4 zeigt, daß vor dem Ersten Weltkrieg vergleichsweise geringfügige Strukturverschiebungen im Wertpapierumlauf stattgefunden haben. Für die Jahre nach 1924 läßt sich der Prozeß der Wiederauffüllung der Bestände am Rentenmarkt an deren ständig steigendem Anteil ablesen.

---

93 Genaueres dazu in Kapitel 2.2.2.

94 Dies geht aus dem Entwurf einer Verordnung über die Börsenumsatzsteuer bei Kompensationsgeschäften vom Oktober 1930 (S. 13) sowie der Niederschrift über die Sitzung betreffend die Kompensationsteuer mit Banken- und Börsenvertretern im Reichsfinanzministerium vom 3.12.1931 hervor. BAP, 21.01 Nr. B-7731.

95 Hinzuweisen ist auf die Tatsache, daß die Einnahmen für die Börsenumsatzsteuer für ein Fiskaljahr vorliegen, während die Angaben zum Umlauf an Wertpapieren regelmäßig zum Jahresende vorgelegt wurden. So bezieht sich die Statistik des Umlaufes von Wertpapieren regelmäßig auf das Jahresende, womit dieser Termin am Ende des dritten Quartals eines Haushaltsjahres gleicher Jahresangabe liegt.

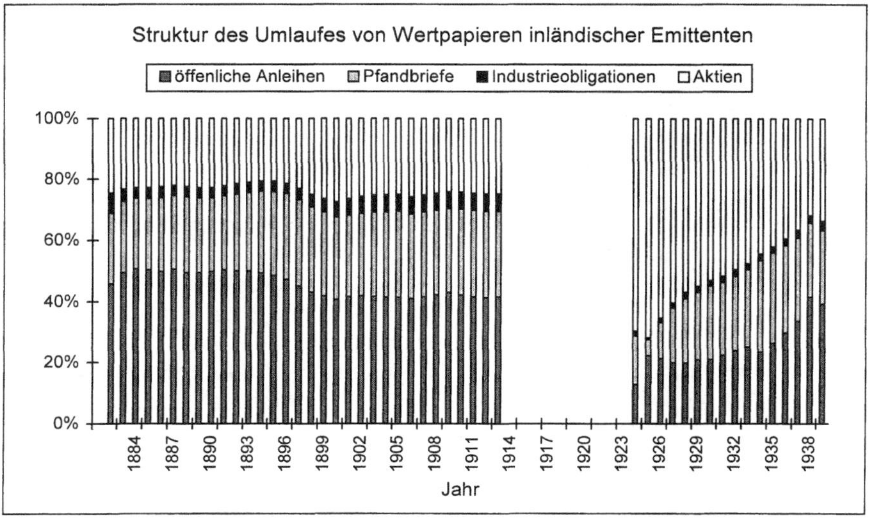

Abbildung I-4.4: Struktur des Umlaufes von Wertpapieren inländischer Emittenten 1882-1913 und 1924-1939

Quelle: Berechnet aufgrund des Wertpapierumlaufes, wie er in den Tabellen I-4A und I-4B im Anhang ausgewiesen ist.

Aus den Steuersätzen der Tabelle I-4.5 und dem prozentualen Anteil der einzelnen Effektengattungen am gesamten inländischen Wertpapierumlauf wird für jedes Jahr ein geschätzter hypothetischer Durchschnittssteuersatz nach der folgenden Formel berechnet:

$$X_j = \frac{\sum_{i=1}^{4} S_{ji} \cdot A_{ji}}{100}$$

mit:

X_j = *Gewogener Steuersatz eines Jahres* j

S_{ji} = *Durchschnittlicher Steuersatz eines Jahres* j *der Effektengattungen* $i = 1, 2, 3, 4$

(1 = *öffentliche Anleihen*, 2 = *Pfandbriefe*, 3 = *Industrieobligationen*, 4 = *Aktien*)

A_{ji} = *Anteil der Effektengattungen* $i = 1, 2, 3, 4$ *am Wertpapierumlauf im Jahre* j,

angegeben in Werten v. H.

Daß sich die Berechnungen dabei nur auf die Strukturdaten des Umlaufes inländischer Wertpapiere stützen können, ist für die spätere Verwendung der so gewonnenen Ergebnisse ohne gravierende Folgen. Vor 1913 entfiel zwar ein durchaus beachtenswerter Anteil am Wertpapierumlauf auf ausländische Wertpapiere, dennoch hält sich der damit verbundene Fehler angesichts der vielfältigen anderweitigen Annahmen und Unterstellungen in relativ bescheidenen Grenzen. Für die Jahre nach 1924 haben ausländische Wertpapiere am deutschen Kapitalmarkt keine Rolle mehr gespielt, so daß hier kaum Verzerrungen aufgetreten sein dürften. In der folgenden Übersicht sind die nach obiger Formel berechneten Steuersätze dargestellt.

Tabelle I-4.8:

Geschätzte (hypothetische) Durchschnittssteuersätze 1884-1913 und 1924-1939

Jahr	in Promille	Jahr	in Promille	Jahr	in Promille
1884 - 1893	0,10	1924	3,78	1932	0,90
1894 - 1899	0,20	1925	1,65	1933	0,88
1900 - 1908	0,23	1926	1,06	1934	0,85
1909 - 1913	0,22	1927	1,01	1935	0,83
		1928	0,98	1936	0,80
		1929	0,96	1937	0,76
		1930	0,94	1938	0,70
		1931	0,92	1939	0,73

Quelle: Eigene Berechnungen wie im Text ausgeführt.

Für die Vorkriegszeit läßt sich eine bemerkenswerte Konstanz in den geschätzten Steuersätzen feststellen, wohingegen die Jahre von 1924 bis 1939 einen kontinuierlichen Rückgang zeigen. Wie wir gesehen haben, waren in der Inflationszeit vor allem die Steuersätze für Aktiengeschäfte stark erhöht worden. Hinzu kam, daß inflationsbedingt der Anteil von Aktien am gesamten Wertpapierumlauf nach der Stabilisierung der Mark am größten war. Ein großer Anteil hoch besteuerter Aktienumsätze führte so zu den relativ hohen Werten des geschätzten Durchschnittssteuersatzes in den ersten Jahren nach der Stabilisierung. In den folgenden Jahren wurden zum einen die Steuersätze gesenkt, zum anderen nahm der Anteil der Aktien am Wertpapierumlauf kontinuierlich ab.

Aus den ermittelten Steuersätzen und dem Börsenumsatzsteueraufkommen kann nun näherungsweise der Wertpapierumsatz im Betrachtungszeitraum berechnet werden. Das erzielte Ergebnis stellt trotz der Fehler, die angesichts der zahlreichen Annahmen und Vereinfachungen darin enthalten sein müssen, gemessen an der bis heute verwendeten äußerst fragwürdigen Basis, die Börsenumsatzsteuereinnahmen als ein direktes Maß für die Effektenumsätze zu verwenden, einen Fortschritt dar. Im Zusammenhang mit der Diskussion verschiedener Indikatoren des Funktionswandels ist darüber hinaus zu beachten, daß es nicht so sehr auf eine korrekte Wiedergabe absoluter Zahlen als vielmehr darauf ankommt, wie sich die jeweils untersuchten Größen im Zeitvergleich entwickelt haben.

Das Ergebnis wird in der folgenden Abbildung I-4.5 präsentiert. In einer ersten Reihe (1) wird das Umsatzsteueraufkommen gemäß Tabelle I-4.3 gezeigt. In einer zweiten Reihe (2) wird der geschätzte Wertpapierumsatz dargestellt, wobei die oben erwähnten Unterstellungen bei der Berechnung einbezogen wurden. Keine Berücksichtigung fanden die Werte des fiktiv möglichen Börsenumsatzsteueraufkommens 1906-1913. Das statistische Material weist aber im Jahr 1906 einen Bruch auf, der in den beiden Zeitreihen optisch nicht extra hervorgehoben wurde. Deshalb soll an dieser Stelle darauf hingewiesen werden. Die genauen Zahlenangaben sind der Tabelle I-4G im Anhang zu entnehmen.[96] Für das Börsenumsatzsteueraufkommen gibt die linke Ordinate die Werte in 1000 Mark bzw. 1000 Reichsmark in laufenden Preisen an. Für den geschätzten Wertpapierumsatz weist die rechte Ordinate die Werte in Mrd. Mark bzw. Mrd. Reichsmark in laufenden Preisen aus.

Siehe Abbildung I-4.5

Der wesentliche Unterschied in der Entwicklung des Börsenumsatzsteueraufkommens und des geschätzten Wertpapierumsatzes zwischen den Zeitabschnitten 1885-1914 und 1925-1939 wird in dieser Abbildung sichtbar. Wie man aufgrund der Ausführungen zu den ermittelten Durchschnittssteuersätzen bereits vermuten konnte, ist die im Trend (1885-1939) so

---

96 Die von Wetzel (1996), S. 431 mitgeteilten Schätzwerte für den Börsenumsatz liegen etwa um das 2-fache über den hier ermittelten Werten des geschätzten Wertpapierumsatzes. Eine mögliche Erklärung für diese Abweichungen könnte darin liegen, daß Wetzel das Börsenumsatzsteueraufkommen nicht - wie in dieser Arbeit geschehen - durch den Faktor 2 dividiert hat. Wie oben ausgeführt diente diese Operation dazu, um (näherungsweise) der Tatsache Rechnung zu tragen, daß eine Wertpapiertransaktion je nach Art und Anzahl der Marktteilnehmer 1 bis 3 mal besteuert wurde.

andere (rückläufige) Entwicklung des geschätzten Wertpapierumsatzes auf die verschiedenen Steuersatzänderungen zurückzuführen.

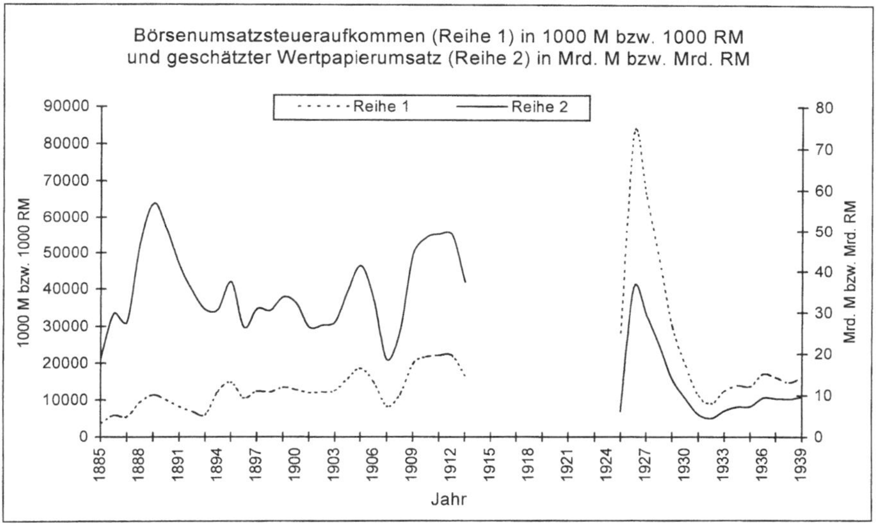

Abbildung I-4.5: Börsenumsatzsteueraufkommen (Reihe 1) in 1000 Mark bzw. 1.000 Reichsmark und geschätzter Wertpapierumsatz (Reihe 2) in Mrd. Mark bzw. Mrd. Reichsmark 1885-1913 und 1925-1939

Quelle: Eigene Berechnungen wie im Text ausgeführt

Wie bei der Diskussion der Wertpapieremission und des Wertpapierumlaufes müssen auch hier noch Veränderungen im Geldwert und der Bevölkerungsgröße berücksichtigt werden. Erneut wurde zur Deflationierung der schon wiederholt herangezogene Großhandelspreisindex gewählt. Ebenso wurde auf die bereits verwendete Näherungslösung einer Pro-Kopf-Rechnung zurückgegriffen. Die so deflationierten Pro-Kopf-Angaben zum geschätzten Wertpapierumsatz sowie deren langfristiger Trend werden zur Veranschaulichung in Abbildung I-4.6 dargestellt. Die dazugehörigen Zahlenangaben finden sich in Tabelle I-4H im Anhang. Auch bei dieser Abbildung ist wieder auf den Bruch im statistischen Material (1906-1913) zu verweisen, der in der Zeitreihe nicht extra hervorgehoben wurde.

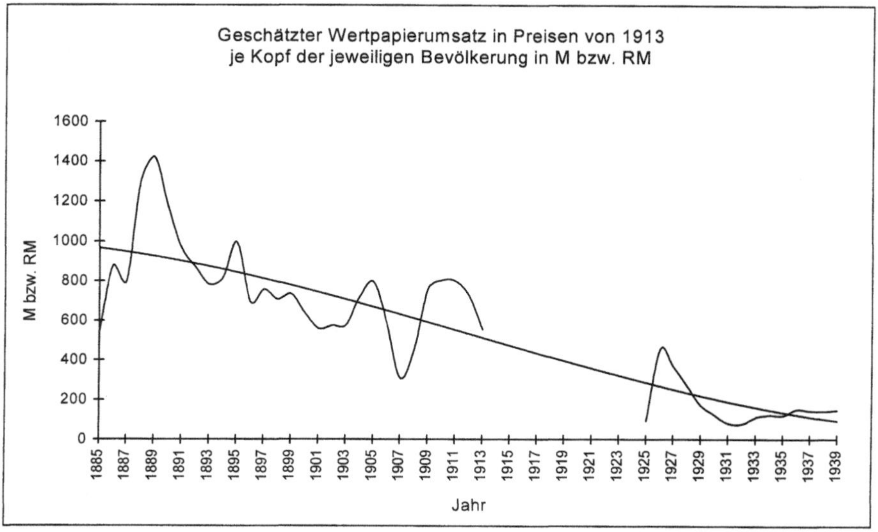

Abbildung I-4.6: Geschätzter Wertpapierumsatz in Preisen von 1913 je Kopf der jeweiligen Bevölkerung 1885-1913 und 1925-1939 in M bzw. RM

Quelle: Eigene Berechnungen. Zur Bevölkerungsentwicklung siehe Hoffmann (1965), S. 172ff.

Der geschätzte preisbereinigte Wertpapierumsatz pro Kopf zeichnet ein erheblich anderes Bild, als es die ursprünglichen Zahlen des Börsenumsatzsteueraufkommens erwarten ließen. Die Vorkriegszeit weist - mit Ausnahme des Jahres 1907[97] - einen durchgehend höheren geschätzten Wertpapierumsatz als die Zwischenkriegszeit auf. Der Umsatz zeigt eine langfristig sinkende Tendenz.[98] Nach den hier angestellten Überlegungen kann aus dem vorgestellten Material nicht der Schluß gezogen werden, es habe bis 1913 einen kontinuierlichen Bedeutungszuwachs der Börse ge-

[97] Das vom Institut für Konjunkturforschung entwickelte Konjunkturbarometer zeigte im Betrachtungszeitraum von 1898 bis 1913 für das Jahr 1907 eine Depression an. Grabas (1992), S. 26.

[98] Als Trendlinie wurde hier ein Polynom 3-ten Grades mittels der Methode der kleinsten Quadrate errechnet. Die Trendformel lautet: $y = 0{,}005x^3 - 0{,}427x^2 - 7{,}755x + 974{,}71$. Gegenüber einem linearen Trend läßt sich anhand der Steigung dieser Trendlinie noch zusätzlich ablesen, daß sich die Geschwindigkeit, mit der der geschätzte Wertpapierumsatz tendenziell gesunken ist, vor 1914 beschleunigt und in der Zwischenkriegszeit verlangsamt hat.

geben.[99] Auch wenn wir den hier geschätzten Wertpapierumsatz nur als Anhaltspunkt für die tatsächliche Entwicklung nehmen dürfen,[100] so deutet dieser Befund auf einen Funktionswandel der Wertpapierbörse bereits vor dem Ersten Weltkrieg hin.[101]
Darüber hinaus helfen uns vielleicht indirekte Indikatoren, das für den Wertpapierumsatz insgesamt Dargestellte als einen Hinweis für die (relativ, d.h. pro Kopf und in Realwerten) zurückgehende Börsenaktivität zu deuten. Auch die Geschäftsentwicklung der Berliner Maklerbanken deutet nämlich darauf hin, daß sich der Wertpapier(termin)verkehr an der Börse schon vor 1914 rückläufig entwickelte.[102] Den Wert von 1893 = 100 gesetzt, gingen die Umsätze der Berliner Maklerbanken bis 1902 auf 43,6 v.H. zurück.[103]
Wesentlich im Hinblick auf die Fragestellung dieser Arbeit ist vor allem, daß es einen signifikanten Niveauunterschied der geschätzten Wertpapierumsätze der Jahre 1885-1913 zu den Jahren 1925-1939 gibt. Die Ziffern ab 1925 zeigen, daß der Wertpapierumsatz nach dem Zusammenbruch der Inflationshausse nur kurzfristig anstieg und schon ab 1926 bis zum Krisentiefpunkt in der Weltwirtschaftskrise stetig zurückgegangen ist. Während der NS-Zeit konnte sich der Wertpapierumsatz kaum erholen und blieb auf einem insgesamt sehr niedrigen Niveau.
Natürlich läßt sich anhand des geschätzten preisbereinigten *Wertpapier*umsatzes Pro-Kopf nicht direkt auf die tatsächlichen *Börsen*umsätze

99 Wetzel (1996), S. 232 kommt ebenfalls zu dem Ergebnis, daß der Trend der Börsenumsätze für den Zeitraum 1885 bis 1913 rückläufig war.

100 Dem geschätzten preisbereinigten Wertpapierumsatz pro Kopf lagen (wie Tabelle I-4.4 zeigt) nur die besteuerten inner- und außerbörslichen Wertpapierumsätze zugrunde. Im Zeitraum 1906 bis 1913 waren die Schuldverschreibungen des Reiches und der Bundesstaaten von der Umsatzstempelpflicht befreit. Sofern die entgangenen Einnahmen aus Börsenumsätzen in diesen Wertpapieren größer bzw. kleiner waren als die Börsenumsatzsteuereinnahmen aus außerbörslichen aber besteuerten Wertpapierumsätzen, so mußte am Ende unsere Schätzung (mit Hilfe der Statistik der Einnahmen aus der Börsenumsatzsteuer) zwangsläufig die tatsächlichen Börsenumsätze entsprechend unterschätzen bzw. überschätzen. Dann läge die Kurve des geschätzten Wertpapierumsatzes pro Kopf in Abbildung I-4.6 unter bzw. über der Kurve der tatsächlichen preisbereinigten Börsenumsätze pro Kopf.

101 Gegen den Befund, es habe bereits vor 1914 einen anhaltenden Umsatzrückgang an der Börse gegeben, würde aber eine nicht auszuschließende Unterschätzung der tatsächlichen Börsenumsätze sprechen.

102 Was vor allem eine Folge der starken Einschränkung des Wertpapierterminhandels im Zuge des Börsengesetzes von 1896 gewesen sein dürfte. Gömmel (1992), S. 164. Wetzel (1996), S. 286.

103 Blumer (1930), S. 93f.

schließen. Verschiedene Hinweise ergeben jedoch Anhaltspunkte dafür, daß das Geschehen an der Börse nicht grundsätzlich dem widersprach, was uns Abbildung I-4.6 hinsichtlich der Tendenz der Entwicklung zeigt. Mit Ausnahme der Jahre 1906 bis 1913 können die geschätzten Wertpapierumsätze nur größer als die tatsächlichen Börsenumsätze in Wertpapieren gewesen sein. Zudem wurde während der Zwischenkriegszeit ein wachsender Teil des gesamten Wertpapierhandels außerhalb der Börse abgewickelt. Damit muß der tatsächliche Börsenumsatz langfristig betrachtet in einem noch größeren Ausmaß zurückgegangen sein, als wir dies für den Wertpapierumsatz eben schätzungsweise ermittelt haben. Insgesamt komme ich zu dem Schluß, daß der hier vorgestellte Umsatzrückgang von 1885-1913 auf 1925-1939 so erheblich war, daß darin ein Beleg für einen weiter fortgeschrittenen Funktionswandel der Börse gesehen werden kann.[104]

4.5 Entwicklungstendenzen am deutschen Aktienmarkt

In diesem Kapitel werden Zeitreihen diskutiert, in denen sich Phänomene des Handels mit Aktien widerspiegeln. Zunächst wird dabei auf die Kursentwicklung am Aktienmarkt eingegangen. Anschließend wird die Konzernbildung deutscher Aktiengesellschaften nachgezeichnet und es werden die daraus erwachsenen Konsequenzen für die Breite des Aktienmarktes aufgezeigt. Schließlich wird mit dem Umfang des Effektenkredits ein mögliches Moment zur Aufklärung der Dynamik des Aktienhandelsvolumens vorgestellt. Zugleich wird damit ein Hinweis zur Erklärung von Schwankungen der Wertpapierumsätze insgesamt gegeben.

4.5.1 Der Aktienkursindex 1870-1943

Mit zu den weitest zurückreichenden Zeitreihen von Kapitalmarktdaten gehört die Entwicklung der Aktienkurse bzw. ein Index von Aktienkursen. Otto Donner hat 1934 die Monatswerte eines solchen Index für den Zeitraum von 1870 bis 1914 vorgelegt.[105] Für die Kriegsjahre 1914 bis

---

[104] Einen im Ergebnis zur Abbildung I-4.6 gleichen Befund erhält man auch, wenn der geschätzte Wertpapierumsatz in Beziehung zum Sozialprodukt gesetzt würde. Der Quotient aus dem geschätzten Wertpapierumsatz in laufenden Preisen und dem Nettosozialprodukt zu Marktpreisen zeigt eine zur Abbildung I-4.6 weitgehend korrespondierende Entwicklung. Vgl. dazu die Tabelle I-4L im Anhang.

[105] Donner (1934), S. 97f.

1917 fehlen Zahlenangaben, weil der amtliche Börsenhandel ruhte und die Kursveröffentlichung außerbörslich getätigter Geschäfte verboten war. Seit dem Jahr 1918 stehen Unterlagen der amtlichen Statistik zur Verfügung.[106] Für die Inflationsjahre verwendete das Statistische Reichsamt u.a. über den Dollarkurs auf Goldmark umgerechnete Aktienkurse.[107] Nach der Stabilisierung der Mark kann für einen bestimmten Zeitraum auf zwei Indexreihen zurückgegriffen werden. Zum einen steht der alte Index zur Basis 1913 = 100 noch bis einschließlich 1927 zur Verfügung. Zum anderen hat das Statistische Reichsamt 1928 rückwirkend für die Jahre seit 1924 einen neuen Index zur Basis 1924 bis 1926 = 100 berechnet.[108] Bei der Zusammenstellung der Zeitreihe von 1870 bis 1943 wurden also unterschiedlich zusammengesetzte Indices miteinander verknüpft, so daß man von einem inhomogen strukturierten Gesamtindex auszugehen hat.[109] Allerdings wirft die Verknüpfung von im einzelnen unterschiedlich berechneten Indices eine Reihe von strenggenommen unlösbaren Problemen auf. Weil aber eine lange Reihe eines Aktienkursindex ohnehin schon mancherlei willkürliche Setzungen verlangt (zum Beispiel, um den ständigen Wechsel der Grundgesamtheit der Aktiengesellschaften zu berücksichtigen) und weil es nur auf das langfristige Bewegungsmuster an-

---

106 Zahlen zur Geldentwertung in Deutschland 1914 bis 1923, in: Sonderhefte zu Wirtschaft und Statistik, Nr. 1, Berlin 1925, S. 44, darin: 1918-1923. Statistisches Jahrbuch für das Deutsche Reich, 55. bis 59. Jahrgang, Berlin 1936-1941/42, darin: 1935-1939. Wirtschaft und Statistik, 20. bis 23. Jahrgang, Berlin 1940-1943, darin: 1940-1943.

107 Die Verwendung eines mit dem Dollarkurs deflationierten Aktienkursindex wurde gewählt, um den Effekt der exponentiell ansteigenden Papiermarkkurse zu eliminieren.

108 Die Neuberechnung im Jahr 1928 wurde notwendig, weil neben den in der Zwischenzeit vorgenommenen Kapitalmaßnahmen bei Aktiengesellschaften auch der veränderten Zusammensetzung der im *alten Index* erfaßten Aktienunternehmungen Rechnung zu tragen war. Außerdem wirkten sich die relativ hohen Kurse des Jahres 1913 dahingehend aus, daß für den Zeitraum nach 1924 die Indexziffern im ganzen stark herabgedrückt und so Kursausschläge nur in einem verkleinerten Ausmaß wiedergegeben wurden. Siehe dazu die Begründungen zur Neuberechnung des Aktienindex in Wirtschaft und Statistik, 8. und 9. Jahrgang, Berlin 1928-29, S. 593f. und 62f. Zu den methodischen Problemen der Neuberechnung siehe auch den Schriftwechsel zwischen dem Statistischen Reichsamt und anderen beteiligten Stellen aus den Jahren 1927 bis 1929. BAP, 31.02 Nr. 2497.

109 Die Teilindices weichen in mehreren Punkten voneinander ab: Anzahl und Zusammensetzung der zugrundeliegenden Aktiengesellschaften, Gewichtung der Indexreihen und Berechnungsmodus der Indices. Als Basis für den zusammengesetzten Index wurde das Jahr 1913 = 100 gewählt.

kommt, erscheint die hier gewählte Vorgehensweise gerechtfertigt.[110] Bei der Fortschreibung des auf das Basisjahr 1913 = 100 bezogenen alten Index mittels des auf die Basisjahre 1924/26 = 100 bezogenen neuen Index ab Januar 1924 ergibt sich ein Umrechnungsfaktor von 0,25, um den neuen Index an den alten Index anzupassen.[111]

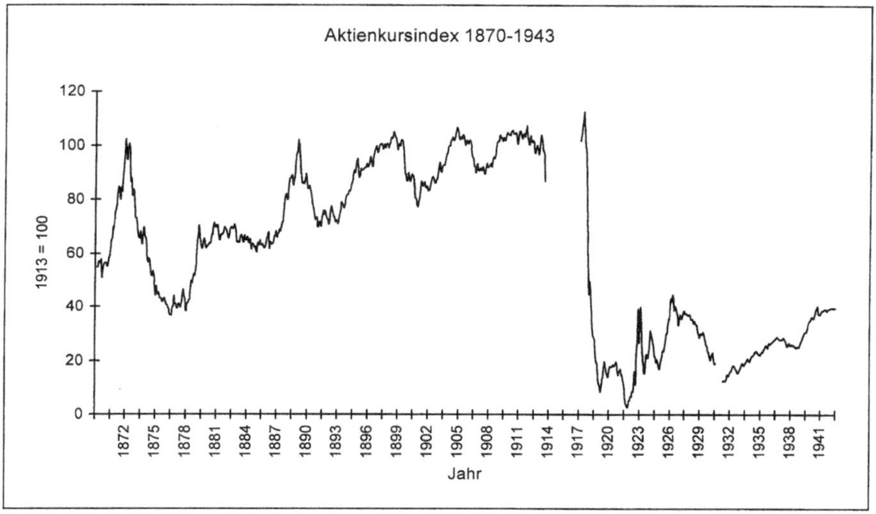

Abbildung I-4.7: Aktienkursindex 1870-1943

Zu den Quellen sowie den der Abbildung zugrundeliegenden genauen Zahlenangaben vergleiche die Tabelle I-4I im Anhang.

Bei der Betrachtung dieser Kurve fallen zunächst die außergewöhnlichen Kursschwankungen in den Jahren des Gründerbooms bzw. der Gründerkrise zwischen 1870 und 1878 auf. Ab 1880 beobachten wir bis etwa

---

110 Schon der Präsident des Statistischen Reichsamtes war, wie aus einem Schreiben vom Juli 1927 an den Reichswirtschaftsminister hervorgeht, der Meinung, daß sich gewisse Zugeständnisse an die Methodenstrenge nicht vermeiden lassen, wenn man für den Aktienmarkt - mit seinem Kommen und Gehen von Gesellschaften sowie anderen Veränderungen - überhaupt lange Reihen gewinnen wolle. BAP, 31.02 Nr. 2497.

111 Bei der Verkettung wurde bewußt der Januar des Jahres 1924 gewählt. Die Umbasierung des Jahres 1928 begründete das Statistische Reichsamt u.a. damit, daß der alte Index im Laufe der Zeit aufgrund des Strukturwandels der Wirtschaft nicht mehr als geeignet anzusehen sei. Deshalb hätte jeder spätere Verknüpfungszeitpunkt vermutlich zu einem schlechteren Ergebnis führen müssen.

1888 eine Seitwärtsbewegung, ehe sich bis 1913 eine ausgesprochen zyklische Entwicklung bei leicht ansteigendem Trend einstellt. Der Einbruch im Juli 1914 weist bereits auf den bevorstehenden Ersten Weltkrieg hin. Dramatisch ist dann der Absturz der Aktienkurse - wenn man sie wie hier mit dem Dollarkurs deflationiert - in der Frühphase der Nachkriegsinflation gewesen.[112] Die Deflationierung mit dem Dollarkurs zeigt, daß der Kursanstieg der Aktienkurse nicht mit der Dollarkursentwicklung mithalten konnte. Nach einer kurzen Erholung (1920/21) wurde im Jahr 1922 der absolute Tiefstpunkt in der Kursentwicklung erreicht, ehe es gegen Ende der Hyperinflation zu einer Kurserholung kam.[113]
In den Jahren 1924 bis 1930 bewegte sich der Aktienindex in Schwankungen, die bezogen auf eine gleichlange Zeitperiode in der Vorkriegszeit in den Relationen wesentlich größer waren. Im Jahr 1926 begann ein steiler Anstieg, der jedoch bereits im Mai 1927 abbrach. Nach kurzer Erholung sanken die Aktienkurse bis zur Börsenschließung im Juli 1931 ununterbrochen. Nach 1933 stiegen die Aktienkurse - gemessen am vorangegangenen Absturz - eher zögerlich wieder an. Erst nach Kriegsbeginn zeigten sich in den stark anziehenden Kursen Symptome einer Sachwerthausse am Aktienmarkt, ehe man ab 1943 das Wirksamwerden der staatlich verordneten Stoppkurse erkennt.

In den Jahren von 1880 bis 1913 scheint der Aktienindex ein Spiegelbild der Konjunkturzyklen gewesen zu sein. Die für die Kursbildung am Aktienmarkt maßgeblichen Faktoren waren damals vor allem fundamentale wirtschaftliche Größen. Diese Vermutung wurde vor allem durch Donner (1934) empirisch belegt.[114] Donner kam zu dem Schluß, daß 75 v.H. der Veränderung des trendbereinigten Kursniveaus vor 1913 auf rentabilitätsmäßige Einflüsse, 11 v.H. auf internationale Einflüsse und 5 v.H. auf Zins- bzw. Kreditvergabeeinflüsse zurückzuführen waren. Im ganzen deckten diese Faktoren rund 91 v.H. der Veränderungen des trendbereinigten Aktienniveaus ab. Im Vergleich dazu fällt in der Zwischenkriegszeit das eher regellose Bewegungsmuster der Aktienkurse auf. Das Bild nach 1918 scheint sehr von Störungen, Zufällen und außergewöhnlichen Einflüssen

112 In Mark gerechnet sind die Aktienkurse natürlich explodiert. Auch wenn man den gesamten Aktienindex mit einem Preisindex der Großhandelsgüter deflationiert, ändert sich an der grundsätzlichen Aussage der Abbildung nichts Wesentliches. Allerdings würde der Niveau-Unterschied in der Kursentwicklung von Vorkriegszeit zur Zwischenkriegszeit noch ausgeprägter hervortreten.

113 Vgl. Auch Feldman (1993), S. 606f.

114 Donner (1934), S. 83ff.

bestimmt gewesen zu sein.[115] Zwei dieser außergewöhnlichen Einflüsse, die Inflation 1918-1923 sowie die Zeit der Börsenschließung 1931/32, sind allgemein bekannt. Folgt man der Regressionsanalyse, die Donner auch für die Periode von Januar 1926 bis Juni 1931 durchgeführt hat, so zeigt sich, daß der Erklärungsanteil der rentabilitätsmäßigen Einflüsse von 75 v.H. auf 41 v.H. zurückging. Dagegen stieg der Einfluß exogener Faktoren, die zum Beispiel politischer oder kreditärer Art waren, auf 47 v.H. an.

Neben dem nach 1914 offensichtlich vollzogenen Bruch im Bewegungsmuster ist vor allem das niedrige Niveau der Aktienkurse während der Zwischenkriegszeit hervorzuheben. Theoretisch könnte man ja eine spekulative Kursentwicklung unterstellen, wie sie ohne Krieg, Inflation, Wirtschaftskrise etc. verlaufen wäre. Denkbar erscheint es, in einem solchen Gedankenexperiment den Verlauf der Aktienkurse aus der Zeit vor 1913 in die Zukunft zu extrapolieren. Bei einem Vergleich dieser extrapolierten mit der tatsächlichen Kursentwicklung würde deutlich, wie weit die tatsächliche Entwicklung hinter der spekulativ vorstellbaren zurückgeblieben ist.

Daß nach der Stabilisierung der Mark und der Neubewertung der Aktien 1924/25 die Kurse der Aktien noch wesentlich unter denen von 1913 standen, erscheint nachvollziehbar. Derartiges hat sich auch nach dem Zweiten Weltkrieg ergeben und ist insofern noch nichts Außergewöhnliches. Schwieriger nachzuvollziehen ist hingegen, warum sich nach der Stabilisierung 1924 nicht in ähnlicher Weise wie nach 1948 eine nachhaltige Höherbewertung der Aktien eingestellt hat. In späteren Kapiteln dieser Arbeit soll deshalb u.a. untersucht werden, welche Bedeutung speziellen Ereignissen zugemessen werden kann - wie zum Beispiel den Erschütterungen des Aktienmarktes infolge der Kürzungen der Reportkredite vom Mai 1927, den Auswirkungen der Börsenschließung während der Wirtschaftskrise 1931/32 oder den Dividendenbegrenzungen aufgrund des Anleihestockgesetzes von 1934.

An dieser Stelle ist vor allem darauf hinzuweisen, daß sowohl das Bewegungsmuster des Aktienindex als auch das Kursniveau in der Zwischenkriegszeit erheblich von dem in der Vorkriegszeit zu beobachtenden

---

[115] Zeitgenössischen Angaben zufolge waren auch die täglichen Kursveränderungen in den Jahren 1924 bis 1929 im allgemeinen größer als in der Vorkriegszeit. Vor 1914 wurden Kursveränderungen einer Aktie von 4-6 v.H. an einem Tage als sehr beträchtlich und Kurssenkungen von 7-10 v.H. als Ausdruck einer Krise angesehen. In den Jahren von 1924 bis 1929 waren solche Tagesschwankungen nicht nur viel häufiger anzutreffen, sie erregten auch lange nicht mehr das Aufsehen wie früher. Vgl. Prion (1929a), S. 245.

Verlauf abgewichen sind. Nach der hier vorgetragenen Auffassung deutet die so andere Kursentwicklung in der Zwischenkriegszeit auf grundsätzliche Veränderungen an den Aktienmärkten hin. Inwieweit dieser Befund allerdings als Symptom für eine anormale Funktionsweise resp. einen Funktionswandel der Aktienbörse anzusehen ist, kann anhand des hier ausgewerteten Materials nicht entschieden werden.

4.5.2 Auswirkungen der Konzernbildung auf den Aktienmarkt

Die deutsche Wirtschaft wies bereits seit der Mitte des vorigen Jahrhunderts eine Tendenz zur Konzernbildung auf.[116] Die besondere Form der Kriegswirtschaft (1914-1918) beschleunigte diesen Konzentrationsprozeß und führte zugleich dazu, daß der Staat verstärkt als Unternehmer tätig wurde.

Auch nach 1918 nahm die Konzentration und Zentralisation des Kapitals weiter zu. Große Unternehmen wuchsen, fusionierten oder schlossen sich in Kartellen und Syndikaten zusammen. Die Handelskammer zu Berlin beschrieb diese Entwicklung in ihrem Jahresbericht von 1920 wie folgt:

> „Die deutsche Industrie ist wegen der durch den Kriegsausgang und den Friedensvertrag geschaffenen Verhältnisse in eine Verteidigungsstellung gedrängt. Sie hat mehr denn je auf Mittel und Wege zu sinnen, ihre Leistungsfähigkeit ... zu steigern, und sie muß darauf bedacht sein, ihre wirtschaftliche Selbständigkeit zu erhalten. Aus diesem Bestreben heraus ist eine außerordentlich starke Konzentrationsbewegung entstanden, ... Zur Ersparung von Produktionskosten haben sich nicht nur gleichartige Unternehmungen zusammengeschlossen, sondern es sind auch Interessengemeinschaften entstanden, durch die die bisherigen Beziehungen von Lieferanten und Abnehmern vertieft und veredelt werden sollen."[117]

---

116 Helmut Arndt: Kapitalismus, Sozialismus, Konzentration und Konkurrenz, Tübingen 1976. Armin Gutowski: Konglomerale Unternehmensgröße und wirtschaftliche Macht, Tübingen 1971. Josef Molsberger: Zwang zur Größe? Köln / Opladen 1967. Edgar Salin: Kartellverbot und Konzentration, in Kyklos, Basel 1963, S. 177-202.

117 Jahresbericht der IHK-Berlin von 1920, S. 20f., in: WWA, S 6 Nr. 911.
In seinem Jahresbericht für das Jahr 1920 hob der Staatskommissar an der Kölner Börse hervor, daß das Geschehen an der Börse sein Gepräge durch die auf Konzernbildung zielenden Aufkäufe von Aktien einzelner Unternehmen erhielt. GStAPK, I. HA. Rep. 120, C.XI 1, Nr. 29-6.

Der Konzentrationsprozeß hielt über die Inflationszeit hinaus weiter an.[118] So ging der Anteil von Aktiengesellschaften mit einem Grundkapital über 5 Mio. Mark bzw. Reichsmark an der Gesamtzahl aller Aktiengesellschaften von 8,4 v.H. im Jahr 1904 auf 4,5 v.H. im Jahr 1925 zurück. Der Anteil des von diesen Aktiengesellschaften gehaltenen Nominalkapitals am Grundkapital aller Aktiengesellschaften betrug im Jahr 1904 rund 38 v.H., hingegen machte er im Jahr 1925 bereits 65,5 v.H. aus.[119]
Ende 1930 betrug das gesamte Nominalkapital der deutschen Aktiengesellschaften 24 Mrd. Reichsmark.[120] Davon waren mindestens 10,8 Mrd. Reichsmark oder 45 v.H. als feste Beteiligung (Paketbesitz) anzusehen.[121]
Eine Untersuchung des Statistischen Reichsamtes aus dem Jahr 1935 kam zu dem Ergebnis, daß nur noch 15-20 v.H. aller Aktien als „schwimmendes Material" bezeichnet werden konnten und sich der Rest im Besitz von Unternehmungen, der öffentlichen Hand oder des Auslandes befand.[122]
Ergänzend zu dem hier gezeichneten Bild kann die Statistik über die Zahl der Aktiengesellschaften die langfristigen Trends in der Entwicklung aufzeigen. Die folgende Tabelle I-4.9 weist die Zahl der Aktiengesellschaften im Deutschen Reich zum Jahresende im Zeitraum 1886 bis 1939 aus. Die Darstellung leidet etwas unter der vor 1919 lückenhaften Datenlage.

Siehe Tabelle I-4.9

Im Zeitraum 1886 bis 1939 läßt sich die Entwicklung der Zahl der Aktiengesellschaften im Deutschen Reich in drei Perioden unterteilen. Vor dem Ersten Weltkrieg (1886-1913) erkennt man einen Anstieg der Zahl von Aktiengesellschaften um annähernd das 2,6 fache. In den nur fünf Jahren der Nachkriegsinflation nahm die Zahl von Aktiengesellschaften um mehr als das dreifache zu. Neben die Gründer solider Firmen gesellten sich vor allem auch windige „Geschäftemacher", die sich durch Errichtung einer Aktiengesellschaft und den anschließenden Aktienverkauf an der Börse lediglich zu bereichern suchten. Daneben sahen viele Perso-

---

118 Vgl. Kiehling (1995), S. 90.

119 Vgl. Bresciani-Turroni (1968), S. 282f.

120 Deutsche Bundesbank (1976), S. 294.

121 Statistisches Jahrbuch für das Deutsche Reich, 50. Jahrgang, Berlin 1931, S. 373. Nach einer Schätzung des Instituts für Konjunkturforschung sollen sogar 17 Mrd. Reichsmark oder 71 v.H. des gesamten Nominalkapitals deutscher Aktiengesellschaften als feste Beteiligung gehalten worden sein. o.V.: Gebundene und freie Effektenbestände, in: BBC vom 3.9.1931.

122 Vierteljahreshefte zur Statistik des Deutschen Reiches, Jahrgang 1935, Berlin 1935, S. 54.

nengesellschaften nur in der Rechtsform einer Aktiengesellschaft die Möglichkeit, an dringend benötigtes Kapital zu kommen. Die in der amtlichen Statistik ausgewiesene Zahl von „Neugründungen" enthielt - 1918 bis 1923 - auch einen erheblichen Anteil sogenannter „Umwandlungsgründungen" von Personen- in Aktiengesellschaften.[123]

Tabelle I-4.9:

Zahl der Aktiengesellschaften im Deutschen Reich zu bestimmten Jahren im Zeitraum 1886 bis 1939

Jahr	Zahl	Jahr	Zahl	Jahr	Zahl	Jahr	Zahl
1886/87	2.143	1909	5.222	1924	17.074	1933	9.148
				1925	13.010	1934	8.618
1891/92	3.124	1913	5.486	1926	12.343	1935	7.840
				1927	11.966	1936	7.204
1896	3.712	1919	5.345	1928	11.690	1937	6.094
		1920	5.657	1929	11.344	1938	5.518
1902	5.186	1921	6.636	1930	10.970	1939	5.353
		1922	9.558	1931	10.437		
1906	5.060	1923	16.362	1932	9.634		

Quellen: E. Moll: Statistik der Aktiengesellschaften, in: Handwörterbuch der Staatswissenschaften, 1. Band, 4. Auflage, Jena 1923, S. 141-159. Bevölkerung und Wirtschaft 1872-1972, Stuttgart / Mainz 1972, S. 169. Wirtschaft und Statistik, 3. Jahrgang, Berlin 1923, S. 220f. Statistisches Jahrbuch für das Deutsche Reich, 43. und 44. Jahrgang, Berlin 1923-1924. Deutsche Bundesbank (1976), S. 294.

Nach der Währungsreform von 1923/24 setzte dann eine quantitative und qualitative Bereinigung unter den Aktiengesellschaften ein. Eine große Zahl unsolider Inflationsgründungen wurde 1924/25 gar nicht mehr auf Reichsmark umgestellt, sondern vorher aufgelöst.[124] Eine zweite Auflösungswelle unter den Aktiengesellschaften kam infolge der Wirtschafts-

123 Im Geschäftsbericht der Bayerischen Vereinsbank von 1922 heißt es auf Seite 5f. u.a., daß „der große Geldbedarf der Wirtschaft nichts anderes als die Folge des Zersetzungsprozesses der Währung sei. Handel und Industrie suchten daher in großem Umfang *dem Mangel an Betriebskapital durch Übergang zur Aktienform und durch Kapitalerhöhungen abzuhelfen.*"

124 Auf diesen Sachverhalt hat u.a. auch die volkswirtschaftliche Abteilung der Reichsbank in einer Ausarbeitung vom 29.10.1935 über die „Entwicklung des Bestandes von Aktiengesellschaften in Deutschland" hingewiesen. BAP, 25.01 Nr. 6548, Blatt 286.

krise etwa ab 1930 in Gang und ging praktisch in die dritte Auflösungswelle über, die durch das Umwandlungsgesetz vom 5. Juli 1934 begründet wurde.[125] Allein aufgrund des Umwandlungsgesetzes wurden ab 1934 rund 2.167 Aktiengesellschaften mit einem Nominalkapital von 1,8 Mio. Reichsmark aufgelöst.[126] Bis zum Ende der dreißiger Jahre sank die Zahl der deutschen Aktiengesellschaften wieder unter den Wert von 1913, nachdem sie sich zwischenzeitlich (1919-1923) mehr als verdreifacht hatte.

Zeitgleich mit dem Rückgang der Zahl der Aktiengesellschaften nach der Stabilisierung ging auch die Anzahl der an der Berliner Börse notierten Aktien zurück. Der in Tabelle I-4.10 ausgewiesene Rückgang (1926-1939) stellt ein Indiz für die Verödung des (Berliner)Aktienmarktes dar.

Tabelle I-4.10:

Die zum Jahresende an der Berliner Börse notierten Aktien 1926-1939

Jahr	Zahl	Jahr	Zahl	Jahr	Zahl	Jahr	Zahl
1926	917	1930	767	1934	561	1938	469
1927	872	1931	725	1935	501	1939	468
1928	838	1932	659	1936	489		
1929	801	1933	597	1937	478		

Quellen: Deutsches Geld- und Bankwesen in Zahlen 1876-1975, hrsg. von der Deutschen Bundesbank, Frankfurt a.M., S. 294.

Wesentlich für diese Arbeit ist die Tatsache, daß die wachsende Konzentration in der deutschen Wirtschaft mit einer deutlichen Zunahme des gebundenen Aktienbesitzes einherging.[127] Dies führte zu einem entspre-

---

125 „Gesetz über die Umwandlung von Kapitalgesellschaften vom 5. Juli 1934." RGBL 1934, Teil I, S. 569ff. Allein aufgrund des Umwandlungsgesetzes wurden ab 1934 rund 2.167 Aktiengesellschaften mit einem Nominalkapital von 1,8 Mio. Reichsmark aufgelöst. Vgl. Wirtschaft und Statistik (1939), S. 236ff. Statistisches Jahrbuch für das Deutsche Reich, 59. Jahrgang, Berlin 1941/42, S. 494.

126 Vgl. Wirtschaft und Statistik (1939), S. 236ff. Statistisches Jahrbuch für das Deutsche Reich, 59. Jahrgang, Berlin 1941/42, S. 494.

127 Bei der Art und Weise, wie die Bildung von Aktienpaketen bei den Unternehmen in der Zwischenkriegszeit vor sich ging, lassen sich vor allem die folgenden Fälle unterscheiden:

1. Während der Inflationszeit wurden von zahlreichen Unternehmen Aktienpakete aufgekauft.

chend verringerten Bestand von börsenmäßig handelbarem Material (sog. „free float").[128] Ceteris paribus mußte damit das Volumen der im amtlichen Handel umgesetzten Aktien entsprechend abnehmen und parallel zu dem wachsenden Anteil fester Unternehmensbeteiligungen das Volumen außerbörslich abgewickelter (Paket)-Orders zunehmen.[129] Zum Beispiel bot das Bankhaus C.G. Trinkhaus aus Düsseldorf am 29. Januar 1936 dem Finanzdirektor von Siemens & Halske, Jessen, ein geschlossenes Paket von RWE-Aktien zum Kauf an. Dieses Angebot wurde mit dem Hinweis verbunden, daß *sich auch in Zukunft des öfteren solche Gelegenheiten bieten würden.*[130] Allerdings stand bzw. steht die außerbörsliche Abwicklung von Paketorders als solche nicht in direkter Konkurrenz zum amtlichen Börsenhandel. Der außerbörsliche Handel war und ist der ökonomisch sinnvolle Weg, Paketorders abzuwickeln. Wertpapierbörsen bieten standardisierte Transaktionsleistungen an. Wenn es um die Vermittlung von ganzen Unternehmensteilen geht, reicht diese Qualität der Börsendienstleistung nicht aus. Es bestünde auch die Gefahr, heftige Kursausschläge und eine Überforderung des Marktes zu provozieren.[131]

Der börsliche Aktienhandel hat aber nicht nur aus den eben skizzierten Gründen eine anhaltende Verengung erfahren. So konnte zum Beispiel Lipfert (1962) in einer umfangreichen empirischen Untersuchung zur

---

2. Bei Kapitalerhöhungen wurden Aktienpakete geschaffen, zum Beispiel durch die Einbringung von Sacheinlagen oder im Zuge der Sanierung von Unternehmungen durch die Umwandlung von Forderungen der Banken in Eigenkapital.
3. Bei der Gründung oder Ausgliederung von Tochtergesellschaften bildeten sich Aktienpakete in den Händen der Muttergesellschaft.
4. Insbesondere nach 1933 wurden viele Unternehmen durch ihre große Liquidität zum Kauf von Aktienpaketen angeregt.
5. Im Zuge der von den Nationalsozialisten betriebenen „Arisierung" kamen größere Aktienbestände aus jüdischem Besitz zum Verkauf.

[128] Vgl. Kiehling (1995), S. 90.

[129] Paketorder heißt eine Order, die bei Zustandekommen einer Transaktion eine Verschiebung der Eigentümerstruktur der Aktiengesellschaft zur Folge hat. Vgl. Röhrl (1996), S. 37ff. Schmidt (1977), S. 286.

[130] SAA 11 / Lg 867 Nachlaß Jessen.

[131] Daß der Pakethandel für bestimmte Geschäfte unabdingbar sei und dieser in keinem Konkurrenzverhältnis zum Börsenhandel stünde, wurde auf der Generalversammlung der Deutschen Bank von 1936 durch deren Vorstand Mosler ausgeführt. Ein Bericht über diese Generalversammlung mit einer sinngemäßen Wiedergabe der Ausführungen Moslers findet sich in: o.V.: Pakethandel und Börse, in: DAZ vom 9.4.1936. Artikel aus der Zeitungsausschnittssammlung der Deutschen Reichsbank. BAP, 25.01 Nr. 1469.

Kapitalstruktur von Aktiengesellschaften zeigen, daß die Eigenkapitalquote[132] der erfaßten Industrieaktiengesellschaften im langfristigen Trend zurückging.[133] Eine nicht mehr so „wertpapierorientierte“ Kapitalbeschaffung von Aktiengesellschaften bedeutete (ceteris paribus), daß privatwirtschaftliche Wertpapieremissionen nicht mehr im gleichen Umfang wie bisher den Weg an die Börse fanden. Ihre Funktion als Kapitalvermittlerin zwischen anlagesuchendem Sparkapital und anlagebereitem Investitionskapital für private Unternehmen büßte die Effektenbörse immer mehr ein und spielte für die Industriefinanzierung eine geringere Rolle.

4.5.3 Das Effektenkreditvolumen von 1900 bis 1939

Bis 1914 war das gesamte Termingeschäft an den deutschen Effektenbörsen auf Treu und Glauben aufgebaut. Das Kontrahentenausfallrisiko war (anders als beim *Waren*terminhandel) eine offene Flanke des *Effekten*termingeschäftes. Die guten Firmen sicherten sich dadurch, daß sie grundsätzlich nur bekannte Bankgeschäfte und einige wenige beste Maklerfirmen als „Aufgabe“ annahmen. Eine direkte Organisation zur Sicherung des Effektenterminhandels (durch Bareinschüsse) bestand vor dem Kriege nicht. Dem damals existierenden Liquidationsverein oblagen im wesentlichen nur die Aufgaben einer reinen Clearingstelle.[134] Nachdem mit Kriegsbeginn der amtliche Börsenhandel eingestellt worden war, fiel auch die Möglichkeit des Reportgeschäftes weg. Zeitgenössischen Ausführungen zufolge sind nach 1914 vielfach Lombarddarlehen an die Erwerber von Kriegsanleihen gewährt worden. In den hohen Werten des Report- und Lombardkreditvolumens von 1916-1918 fanden deshalb vor allem die Lombarddarlehen auf Kriegsanleihezeichnungen ihren Niederschlag.[135]

---

[132] Eigenkapitalquote = handelsbilanzielles Eigenkapital / Bilanzsumme

[133] Lipfert (1962), S. 600ff. Vergleiche Tabelle II-5C im Anhang.
Wie Lipfert außerdem zeigen konnte, ging auch die Anleihequote (= Summe Anleihen / Summe gesamtes Fremdkapital) im langfristigen Trend zurück.

[134] Aufgabe des 1869 in Berlin gegründetem Liquidationsvereins für Zeitgeschäfte war die technische Abwicklung des immer umfangreicher werdenden Termingeschäfts. Veesenmayer (1929), S. 203. Riesser: Die deutschen Großbanken und ihre Konzentration im Zusammenhang mit der Entwicklung der Gesamtwirtschaft in Deutschland, Jena 1912, S. 648.

[135] Goldschmidt meint, daß damals mindestens die Hälfte der Lombarddarlehen im Dienste der Kriegsfinanzierung standen. Goldschmidt (1928), S. 63.

Über das Ausmaß des Effektenkreditgeschäftes der Großbanken während der Inflationszeit liegen nur unzureichende Informationen vor. So teilt etwa Goldschmidt (1928) Zahlen über das Volumen der Reports und Lombards der Großbanken für die Jahre 1913-1926 in Goldmark mit. Leider bleibt dabei aber im dunkeln, wie er zu seinen Angaben und zu der Umrechnung in Goldmark gekommen ist. Aufgrund der nicht nachvollziehbaren Vorgehensweise muß daher eine wünschenswerte Ergänzung der noch vorzustellenden Zeitreihe der Reports und Lombards unterbleiben. Zu Vergleichszwecken sollen aber Goldschmidts Zahlen in einer Tabelle wiedergegeben werden. Wie die Tabelle I-4.11 zeigt, ging schon kurz nach Kriegsende das Report- und Lombardvolumen stark zurück. Wenn man davon ausgeht, daß - wegen des von 1914-1925 ruhenden Terminhandels - ab 1914 Reportkredite nur eine bescheidene Rolle gespielt haben, so wird hier deutlich, daß das Auf- und Absteigen der Ziffern 1916-1919 vor allem auf die oben erwähnten Lombarddarlehen auf Kriegsanleihezeichnungen zurückzuführen war.

Tabelle I-4.11:

Reports und Lombards der Berliner Großbanken in Mio. Goldmark 1912-1926

Jahr	R/L (Mio. GM)	Jahr	R/L (Mio. GM)	Jahr	R/L (Mio. GM)	Jahr	R/L (Mio. GM)
1912	810	1916	886	1920	81	1924	46
1913	716	1917	1.286	1921	70	1925	149
1914	636	1918	886	1922	8	1926	844
1915	679	1919	108	1923	18		

Quelle: Goldschmidt (1928), S. 30. Die Angaben beruhen auf den Bilanzen folgender Banken: Deutsche Bank, Disconto-Gesellschaft, Schaaffhausenscher Bankverein, Dresdner Bank, Darmstädter-Bank, Nationalbank für Deutschland, Commerz- und Privatbank, Mitteldeutsche Kreditbank, Berliner Handelsgesellschaft.

Da Wertpapiertermingeschäfte auch nach der Wiederaufnahme des amtlichen Kassageschäftes am 3. Dezember 1917 untersagt blieben und während der Nachkriegsinflation allein schon aus abwicklungstechnischen Gründen nicht möglich gewesen sind, ging man erst nach der Stabilisierung und der Überwindung der Deflationskrise daran, eine Wiederaufnahme des Terminhandels zu planen.[136]

---

[136] Veesenmayer (1929), S. 202ff.

Bei einer im Reichswirtschaftsministerium am 6. März 1925 abgehaltenen Besprechung war man sich einig, daß die Wiedereinführung des Effektenterminhandels wünschenswert sei, da der ganze amtliche Verkehr zur Zeit im Kassahandel ausgeführt werden müsse.[137] Von der Einführung des offiziellen Terminhandels erhoffte man sich zum einen eine bessere Markttransparenz und zum anderen eine bessere Aufnahmebereitschaft der Aktienmärkte für Neuemissionen.

Weil sich die Bonität der beteiligten Firmen erheblich verändert hatte - alteingesessene Firmen waren teilweise zusammengebrochen und neue Firmen recht zweifelhafter Natur waren an deren Stelle getreten - war klar, daß es sich nicht um eine bloße Wiederherstellung der früheren Verhältnisse handeln konnte. Man mußte Einrichtungen schaffen, die zur dauernden zentralen Überwachung und Sicherstellung der Terminverpflichtungen dienen konnten, wie sie im Warenterminhandel in Deutschland bereits seit dem 19. Jahrhundert bestanden. Vor allem die Weiterentwicklung der Liquidationskassen zu echten Sicherungsinstituten und die Einführung der Medioliquidation haben dem Termingeschäft nach 1925 ein im Vergleich zur Vorkriegszeit völlig anderes Gepräge verliehen. Am 11. Juni 1925 erfolgte durch den Centralverband des deutschen Bank- und Bankiersgewerbes die Gründung des Liquidationsvereins für Zeitgeschäfte an der Berliner Wertpapierbörse. Am 24. Juni folgte die (Neu)Gründung der Liquidationskasse,[138] wobei beide Institute durch Personalunion aufs engste miteinander verbunden waren. Der Liquidationsverein übernahm die Haftung und die Liquidationskasse die technische Abwicklung der Geschäfte.[139] Die Liquidationskasse schob sich zwischen die Vertragsparteien und ersetzte den früheren Personalkredit durch einen rein dinglichen Kredit. Für den Geldgeber war die Garantie des Liquidationsvereins wertvoller als die vor 1914 übliche individuell ausgehandelte Überdeckung des Engagements, welche in Zeiten starker

---

137 Anwesend bei dieser Besprechung waren Vertreter des Reichswirtschaftsministeriums, des Reichsfinanzministeriums, des Preußischen Ministeriums für Handel und Gewerbe, der Reichsbank, des Berliner Börsenvorstandes, des Centralverbands des Deutschen Bank- und Bankiersgewerbes und des Verbandes deutscher Privatbankiers. BAP, 31.01 Nr. 16920.

138 Die Berliner Liquidationskasse war als Aktiengesellschaft konzipiert. Alleinaktionär des gesamten Grundkapitals in Höhe von 50.000 RM war der Zentralverband des deutschen Bank- und Bankiersgewerbes. ebd., S. 209.

139 Die wichtigste Strukturveränderung, die sich mit Einführung der Liquidationskassen gegenüber den früheren Maklerbanken vollzog, war in dem Zwang zu Nachschüssen bzw. zum Glattstellen eines Engagements zu sehen, wenn die Kurse entsprechend gefallen waren. Veesenmayer (1929), S. 204f.

Kursrückgänge vielleicht nicht ausreichte.[140] Am 1. Oktober 1925 wurde das Effektentermingeschäft an der Berliner Börse offiziell wieder aufgenommen.[141]

Von verschiedenen Autoren, unter anderem auch von Oswald von Nell-Breuning, ist auf die Bedeutung des Effektenkredits der Großbanken für die kurzfristige Entwicklung von Aktienkursen hingewiesen worden.[142] Aber es scheint so, als ließen sich aus der Nachzeichnung der erfaßbaren Effektenkreditvolumina auch interessante Einsichten im Hinblick auf Entwicklungen am Wertpapiermarkt in der längeren Frist gewinnen. Dem wollen wir im folgenden nachgehen.
Unter „Effektenkrediten“ wurden im Betrachtungszeitraum (1900-1939) von Banken börsenmäßig gewährte Reportgelder sowie börsenmäßige Lombardgelder verbucht. Erstere waren als spezielle Ultimogelder am Terminmarkt definiert, die dazu dienten, dem Effektenspekulanten die Erfüllung seines Engagements zum vereinbarten Termin zu ermöglichen.

---

140 Um die Garantiefunktion zu ermöglichen, bestand eine Reihe von Vorschriften:
1. Beschränkung der Haftung auf die Mitglieder des Liquidationsvereins, auf einen bestimmten Kreis von Wertpapieren und auf eine begrenzte Laufzeit der Engagements.
2. Jedes Mitglied hatte eine Bareinlage als Garantiesumme zu leisten, die in fünf Klassen unterteilt war.
3. Die Überdeckung der Sicherheiten war variabel gestaltet, so daß bei Kursverlusten jederzeit entsprechende Nachschüsse gefordert werden konnten.
4. Die tägliche Saldierung der Konten gab einen aktuellen und genauen Überblick über die Liquidität der einzelnen Mitglieder. Außerdem oblag es einem eigens geschaffenen Überwachungsausschuß, diese Bestimmungen zu kontrollieren.

Veesenmayer (1929), S. 210.

141 Zum selben Termin erfolgte seine Neueinführung in Frankfurt, Hamburg und Bremen. Weitere Börsen folgten nach, so Köln am 7.12.1925, Breslau am 28.6.1926, München am 1.8.1926, Dresden am 4.4.1927, Essen-Düsseldorf am 1.10.1927, Leipzig am 1.2.1928 und Stuttgart am 1.5.1928. Vgl. Veesenmayer (1929), S. 203.

142 „Hier zeigt sich ganz deutlich die sogar graphisch zu veranschaulichende Relation zwischen Reports und Lombards der Banken und dem Aktienkursniveau. Die Kurve der Reports und Lombards und die Kurve des Aktienindex zeigen eine mehr wie auffallende Übereinstimmung.“ Oswald von Nell-Breuning: Grundzüge der Börsenmoral, Freiburg 1928, S. 88.
Auch in einer Ausarbeitung der VoSta vom 27.10.1926 wird u.a. ausgeführt, daß man eine nahe Beziehung von Report- und Lombardkrediten und dem Börsenkursniveau annehmen darf. BAP, 25.01 Nr. 6467, Blatt 222.
Für die Börsen von New York, Berlin und London stellte das Statistische Reichsamt einen direkten Zusammenhang zwischen dem Börsenkreditvolumen und der Aktienkursentwicklung mit einem durchschnittlichen „lag“ von einem halben bis zu einem Monat fest. Wirtschaft und Statistik 1928, S. 953.

Die am Terminmarkt im Laufe eines Monats abgeschlossenen Kontrakte mußten zu einem bestimmten Datum (Medio oder Ultimo) abgewickelt werden. Für den Fall, daß die Kursentwicklung den Erwartungen des jeweiligen Marktteilnehmers nicht entsprochen hatte, konnte es für den Haussier bzw. Baissier zu einer Realisation von Verlusten kommen. In einem solchen Fall hat der jeweilige Markteilnehmer - in der Hoffnung, daß sich der von ihm gewünschte Kurs zu einem späteren Zeitpunkt einstellen werde - häufig die Möglichkeit zur Prolongation des Engagements gesucht. Ein Verfahren zur Prolongation stellte das Reportgeschäft dar. Beim Reportverfahren wurde mittels zweier entgegengerichteter Geschäfte die einstweilige Erfüllung des Kontraktes auf einen Dritten, den Reporteur (in der Regel eine Bank) übertragen. Dem auf steigende Kurse spekulierenden Haussier gewährte der Reporteur in der Weise Kredit, daß er für Rechnung des Spekulanten die Wertpapiere zu einem festgesetzten Liquidationskurs abnahm. Am nächsten Fälligkeitstermin erhielt der Reporteur das gewährte Darlehen gegen Rückübertragung der Wertpapiere zurück.[143]
Grundsätzlich können Umsatzvolumen und Kursniveau am Aktienmarkt nur steigen, wenn neues Geld an die Börse gelangt. Wenn das Volumen an Effektenkrediten bei den Banken zunimmt, so ist dies (ceteris paribus) ein Hinweis dafür, daß neues Geld an der Börse tätig geworden ist.[144] Für die Banken bot die Prolongation von Reportkrediten neben einer sicheren und liquiden Anlagemöglichkeit vor allem auch eine Erleichterung bei der Unterbringung umfangreicher Neuemissionen.[145]

Geht man davon aus, daß das Ausmaß, in dem Reportkredite gegeben werden, ein Indikator für den Umfang von Spekulationsgeschäften in Aktien ist, so muß eine Zeitreihe der gewährten Reportkredite Hinweise auf wechselnde Intensitäten der Aktienspekulation erbringen. Da es jedoch für unseren Betrachtungszeitraum keine expliziten Angaben zum Reportkreditvolumen gibt, muß auf die zur Verfügung stehenden Statisti-

143 Weitere Ausführungen zum Reportgeschäft bei: Herbert Schlicht: Börsenterminhandel in Wertpapieren, Frankfurt a. M. 1973, S. 70ff. und Saling's Börsen-Papiere. Erster allgemeiner Teil. Die Börse und die Börsengeschäfte, hrsg. von A. Schütze, 19. Aufl., Berlin / Leipzig 1925, S. 525ff. Vergleiche auch: Ausschuß zur Untersuchung der Erzeugungs- und Absatzbedingungen der deutschen Wirtschaft. Verhandlungen und Berichte des Unterausschusses für Geld-, Kredit- und Finanzwesen (V. Unterausschuß), Der Bankkredit, Berlin 1930, S. 123ff.

144 Vgl. Donner (1934), S. 23ff. & 86f.

145 Banken, die das Emissionsgeschäft pflegten, konnten die von ihnen zur Tilgung bestehender Schulden von Aktiengesellschaften oder zum kommissionsweisen Verkauf übernommenen Aktien gegen Kreditgewährung begeben, so daß in diesem Fall zunächst lediglich der Schuldner gewechselt hatte. Vgl. Aron (1927), S. 72.

ken zum Report- und Lombardkreditvolumen zurückgegriffen werden.[146] Damit werden aber auch solche Effektenkredite erfaßt, die zum Wertpapierkauf am Rentenmarkt oder sonstiger Sicherungsgeschäfte verwendet werden sollten. Wie bereits erwähnt, haben die Lombardkredite jedoch nur in den Kriegsjahren (1914-1918) einen dominierenden Einfluß auf das Gesamtvolumen der Reports und Lombards gehabt. Deshalb wird im folgenden davon ausgegangen, daß im Betrachtungszeitraum (1900-1913 und 1924-1939) der symptomatische Charakter der Reports und Lombards für den Aktienmarkt erhalten blieb.

In der folgenden Abbildung I-4.8 werden die von den Berliner Großbanken 1900-1913 und 1924-1939 ausgereichten Report- und Lombardkredite sowohl in laufenden Preisen (Reihe 1) als auch in Preisen von 1913 (Reihe 2) dargestellt.[147] Die nicht deflationierten originalen Zahlenangaben werden in der Tabelle I-4J im Anhang ausgewiesen.
Bei einer Interpretation muß berücksichtigt werden, daß die Zeitreihe Brüche aufweist, die u.a. auf die unterschiedliche Abgrenzung des Begriffs „Berliner Großbanken" im Betrachtungszeitraum zurückzuführen sind.[148] Welche Schwankungen im Effektenkreditvolumen sich im Zeit-

---

[146] Vergleiche dazu den Artikel „Effektenkredite" im Handwörterbuch des Bankwesens, hrsg. von M. Palyi und P. Quittner, Berlin 1933, S. 165ff.

[147] Deflationiert mit dem schon wiederholt herangezogene Großhandelspreisindex zur Basis 1913 = 100. Deutsche Bundesbank (1976), S. 6.

[148] Die Zahl der unter dem Begriff „Berliner Großbanken" erfaßten Institute entwickelte sich im Zeitablauf wie folgt: 1900 bis 1913 = 9, 1914 bis 1922 = 8, 1924 bis 1928 = 8, 1929 bis 1931 = 6, 1931 bis 1939 = 5.
Zu den neun Großbanken vor 1913 gehörten, wenn man von den Statistiken der Reichsbank und der Behandlung der Großbanken in den zeitgenössischen Zeitschriften ausgeht: Deutsche Bank, Disconto-Gesellschaft, Bank für Handel und Industrie, Schaaffhausenscher Bankverein, Dresdner Bank, Darmstädter-Bank, Nationalbank für Deutschland, Commerz- und Privatbank, Mitteldeutsche Kreditbank. Allerdings können die Mitteldeutsche Creditbank, der Schaaffhausensche Bankverein und die Nationalbank für Deutschland auch zu den führenden Provinzbanken gezählt werden, zumal sie ihre Hauptgeschäftstätigkeit auf einen enger begrenzten Raum beschränkten. Möglich wäre es demnach, vor 1913 nur von sechs „Berliner Großbanken" zu sprechen.
Für die Jahre ab 1924 konnte nicht explizit ermittelt werden, welche Institute jeweils zu den Großbanken gezählt wurden. Wahrscheinlich hat sich der Kreis der Institute wie folgt zusammengesetzt: Deutsche Bank, Dresdner Bank, Commerz- und Privatbank, Darmstädter- und Nationalbank, Discontogesellschaft, Berliner Handelsbank, Reichskreditgesellschaft, Schaaffhausenscher Bankverein.
1929-1930 setzte sich der Kreis wie folgt zusammen: Deutsche Bank und Discontogesellschaft, Dresdner Bank, Commerz- und Privatbank, Darmstädter- und Natio-

ablauf aufgrund dieses Umstandes ergeben haben, ist nicht zu ermitteln. Ferner muß beachtet werden, daß für einen direkten Vergleich nur die Jahre 1908-1913 und 1925-1931 geeignet sind, da in den übrigen Jahren der Terminhandel entweder ganz oder teilweise ruhte.[149]

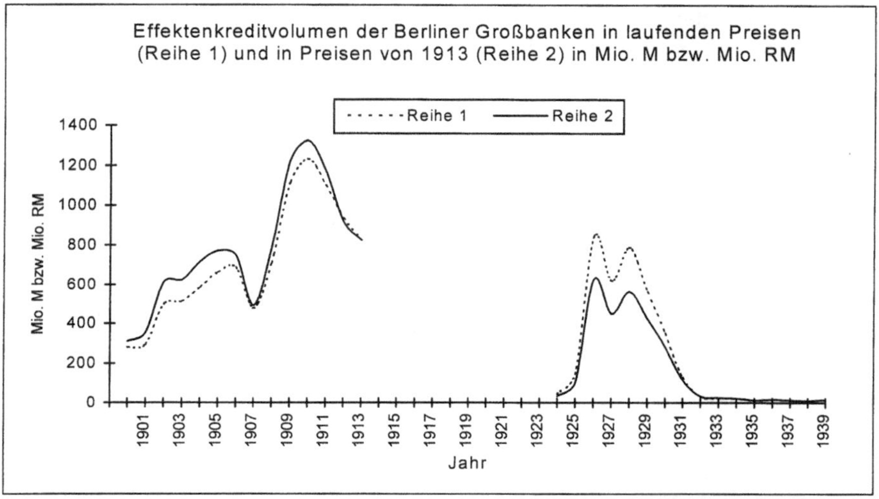

Abbildung I-4.8: Report- und Lombardkreditvolumen der Berliner Großbanken in laufenden Preisen (1) und in Preisen von 1913 (2) in Mio. M bzw. Mio. RM in den Zeiträumen 1900 bis 1913 und 1924 bis 1939

Quelle: Tabelle I-4J im Anhang

---

nalbank, Berliner Handelsbank, Reichskreditgesellschaft. Und ab 1931 werden die Deutsche Bank und Discontogesellschaft, Dresdner Bank, Commerz- und Privatbank, Berliner Handelsbank, Reichskreditgesellschaft zu den Berliner Großbanken gezählt. Vgl. Deutsche Bundesbank (1976), S. 78. Pohl (1982), S. 288.

149 Mit dem Börsengesetz von 1896 wurde der Terminhandel neu geregelt (IV Abschnitt: §§ 48-69 BG). An der Wertpapierbörse wurden Termingeschäfte in Anteilen von Bergwerks- und Fabrikunternehmen verboten. Die Novelle zum Börsengesetz von 1908 ermöglichte es, daß mit Zustimmung des Bundesrates diese Werte wieder zum Terminhandel zugelassen werden konnten. Mit der kriegsbedingten Börsenschließung wurde auch der Terminhandel eingestellt und erst am 25.10.1925 wieder aufgenommen, um im Zuge der Banken- und Börsenkrise am 13.7.1931 erneut ausgesetzt und im März 1932 verboten zu werden. Vgl. Herbert Schlicht: Börsenterminhandel in Wertpapieren, Frankfurt am Main 1973, S. 30f. Ernst (1987), S. 278.

Wenn, wie hier, davon ausgegangen wird, daß Reports und Lombards ein geeigneter Indikator zur Abbildung der Spekulationstätigkeit am Aktienmarkt sind, so deuten die Zahlen vor 1914 auf eine bis 1911 sich noch tendenziell ausdehnende Spekulationstätigkeit hin. Nach Wiedereinführung des Terminhandels 1925 weist der Indikator in einigen Jahren (1926-1928) beachtliche Werte auf, bei insgesamt geringer gewordenem Volumen von zum Handel frei zur Verfügung stehendem Material.

Obwohl das Effektenkreditvolumen nach 1925 wieder rasch anstieg, konnte es jedoch im Umfang nicht mehr an die Vorkriegsjahre (1908-1913) anknüpfen. Wie sich aus dem Mitgliederzuwachs der Berliner Liquidationskasse schließen läßt,[150] könnten die Angaben der Deutschen Bank, wonach der Wertpapierumsatz im Terminverkehr im September 1926 den Kassaverkehr bereits um das Dreifache überflügelte, richtig gewesen sein.[151] Der scharfe Rückgang der Ziffern nach 1928 deutet - lange vor Einstellung des Terminhandels im Juli 1931 - auf eine nachlassende Dynamik im Aktienhandel hin. Als im Juli 1931 im Zuge der Bankenkrise der Wertpapierterminhandel neuerlich eingestellt wurde, verloren auch die Effektenkredite der Banken ihren Markt.[152] Ab 1932 können die sich nahe Null bewegenden Ziffern als Hinweis auf einen im Vergleich zu früher recht trägen Geschäftsverkehr am Aktienmarkt in einem weitgehend regulierten Umfeld gedeutet werden. Sieht man in den hier untersuchten Größen darüber hinaus ein Element, das wesentlich die Schwankungen der Umsatztätigkeit der Börse insgesamt und das Kursniveau am Aktienmarkt im besonderen beeinflußt hat, so werden die in den Kapiteln 3.4 und 3.5.1 (Teil I) gemachten Aussagen zur Entwicklung des Wertpapierumsatzes und zum Aktienindex bestätigt.

Ergänzend zur Betrachtung der Volumina konnte ermittelt werden, daß der Anteil von unter Reports und Lombards verbuchten Effektenkrediten an den Aktiva der Berliner Großbanken eine korrespondierende Entwicklung mit der in Abbildung I-4.8 gezeigten Kurve aufweist. Zur Bestimmung des Stellenwertes dieser Effektenkredite für die Berliner Großban-

---

150 Die Zahl der Mitglieder in Berlin stieg von 240 am 24. Juni 1925 kontinuierlich bis auf 506 am 1. Februar 1928 an. Veesenmayer (1929), S. 241.

151 Geschäftsbericht der Deutschen Bank für 1926, S. 12.

152 Der Terminhandel blieb bis weit über den Zweiten Weltkrieg hinaus in Westdeutschland verboten. Erst am 1.7.1970 wurde der Terminhandel in der eingeschränkten Form des Optionsgeschäftes und am 26.1.1990 in seiner originären Form (an der neu gegründeten Deutschen Terminbörse) wieder aufgenommen.

ken wurde eine Meßziffer gebildet, die das Volumen in Prozent von deren Aktiva ausdrückt. Die sich so ergebenden Werte zeigt die folgende Übersicht:

Tabelle I-4.12:

Effektenkreditvolumen der Berliner Großbanken in v.H. der Aktiva 1900-1912 und 1924-1939

Jahr	v.H.	Jahr	v.H.	Jahr	v.H.	Jahr	v.H.
1900	8,5	1907	7,7	1924	1,0	1932	0,4
1901	9,0	1908	11,2	1925	2,4	1933	0,3
1902	13,4	1909	16,3	1926	10,5	1934	0,3
1903	12,9	1910	15,9	1927	6,3	1935	0,2
1904	12,3	1911	13,7	1928	6,2	1936	0,2
1905	12,0	1912	11,5	1929	4,2	1937	0,2
1906	11,0	1913	9,8	1930	2,7	1938	0,1
				1931	1,4	1939	0,2

Quelle: Eigene Berechnungen anhand der Zahlen der Tabelle I-4J im Anhang sowie Deutsche Bundesbank (1976), S. 58 und 78.

In den Jahren 1900-1913 hat das Effektenkreditgeschäft der Großbanken eine gewichtige Rolle gespielt. Obwohl der Terminhandel bis 1908 nur in einer reduzierten Form möglich war, weisen die Ziffern erstaunlich hohe Werte mit einem Spitzenwert von 13,4 v.H. in 1902 aus. Ab 1908 nimmt das Effektenkreditgeschäft zunächst weiter an Umfang zu, ehe sich am Vorabend des Ersten Weltkrieges ein deutlicher Rückgang einstellte. Mit den Jahren 1908-1913 vergleichbare Werte finden sich in dem Zeitabschnitt 1924-1939 nur in einem Jahr (1926). Alle anderen Jahre der Zwischenkriegszeit bleiben deutlich hinter den Vorkriegswerten zurück.
Vergleicht man die beiden Zeitabschnitte, in denen der Terminhandel uneingeschränkt möglich war, so ergibt sich für die Jahre 1908-1913 im Durchschnitt ein Anteil der Effektenkredite von 13,1 v.H., von 1925 bis 1931 dagegen nur noch ein Anteil von 4,8 v.H. der Bilanzsumme. Dieser Quotient - als Maß der Bedeutung von Effektenkrediten im Rahmen aller geschäftlichen Aktivitäten der Großbanken - zeigt, daß im Ergebnis die Börsenkredite für die Großbanken während der Zwischenkriegszeit (mit Ausnahme der Jahre 1926-28) nur mehr eine untergeordnete Rolle spielten.

4.6 Die zum Börsenhandel zugelassenen Börsenbesucher

Bei der bisherigen Diskussion quantitativer Indikatoren wurde auf monetäre Größen zurückgegriffen. Abschließend soll gezeigt werden, daß auch die Zahl zugelassener Besucher an der Berliner Börse Hinweise auf einen Wandel der Wertpapierbörse gibt. Die im folgenden vorgestellten Zahlen zeigen diejenigen Personen bzw. Firmen an, welche wegen ihres geschäftlichen Interesses am Börsenverkehr zur Zahlung von Börsengebühren herangezogen wurden. Gemäß § 13 der Berliner Börsenordnung (BBO) von 1908 (bzw. § 22 der BBO von 1920 bzw. § 17 der BBO von 1934) mußte jeder, der Zutritt zu den Börsensälen haben wollte, eine Zulassungskarte beantragen.[153] Die statistische Erfassung der ausgestellten Zulassungskarten brachte Aufschluß über die Art der Zugangsberechtigung,[154] die Personengruppe, und die Gesamtzahl aller ausgegeben Karten. Genaugenommen ist die im folgenden ausgewertete Statistik also eine Zugelassenenstatistik und kann somit kein direkter Indikator für die Intensität der Nutzung sein. Es erscheint jedoch unwahrscheinlich, daß ein zugelassener Börsenbesucher angesichts der Tatsache, daß sein Recht zum Börsenbesuch mit Kosten verbunden war, dieses Recht dann nicht ausgeübt hat. Deshalb wird im folgenden davon ausgegangen, daß die an der Börse Zugelassenen auch Börsenbesucher gewesen sind, die, soweit es sich um sogenannte „selbständige Besucher“ handelte, in der Regel auch am Börsenhandel teilgenommen haben.

Die hier gewählte Vorgehensweise, anhand der Besucherzahl Aussagen über einen Funktionswandel der Börse abzuleiten, ist nur aufgrund der Spezifika der deutschen Börsenorganisation zu rechtfertigen. Daher soll in einem Vergleich mit der Londoner Börse kurz auf die Besonderheiten der Berliner Börse eingegangen werden.
Die Londoner Stock Exchange war eine private Aktiengesellschaft, die jegliche Nichtmitglieder vom Börsenverkehr ausschloß.[155] Als privatrechtliche Körperschaft gegründet, blieb die Londoner Börse von staatlicher Beaufsichtigung weitgehend unbehelligt. Jahr für Jahr mußten die

---

153 Die Entscheidung zur Zulassung oblag meist dem Börsenvorstand. Eine nennenswerte Beschränkung des Börsenzutritts oder gar Prüfung der Qualifikation der Zugelassenen war mit der Erteilung von Zulassungskarten jedoch nicht verbunden. Gömmel (1992), S. 173.

154 Die „Eintrittskarte“ - die z.B. Pressevertreter ausgestellt bekamen - berechtigte zum Zutritt zu den Börsensälen, während die „Börsenkarte“ Voraussetzung zum Abschluß von Geschäften an der Börse war. Wetzel (1996), S. 100f.

155 Ehrenberg (1909), S. 175f. Henning (1992), S. 239f.

Mitglieder einen Kontrakt unterschreiben, der besagte, daß sie die „rules and regulations" der Börse als verbindlich anerkannten. In diesen „rules and regulations" wurde u.a. bestimmt, daß kein Mitglied der Börse als Prinzipal oder Angestellter in einem anderen Geschäft als der Stock Exchange tätig sein durfte.[156] Die Aufnahmebedingungen, wie zum Beispiel Sachverstand, Eintrittsgeld, mehrere Bürgen, Mitgliedsbeiträge, Verbot von Nebenbeschäftigungen, waren außerordentlich streng.[157] Die Londoner Börse war - weil in England aufgrund des Trennbankensystems nur der Teil der Finanzwelt zur Börse gehörte, der sich mit Investmentgeschäften befaßte - ihrem Grundzug nach eine reine Vermittlungsstelle für Wertpapiergeschäfte.
Dagegen war die Berliner Börse staatlich konzessioniert, befand sich unter der Aufsicht der Handelskammern und stand im 19. Jahrhundert zunächst jedem eingetragenen Kaufmann offen.[158] Die für die Teilnahme am Börsenhandel notwendige Börsenzulassung wurde vom Börsenvorstand ausgesprochen. Von allen zum Börsenhandel zugelassenen Personen stellten die Banken die wichtigste Gruppe. Während in England Banken und Börse arbeitsteilige Organe gewesen sind, läßt sich in Deutschland eine personelle Verflechtung zwischen beiden feststellen. Ein wesentlicher Unterschied zwischen den beiden Börsenorganisationen war also, daß auf der einen Seite ein Privatclub mit finanziellen Mindestanforderungen bestand, während es auf der anderen Seite eine relativ offene Veranstaltung mit eher milden Zulassungsgrundsätzen gab.[159]

Aufgrund der vergleichsweise leichten Zugänglichkeit konnte sich die Zahl zugelassener Personen an der Berliner Börse bestimmten Verände-

---

156 Frey (1938), S. 212.

157 Als privatrechtlicher Korporation stand es der Londoner Börse frei, die Neuaufnahme von Mitgliedern beliebig zu beschränken oder zu erschweren und dadurch die gewünschte Qualität der Börsenbesucher zu erhalten. So band man zum Beispiel die Zulassung an die Zustimmung einer qualifizierten Mehrheit von Mitgliedern, sodann beschränkte man die jährlichen Neuaufnahmen und verlangte die Stellung von drei Bürgen - die für die nächsten vier Jahre mit je 500 Pfund hafteten - und erließ eine zunächst auf ein Jahr beschränkte Zulassung. Brenner (1926), S. 2f. Ehrenberg (1909), S. 177.

158 Die Berliner Börse stellte sich in ihrer Organisation als ein Kompromiß dar zwischen innerer Zweckmäßigkeit und Erfüllung eines allgemeinen wirtschaftlichen Postulats, das von außen her in die Börsenorganisation hineingetragen wurde: Der Handels- und Gewerbefreiheit. Meier (1992), S. 125ff. Prion (1932), S. 4. Prion (1939), S. 56f.

159 Für weitere Informationen zu den verschiedenen Börsenorganisationen vergleiche: Göppert (1930), S. 17f. Prion (1930a), S. 103. Weber (1895), S. 103.

rungen, die zum Beispiel politischer oder wirtschaftlicher Natur waren, anpassen. Ebenso war prinzipiell auch bei Schwankungen der Geschäftstätigkeit eine Anpassung der Zugelassenen- resp. Besucherzahlen möglich. Deshalb wird davon ausgegangen, daß sich aus der Betrachtung einer solchen Zeitreihe Hinweise auf einen Funktionswandel der Börse gewinnen lassen.

Um die Zeitreihe der Zugelassenenstatistik richtig interpretieren zu können, müssen Veränderungen in den Zulassungsbestimmungen berücksichtigt werden. Im Börsengesetz von 1896 war die Frage des Zutritts zu den Börsenversammlungen nur ganz allgemein geregelt. Es blieb den Börsenordnungen der jeweiligen Börsenplätze vorbehalten, genaue Bestimmungen zu erlassen.[160] Nach der Berliner Börsenordnung (BBO) war vor Beginn des Ersten Weltkrieges der Zutritt zu den Börsenversammlungen mit gleichzeitiger Handelsbefugnis dann zu gewähren, wenn der Antragsteller Mitglied der Korporation der Kaufmannschaft von Berlin oder Vollkaufmann im Sinne des HGB bzw. Organ einer Kapitalgesellschaft war.[161] Das schriftliche Zulassungsgesuch mußte von drei Gewährsmännern, die bereits seit zwei Jahren an der Börse zugelassen waren, unterstützt werden. Die endgültige Entscheidung über die Zulassung fällte der Börsenvorstand. Nach der BBO hatte jeder eingetragene Kaufmann einen *Anspruch* darauf, zum Börsenhandel zugelassen zu werden. Der freie Zugang zur Berliner Börse blieb bis über das Ende des Ersten Weltkrieges hinaus unverändert möglich, obwohl in der Zwischenzeit verschiedentlich Vorschläge für eine strengere Regelung diskutiert worden waren.[162]

---

160 §§ 6 und 7 des Börsengesetzes. RGBL 1908, S. 216ff. Vgl. auch Helten (1922), S. 123f.

161 Vergleiche den § 15 der Börsenordnung von Berlin vom 7.12.1908. Schneider, August u. Dahlheim, Louis: Usancen der Berliner Fonds-Börse. Ein Handbuch zum praktischen Gebrauch für Börsen-Interessenten, 2. Aufl., Berlin 1900, S. 15. sowie die 18. Aufl., Berlin, 1919, S. 20f. Die Quelle Schneider / Dalheim wird im folgendem mit S/D abgekürzt.

162 Bei der Novellierung des Börsengesetzes im Jahre 1908 wurde - nicht zum erstenmal - gefordert, u.a. eine schärfere Fassung der Zulassungsbestimmungen zum Börsenbesuch vorzunehmen. Die Forderungen zielten darauf ab, daß die Börsen von sich aus in ihren Börsenordnungen die Zulassungsbestimmungen enger fassen sollten. So sollte zum Beispiel keine pauschale Firmenzulassung (= automatischer Zulassung aller Geschäftsführer) mehr möglich sein. Vielmehr wollte man erreichen, daß nun jede einzelne Person gesondert einen Zulassungsantrag zu stellen habe. Schreiben des Reichsamt des Innern vom 1.5.1908 an das bayerische Ministerium für Handel und Gewerbe. BHStA, MWi 566.

Erst als Folge des starken Andrangs von Besuchern im Zuge der inflationsbedingten Spekulation an der Aktienbörse kam es zu Verschärfungen in den Zulassungsbestimmungen. Mit der Änderung der Börsenordnung vom 10. Dezember 1920 erhielt der Berliner Börsenvorstand freie Hand, allen Personen, die persönlich oder geschäftlich nicht zum Börsenbesuch geeignet erschienen, den Zutritt zur Börse zu verweigern. Auch die Vorschrift, daß jeder eingetragene Kaufmann zum Börsenhandel zuzulassen sei, wurde geändert. Nach § 17 der BBO von 1920 durften nur noch solche Personen zugelassen werden, die aufgrund ihres Gewerbes auf eine Teilnahme am Börsenhandel angewiesen waren sowie solche, die Vorstandsmitglieder der in Berlin ansässigen öffentlichen Bankanstalten waren.[163] Außerdem konnte der Börsenvorstand ohne weitere Angabe von Gründen die Zulassung ablehnen. Diese Bestimmung in der BBO wurde ihrem Inhalt nach bis zum Zweiten Weltkrieg nicht mehr verändert.[164]

Eine Neuausrichtung erfuhr die BBO vor allem durch die Einarbeitung nationalsozialistischen Gedankengutes nach 1933. An dieser Stelle soll festgehalten werden, daß bereits im Jahre 1933 die von den Nationalsozialisten euphemistisch mit „personelle Bereinigung" umschriebene Arisierung der Wertpapierbörse einsetzte, wobei der Kreis von nun an unerwünschter Personen nicht ausschließlich auf jüdische Mitbürger beschränkt blieb.[165] So bedurfte es nach § 8 der BBO vom 4. Dezember 1934 bei der Zulassung von ausländischen Staatsangehörigen zusätz-

---

163 Vgl. die Börsenordnung von Berlin vom 10.12.1920, in S/D, 22. Aufl., Berlin 1924, S. 14f. Interessant sind in diesem Zusammenhang auch die Schreiben der Handelskammer von Berlin vom 8.4.1922 und der Frankfurter Wertpapierbörse vom 22.4.1922 an das preußische Ministerium für Handel und Gewerbe. Darin wird von den jeweiligen Wertpapierbörsen dargelegt, daß bereits Maßnahmen und Schritte ergriffen worden seien, um den Zugang zu den Börsenversammlungen zu erschweren. GStAPK, I. HA Rep. 120, CXI 1, Nr. 45-3. Siehe auch Meyer (1920), S. 28f.

164 Dies geht aus dem § 18 der Berliner Börsenordnung vom 1.7.1927 sowie dem § 9 der BBO vom 4.12.1934 hervor. Siehe S/D 34. Aufl., Berlin 1936, S. 11f.
An der Frankfurter Börse wurden die Kriterien zur Zulassung zum Börsenbesuch in den dreißiger Jahren noch enger gefaßt. In der Börsenordnung der Frankfurter Wertpapierbörse vom 15. Dezember 1934 heißt es wortwörtlich, daß nur Firmen, „die das Bank- oder Börsengeschäft betreiben, zur Börse zugelassen werden können. "Archiv der IHK-Frankfurt am Main, MD 1240/01.

165 Dies geht z. B. aus einem nicht genauer gekennzeichneten Vermerk vom 11. November 1937 über die Entwicklung des Börsenbesuches an der Berliner Börse zwischen 1933 und 1937 hervor, der sich im Bestand der IHK-Berlin (Berliner Börse) des Landesarchivs Berlin befindet. LAB-Berlin. Rep. 200-02, Nr. 163/55-46.

lich der ausdrücklichen Genehmigung des Reichswirtschaftsministers.[166] Mit einem Nachtrag vom 20. Juni 1938 ergänzte man den § 8 dahingehend, daß „Juden nicht mehr zum Börsenbesuch zugelassen werden".[167] In einer Anmerkung dazu hieß es, daß auch die bisherigen Börsenzulassungen von Juden mit sofortiger Wirkung entfallen. Die gleichgeschaltete Presse konstatierte daraufhin, daß die deutschen Börsen seit dem 20. Juni 1938 „judenrein" seien.[168]

Von der Gesamtzahl des an der Berliner Börse zugelassenen Publikums liegen vor allem über den Kreis der sogenannten „selbständigen Börsenbesucher" verwertbare Angaben vor.[169] Zahlen bezüglich aller an der Börse zugelassenen Personen stehen dagegen nur sehr bruchstückhaft zur Verfügung. Deshalb wird in der Folge eine Zeitreihe der Zahl der „selbständigen Börsenbesucher" ausgewertet. Allerdings ist hinsichtlich der hierfür zur Verfügung stehenden Quellen darauf hinzuweisen, daß zum Teil sich widersprechende Werte vorliegen. Deswegen war es notwendig, aus den vorliegenden Quellen eine Auswahl vorzunehmen. Es wurde bevorzugt auf Material zurückgegriffen, das von amtlicher oder offizieller Seite stammte. Für die Zeit vor 1901 konnten keine Zahlenangaben ermittelt werden. Für die Jahre von 1901 bis zum Ausbruch des Ersten Weltkrieges kann auf eine gut aufbereitete Statistik im Berliner Jahrbuch für Handel und Industrie zurückgegriffen werden.[170] Leider wurde das Erscheinen des Berliner Jahrbuches mit Kriegsbeginn eingestellt, so daß

---

166 Berliner Börsenordnung vom 4.12.1934, in S/D 34. Aufl., Berlin 1936, S. 11f. Die Bestimmungen der Berliner Börsenordnung waren nach § 1, Abs. 1, Satz 2 der Novelle des Börsengesetzes vom 4.12.1934 auch für alle anderen Börsenordnungen im Deutschen Reich verbindlich.

167 § 8 der Berliner Börsenordnung, in: S/D 38. Aufl., Berlin 1940, S. 11.

168 o.V.: Börse ohne Juden, in: Deutsche Wochenschau vom 3.8.1938. Zeitungsausschnittssammlung der Reichsbank. BAP, 25.01 Nr. 1470.

169 Darunter fielen Personen, die eine Handelsbefugnis besaßen. In unserem Betrachtungszeitraum waren dies vor allem Firmeninhaber, Geschäftsführer bzw. Vorstandsmitglieder, Prokuristen, Handlungsbevollmächtigte sowie freie und amtliche Makler. Nicht dazu zählten: Hilfskräfte, Boten, Schreibkräfte, Pressevertreter sowie Angestellte ohne Handelsbefugnis. Zur Abgrenzung des Begriffs „selbständige Börsenbesucher": vgl. Berliner Jahrbuch für Handel und Industrie. Bericht der Ältesten der Kaufmannschaft von Berlin, Band I, Jahrgang 1903-1913, Berlin 1904-1914. sowie die Statistik des Berliner Börsenvorstandes über die selbständigen Börsenbesucher, darin: 1933-1942, in: LAB, (Sta.), Rep. 200-02, Nr. 163/55-46.

170 Berliner Jahrbuch für Handel und Industrie. Bericht der Ältesten der Kaufmannschaft von Berlin, Band I, Jahrgang 1903-1913, Berlin 1904-1914, darin: 1901-1913

diese Statistik nicht fortgeführt werden konnte. In den Jahresberichten der IHK-Berlin ist keine Übersicht zur Entwicklung der Börsenbesucher enthalten. Daher ist man für die Zeit der Weimarer Republik auf sehr verschiedene Quellen angewiesen (Mitteilungen von wissenschaftlicher Seite, aus Presseveröffentlichungen, offizielle Angaben).[171] Für die Jahre nach 1933 steht wieder eine detaillierte Statistik des Berliner Börsenvorstandes zur Verfügung.[172] Für den Zeitraum von 1922 bis 1932 war nicht nachprüfbar, ob die Abgrenzung des Begriffs „selbständige Börsenbesucher" in gleicher Weise wie bei den Angaben im Berliner Jahrbuch für Handel und Industrie bzw. des Berliner Börsenvorstands vorgenommen wurde, so daß hier ein gewisser Vorbehalt zur Vergleichbarkeit der Quellen angebracht erscheint. Die folgende Abbildung I-4.9 beruht auf den wie oben beschrieben zusammengetragenen Zahlenangaben der Tabelle I-4K im Anhang.[173]

Siehe Abbildung I-4.9

Die Abbildung I-4.9 zeigt, daß bis zum Ersten Weltkrieg die Zugelassenen- resp. Besucherzahlen vergleichsweise geringfügigen Schwankungen unterlagen. Im Durchschnitt waren von 1901 bis 1913 pro Jahr 1.781 Personen in Berlin zum Börsenhandel zugelassen. Diese relativ konstante Zahl kann - angesichts der oben vorgestellten Entwicklung des Wertpapierumsatzes - als ein Indiz dafür angesehen werden, daß die am Börsenhandel Teilnehmenden den Börsenzutritt unverändert für wichtig gehalten haben, ungeachtet aller sich vollziehenden Veränderungen. Damit könnte auch erklärt werden, warum in der Wahrnehmung der Zeitgenossen die Börse von 1900 bis 1913 ihren Bedeutungshöhepunkt erlangt hatte, während der oben vorgestellte Indikator zum Wertpapierumsatz auch den Schluß zuläßt, daß die Börse bereits vor 1914 einem Funktionswandel unterlag.

---

171 „Kleiner, aber feiner." Die gesäuberte Börse, Berliner Lokal-Anzeiger vom 31.1.1934, darin: 1922, 1930-1933, in: GStAPK, I. HA Rep. 109, Nr. 1188. Schmidt, Richard (1925), S. 92, darin: 1913, 1923/24. Vermerk des Staatskommissars bei der Berliner Börse über die Zahl der Börsenbesucher. BAP, 31.03 Nr. 55, darin: 1924, 1928, 1930, 1932. Prion (1932), S. 17, darin: 1926. Lewinsohn (1925), S. 192f. Verhandlungen des 6. Allgemeinen Deutschen Bankiertages zu Berlin am 14., 15. und 16. September 1925, Berlin/Leipzig 1925, S. 186.

172 Statistik des Berliner Börsenvorstandes über die selbständigen Börsenbesucher, darin 1933-1942, in: LAB, (Sta.), Rep. 200-02, Nr. 163/55-46.

173 Zu Vergleichszwecken wird, soweit dazu Angaben vorlagen, in der Tabelle I-4J im Anhang auch die Gesamtzahl aller Börsenbesucher mitgeteilt.

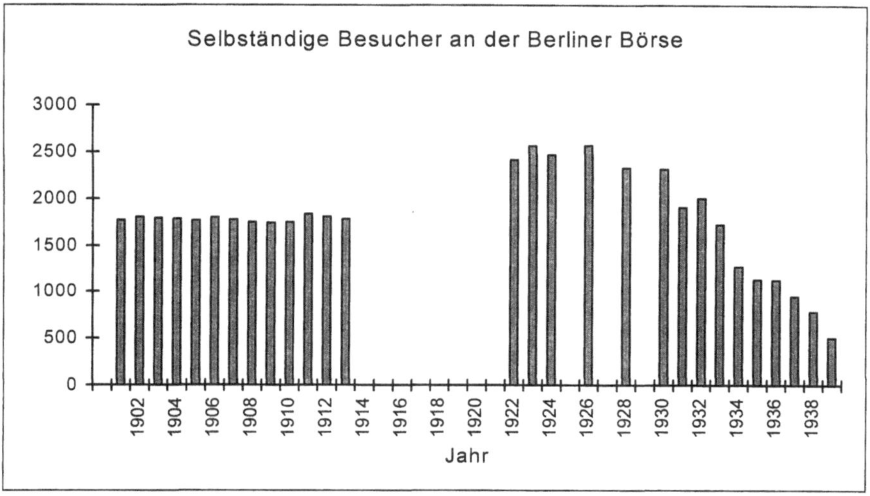

Abbildung I-4.9: Selbständige Besucher an der Berliner Börse ausgewählter Jahre im Zeitraum von 1901 bis 1939

Quelle: Tabelle I-4K im Anhang

Im Vergleich dazu wird deutlich, wie ungewöhnlich hoch die Zugelassenen- resp. Besucherzahlen an der Berliner Börse im Verlauf der Inflationszeit waren. Trotz verschärfter Zulassungsbestimmungen lagen diese um ca. 40 v.H. über den Vorkriegswerten.[174] Dies lag natürlich daran, daß die Anzahl der Geschäfte in Aktien und Devisen in der Inflationszeit viel größer gewesen ist als je zuvor und später wieder.[175] Die von 1924 bis

[174] Im Jahresbericht von 1921 der IHK-Berlin wird u.a. auch zu den geänderten Börsenzulassungsbestimmungen Stellung genommen. Hervorgehoben wurde, daß trotz der Verschärfungen im Jahre 1921 die Zahl der Zulassungsanträge selbständiger Besucher auf 478 gegen 445 im Vorjahr angestiegen sei. Eine noch stärkere Zunahme war bei den Anträgen auf Erteilung von Angestelltenzulassungen zu verzeichnen. Ihre Zahl, die sich im Jahre 1920 auf 2.220 belief, wuchs im Jahre 1921 auf 3.076 an. Jahresbericht der Handelskammer zu Berlin von 1921, S. 148f., in: WWA, S 6 Nr. 911.

[175] Eine Übersicht der Zahl der Umbuchungen im Effektengiroverkehr des Berliner Kassenvereins zeigt, daß auf das Jahr 1913 bezogen sich im Jahr 1923 die Zahl der Umbuchungen mehr als versiebenfacht hatte. Vergleiche dazu die Tabelle II-1.1 im zweiten Teil dieser Arbeit.

1932 stets über den Vorkriegswerten liegenden Werte - im Durchschnitt 2.265 Personen pro anno - weist angesichts des zurückgehenden Geschäftsvolumens auf eine systematisch überbesetzte Berliner Börse hin. Ein Großteil der während der Inflationszeit zusätzlich eingestellten Mitarbeiter wurde nach Beendigung der Inflationshausse von den Banken entlassen. Aus Mangel an Beschäftigungsmöglichkeiten und in der Hoffnung darauf, daß sich an der Börse wieder ähnlich „Goldene Zeiten“ wie die von 1918 bis 1923 einstellen würden, versuchten die freigesetzten Angestellten jedoch weiterhin, an der Börse ihr Auskommen zu finden. Vielfach beantragten diese in den Jahren 1924/25 die Zulassung als freie Makler.[176] Darüber hinaus wird man zu berücksichtigen haben, daß die hier diskutierte Statistik der Zugelassenen einen gewissen „lag“ zu der Zahl der tatsächlichen Börsenbesucher aufweist. Möglicherweise gaben Personen ihre Börsenzulassung - nachdem sie schon einige Zeit nicht mehr an der Börse erschienen waren - erst dann zurück, wenn sich ihre Überzeugung gefestigt hatte, sie würden auch in Zukunft die Börse nicht mehr besuchen.
Erst im Zuge der Ereignisse während der Krisenjahre nach 1929 setzte ein verstärkter Besucherrückgang ein. Am Vorabend der Machtübernahme durch die Nationalsozialisten war die Besucherzahl in etwa auf ein dem Vorkriegsstand entsprechendes Niveau zurückgegangen. Der weitere Besucherrückgang nach 1933 kann zum einen als Anpassung an die stark verminderte Geschäftstätigkeit angesehen werden. Im wesentlichen ist dieser Personalabbau jedoch auf die im Sprachgebrauch der Nationalsozialisten euphemistisch mit „personelle Bereinigung“ beschriebene Verdrängung des jüdischen Publikums zurückzuführen.[177]

---

[176] Aufgrund des starken Andrangs änderte man z.B. die Berliner Börsenordnung 1924 dahingehend ab, daß fortan festgestellt werden mußte, zur Ausübung welcher Tätigkeit die Zulassung beantragt wurde. Aufgabemakler mußten über hinreichende eigene Mittel verfügen, worunter 60.000 RM angesehen wurden. Damit war eine sachliche Beschränkung der Zulassung möglich. Als Folge dieser Verschärfung in den Zulassungsbestimmungen nahm der Andrang auf Zulassung als Vermittlungsmakler derart zu, daß sich der Berliner Börsenvorstand gezwungen sah, die Zulassung von Vermittlungsmaklern vorübergehend einzustellen. Jahresberichte der IHK-Berlin von 1924, 1925 und 1926, S. 210f., 273f. und 295f., in: WWA, S 6 Nr. 911.

[177] So wurde zum Beispiel im Bericht über die Wirtschaftslage in Berlin für das Jahr 1937 festgestellt, daß die Abgänge bisher an der Börse zugelassener Personen die Zugänge bei weitem überwögen und daß in immer größerem Umfang die Wandlung im Sinne „nationalsozialistischer Wirtschaftsführung“ deutlich werde. Jahresbericht über die Wirtschaftslage im IHK-Bezirk Berlin von 1937, S. 121, in: BAP, 31.01 Nr. 9784.

4.7 Zusammenfassung

Alles in allem läßt sich festhalten, daß die oben vorgestellten Zeitreihen des Umlaufes von Wertpapieren inländischer Emittenten sowie der Wertpapiernettoemissionen nicht auf eine rasche Rekonstruktion der Verhältnisse am deutschen Kapitalmarkt in der Zeit nach dem Ersten Weltkrieg schließen lassen.

Mittels des hier verwendeten Schätzmaßes für den „Grad des Effektenkapitalismus" konnte näherungsweise der Bedeutungswandel der deutschen Wertpapierbörsen in langer Frist abgebildet werden. Aus dem Befund war der Schluß zu ziehen, daß die gesamtwirtschaftliche Bedeutung der Börsen in der Zwischenkriegszeit (1925-1939) erheblich geringer gewesen ist als vor 1914.

Während die Zeitreihe der originären Börsenumsatzsteuereinnahmen von 1885 bis 1939 nicht auf einen langfristigen Umsatzrückgang hindeutet, zeichnet der hier erstmals geschätzte preisbereinigte Wertpapierumsatz pro-Kopf ein gänzlich anderes Bild. Bemerkenswert ist, daß dieser im Zeitraum von 1885 bis 1939 eine langfristig - also auch bereits vor 1914 - sinkende Tendenz aufweist. Beim Vergleich der Vorkriegsjahre (1885-1913) mit der Zwischenkriegszeit (1925-1939) läßt sich darüber hinaus für die Zwischenkriegszeit ein signifikant niedrigeres Umsatzniveau feststellen.[178] Mit den oben ermittelten Ziffern des preisbereinigten Wertpapierumsatzes pro Kopf liegt ein Indiz für eine Einbuße an Marktbreite und -liquidität und damit einer Schwächung sämtlicher Börsenfunktionen vor.

Der anhand von Monatsdaten von 1870 bis 1943 berechnete Aktienindex zeigte auf, daß sowohl das Bewegungsmuster des Aktienindex als auch das Kursniveau von Aktien in der Zwischenkriegszeit erheblich von dem in der Vorkriegszeit abgewichen ist. Nach der oben vorgetragenen Auffassung konnte die so andere Kursentwicklung als ein weiteres Indiz für grundsätzliche Veränderungen an den Aktienmärkten angesehen werden.

Infolge der Konzentration in der Wirtschaft kam es vermehrt zu festem Beteiligungsbesitz bei Unternehmen und vice versa zu einem verringerten Bestand an börsenmäßig handelbarem Aktienmaterial. Zeitgleich mit der

[178] Selbst in der Zeitspanne von 1926 bis 1928, die durch relativ gute Börsenjahre gekennzeichnet war, lagen die Ziffern des Wertpapierumsatzes pro Kopf deutlich unter dem Vorkriegsniveau. Wie zu erwarten war, ging das Geschäftsvolumen an den Wertpapiermärkten dann bereits im Vorfeld der Weltwirtschaftskrise zurück und erreichte während des Jahres 1931 seinen absoluten Tiefstand. Bemerkenswert ist dagegen, daß sich - anders als bei anderen quantitativen Größen - nach 1932 keine deutliche Erholung des Wertpapierumsatzes abzeichnet.

zunehmenden Konzernbildung ging in den Jahren nach 1926 sowohl die Zahl der Aktiengesellschaften als auch die Zahl der an der Berliner Börse im amtlichen Verkehr notierten Aktien zurück. Dieser Befund kann als ein weiteres Indiz für eine Verödung des (Berliner) Aktienmarktes gedeutet werden.

Als Indikator zur Abbildung der Spekulationstätigkeit am Aktienmarkt wurde das Effektenkreditvolumen herangezogen. Die zugehörige Zeitreihe wies auf eine im Betrachtungszeitraum 1925 bis 1931 nicht an die Vorkriegszeit heranreichende Intensität der Aktienspekulation hin. Hervorzuheben ist, daß schon ab 1928 - also lange vor Einstellung des Terminhandels im Juli 1931 - der starke Rückgang im Effektenkreditvolumen auf eine nachlassende Dynamik im Aktienhandel hindeutet. Aufgrund der in dieser Arbeit unterstellten Korrelation zwischen Effektenkreditvolumen und Umsatztätigkeit an der Börse werden damit die getroffenen Aussagen zur Entwicklung des Wertpapierumsatzes nach 1925 bestätigt.

Über die Entwicklung der selbständigen Besucher an der Berliner Börse lag bislang keine Zusammenstellung quantitativer Daten in langer Frist vor. Aufgrund der Quellenlage konnte auch in dieser Arbeit nur für bestimmte Abschnitte im Zeitraum von 1900 bis 1939 eine durchgängige Zeitreihe geboten werden. Im Hinblick auf eine Interpretation ergab sich daraus kein einfach zu deutendes Bild. Die höhere Zahl der Börsenbesucher von 1924 bis 1932 kann jedoch als ein Indiz gedeutet werden, wie langsam und zögerlich die Rückbildung von Verwerfungen vor sich ging, die sich im Verlauf der Inflation (1914-1923) eingestellt hatten. Den nationalsozialistischen Machthabern ging es bei ihren Umgestaltungen an der Börse weniger um ein ausgewogenes Verhältnis zwischen Besuchern und Geschäftsumfang als vielmehr darum, die „Arisierung der Börse“ voranzutreiben. Trotzdem kann der starke Rückgang der Besucherzahlen ab 1933 auch als Hinweis für die zurückgehende Geschäftstätigkeit an der Börse und damit als Symptom ihrer abnehmenden volkswirtschaftlichen Bedeutung angesehen werden.

Teil II: Konstellationen des Funktionswandels in der Zwischenkriegszeit

1 Die Börse in der Inflation (1914-1923)

Im vorausgehenden Teil ging es vornehmlich um die Identifizierung - und Erklärung - langfristiger Trends. Dabei wurde, teils aus Gründen des Datenmangels, teils aus sachlichen Gründen, der Erste Weltkrieg und die Inflationszeit zumeist ausgespart. Dennoch sind die Jahre 1914 bis 1923 natürlich keine „Leerstellen" in der Geschichte der Börse. Vermutlich haben sie auch etwas mit der langfristigen Entwicklung zu tun, so extrem gewisse Erscheinungen von der Trendlinie abgewichen sein mögen. Nicht wenige von diesen haben auf die Einstellungen der Menschen und ihre Verhaltensweisen eingewirkt, werfen also einen Schatten auch auf die Zeit nach der Stabilisierung. Im folgenden soll es nicht um eine Darstellung der Geschichte der deutschen Börsen in der Zeit von 1914 bis 1924 gehen.[1] Vorrangig sollen in konziser Form die außergewöhnlichen Umstände skizziert werden, unter denen sich der Wertpapierhandel in den Jahren von 1914 bis 1924 abspielte, um aufzuzeigen, welche (auch langfristig wirksamen) Nachwirkungen von der Inflationszeit auf die Börse ausgingen.[2]

Als sich im Frühsommer 1914 der Krieg abzuzeichnen begann, griff auch an den deutschen Wertpapierbörsen großer Pessimismus um sich. Die Banken versuchten zwar, den Markt mit Stützungskäufen zu beruhigen, doch mußte eine zunehmende Anzahl von Aktienkursen wegen des übermäßigen Verkaufsdrucks (bei fehlender Nachfrage) gestrichen werden. Die deutschen Wertpapierbörsen stellten am 31. Juli 1914 den amtlichen Handel ein, wie zahlreiche andere europäische Börsen auch. Auf diese Weise hofften die damals Verantwortlichen am ehesten, einen unmittelbar bevorstehenden Kurssturz abwenden zu können.[3]

---

1 Hierzu liegt ein ausführliches Kapitel in der „Deutschen Börsengeschichte" vor. Vgl. Henning (1992), S. 218-242.

2 Im folgenden Abschnitt steht die Aktienbörse im Vordergrund, da der Rentenhandel im Verlauf der Inflationszeit keine Rolle mehr spielte.

3 Die Börsenschließung war auch als eine „kriegswirtschaftliche" Maßnahme gedacht, mit der verhindert werden sollte, daß Ausländer an deutschen Börsen Verkäufe von Wertpapieren vornehmen konnten, die ihnen an ihren Heimatbörsen verwehrt waren. Vgl. Kronenberger (1920), S. 7f.

Trotz der Unterbrechung des amtlichen Handels blieben in Berlin die Räumlichkeiten der Wertpapierbörse zwischen 12 Uhr und 14 Uhr geöffnet, um den Besuchern die Möglichkeit zu geben, sich über die politische und wirtschaftliche Lage auszutauschen.[4] Neben der zwanglosen Unterhaltung über Tagesereignisse entwickelte sich innerhalb kurzer Zeit ein sowohl innerhalb wie außerhalb der Börsenräume abgehaltener inoffizieller Wertpapierhandel. Die ersten Geschäfte schlossen die Kontrahenten telefonisch oder in direktem persönlichen Kontakt ab.[5] Die dabei ermittelten Kurse konnten, weil auf dünnster Grundlage ermittelt, kaum als repräsentativ bezeichnet werden. Zunächst hielt sich der Handel noch in engsten Grenzen, doch schon bald nahm die Zahl der Teilnehmer am inoffiziellen Wertpapierhandel zu. Am 8. September 1914 sah sich der Berliner Börsenvorstand zum wiederholten Mal veranlaßt, auf das Verbot jeglichen Geschäftsverkehrs hinzuweisen. Im Gegensatz zu den ursprünglichen Befürchtungen war die Nachfrage nach bestimmten Aktien schon in den ersten Kriegswochen so stark, daß es zu erheblichen Kurssteigerungen kam. Darüber hinaus zeigte sich, daß Pressemeldungen von „ungeheuren Kriegsgewinnen der Industrie“ die Aufmerksamkeit breiter Bevölkerungskreise auf den inoffiziellen Aktienmarkt lenkten.[6] Bald sprach man unter den Zeitgenossen davon, daß die „Hausse die Hausse“ nähren würde.[7]

Die Finanzierung des Krieges stellte das Reich bekanntlich vor folgendes Problem: Der Staat brauchte Geld zur Bezahlung von Soldaten, Waffen und sonstigem Kriegsmaterial. Es war deshalb notwendig, der Bevölkerung so viel an Kaufkraft zu entziehen, daß diese vom verzehrbaren Sozialprodukt nur das erhielt, was der Staat nicht benötigte. Bei der Kaufkraftabschöpfung standen grundsätzlich zwei Methoden zur Verfügung: Zum einen konnten die für Kriegszwecke benötigten Einkommensteile durch entsprechend hohe Steuern einbehalten werden, zum anderen konnte sich der Staat die benötigten Kapitalien durch Verschuldung bei den Privaten leihen. In Deutschland wurden die Kriegsausgaben dem

---

4 Die Ausführungen in diesem Kapitel beziehen sich überwiegend auf die Berliner Wertpapierbörse.

5 Pfeiffer (1926), S. 20. Henning (1992), S. 219.

6 Prion (1929a), S. 228f. Henning (1992), S. 222f.

7 Die IHK-Frankfurt stellte rückblickend fest, daß die Kriegsjahre eine Zeit einer fast hemmungslos nach oben gerichteten Kursentwicklung gewesen seien, *wie man es nie hätte vorausahnen können.* Jahresbericht der Handelskammer Frankfurt am Main von 1919, S. 91ff. Archiv der IHK-Frankfurt am Main, Nr. 371. Vgl. auch Feldman (1993), S. 49.

Staat durch die Reichsbank vorgestreckt und von Zeit zu Zeit die zusätzliche Kaufkraft, die im Umlauf war, dem Publikum durch öffentliche Anleihen wieder entzogen.[8]
Da das Reich zur Kriegsfinanzierung primär auf den deutschen Kapitalmarkt angewiesen war, unterdrückte der Staat konkurrierende Emissionen. Er machte die Zulassung von Wertpapieren zum amtlichen Handel, zusätzlich zu dem laut §§ 32 ff. Börsengesetz vorgeschriebenen Zulassungsverfahren, von einer besonderen staatlichen Genehmigung abhängig.[9] Nicht zuletzt weil diese Genehmigung mit Rücksicht auf die Zeichnungsergebnisse der Kriegsanleihen in der Regel nicht erteilt wurden, nahm in den Kriegsjahren die Zahl der amtlich nicht notierten Werte erheblich zu.[10]

Am 25. Februar 1915 erließ der Bundesrat eine Verordnung, die Mitteilungen über Preise von Wertpapieren verbot.[11] Dieses Verbot war getragen von der Besorgnis, daß die Berichte über die Aktienhausse zusätzliche Gelder des privaten Publikums dem inoffiziellen Wertpapierhandel in Aktien zuführen und dadurch das für das Reich so wichtige Zeichnungsergebnis der Kriegsanleihen verschlechtern könnten. Der inoffizielle Wertpapierhandel vollzog sich von nun an unter Bedingungen, die jegli-

---

8 R. Knauss: Die deutsche, englische und französische Kriegsfinanzierung, Leipzig 1923. W. Lotz: Die deutsche Staatsfinanzierung im Kriege, Stuttgart 1927. R. Stucken: Deutsche Geld- und Kreditpolitik 1914 bis 1963, Tübingen 1964. M. Lanter: Die Finanzierung des Krieges. Quellen, Methoden und Lösungen seit dem Mittelalter bis Ende des zweiten Weltkrieges 1939-1945, Luzern 1950. K. Roesler: Die Finanzpolitik des Deutschen Reiches im ersten Weltkrieg, Berlin 1967. Heinz Haller: Die Rolle der Staatsfinanzen im Inflationsprozeß, in: Deutsche Bundesbank (1976), S. 115-156. Feldman (1993), S. 48ff.

9 Scholz (1925), S. 48. Kiehling (1995), S. 67.

10 Eine Durchsicht der Jahrgänge 1900-1920 der „Usancen der Berliner Fonds-Börse" ergab, daß sich erstmals in der Ausgabe von 1919 im II. Teil die Feststellung findet, daß der Handel in den Werten, die an den Börsen nicht amtlich notiert wurden, *in den letzten Jahren wesentlich an Ausdehnung gewonnen habe und zu einem wichtigen Zweig des Effektengeschäfts geworden sei.* Schneider, August u. Dahlheim, Louis: Usancen der Berliner Fonds-Börse. Ein Handbuch zum praktischen Gebrauch für Börsen-Interessenten, bearb. von K. Hartung, 18. Aufl., Berlin 1919, S. 697.

11 Gemäß § 1 der Verordnung vom 25.2.1915 war das laute Ausrufen der Kurse in den Börsenräumen sowie die Börsenberichterstattung zwecks Anregung zur Spekulation, aber auch die Erteilung von Rat und Auskunft in öffentlichen Anzeigen untersagt. RGBL 1915, S. 111.

cher Merkmale eines regulären Börsenverkehrs entbehrten.[12] Die weitgehende Beeinträchtigung des Marktgeschehens und die infolgedessen herrschende Unübersichtlichkeit führte zu einer Verunsicherung des Publikums.[13] In der Folgezeit kam es deshalb häufig vor, daß dem Publikum nicht marktgerechte Kurse in Rechnung gestellt wurden. Aber nicht nur durch Kursschnitte, sondern auch bei der Provisionsberechnung durch die Banken kam es zur Übervorteilung des Publikums.[14] Erleichtert wurde diese Praxis den Banken dadurch, daß letztere ab dem Frühjahr 1915 ihre Geschäfte mit Privatkunden nicht mehr als Kommissionäre abwickelten.[15] Die Eigenhandelsform brachte den Banken insofern Sondergewinne, als die Spanne zwischen den im Eigenhandel gestellten Netto-Abrechnungskursen für die Kundschaft und dem Marktpreis höher war als die Provision, die im Kommissionsgeschäft üblicherweise den Gewinn der Bank ausmachte.[16]

Als man im Dezember 1917 den amtlichen Aktienhandel - zunächst noch ohne Kursveröffentlichung - wieder aufnahm, legte die ohnehin schon lebhafte Geschäftstätigkeit an der Aktienbörse sprunghaft zu.[17] Zeitgenössischen Stimmen zufolge schwammen die privaten Haushalte regelrecht im Geld und kauften an der Börse oft aus Verlegenheit.[18] Im ersten Halbjahr 1919 drückten zwar vorübergehend die Revolutionsauswirkun-

---

12 Vgl. Hartmann (1921), S. 41ff.

13 Vgl. Henning (1992), S. 220f.

14 Fürst (1917), S. 17. Helten (1922), S. 149f.

15 Der für das Publikum entscheidende Unterschied zwischen der Kommissionsform (gemäß § 383ff. HGB) und der Eigenhandelsform bestand darin, daß beim Eigenhandel eine Übervorteilung des Publikums durchaus im Rahmen der Rechtsordnung lag, während beim Kommissionsgeschäft dazu besondere - gegen gesetzliche Bestimmungen verstoßende - Manöver notwendig waren. Vgl. Lichtenfels (1975), S. 120. Klebba (1920), S. 48ff.

16 Vgl. Hartmann (1921), S. 38f.

17 Erst nach Kriegsende - inmitten der unruhigen Revolutionszeit - wurde am 19. November 1918 das Kursveröffentlichungsverbot für Aktien wieder aufgehoben. Der Rentenmarkt wurde sogar erst Mitte 1919 von seinen Fesseln befreit. Am 21.6.1919 kündigte das Reichswirtschaftsministerium die Wiederaufnahme der amtlichen Kursfeststellung für festverzinsliche Wertpapiere an. Schreiben des Reichsfinanzministers vom 21.7.1919. BAP, 31.01 Nr. 16918. Vgl. auch Henning (1992), S. 224.

18 o.V.: Hauptgründe des Börsenfiebers, in: Frankfurter Zeitung, Abendblatt vom 22.6.1918, Frankfurt a.M. 1918, S. 2.

gen auf die Kurse resp. Wertpapierumsätze,[19] aber bereits im Herbst erfuhr die Börse neuerlich eine deutliche Belebung. Parallel zu der sich immer weiter ausdehnenden Aktienspekulation wandte sich das Interesse des Publikums immer unbedeutenderen, in ihrer Kursentwicklung scheinbar zurückgebliebenen Aktien zu. Automobil-, Petroleum- und Kolonialpapiere beherrschten zunehmend das Feld, und deren Kursschwankungen beeinflußten häufig die Tendenz der ganzen Börse.[20]

Der Aktienmarkt, dem schon seit Kriegsausbruch das Hauptinteresse des Börsenpublikums gegolten hatte, rückte nach 1918 mehr und mehr in den Mittelpunkt der öffentlichen Berichterstattung in der Presse.[21] Nach 1920 nahm die Anzahl der Kaufaufträge am Aktienmarkt so sehr zu, daß sich die Banken „fast nicht mehr zu retten wußten".[22] Die Spekulationswut ergriff vom jüngsten Banklehrling bis zum Generaldirektor alle Schichten der Bevölkerung, denn um sich vor der Geldentwertung zu schützen, versuchten viele, ihr Geld am Aktienmarkt oder in Devisen anzulegen.[23]

---

19 Auf wie unsicherem Boden der amtliche Aktienhandel in der Revolutionszeit im Winter 1918/19 stand, zeigte sich u.a. im Februar 1919, als aufgrund von Unruhen über eine erneute Börsenschließung nachgedacht wurde. Diesen Forderungen wurde jedoch nicht nachgegeben, da sich die neue unter sozialdemokratischer Leitung stehende Regierung entschlossen hatte, alles zu unternehmen, um das Vertrauen des Publikums in den Börsenhandel wieder zu beleben.

20 Anonymer Vermerk aus dem Reichsfinanzministerium vom 14.2.1919. BAP, 31.01 Nr. 16908. Bericht des Staatskommissars bei der Kölner Börse über das Jahr 1919. GStAPK, I. HA. Rep. 120, C.XI 1, Nr. 29-6. Vgl. auch Georg Münch: Die Börse vor neuen Aufgaben, in: Deutsche Stimmen, 31. Jahrgang, 1919, S. 560-565, hier S. 561. Prion (1929a), S. 228f.

21 Diese erhöhte gesellschaftliche Aufmerksamkeit für die Aktienspekulation an der Börse scheint eine prinzipielle Auswirkung einer jeden, ein bestimmtes Maß überschreitenden Inflation zu sein. Ähnliche Entwicklungen hat es in Ländern, die eine vergleichbare Inflation wie das Deutsche Reich erlebten, gegeben. Vgl. dazu u.a.: Georg Heidelberg: Die Wirkung der Inflation und Sanierung auf dem ungarischen Geld- und Kapitalmarkt, Diss. Budapest 1927. R.W. Goldschmidt: Aktienkurse und Geldentwertung in Frankreich, in: Zeitschrift für Handelswissenschaft und Handelspraxis, 19. Jahrgang, Heft 9, 1926, S. 201-205. Emil A. Schmied: Der Geld- und Kapitalmarkt Frankreichs in den letzten Inflationsstadien und in der Sanierung, Affoltern am Albis 1930, S. 124f.

22 o.V.: Börse und Inflation, in: DAZ, Nr. 389 vom 20.8.1921, Berlin 1021, S. 4. o.V.: Der Börsensturm, in: Frankfurter Zeitung, Nr. 674 vom 10.9.1921, Frankfurt a.M. 1921, S. 2.

23 A. Weber (1922), S. 85. Helten (1922), S. 124. Klebba (1920), S. 38ff. Henning (1992), S. 220f. u. 226ff.

Obwohl man z.B. in Berlin bei der Zulassung von Firmen resp. Personen zum Börsenbesuch immer strengere Maßstäbe anlegte, kam es zu einer sprunghaften Erhöhung der Besucherzahlen.[24]
Auch nachdem man an der Berliner Börse dazu übergegangen war, bis in die Nachtstunden hinein zu arbeiten, häuften sich die Rückstände bei der Abwicklung der Aufträge. Die Orderflut nahm schließlich so sehr überhand, daß sich Probleme bei der ordnungsgemäßen Ermittlung der Kurse ergaben[25] und es zu einer wachsenden Zahl von Kursstreichungen kam.[26] Da auch die Ausdehnung der Arbeitszeiten in Berlin nicht die erhoffte Entlastung gebracht hatte, versuchte man die zu bearbeitende Ordermenge durch Einlegen von Ruhetagen zu reduzieren. Börsenschließungen für einen Tag pro Woche gab es bereits von Januar bis März sowie von Anfang November bis Mitte Dezember 1920.[27] Auch zu Beginn des Jahres 1921 kamen diese Ruhetage erst vereinzelt vor. Ab dem zweiten Halbjahr 1921 mußte man sich jedoch auf schließlich nur noch zwei offizielle Börsentage pro Woche beschränken.[28] Der Andrang an der Berliner Börse (an den verbliebenen Börsentagen) war schließlich so groß, daß der Platz im Börsensaal nicht mehr ausreichte und man sich im September 1921 damit zu behelfen suchte, das *Parkett* durch Einbeziehung des Börsenhofes zu erweitern.[29] Am 22. Mai 1923 beschloß der Berliner Börsenvorstand, wegen

---

24 Vgl. Henning (1992), S. 230. Näheres dazu im Teil I, Kapitel 3.6.

25 Vgl. Kiehling (1995), S. 92.

26 Eine interessante Darstellung, die die völlige Überlastung der technisch-organisatorischen Einrichtungen der Börse herausstellt, findet sich in einer Ausarbeitung der Reichsbank vom 26.10.1926 über die „Börse in der Inflation". BAP, 25.01 Nr. 6570, Blatt 105ff.

27 Kiehling 1995, S. 94.

28 Im Juli und August 1921 fanden in Berlin noch 19 Börsentage statt, im September und Oktober waren es noch 10 und im November gar nur noch 8. Diese Regelung galt bis März 1923. Danach war die Berliner Börse bis zum Dezember 1923 vier mal wöchentlich geöffnet. o.V.: Die Beschränkung des Börsenhandels, in: Deutsche Allgemeine Zeitung, Nr. 522 vom 11.11.1921, Berlin 1921, S. 4. Jahresbericht der IHK-Berlin für 1921, Berlin 1922, S. 23ff. WWA, S 6 Nr. 1911. Vgl. auch Feldman (1993), S. 274. und Kiehling (1995), S. 94.

29 Feldman (1993), S. 390.
Die Notwendigkeit, den Börsenhof wegen der Überfüllung der Börsensäle mit einzubeziehen, wird z.B. in einem Schreiben des Staatskommissars bei der Berliner Börse Göppert vom 15.9.1921 an den Preußischen Minister für Handel und Gewerbe erwähnt. GStAPK, I. HA. Rep. 120, C.XI 1, Nr. 12-3. Auf die großen Platzprobleme an der Berliner Börse geht auch der Jahresbericht der Handelskammer Berlin von 1921 ausführlich ein. WWA, S 6 Nr. 911, S. 23ff.

Überfüllung der Börsensäle nur noch in besonders begründeten Ausnahmefällen neue Eintrittskarten auszustellen, ältere Zulassungen nachzuprüfen und evtl. Zulassungen zurückzunehmen.[30]

Die Restriktionen führten dazu, daß immer weniger Aufträge über den amtlichen Markt abgewickelt werden konnten. Infolgedessen wanderte ein wachsender Anteil des Aktienhandels in den praktisch rund um die Uhr betriebenen außerbörslichen Handel ab.[31] Schließlich wurde es üblich, auch größere Abschlüsse zu jeder Tageszeit am Fernsprecher oder von Kontor zu Kontor zu tätigen. Die über die Börse abgeschlossenen Geschäfte und amtlich notierten Kurse bedeuteten zum Teil nichts anderes als die Weiterentwicklung von außerhalb der Börse getätigten Großabschlüssen. Ab 1920 spezialisierten sich in Berlin drei Maklerfirmen auf das außerbörsliche Geschäft. Diese Firmen ließen zu den bedeutendsten Privatbankiers und Großbanken direkte telefonische Leitungen legen, so daß unter Ausschaltung der postalischen Telefonämter ein jederzeitiger Wertpapierhandel möglich war.[32] Bis 1923 hatte sich der außerbörsliche Handel derart ausgedehnt, daß dieser in seiner Gesamtheit die Umsätze im amtlichen Handel an der Börse bei weitem übertraf.[33]

Schon im 19. Jahrhundert ist ein bestimmter, jedoch nicht quantifizierbarer Anteil aller Wertpapiergeschäfte in börsennotierten Werten nicht über den amtlichen Markt an der Börse abgewickelt worden. Wie im weiteren Verlauf der Arbeit noch zu zeigen sein wird, haben sich Anzahl und Umfang dieser außerbörslich abgewickelten Geschäfte zu Lasten des amtlichen Handels während der Zwischenkriegszeit tendenziell ausgedehnt. Diese Entwicklung bekam während der Inflationszeit einen besonderen Schub. In den Jahren 1914-1918 können vor allem solche Umstände dafür verantwortlich gemacht werden, die mittelbare Folgen der Art der deutschen Kriegsfinanzierung gewesen sind. In den Jahren von 1918 bis 1923 wird man hinsichtlich der Kausalfaktoren vor allem auf die Überlastung der Börsenorganisation zu verweisen haben.

Unabhängig von dem infolge der Überlastung des Börsenapparates wachsenden Volumen außerbörslicher Geschäfte nahm zudem die Zahl der

---

30 Kiehling 1995, S. 102.
31 Vgl. Aron (1927), S. 78.
32 Jahresbericht der Handelskammer Berlin von 1921, S. 23ff. WWA, S 6 Nr. 911.
33 Feldman (1993), S. 390.

amtlich nicht notierten Werte während der Inflationszeit deutlich zu.[34] Die Anzahl der Aktiengesellschaften stieg während der Inflationszeit erheblich an, nicht zuletzt, weil die Finanzierungsmöglichkeiten über Aktienemissionen attraktiv waren und die wachsende Nachfrage nach Aktien das Plazierungsrisiko gering machte. Allerdings wurde für den größten Teil der neu emittierten Aktien keine Zulassung an einer Wertpapierbörse beantragt, während dies in den drei Jahren vor 1914 bei rund 60 v.H. aller ausgegebenen Papiere der Fall gewesen war.[35] Der überwiegende Teil der sog. *reinen Inflationsgründungen* hätte auch nicht die Voraussetzungen für eine Börsenzulassung, die gemäß Börsengesetz vorgeschrieben waren, erfüllt.[36] Bereits früh führte die hohe Zahl nicht an einer Börse eingeführter neuer Aktien zu einem lebhaften Handel in diesen Werten, der zum Großteil über die Großbanken und zwischen ihnen stattfand.[37]
Rückblickend sah es der Staatskommissar bei der Kölner Börse für die problemlose Aufnahme der unnotierten Werte im Markt von Vorteil an, daß die fortdauernde Hausse es dem weniger kapitalkräftigen Publikum unmöglich machte, die Aktien der großen, bekannten und somit vergleichsweise teuren Gesellschaften zu erwerben. So hätten sich insbesondere in der Spätphase der Nachkriegsinflation die „kleinen Leute" mehr und mehr den unnotierten Werten zugewandt.[38]

Wie sehr die außerordentliche Geschäftstätigkeit an der Berliner Börse mit den realen Umsatzvolumina kontrastierten, zeigen eindrucksvoll die von Schmidt 1925, S. 14f. zusammengestellten Angaben zum Effektengiroverkehr[39] der Bank des Berliner Kassenvereins 1913 und 1919-1923.

---

34 Die IHK-Berlin bemerkt in ihrem Jahresbericht von 1921, „wie sehr sich der Markt der amtlich nicht notierten Freiverkehrswerte erweitert hat". Wie Tabelle II-1A im Anhang ausweist, verzehnfachte sich die Zahl der Neu- bzw. Umgründungen von Januar 1921 (73) bis Dezember 1923 (795), während sich die Zahl der Kapitalerhöhungen im gleichen Zeitraum lediglich verdoppelte (259 auf 523).

35 Kiehling (1995), S. 84ff.

36 So durfte z.B. gemäß § 41 BG die Zulassung von Aktien zum Börsenhandel vor Ablauf eines Jahres nach Eintragung der Gesellschaft in das Handelsregister und vor der Veröffentlichung der ersten Jahresbilanz nebst Gewinn- und Verlustrechnung nicht erfolgen. RGBL 1908, S. 227f.

37 Kiehling 1995, S. 92. Henning (1992), S. 233.

38 Bericht vom 28.4.1924 des Staatskommissars bei der Kölner Börse über das Geschäftsjahr 1923. GStAPK, I. HA. Rep. 120, CXI 1, Nr. 29-7.

39 Der Effektengiroverkehr stellt eine stückelose Wertpapierlieferung durch buchmäßige Übertragung der Miteigentumsanteile am Sammelbestand dar. Als Abwicklungsstellen fungieren die Kassenvereine, indem sie das Miteigentum am Sammelbestand durch Belastungen und Gutschriften auf den jeweiligen Depotkonten übertragen. Die Hauptaufgabe der Kassenvereine besteht darin, den als Kontoinhabern

Die erste Spalte (I) von Tabelle II-1.1 weist die Anzahl der Umsatzbuchungen von Wertpapieren aus. Die zweite Spalte (II) gibt den vom Kassenverein im Effektenverkehr insgesamt umgebuchten Betrag in Mio. Goldmark an (Umsatz). In der dritten Spalte (III) wird der auf den einzelnen Geschäftsvorfall bezogene durchschnittliche Goldmarkbetrag gezeigt. Neben den absoluten Beträgen weist jede Spalte in ihrem rechten Teil die auf die Basis 1913=100 bezogenen Werte aus. In den Effektenzahlen sind nahezu alle Effektengeschäfte, die am Platz Berlin abgeschlossen wurden, enthalten. Neben den „reinen Börsenumsätzen" waren auch alle außerbörslichen Abschlüsse in die Abwicklung des Kassenvereins einbezogen.[40]

Tabelle II-1.1:

Anzahl der Geschäfte und Umsätze im Effekten-Giroverkehr des Berliner Kassenvereins 1913 und 1919 bis 1923

Jahr	I Anzahl der Umsatzbuchungen	Index	II Umsatz insgesamt in Mio. GM	Index	III Umsatz je Geschäftsvorfall in GM	Index
1913	348.443	100,0	20.106	100,0	57.700	100,0
1919	740.948	213,0	5.821	29,0	7.856	13,6
1920	950.350	273,0	2.885	14,0	3.036	5,2
1921	1.398.562	401,0	4.906	24,0	3.508	6,1
1922	1.843.904	529,0	6.683	33,0	3.624	6,3
1923	2.640.374	758,0	8.515	42,0	3.225	5,6

Quelle: Schmidt (1925), S. 15.

Leider sind die Ausführungen Schmidts zur Methodik sehr knapp und decken nicht alle relevanten Fragen ab. Offen bleibt zum Beispiel, ob es sich bei den Zahlen stets um Wertpapierübertragungen mit Gegenwertverrechnung gehandelt hat oder ob auch reine Bestandsverlagerungen mitgezählt wurden. Nur im ersten Fall ist davon auszugehen, daß jeder Transaktion ein Wertpapiergeschäft zuzuordnen war. Genausowenig teilt Schmidt mit, ob diese Postenstatistik nur jeweils eine Seite der Transak-

angeschlossenen Kreditinstituten die Möglichkeit zur Girosammelverwahrung ihrer Wertpapiere und damit zur Teilnahme am Effektengiroverkehr zu eröffnen. Vgl. u.a. Hagenmüller / Diepen. Der Bankbetrieb, Wiesbaden 1985, S. 581ff.

40 Schmidt (1925), S. 110.

tion erfaßte oder ob Doppelzählungen vorkamen. Im folgenden wird unterstellt, daß den hier präsentierten Ziffern jeweils ein Wertpapiergeschäft zugrunde lag und keine Doppelzählungen vorlagen. Trotz dieser Unklarheiten erscheint es zulässig, die ermittelten Werte als ein Indiz für die Entwicklung des Wertpapierverkehrs am Platz Berlin zu sehen. Auf das Jahr 1913 bezogen, nahm die Anzahl an Wertpapier-Umbuchungen (I) etwa um das Siebeneinhalbfache zu. Der gesamte umgebuchte Betrag in Goldmark (II) entwickelte sich - ebenfalls auf das Jahr 1913 bezogen - zunächst stark rückläufig mit einem Tiefpunkt von 14 v.H. in 1920, um dann stetig anzusteigen und schließlich in 1923 rund 42 v.H. zu erreichen. Aus diesen Ziffern läßt sich gemäß unserer Annahme - die Ziffern repräsentieren je ein Wertpapiergeschäft, und es liegen keine Doppelzählungen vor - ablesen, daß die Goldmarkumsätze des Effektengiroverkehrs in der Frühphase der Nachkriegsinflation nicht mit der Geldentwertung Schritt hielten. Allerdings nahm im Verlauf der sich beschleunigenden Inflation der Goldmarkumsatz insgesamt wieder zu.
Der durchschnittliche Umsatz je Geschäftsvorfall (III) fiel - auf das Jahr 1913 bezogen - noch erheblich stärker als der gesamte Goldmarkumsatz (II) zurück. Auch im weiteren Verlauf pendelten diese Werte um ein sehr niedriges Niveau und machten insbesondere nicht den eben skizzierten Aufholprozeß beim Gesamtumsatz mit. Wenn man davon ausgeht, daß die im Effektengiroverkehr des Berliner Kassenvereins sichtbar werdenden Tendenzen den Umfang des gesamten Wertpapierhandels am Platz Berlin näherungsweise abbildeten, so kann das vorliegende Zahlenbild als Symptom für dessen „Auszehrung" und somit für eine verdeckte Schwächung von Börsenfunktionen gedeutet werden.

Gegen Ende der Inflation war der Bestand des deutschen Geldvermögens, insoweit es auf Mark lautete, weitgehend zerstört. Außerdem hatte eine Umschichtung in der personellen Einkommens- und Vermögensverteilung stattgefunden.[41] In den Jahren nach der Stabilisierung war eine deutliche Zurückhaltung des privaten Publikums gegenüber der Wertpapieranlage zu beobachten. Im wissenschaftlichen Schrifttum wird dies zum einen mit

41 Während vor dem Krieg die Vermögensverteilung im Deutschen Reich in einer breit angelegten sich regelmäßig nach oben verjüngenden Pyramide dargestellt werden konnte, glich sie nach 1923 einem Pilz, dessen dünner Stempel den Schwund der mittleren Vermögen der Bürgerschicht zum Ausdruck brachte. Jostock, Paul u. Ander, Albert: Konzentration der Einkommen und Vermögen, in: Die Konzentration in der Wirtschaft, hrsg. von H. Arndt, Schriften des Vereins für Socialpolitik, N.F. Band 20/I, Berlin 1960, S. 179-235, hier S. 212.

der inflationsbedingten Verschiebung der Sparerschichten - insbesondere dem Verschwinden der Kapitalrentner - erklärt.[42] Die nach ihrer Einkommenshöhe in den Mittelstand aufgerückten Schichten (z.B. Facharbeiter) waren mit dem Wertpapiersparen nicht vertraut. Sie hatten bisher nur in Kontenform gespart und behielten diese Sparform aus Gewohnheit bei. In diesem Zusammenhang wird deshalb auch von einer inflationsbedingten Änderung in der Struktur der Geldvermögensbildung gesprochen. Darüber hinaus wird die Zurückhaltung gegenüber Effektenanlagen auf das durch die Inflation erschütterte Vertrauen des Publikums in die Sicherheit und Wertbeständigkeit ihrer Kapitalanlagen in Wertpapieren zurückgeführt. Weil das Publikum nur noch Anlagen ohne Kursrisiko eingehen wollte, habe es Wertpapiere gemieden. Nicht zuletzt deshalb gewannen Kapitalsammelstellen ab 1924 als Intermediäre zwischen Anlegern und Schuldnern weiter an Bedeutung.[43]

42 Vgl. Balderston (1993), S. 181f. Balderston (1985), S. 185. Holtfrerich (1985), S. 204. Witt (1985), S. 57f. Holtfrerich (1980), S. 56f. Borchardt (1972), S. 10f. Lüke (1958), S. 206f. und 212.

43 Auf den (langfristigen) Prozeß der „Institutionalisierung“ der langfristigen Geldkapitalbildung wird im Kapitel 5 (Teil II) eingegangen.

2 Probleme der Börse in den ersten Jahren nach der Stabilisierung der Mark (1924-1926)

Zwei Jahre nach der Stabilisierung der Mark hat Gustav Stolper die wirtschaftspolitische Lage des Deutschen Reiches folgendermaßen skizziert:

> „Deutschland ist auf dem besten Weg, all die Verzerrungen eines normalen Wirtschaftsbildes wieder auszulöschen. ... Aber weder ist der Zeitraum bis zum Ziel vorher zu bestimmen, noch ist diese erfreuliche Entwicklung vor Rückschlägen gesichert. Sie können politischer wie wirtschaftlicher Art sein. Es ist erst ein labiles Gleichgewicht, in dem der deutsche Wirtschaftskörper sich bewegt."[44]

2.1 Die Besteuerung des Börsenbesuchs im Jahre 1924

Als sich im Sommer 1923 die finanzielle Lage des Reiches und der Länder immer mehr zuspitzte, wurde es nach Ansicht des Reichsfinanzministers zu einer Pflicht des Fiskus, alle Einnahmequellen auszuschöpfen, die auf den besonderen Verhältnissen der Inflationszeit beruhten. Insofern sei bereits der Zugang zum Wertpapierhandel als eine *sichere* Einnahmequelle anzusehen, die besteuert werden könne.[45] Allein aus ihrem Besuchsrecht erwüchsen den Börsenbesuchern Gewinnmöglichkeiten, die weiten Kreisen der Bevölkerung verschlossen blieben. Deshalb hielt es der Reichsfinanzminister für geboten, möglichst rasch dem Reichsrat einen Gesetzentwurf vorzulegen, der eine Börsenzulassungssteuer und Börsenbesuchssteuer zum Gegenstand haben solle. Mit Rücksicht auf die Verschiedenartigkeit der Struktur der deutschen Börsen seien zur Vorbereitung gewisse Vorarbeiten nötig. Daher erbitte er die Mitwirkung der Länder bei der Herbeischaffung von Unterlagen und bei der Ausarbeitung des Gesetzes. Die Steuererhebung solle einerseits an die Zulassung und andererseits an die Dauer des Börsenbesuchs geknüpft werden. Steuermaßstab solle eine werthaltige Größe, wie etwa die Goldmark, sein. Hinsichtlich der Höhe der Steuer könne auf die jeweiligen Verhältnisse eines Börsenplatzes, die Struktur und die Zahl der Börsenbesucher Rücksicht genommen werden. Um das Projekt voranzutreiben, müßten möglichst rasch die entsprechenden Gesetzentwürfe vorgelegt werden.

---

44 Stolper (1926), S. 333.

45 Schreiben des Reichsfinanzministers vom 17.8.1923 an die Regierungen der Länder wegen der Einführung einer Börsensteuer. GStAPK, I.HA Rep. 120 CXI 1 Nr. 95-1.

Am 26. Oktober 1923 kritisierte die Handelskammer zu Berlin die im Entwurf vorliegenden Pläne.[46] Die geplanten Börsensteuern seien ungerecht, in ihrer Begründung demagogisch und in ihrem Ausmaß übermäßig. Zu den laut der Argumentation des Reichsfinanzministeriums angeblich vorhandenen hohen Gewinnmöglichkeiten, die der Börsenbesuch biete, sei anzumerken, daß der Besuch einer Börse an sich noch keinerlei Verdienstmöglichkeiten schaffe und daß den Gewinnmöglichkeiten ebensolche Verlustgefahren gegenüberstünden. Börsenbesucher würden an den Börsen zwecks Ausübung ihres Gewerbes zugelassen, und deshalb sei es schlechterdings nicht angängig, daß das Reich die Benutzung einer Arbeitsstätte besteuere.
Erinnert werden müsse daran, daß der Gesetzgeber mit der Änderung des Reichsstempelgesetzes vom 26. Juli 1918 eine Unterscheidung von Kunden- und Händlergeschäften und eine Ermäßigung für Händlergeschäfte eingeführt habe. In der damaligen Gesetzesbegründung sei dazu ausgeführt worden, daß kein Grund für eine besondere steuerliche Belastung des gewerbsmäßigen Effektenhandels vorliege. Befremdlich erscheine es daher, wenn jetzt wieder ein entgegengesetzter Standpunkt eingenommen werden solle.
Seit der Zeit, da die Börse als Giftbaum bezeichnet worden sei, habe sich doch die Erkenntnis durchgesetzt, daß die Börsen eine außerordentlich wichtige Funktion innerhalb des wirtschaftlichen Organismus ausübten. Um so befremdlicher erscheine es, wenn nun ein Gesetzentwurf vorgelegt werde, der durch seine Ausgestaltung mindestens eine schwere Schädigung des Börsenverkehrs, wenn nicht gar eine Existenzbedrohung einer Reihe von Börsen zur Folge haben müsse. Die rohe Form der Kopfsteuer, die unterschiedslos jeden Börsenbesucher treffen würde, beweise darüber hinaus eine gänzliche Verkennung der Struktur des Börsenverkehrs im Deutschen Reich. Die geplante Höhe der Börsensteuer von 500 bzw. 1000 Goldmark sei nur von einer verschwindenden Minderheit aller Börsenfirmen zu tragen. Für viele hätte die Steuer eine geradezu prohibitive Wirkung, und dadurch würde zugunsten der großen Firmen der Mittelstand von der Börse verdrängt. Auch der Einbezug sämtlicher Angestellter in die Kopfsteuer bewirke einen drastischen Personalabbau der Firmen an der Börse.

46 Schreiben der Handelskammer zu Berlin vom 26.10.1923 zu Artikel V des Entwurfes eines Gesetzes über wertbeständige Steuern - Börsensteuer - an das Reichsfinanzministerium. GStAPK, I. HA Rep. 120, CXI 1 Nr. 95-1.

Die von der Handelskammer zu Berlin vorgetragenen Argumente stießen allerdings bei den verantwortlichen Stellen auf „taube Ohren".[47] Im Herbst 1923 war die finanzielle Lage des Reiches und der Länder derart angespannt, daß - ungeachtet der seitens der Interessenvertretungen der Wertpapierbörsen vorgebrachten Bedenken - an dem Vorhaben der Börsensteuern festgehalten wurde.[48]
Am 18. Oktober 1923 schlug das Preußische Staatsministerium dem Reichsfinanzminister vor, für die Zwecke der Finanzierung der Volksspeisungen die Börsenumsatzsteuer um 2 v.T. zu erhöhen. In seinem Antwortschreiben erwiderte der Reichsfinanzminister, daß er sich nicht in der Lage sehe, für diesen Vorschlag einzutreten.[49] Allerdings wolle er darauf hinweisen, daß sich den Ländern ein anderer Weg böte, durch den die Mittel für die Volksspeisungen beschafft werden könnten. Zur Zeit werde von den zuständigen Stellen gerade eine Börsenzulassungssteuer bzw. Börsenbesuchssteuer vorbereitet. Diese lasse die Erhebung von Zuschlägen durch die Länder zu. Seiner Ansicht nach dürfte es sich empfehlen, wenn diese Steuer von preußischer Seite im Reichsrat mit vollem Nachdruck unterstützt werde. Aus den Ergebnissen dieser Steuer, die dem allgemeinen Haushalt zugeführt würden, könnten auch die Volksspeisungen finanziert werden.
Im Zuge der zweiten Steuernotverordnung vom 19. Dezember 1923 wurde der Reichsfinanzminister ermächtigt, die Börsenzulassungs- und Börsenbesuchssteuer zu erheben.[50] Von der Ermächtigung wurde allerdings erst rund zwei Monate später Gebrauch gemacht.

Nach der Stabilisierung der Mark beruhigte sich der inflationsbedingt nominal aufgeblähte Börsenhandel sehr rasch, und die Wertpapierumsätze gingen zurück. Somit war der zur Einführung der Börsensteuern vorgegebene Grund - solche Einnahmequellen auszuschöpfen, die auf inflationsbedingten Leistungsfähigkeiten beruhten - im Prinzip weggefallen. In einer öffentlichen Erklärung stellten die Vorstände der deutschen Wertpapierbörsen Anfang Februar 1924 heraus, daß sie die geplanten zusätzlichen Abgaben für einen schweren fiskalischen Mißgriff und eine Ver-

---

47 o.V.: Einführung einer Reichsbörsensteuer, in: Deutsche Wirtschafts-Zeitung, 20. Jg., Nr. 43/44, 30.10.1923, S. 627.

48 Zur desolaten Lage der Staatsfinanzen vergleiche u.a. Heinz Haller: Die Rolle der Staatsfinanzen im Inflationsprozeß, in: Währung und Wirtschaft in Deutschland 1876-1975, hrsg. von der Deutschen Bundesbank 1976, S. 148f. u. 153f.

49 Schreiben des Reichsfinanzministers vom 14.11.1923 an den Preußischen Ministerpräsidenten. BAK, R 43 I Nr. 2126, Blatt 22ff.

50 2. Steuernotverordnung vom 19.12.1923. RGBL 1923, Teil I, S. 1205 u. 1223.

wechslung des regulären Börsengeschäftes mit der zumeist außerhalb der Börse geübten „reinen Spekulation“ hielten.[51] In der geplanten Form umgesetzt, würden sich zahlreiche Firmen vom amtlichen Handel abwenden. Wenn schon allein der Zutritt zum Börsensaal etwas koste, würde darüber hinaus der schon vorhandene Trend, Wertpapiergeschäfte zunehmend außerhalb der Börsen (z.B. telefonisch) abzuschließen, weiter verstärkt. Insgesamt sei der Entwurf in seiner jetzigen Form geeignet, den Börsenverkehr einzuschränken.

Ungeachtet dieses Protestes sowie gegen den einmütigen Widerstand der Vorstände der deutschen Wertpapierbörsen wurde die Börsensteuerverordnung aufgrund des Art. 7 der 2. Steuernotverordnung vom Dezember 1923 am 14. Februar 1924 als „Notmaßnahme zur Sicherung der prekären Finanzlage des Reiches“ in Kraft gesetzt.[52]

Am 7. Mai 1924 bat der preußische Handelsminister im Namen einiger kleinerer Börsenplätze[53] den Reichsfinanzminister um eine Ermäßigung der Grundbeträge der Börsensteuern.[54] Nach den Ausführungen der Börsenvorstände hatte die zusätzliche fiskalische Belastung der Börsenbesucher einen deutlichen Rückgang im Börsenbesuch und damit auch im Börsengeschäft nach sich gezogen. An einigen Plätzen stehe mittlerweile die Existenz der Börsen auf dem Spiel.
In seinem Antwortschreiben verwies der Reichsfinanzminister darauf, daß für ihn bei der Beurteilung der Frage, ob eine Ermäßigung der Grundbeträge der Börsenbesuchssteuer für einzelne Börsen erforderlich sei, die gegenwärtige Finanzlage des Reiches und der Länder im Vordergrund stehe.[55] Die aufgrund der 2. Steuernotverordnung erlassenen Börsensteuern charakterisierten sich als eine Notmaßnahme, deren Opfer, die sie den Betroffenen auferlegten, nicht zu verkennen seien. Diese Lasten müßten aber im Interesse der Allgemeinheit getragen werden. Eine Herabsetzung der Grundbeträge für die Börsensteuern könne seines Erachtens nur inso-

---

51 Öffentliche Erklärung der Vorstände der deutschen Wertpapierbörsen vom 2.2.1924 zur geplanten Einführung der Börsensteuern. BAP, 31.01 Nr. 16925. Abdruck der Erklärung auch in: BAK, R 43 I Nr. 2405, Blatt 8-11.

52 Börsensteuerverordnung vom 14.2.1924. RGBL 1924, Teil I, S. 113f.

53 Magdeburg, Augsburg, Breslau, Stettin und Zwickau.

54 Schreiben des preußischen Handelsministers an den Reichsfinanzminister vom 7.5.1924. GStAPK, I. HA Rep. 120, CXI 1 Nr. 95-1.

55 Antwortschreiben des Reichsfinanzministers an den preußischen Finanzminister vom 16.6.1924 zu den von verschiedenen Börsenplätzen erhobenen Forderungen zur Aufhebung der Börsenbesuchssteuer. GStAPK, I. HA Rep. 120, CXI 1 Nr. 95-1.

weit in Frage kommen, als ihre Beibehaltung in der gegenwärtigen Höhe offensichtlich mit der Bedeutung der Börse und der Leistungsfähigkeit der beteiligten Kreise im Widerspruch stehe. Aus seiner Sicht sei eine solche Gefährdung zur Zeit bei keiner deutschen Börse erkennbar. Die Anträge der kleineren Börsenplätze müsse er ablehnen.

Während bei den Überlegungen zur Einführung der Börsensteuern im Sommer 1923 fiskalische Überlegungen die primäre Rolle spielten, sah man ein Jahr später in den Börsensteuern offensichtlich auch ein Instrument, das zum Abbau des personellen Überhanges an den Börsen beitragen sollte.[56]
Im August 1924 stellte die Abteilung für Bank- und Börsenwesen des preußischen Handelsministeriums fest, daß die Berichte der einzelnen Börsen über die Durchführung der Börsensteuerverordnung vom 14. Februar - abgesehen von den üblichen Klagen - keine besonderen Beanstandungen ergeben hätten.[57] Unisono werde zwar eine Ermäßigung bzw. Aufhebung der Börsensteuern gefordert. Derartige Ansinnen seien allerdings solange nicht angebracht, solange der notwendige *Reinigungsprozeß* an den Börsen nicht abgeschlossen sei. Der vor allem beabsichtigte Effekt der Börsensteuern sei der personelle Ausleseprozeß an den Börsen. An verschiedenen Orten hätte sich schon die erfreuliche Wirkung des Rückzuges von Warenfirmen aus dem Effektenhandel gezeigt. Außerdem habe insbesondere die Börsenzulassungssteuer allzu schwache Elemente davon abgehalten, die Neuzulassung zur Börse zu betreiben. Damit die Wertpapierbörsen rasch wieder ihre volle Funktionsfähigkeit erlangen könnten, seien die Börsensteuern außerordentlich nützlich.

Die IHK-Berlin zeigte sich jedoch im Oktober 1924 bestürzt über die Auswirkungen der Börsensteuern.[58] Unter ihrer Einwirkung gehe die Zahl der Besucher der Berliner Börse fortwährend zurück. Keineswegs nur kapitalschwache bzw. unerwünschte Börsenbesucher zögen sich von den Börsen zurück. Insbesondere auch große und renommierte Banken hätten im Laufe des Jahres 1924 ihre Börsenvertretungen auf ein Mindestmaß reduziert. Besonders bedenklich erscheine, wie unter der Einwirkung der Börsensteuern die Zahl der maßgeblichen Entscheidungsträger, die die

56 Zur Entwicklung der Besucherzahl, insbesondere der personellen Überbesetzung, ab 1924 siehe Kapitel 3.6 (Teil I).

57 Vermerk der Abteilung Bank- und Börsenwesen vom 18.8.1924 im preußischen Handelsministerium. GStAPK, I. HA Rep. 120, CXI 1 Nr. 95-1.

58 Schreiben der IHK-Berlin an den Reichsfinanzminister vom 16.10.1924. BAP, 31.01 Nr. 10023, Blatt 327-330.

Berliner Wertpapierbörse besuchten, in geradezu bedrohlicher Weise zurückgehe. Von den an der Berliner Wertpapierbörse in der höchsten Steuerstufe veranschlagten Firmen seien am 15. Februar 1924 rund 39 Inhaber bzw. Vorstandsmitglieder und 641 Angestellte zum Börsenbesuch zugelassen gewesen. Bis zum Oktober 1924 sei die Zahl der zugelassenen Inhaber bzw. Vorstandsmitglieder dieser Firmen auf 24 und die der Angestellten auf 480 geschrumpft. Eine Berliner Großbank verzichte wegen der Börsensteuern mittlerweile sogar gänzlich auf die Zulassung ihrer ordentlichen Vorstandsmitglieder und belasse lediglich einen stellvertretenden Direktor an der Börse. Das sei eine höchst negative Auswirkung der Börsensteuern. Während vor 1914 alle maßgeblichen Leiter der großen Firmen resp. Banken an der Börse tätig gewesen seien, beschränke sich die Börsenpräsenz zahlreicher Banken nun auf die Leiter der Börsenabteilung.[59] Diese seien aber besonders in kritischen Situationen auf Weisungen angewiesen. Aufgrund der Sachlage ersuche man die Reichsregierung dringend, die Börsensteuern sofort aufzuheben.

Am 8. November 1924 erließ der Reichsfinanzminister die Weisung, eine Verordnung über das Außerkrafttreten der Börsensteuern vorzubereiten.[60] In der daraufhin ausgearbeiteten Begründung zum Verordnungsentwurf heißt es sinngemäß, daß die Börsensteuern in einer Zeit geschaffen worden seien, in der allein aus der Zugehörigkeit zur Börse Gewinnmöglichkeiten erwuchsen, die anderen Kreisen der Bevölkerung nicht gegeben waren. Nach der Stabilisierung der Währung seien aber die Kursschwankungen kleiner geworden, die Umsätze hätten sich außerordentlich verringert. Somit seien die bei der Einführung der Steuer maßgebend gewesenen Voraussetzungen weggefallen. Deshalb solle an den Börsensteuern, die ihrem Wesen nach nur für eine Übergangszeit geschaffen worden seien, nicht mehr festgehalten werden. Mit der „Verordnung über das Außerkrafttreten der Börsensteuerverordnung“ vom 9. Dezember 1924 wurden die Börsensteuern zum Jahresende außer Kraft gesetzt.[61]

Wie in diesem Kapitel gezeigt, führten die nur für ein knappes Jahr erhobenen Börsensteuern zu einer Veränderung der Struktur der Börsenbesucher, die von den Zeitgenossen oft als Verschlechterung beschrieben

---

59 Besuchten von den drei größten Berliner Banken im Jahr 1914 noch elf Vorstandsmitglieder die Börse, so waren es 1925 nur noch fünf. Vgl. Elsberg (1925), S. 3.

60 Die Weisung des Reichsfinanzministeriums war mit der Bitte verbunden, die nach § 11 Satz 2 der Börsensteuerverordnung vom 14.2.1924 erforderliche Zustimmung des Reichsrates herbeizuführen. GStAPK, I. HA Rep. 120, CXI 1 Nr. 95-1.

61 RGBL 1924, Teil I, S. 771.

worden ist.[62] Außerdem trugen die Börsensteuern mit dazu bei, den Börsenverkehr (vorübergehend) einzuschränken und den bereits vorhandenen Trend zur Ausdehnung des außerbörslichen Handels bzw. zum Ausbau des Telefonhandels weiter zu verstärken.

2.2 Interessenkonflikte um die Senkung der Transaktionskosten

Während der Inflationszeit hatten sich insbesondere für den Privatkunden die gesamten Spesen eines Aktienkaufes (nominal) drastisch erhöht.[63] Jede Anpassung der Effektenprovision, des Umsatzstempels oder der Maklercourtage reagierte dabei in der Regel ex post auf die vorangegangene Geldentwertung. Deshalb ging von dem absoluten Anstieg der Transaktionskosten bis November 1923 noch kein dämpfender Einfluß auf die Wertpapierspekulation aus. Dies mußte nach der Stabilisierung der Währung anders sein.[64]
Die folgende Tabelle zeigt, wie sich für einen Privatkunden die Spesen für einen Aktienkauf im Jahr 1914 sowie im Zeitraum von Anfang 1924 bis Mai 1926 zusammensetzten. In der Übersicht wird jeweils in den mit a bezeichneten Spalten der Promillesatz für die übliche Effektenprovision, die Maklercourtage und den Umsatzstempel angegeben. In den jeweils mit b bezeichneten Spalten läßt sich die Struktur der Spesensätze eines Aktienkaufes ablesen. Die Effektenprovision und die Maklercourtage wurden im Betrachtungszeitraum vom Nominalbetrag berechnet, während für den vom Kunden zu tragenden Umsatzstempel der ausmachende Betrag eines Aktiengeschäftes maßgeblich war.[65]

---

62 Beim Konstatieren dieses Befundes wird man allerdings zu berücksichtigen haben, daß die Struktur der Börsenbesucher daneben auch langfristig wirksamen Momenten der Veränderung unterlag. Siehe dazu die Ausführungen zur Börse als Informations- und Kommunikationszentrum im Kapitel 1.2 (Teil I).

63 Vgl. Die Wirtschaftskurve, Jahrgang 1923, Heft I, S. 63.

64 Höhere Transaktionskosten erfordern höhere Kursveränderungen in der Halteperiode, um die für die Transaktion aufgewendeten Kosten durch zwischenzeitlich eingetretene Kurssteigerungen kompensieren zu können. Mit der Höhe der Transaktionskosten sinkt somit in der Tendenz die Orderdichte an einem Wertpapiermarkt. Vgl. Röhrl (1996), S. 9. Stenzel (1995), S. 109.

65 Dieser setzte sich ab 1918 aus dem Kundenstempel und dem halben Händlerstempel zusammen. Da man vor 1918 nicht zwischen Kunden- und Händlerstempel unterschied, also das Händlergeschäft genauso hoch wie das Kundengeschäft besteuert wurde, machte der 1914 vom Kunden zu tragende Umsatzstempel das 1,5 fache des einfachen Stempelsatzes (0,30 + 0,15 = 0,45 Promille) aus.

Tabelle II-2.1:
Spesensätze für einen Aktienkauf in Promille vom Kurswert (a) und Spesenstruktur in v.H. der Gesamtspesen (b) 1914 und 1924 bis 1926

Spesen	I 1914		II 2.1.24 - 2.4.24		III 3.4.24 - 10.11.24	
	a	b	a	b	a	b
Provision	1,00	51,3	20,00	36,7	10,00	41,1
Courtage	0,50	25,6	1,50	2,8	1,50	5,3
Stempel	0,45	23,1	33,00	60,6	17,00	59,6
Summe	1,95	100,0	54,50	100,0	28,50	100,0

Spesen	IV 11.11.24 - 31.8.25		V 1.9.25 - 2.5.26		VI ab 3.5.26	
	a	b	a	b	a	b
Provision	6,00	41,4	6,00	54,5	4,00	58,2
Courtage	1,50	10,3	1,50	13,6	1,00	14,5
Stempel	7,00	48,3	3,50	31,8	1,88	27,3
Summe	14,50	100,0	11,00	100,0	6,88	100,0

Quelle: Die Wirtschaftskurve, hrsg. unter Mitwirkung der Frankfurter Zeitung, Jahrgang 1926, Heft II, Frankfurt am Main S. 149.

Im Jahre 1914 machte die Effektenprovision gut die Hälfte und die Maklercourtage sowie der Umsatzstempel etwa je ein Viertel der gesamten Spesen eines Aktienkaufes aus. Betrachtet man die Situation unmittelbar nach der Stabilisierung (Spalte II), fallen die extrem hohen Werte der Effektenprovision und des Umsatzstempels auf. Die Effektenprovision lag um das Zwanzigfache über dem Vergleichswert (1914), der Umsatzstempel hatte sich sogar mehr als versiebzigfacht, während die Maklercourtage hingegen nur dreimal so hoch wie 1914 war. Wie die Spalten III bis VI zeigen, wurden die Sätze des Umsatzstempel und der Effektenprovision schrittweise zurückgeführt. Bis Ende August 1925 machte allerdings der Umsatzstempel den relativ gesehen größten Anteil an den Spesen eines Aktienkaufes aus. Insofern erscheint es nachvollziehbar, warum nach der Stabilisierung der Mark von den am Börsenhandel interessierten Kreisen insbesondere eine Senkung der Börsenumsatzsteuersätze für Aktiengeschäfte (und der Effektenprovision) angestrebt wurde.
Bei der ab 1924 geführten Debatte traten zum Teil erhebliche Differenzen in der Beurteilung der Frage der Angemessenheit der Höhe der Steuersätze zutage. Das Reichsfinanzministerium vertrat primär die fiskalischen Interessen des Reiches, während die Reichsbank und das Reichswirt-

schaftsministerium vor allem ordnungspolitische Gesichtspunkte in den Vordergrund ihrer Überlegungen stellten. Vornehmlich eigene Ziele verfolgten die Bank- und Börsenvertreter. Ihr Handeln war maßgeblich davon geprägt, von einer (Umsatz)Ausweitung im Wertpapierhandel zu profitieren, die sie als Folge einer drastischen Absenkung der Umsatzsteuersätze erwarteten.

Anfang Februar 1924 wandte sich der Berliner Börsenvorstand (BBV) im Namen der Vorstände aller Wertpapierbörsen im Deutschen Reich an den Reichskanzler.[66] Es sei mittlerweile allgemein anerkannt, daß die für die Anhebung der Umsatzstempelsätze bestimmend gewesenen Verhältnisse nicht mehr vorlägen. Im Interesse der Befreiung des Kapitalmarktes von allen Hemmungen und um der Börse ihre außerordentlich wichtige Funktion wiederzugeben - Effekten zu mobilisieren - sei eine Herabsetzung der Steuersätze dringend notwendig. Zur Zeit werde der Wertpapierhandel im allgemeinen und der Aktienmarkt im besonderen durch die abnorm hohen Sätze des Umsatzstempels erheblich behindert. Unter Ökonomen bestehe Übereinstimmung, daß eine Herabsetzung der Börsenumsatzsteuer zur Ankurbelung des Effektenverkehrs notwendig sei.
Über eine Reaktion des Reichskanzlers auf das Memorandum des BBV ist wegen der lückenhaften Datenlage nichts bekannt. Aus einem Aktenvermerk geht allerdings hervor, daß im Reichsfinanzministerium die vom BBV vorgebrachten Argumente anerkannt und die Forderungen nach einer Steuersenkung als „im Prinzip berechtigt" angesehen wurden.[67] Angesichts der schwierigen finanziellen Lage des Reiches lehnte jedoch der Reichsfinanzminister eine Verminderung der steuerlichen Belastung, soweit dies einen Einnahmerückgang zur Folge habe, ab.

Das Reichswirtschaftsministerium sprach sich hingegen für eine drastische Senkung der Steuersätze um 66 v.H. aus.[68] Auch das preußische

66 Memorandum des Berliner Börsenvorstandes vom 2.2.1924. BAK, R 43 I, Nr. 2405, Blatt 8ff.

67 Vermerk des Reichswirtschaftsministers vom 11.2.1924 über die ihm vom Reichsfinanzminister zur Kenntnis gebrachten Stellungnahmen der Vorstände der deutschen Wertpapierbörsen an den Reichskanzler sowie zur Reaktion des Reichsfinanzministers zu eben dieser Stellungnahme. BAP, 31.01 Nr. 10023, Blatt 94ff.

68 Vermerk des Reichswirtschaftsministers vom 20.3.1924 über eine Ressortbesprechung vom 19.3.1924. Bei dieser unter dem Vorsitz von Staatssekretär Zapf abgehaltenen Sitzung waren vom Reichswirtschaftsministerium Direktor Dalberg, Dr. Lautenbach sowie nicht näher bezeichnete Vertreter der Reichsbank, des preußischen Handelsministeriums und der Devisenbewirtschaftungsstelle anwesend. BAP, 31.01 Nr. 10023, Blatt 248f.

Handelsministerium und die Reichsbank hielten eine Herabsetzung des Kundenstempels für Aktien auf 1 v.H. für dringend geboten. Das preußische Handelsministerium forderte darüber hinaus noch eine deutliche Herabsetzung des Händlerstempels. Gegen das geforderte Herabgehen des Umsatzstempels auf 1/3 des bisherigen Satzes machte Staatssekretär Zapf vom Reichsfinanzministerium jedoch starke finanz- und innenpolitische Bedenken geltend.[69] Im Verlauf der Beratungen verständigte man sich dahingehend, daß das Reichsfinanzministerium eine Halbierung des Kundenstempels auf 1,5 v.H. anstreben und den Händlerstempel unverändert lassen solle. Die Zurücknahme der Steuersätze dürfe keine einseitige Vorleistung des Staates zur Ankurbelung des Effektengeschäftes sein. Deshalb sollte von den Banken gefordert werden, daß diese ihre Provisionssätze parallel zu der angestrebten Senkung der Stempelsätze ebenfalls um mindestens 50 v.H. ermäßigten.

Am 2. April 1924 wurden die Stempelsätze für Kundengeschäfte in Aktien von 3,0 auf 1,5 v.H. und die Sätze für Händlergeschäfte von 0,6 auf 0,4 v.H. zurückgenommen.[70] Zeitgleich halbierten auch die Banken ihre Provisionssätze, während die Maklercourtage unverändert blieb.[71]

Am 13. September 1924 beklagte sich der Centralverband des deutschen Bank- und Bankiersgewerbes neuerlich beim Reichsfinanzminister über die immer noch zu hohe steuerliche Belastung von Wertpapiergeschäften.[72] Aufgrund der im Vergleich zum Ausland nach wie vor geradezu phantastisch hohen Steuersätze[73] wende sich der Wertpapierverkehr unvermindert, ja noch in zunehmenden Maße den ausländischen Börsenplät-

---

69 Leider geht aus dem Vermerk nicht hervor, um welche „finanz- und innenpolitische Bedenken" es sich gehandelt hat.

70 Verordnung über die Ermäßigung der Börsenumsatzsteuer vom 2.4.1924. RGBL 1924, Teil I, S. 399ff.
Damit lagen die Sätze allerdings immer noch um das 50fache (Kundengeschäft) bzw. 13fache (Händlergeschäft) über den Vorkriegswerten (1900 - 1913).

71 Vgl. Tabelle II-2.1.

72 Schreiben des Centralverbands des deutschen Bank- und Bankiergewerbes an den Reichsminister der Finanzen vom 13.9.1924. BAP, 31.01 Nr. 10023, Blatt 303ff.

73 Der Presse konnten interessierte Zeitgenossen entnehmen, daß in Deutschland im Oktober 1924 für Aktienumsätze (Händlergeschäft) 4 v.T., in Österreich 0,65 v.T., in Frankreich 0,5 v.T. und in den Vereinigten Staaten 0,4 v.T. als Umsatzsteuer berechnet wurden. o.V.: Die unmögliche Börsenumsatzsteuer, in: Frankfurter Zeitung, Nr. 788, 2. Morgenblatt vom 21.10.1924, Frankfurt a.M. 1924, S. 4.

zen zu.[74] Gerade jetzt, wo Deutschland dringend ausländisches Kapital benötige, müsse sich eine derartig ungleiche steuerliche Behandlung von Wertpapiergeschäften nicht nur für den Wertpapiermarkt, sondern für die ganze Volkswirtschaft schädlich auswirken.
Kurz nach der Eingabe des Centralverbandes wies auch der Berliner Börsenvorstand den Reichsfinanzminister zum wiederholten Male auf die erheblichen volkswirtschaftlichen Nachteile hin, die drohten, wenn nicht unverzüglich eine durchgreifende Ermäßigung der Steuersätze erfolge.[75]

Ende Oktober 1924 wandte sich der Reichswirtschaftsminister in der Frage der Senkung der Börsenumsatzsteuersätze an den Reichsfinanzminister.[76] Schon in seinem Schreiben vom 30. Juli 1924[77] habe er eine schrittweise Herabsetzung der Börsenumsatzsteuersätze auf 1 v.H. für Kundengeschäfte in Aktien angeregt und auf die Bedeutung einer solchen Maßnahme für die Reorganisation des deutschen Kapitalmarktes hingewiesen. Im Juli sei allgemein anerkannt worden, daß zur Unterstützung der Wiederbelebung des inneren Kapitalmarktes und der Kapitalbildung sowie zur Heranziehung notwendiger ausländischer Kapitalien die Herabsetzung der Börsenumsatzsteuer mindestens auf die Höhe der Sätze des Kapitalverkehrsteuergesetzes vom 8. April 1922 erforderlich sei.[78] Bei den zwischenzeitlich mit dem Reichsfinanzministerium geführten Ge-

---

74 Unterschiedliche Preiserwartungen der Marktteilnehmer sind ein wesentliches Element, welches die Entwicklung von Angebot und Nachfrage nach Wertpapieren beeinflußt. Bei zu einem bestimmten Zeitpunkt exogen gegebenen Preisvorstellungen können einen bestimmten Schwellenwert übersteigende Transaktionskosten verhindern, daß Marktteilnehmer an einer Börse aktiv werden und dazu führen, daß sie sich einem günstigeren Börsenplatz für Wertpapiergeschäfte zuwenden. Bei ungehindertem internationalen Kapitalverkehr findet der Wertpapierhandel in der Regel dort statt, wo er mit den geringsten Transaktionskosten durchgeführt werden kann. Vgl. Stenzel (1995), S. 109. Schneider (1977), S. 8f. Fecht (1980), S. 903f. Röhrl (1996), S. 100.

75 Schreiben des Berliner Börsenvorstandes vom 29.9.1924 (im Namen der Vorstände aller deutschen Wertpapierbörsen) an den Reichsfinanzminister. BAK, R 43 I Nr. 2126, Blatt 26ff.

76 Schreiben des Reichswirtschaftsministers vom 27.10.1924 an den Reichsfinanzminister (abgefaßt vom damaligen Regierungsrat Wilhelm Lautenbach). BAP, 31.01 Nr. 10023, Blatt 333ff.

77 Das besagte Schreiben vom Juli 1924 lag in den hier ausgewerteten Unterlagen nicht vor.

78 Nach dem KVStG vom 8.4.1922 wären für Kundengeschäfte in Aktien 0,6 v.H. und für Händlergeschäfte in Aktien 0,1 v.H. zu entrichten gewesen. RGBL 1922, Teil I, S. 366f.

sprächen sei von seinem zuständigen Referenten dargelegt worden, warum bei stabilen Währungsverhältnissen Börsenumsatzsteuersätze von 1,5 v.H. auf Dauer untragbar und geeignet seien, die volkswirtschaftlichen Funktionen der Börse aufs schwerste zu gefährden. Die wirtschaftlichen Voraussetzungen für eine durchgreifende Reform der jetzt gültigen Steuersätze seien mit dem Ingangsetzen des Dawes-Planes gegeben. Als praktische steuerpolitische Forderung ergäbe sich nun eine Zurückführung der Sätze der Börsenumsatzsteuer auf ein Maß, das als für normale Zeiten erträglich angesehen werden könne. Als solches könnten höchstens die Sätze von 1918 bezeichnet werden, welche für Händlergeschäfte in Aktien 0,05 v.H. und für Kundengeschäfte in Aktien 0,2 v.H. betragen hätten. Gemäß der nach § 62 Abs. 1 Ziff. 1 des Kapitalverkehrsteuergesetzes gebotenen Möglichkeit sei nach seiner Auffassung daher eine sofortige Halbierung der Steuersätze zu empfehlen. Eine wesentliche Belebung des Effektenverkehrs könne um so mehr von einem solchen Schritt erwartet werden, als in diesem Zusammenhang eine weitere Absenkung der Provisionssätze der Banken und der Makler durchzusetzen sein werde. Unter finanzpolitischen Erwägungen sei nach seiner Auffassung damit zu rechnen, daß die Belebung des Effektengeschäftes den Rückgang im Steueraufkommen ausgleichen werde.[79]

Am 10. November 1924 wurden die Steuersätze für Kundengeschäfte in Aktien von 1,5 auf 0,6 v.H. gesenkt und die Sätze für Händlergeschäfte in Aktien von 0,4 auf 0,2 v.H. halbiert.[80] Auch die Effektenprovision wurde um 40 v.H. zurückgenommen, während die Maklercourtage unverändert blieb.[81] Der Reichsfinanzminister sah in dieser zweiten Senkung innerhalb eines Jahres einen erheblichen Rückgang der steuerlichen Belastung, der den an ihn herangetragenen Wünschen zur steuerlichen Entlastung des Effektenverkehrs in weitestgehender Weise entgegenkomme.[82]

---

79 Ende Oktober gingen beim Reichsfinanzministerium zahlreiche Anträge ein, in denen in nahezu identischer Formulierung eine Senkung der Börsenumsatzsteuer gefordert wurde. Eingaben an den Reichsfinanzminister schickten: der Deutsche Industrie- und Handelstag; der Reichsverband der deutschen Industrie; der Zentralverband des deutschen Großhandels; die Hauptgemeinschaft des deutschen Einzelhandels; der Reichsverband für Ein- und Ausfuhrhandel; der Reichsverband für Privatversicherung; der Hansabund für Gewerbe, Handel und Industrie sowie zahlreiche Handelskammern. BAP, 31.01 Nr. 10024, Blatt 30ff.

80 Verordnung über die Ermäßigung der Börsenumsatzsteuer vom 10.11.1924. RGBL 1924, Teil I, S. 741.

81 Vgl. Tabelle II-2.1.

82 BAP, 31.01 Nr. 10024, Blatt 35.

Das „Bank-Archiv“, eine damals einflußreiche, dem Centralverband für das Deutsche Bank- und Bankiersgewerbe nahestehende Zeitschrift, bezeichnete den erfolgten Steuersenkungsschritt hingegen als *Ungeheuerlichkeit* und den gegenwärtigen Zustand als weiterhin *unerträglich.*[83]
Auch die an der Börse Tätigen empfanden die steuerliche Belastung von Wertpapiergeschäften nach wie vor als viel zu hoch. Kurz nach Bekanntgabe der „Verordnung über die Ermäßigung der Börsenumsatzsteuer“ kam es an zahlreichen Börsen zu Protestversammlungen der dortigen Bank- und Börsenvertreter. An einigen Börsenplätzen wurden dabei Resolutionen mit der Forderung nach Herabsetzung der Steuersätze auf das Vorkriegsniveau verabschiedetet.[84]

Der Centralverband des Deutschen Bank- und Bankiersgewerbes erklärte am 14. November, daß die Senkung der Börsenumsatzsteuer in dem vorgenommenen Umfang noch keineswegs ausreichend gewesen sei.[85] Im internationalen Vergleich seien die in Deutschland geltenden Sätze für Aktienumsätze nach wie vor einmalig hoch. Der preußische Handelsminister schloß sich am 22. November den Forderungen der Bank- und Börsenkreise an. In einem Schreiben an den Reichswirtschaftsminister machte er deutlich, daß er die erfolgte Ermäßigung des Umsatzstempels als nach wie vor für nicht weitgehend genug erachte, um die für das Wirtschaftsleben dringend notwendigen Erleichterungen des Wertpapierverkehrs herbeizuführen.[86]
Ende Januar 1925 erklärte das Reichsbankdirektorium, daß eine grundsätzliche Revision der Steuerlasten aus zwingenden Rücksichten auf die Volkswirtschaft schwierig sei.[87] Nach übereinstimmender Ansicht von

83 o.V.: Zur 11. Verordnung über die Börsenumsatzsteuer, in: Bank-Archiv. Zeitschrift für Bank- und Börsenwesen, 24. Jahrgang, Nr. 4, 1924, S. 78-79.

84 Vgl. Georg Münch: Eine Lebensfrage der Wirtschaft, in: Vossische Zeitung, Nr. 510 vom 26.11.1924, Berlin 1924, 3. Beilage. o.V.: Kundgebungen für die Herabsetzung der Börsenumsatzsteuer, in: Bank-Archiv. Zeitschrift für Bank- und Börsenwesen, 24. Jahrgang, Nr. 4, 1924, S. 123-126.

85 Im Jahresbericht der Industrie- und Handelskammer Frankfurt am Main für 1924, Frankfurt am Main 1925, S. 11 findet sich ein sinngemäßer Auszug der Stellungnahme des Centralverbandes. Archiv der Industrie- und Handelskammer Frankfurt am Main, Nr. 371.

86 Schreiben des Preußischen Ministers für Handel und Gewerbe vom 22.11.1924 an den Reichswirtschaftsminister. BAP, 31.01 Nr. 10024, Blatt 36f.

87 Schreiben des Reichsbank-Direktoriums vom 27.1.1925 an den Reichswirtschaftsminister, mit einer Stellungnahme zu dem vertraulichen Entwurf eines „Gesetzes zur Änderung der Verkehrsteuern und des Verfahrens“. BAP, 31.01 Nr. 10024, Blatt 26ff.

Ökonomen hätten jedoch insbesondere die Kapitalverkehrsteuern einen besonderen Anspruch auf Ermäßigung. Bei einer Betrachtung des bisher vorliegenden Entwurfes des „Gesetzes zur Änderung der Verkehrsteuern und des Verfahrens“ könne man sich demgegenüber des Eindrucks nicht erwehren, daß gerade die für Aktiengeschäfte vorgesehenen Sätze von 0,1 v.H. (Händlergeschäft) bzw. 0,3 v.H. (Kundengeschäft) noch unerträglich hoch seien. Bekanntlich seien für Aktiengeschäfte während der Inflation bewußt prohibitive Sätze geschaffen worden, um den Auswüchsen der Aktienspekulation entgegenzutreten. In der jetzigen Situation gehe es nicht mehr an, Anschaffungsgeschäfte von Aktien vorwiegend unter dem Gesichtspunkt der Bekämpfung der Spekulation zu besteuern. Zwar wolle man seitens der Reichsbank nicht für eine völlige Rekonstruktion der Vorkriegssätze plädieren, glaube aber, daß man über einen Satz von 0,05 v.H. für Händlergeschäfte und 0,1 v.H. für Kundengeschäfte bei der Besteuerung von Aktiengeschäften nicht hinausgehen solle.

Warum sich in den im Rahmen dieser Arbeit ausgewerteten Archivunterlagen aus der Zeit nach dem Januar 1925 nur noch vereinzelt Stellungnahmen bzw. Schriftwechsel zu dem hier besprochenen Sachverhalt fanden, muß einstweilen offenbleiben. Berücksichtigt man den Stand der Diskussion zum Jahreswechsel 1924/25 sowie die - gemessen am Vorkriegsstand und im internationalen Vergleich - nach wie vor große (steuerliche) Belastung von Wertpapiergeschäften, so kann das Thema der hohen Börsenumsatzsteuersätze für die davon betroffenen Bank- und Börsenkreise noch nicht vom Tisch gewesen sein. Für diese These spricht auch, daß - nachdem im August 1925 die Börsenumsatzsteuersätze erneut halbiert worden waren[88] - das Mitglied des Berliner Börsenvorstandes, Bankier Lichtenhein, auf dem 6. Deutschen Bankiertag im September 1925 seinen Vortrag zum Thema „Effektenverkehr und Börsenterminhandel“ mit einer Klage über die *steuerliche Überlastung der Effektengeschäfte* eröffnete.[89]
Über ein Jahr später, im April 1926, sprach sich die Reichsbank gegenüber dem Reichsfinanzminister für eine weitere Herabsetzung der Börsenumsatzsteuersätze aus. Da das Börsengeschäft nach wie vor zu stark belastet sei, müsse so rasch wie möglich eine weitere Reduzierung erfol-

---

88 Gesetz zur Änderung der Verkehrsteuern vom 10.8.1925. RGBL 1925, Teil I, S. 241. Wirksam wurde das Gesetz am 1.9.1925.

89 Verhandlungen des 6. Allgemeinen Deutschen Bankiertages zu Berlin am 14., 15. und 16. September 1925, Berlin/Leipzig 1925, S. 183f.

gen.[90] Nach den Erkenntnissen der Reichsbank sei der Umsatz von 1.000 Mark in Aktien vor 1914 mit 0,45 Mark besteuert worden. Hingegen betrage die Belastung zur Zeit 3,50 Reichsmark. Angesichts des Vorhabens, gerade im April eine Reihe anderer Steuern herabzusetzen, sollte auch eine Herabsetzung der Sätze der Börsenumsatzsteuer ins Auge gefaßt werden.

Am 10. April 1926 fragte der Reichsfinanzminister beim Reichswirtschaftsminister an, ob auch dort die Frage einer Ermäßigung der Börsenumsatzsteuersätze als nach wie vor vordringlich angesehen werde.[91] Dies wurde, wie einer handschriftlichen Notiz auf dem Schreiben entnommen werden kann, bestätigt.[92]

Drei Tage später teilte der preußische Handelsminister dem Reichswirtschaftsminister mit, daß er sich dem ihm abschriftlich zur Kenntnis gegebenen Schreiben des Reichsbank-Direktoriums (vom 7. April) an den Reichsfinanzminister anschließe.[93] Neben strukturellen Veränderungen am Kapitalmarkt habe sich seit der Stabilisierung der Währung noch nichts an dem unbefriedigenden Zustand geändert, daß das Börsengeschäft im wesentlichen auf den Umsätzen der berufsmäßigen Spekulation beruhe. Dies sei insbesondere auf die hohen Sätze des Umsatzstempels zurückzuführen. Ein reguläres Kundengeschäft habe sich bisher nicht im genügenden Maße entwickelt, und somit fehle der Börse nach wie vor das nötige Hinterland. Eine Besserung der Verhältnisse könne nach seiner Auffassung insbesondere von einer weiteren Senkung der Börsenumsatzsteuer erhofft werden.

Mit der „Verordnung über die Ermäßigung der Börsenumsatzsteuersätze" vom 29. April 1926[94] wurden (mit Wirkung vom 3. Mai 1926) die Sätze für Kundengeschäfte in Aktien halbiert und die Sätze für Händlergeschäfte in Aktien um 25 v.H. zurückgenommen.[95]

---

90 Abschrift eines Schreibens des Reichsbank-Direktoriums vom 7.4.1926 an den Reichsfinanzminister. BAP, 31.01 Nr. 10025, Blatt 136.

91 Schreiben des Reichsfinanzministers vom 10.4.1926 an den Reichswirtschaftsminister. BAP, 31.01 Nr. 10025, Blatt 135.

92 Handschriftliche Notiz auf dem Schreiben des Reichsfinanzministers vom 10.4.1926 an den Reichswirtschaftsminister. BAP, 31.01 Nr. 10025, Blatt 135.

93 Schreiben des preußischen Handelsministers an den Reichswirtschaftsminister vom 13.4.1926. BAP, 31.01 Nr. 10025, Blatt 144f.

94 RGBL 1926, Teil I, S. 215.

95 Die Bankprovision sowie die Maklercourtage wurden um ein Drittel ermäßigt. Bis zum Beginn des Zweiten Weltkrieges fanden dann keine weiteren Änderungen der Börsenumsatzsteuersätze mehr statt. Vgl. Tabelle II-2.1.

Wie gezeigt, haben die betroffenen Bank- und Börsenvertreter die überaus hohe steuerliche Belastung von Aktiengeschäften für das nach der Stabilisierung nur schleppend Wieder-in-Gang-kommen des Aktienhandels und das Ausweichen auf ausländische Börsenplätze verantwortlich gemacht. Auch hat das Reichswirtschaftsministerium der Senkung der Börsenumsatzsteuersätze eine wichtige Bedeutung im Rahmen der Reorganisation des Kapitalmarktes zugemessen. Das Reichsfinanzministerium war hingegen aus fiskalischen Gründen lange Zeit nicht an einer raschen Senkung der Börsenumsatzsteuersätze interessiert.

2.3 Die Bemühungen um die Stärkung des Handels unnotierter Werte

> „Für Wertpapiere, deren Zulassung zum Börsenhandel verweigert oder nicht nachgesucht ist, darf eine amtliche Feststellung des Preises nicht erfolgen. Geschäfte in solchen Wertpapieren sind von der Benutzung der Börseneinrichtungen ausgeschlossen und dürfen von den Kursmaklern nicht vermittelt werden. Auch dürfen für solche an der Börse abgeschlossenen Geschäfte in Wertpapieren, deren Zulassung zum Börsenhandel verweigert oder nicht nachgesucht ist, Preislisten (Kurszettel) *nicht veröffentlicht* oder in mechanisch hergestellter Vervielfältigung *verbreitet* werden, soweit nicht die Börsenordnung für besondere Fälle Ausnahmen gestattet."[96]

Obwohl der § 41 des Börsengesetzes von 1898 (in der Fassung des Börsengesetzes von 1908 § 43) Geschäfte in unnotierten Werten von der Benutzung der Börseneinrichtungen ausschloß, hat es an den Börsen einen Handel unnotierter Werte gegeben.[97] Der § 41 Börsengesetz konkretisierte allerdings jene Tatbestände, mit denen der inoffizielle Handel nach außen hin als nicht zum amtlichen (offiziellen) Börsenhandel zugehörig charakterisiert werden sollte.[98]

---

96 RGBL 1896, S. 167.

97 Unnotierte Werte waren damals solche, die an keiner deutschen Börse amtlich gehandelt wurden, für die es mithin keine amtliche Notiz (Börsenpreis) gab. Der amtlich festgestellte Börsenpreis war ein nach Maßgabe der Börsenordnung von dem berufenen Organ festgestellter Preis an einer staatlich genehmigten Börse. Vgl. Scheller (1924), S. 80.

98 Seit dem Börsengesetz von 1896 konnte zwischen *offiziellem* und *inoffiziellem* Börsenhandel unterschieden werden. Als offiziell wurde der Verkehr in zum amtlichen Handel zugelassenen Wertpapieren bezeichnet, während sich der inoffizielle Handel als Freiverkehr in den sogenannten *unnotierten Wertpapieren* vollzog. Davon zu unterscheiden war der außerbörsliche Handel, der ohne Vermittlungstätigkeit der

Die Bestimmungen des § 41 waren bei Erlaß des Börsengesetzes insofern „vernünftig", als sich der Handel unnotierter Werte damals vor allem in Kuxen und Kolonialpapieren, also aus Sicht der Zeitgenossen in vergleichsweise risikoreichen Werten, abspielte. Die Absicht des Gesetzgebers war, den Handel unnotierter Werte zwar als Ausnahmeerscheinung an der Börse zu dulden, ihn jedoch möglichst auf einen kleinen Kreis von (erfahrenen) Personen, die sich der Risiken solcher Papiere bewußt waren, zu beschränken.[99]
Wie im Kapitel 1 (von Teil II) dargelegt, dehnte sich der Handel in den unnotierten Werten schon vor dem Ersten Weltkrieg und insbesondere während der Inflationszeit stark aus. Nach Auffassung von Zeitgenossen hatte dieses Marktsegment bis 1924 seinen ehemals stark spekulativen und risikobehafteten Charakter weitgehend verloren.[100]

Am 29. September 1924 stellte der Centralverband des deutschen Bank- und Bankiersgewerbes beim Reichsfinanzministerium einen Antrag auf Beseitigung des Kursveröffentlichungsverbotes (Satz 3 des § 43 Börsengesetz von 1908) für unnotierte Werte.[101]
Zur Verminderung von Schwierigkeiten bei der mühseligen Recherche zur nachträglichen Ermittlung der Steuerkurse hätten verschiedene Ortsausschüsse des Centralverbandes eine Erwägung der Frage angeregt, ob nicht eine ständige halbamtliche Kursnotierung derjenigen zum Börsenhandel nicht zugelassenen Werte eingerichtet werden solle, für welche im börsenmäßigen Freiverkehr oder im Verkehr von Kontor zu Kontor ein Markt bestehe. Die Zweckmäßigkeit der Anregung sei im Centralverband allgemein anerkannt worden. Deshalb schlage man vor, eine halbamtliche Notierung der unnotierten Werte einzuführen und diese Notierung analog den Kursen im amtlichen Handel zur Veröffentlichung freizugeben. Auf diese Weise habe man ein zweckmäßiges Mittel in der Hand, um in Zukunft die benötigten Steuerkurse leichter ermitteln zu können.

---

auch Kursmakler vonstatten ging und sich sowohl in den amtlich notierten Werten als auch in den unnotierten Werten abspielen konnte.

99 Scheller (1924), S. 80f.

100 Vgl. Scheller (1924), S. 82. Prion (1924), S. 1053-1056.

101 Schreiben des Centralverbandes des deutschen Bank- und Bankiersgewerbes vom 29. September 1924 an den Reichsfinanzminister. BAP, 31.01 Nr. 16909, Blatt 26f. Die Eingabe des Centralverbandes findet sich auch in: GStAPK, I. HA. Rep. 120, CXI Nr. 49-2.

Der Centralverband untermauerte seine Forderungen durch die Ergebnisse einer von ihm zur Untersuchung dieses Sachverhaltes beauftragten Kommission. Nach deren Expertise hatte sich die Bestimmung des § 43 Satz 3 Börsengesetz in der Praxis völlig überlebt und wurde auch kaum mehr beachtet. Unter stillschweigender Duldung der Behörden veröffentlichte eine Reihe von Zeitungen Mitteilungen über die Preise amtlich nicht notierter Werte, und auch zahlreiche Banken nahmen solche Veröffentlichungen unangefochten vor.[102]

Am 23. Oktober leitete der Staatssekretär im Reichsfinanzministerium, Popitz, die Eingabe des Centralverbandes an den zuständigen Referenten im Reichswirtschaftsministerium weiter.[103] In einem Begleitschreiben betonte Popitz, daß die fehlenden Preislisten der unnotierten Werte stets zu erheblichen Verzögerungen bei der Steuerveranlagung und zu Mehrarbeit in den Finanzämtern führten. Deshalb befürworte man im Reichsfinanzministerium den Antrag des Centralverbandes.
Wie einem später entstandenen Vermerk aus dem Reichswirtschaftsministerium entnommen werden kann, stellte jedoch der Reichswirtschaftsminister die Angelegenheit aus Rücksicht auf die ungeklärten Verhältnisse am Wertpapiermarkt und wegen der noch abzuwartenden Auswirkungen der Goldmarkbilanzverordnung auf den Aktienmarkt *bis auf weiteres* zurück.[104]

Ende 1925 griff der Reichswirtschaftsminister den Antrag des Centralverbandes erneut auf, nachdem der Reichsfinanzminister zwischenzeitlich auf die Angelegenheit zurückgekommen war. Um die nun anstehende Entscheidung aufgrund eines möglichst breiten Meinungsquerschnitts treffen zu können, ersuchte der Reichswirtschaftsminister die zuständigen Ressorts in den Ländern sowie die Reichsbank um ihre Stellungnah-

---

102 So fanden sich in den Zeitschriften und Zeitungen der Börsenplätze und in Privatmitteilungen der Banken Angaben mancherlei Art über den Markt der unnotierten Werte. Diese Mitteilungen standen zwar im Widerspruch zum Sinn des Börsengesetzes, waren aber dem Wortlaut desselben nach dadurch zulässig, daß sie ihm alle in irgendeiner Weise Rechnung trugen. Die Frankfurter Zeitung entsprach z.B. den gesetzlichen Bestimmungen dadurch, daß sie ihre Veröffentlichungen nicht in Kurszettelform bekanntgab, sondern im Text des allgemeinen Berichtes über die Börse auch die Preise der unnotierten Werte nannte. Vgl. Scheller (1924), S. 82f.

103 Schreiben des Staatssekretärs beim Reichsfinanzminister, Popitz, vom 23.10.1924 an den Reichswirtschaftsminister. BAP, 31.01 Nr. 16909, Blatt 25f.

104 Dies geht aus einem Vermerk von Ministerialdirektor Heintze im Reichswirtschaftsministerium vom 21.12.1925 hervor. BAP, 31.01 Nr. 16909, Blatt 30.

men.[105] Wie nicht anders zu erwarten, waren die Meinungen der dazu befragten Stellen geteilt.

Das Reichsbankdirektorium war nach eigenen Angaben an der fraglichen Angelegenheit nur am Rande interessiert, da sich die Reichsbank an dem Handel in unnotierten Werten kaum beteilige.[106] In der vorgeschlagenen Einrichtung halbamtlicher Kurse sehe man bei der Reichsbank eine Konkurrenz für den amtlichen Börsenverkehr. Manches Unternehmen dürfte veranlaßt werden, auf eine Zulassung zum amtlichen Handel mit seinen vergleichsweise strengen Vorschriften zu verzichten. Die allgemein bekannte Unterscheidung der Marktsegmente hinsichtlich der Qualität der gehandelten Papiere würde durch diese Maßnahme verwischt. Bei den unnotierten Werten erfolgten zur Zeit die wenigsten Einführungen durch eine renommierte Großbank, so daß man allein aus diesem Grunde von keiner professionellen Prüfung der Papiere ausgehen könne. Darüber hinaus kämen Umsätze in den unnotierten Werten nicht regelmäßig zustande, laufende Kurse seien meistens gar nicht festzustellen. Deshalb sei ein halbamtlicher Kurszettel wahrscheinlich nur mit vielen Streichungen zu veröffentlichen, was für unkundige Börsenteilnehmer ein beunruhigendes Bild der Börse insgesamt abgeben würde. Auch rein börsentechnisch gesehen sei eine halbamtliche Kursfeststellung nur sehr schwer vorstellbar. Die Geschäfte in unnotierten Werten müßten ja unter Umgehung eines Kursmaklers abgeschlossen werden, träten somit nach außen gar nicht in Erscheinung und seien nur sehr schwer zu erfassen.

Die Senatskommission für die Reichs- und Auswärtigen Sachen in Hamburg teilte mit, daß der Senat im Einvernehmen mit der Deputation für Handel, Schiffahrt und Gewerbe einer Aufhebung des § 43 Satz 3 Börsengesetz nicht zuzustimmen vermöge.[107] Eine Durchbrechung des Grundsatzes, daß es ohne amtliche Zulassung keine offizielle Kursnotiz geben dürfe, halte man in Hamburg für bedenklich. Darüber hinaus sei insbesondere auf das zu erwartende, den amtlichen Handel schädigende Konkurrenzverhältnis zwischen unnotierten und amtlich notierten Werten zu verweisen.

---

105 Schreiben des Reichswirtschaftsministers vom 21.12.1925 an die zuständigen Ressortminister in den einzelnen Ländern und an das Reichsbankdirektorium. BAP, 31.01 Nr. 16909, Blatt 31.

106 Stellungnahme der Reichsbank vom 14.1.1926. BAP, 31.01. Nr. 16909, Blatt 42.

107 Stellungnahme der Senatskommission für die Reichs- und Auswärtigen Sachen in Hamburg vom 3.2.1926. BAP, 31.01. Nr. 16909, Blatt 55.

Der preußische Handelsminister sah ebenfalls kein Bedürfnis für eine Abänderung der in Frage gestellten Rechtsvorschrift.[108] Unter rein ökonomischen Aspekten betrachtet, könne seines Erachtens festgestellt werden, daß der Satz 3 des § 43 Börsengesetz bisher kein allzu großes Hindernis für eine gedeihliche Entwicklung des Freiverkehrs unnotierter Werte gewesen sei. Wenn man, wie er, vor allem an der Funktionsfähigkeit des amtlichen Börsenhandels interessiert sei, so müsse grundsätzlich angestrebt werden, daß alle zulassungsreifen Werte auch in den amtlichen Handel eingeführt würden und sich nicht im Vorhof der Börse aufhielten. In der Aufhebung des § 43 Satz 3 Börsengesetz sehe er vor allem einen ersten Schritt zur Sanktionierung des Freiverkehrs als halbamtlichen Markt. Dies sei unerwünscht.

Das Bayerische Staatsministerium des Aeußeren betonte, daß die Börsen staatlich anerkannte Veranstaltungen seien.[109] Wie die §§ 36-39 Börsengesetz zeigten, sollten die Börsen in erster Linie dem Abschluß von Geschäften in amtlich zugelassenen Wertpapieren dienen.[110] Eine eingehende Prüfung der sachlichen und rechtlichen Grundlagen der zuzulassenden Werte, die Veröffentlichung des Prospektes, die Prospekthaftung, die amtliche Feststellung der Börsenpreise, dies alles seien Schutzmaßnahmen, die die amtlich zugelassenen Wertpapiere deutlich von den unnotierten Werten abhöben. Auch wenn zweifellos ein wirtschaftliches Bedürfnis für den Handel in unnotierten Werten festzustellen sei, so sei der Freiverkehr doch zumindestens ein Schönheitsfehler, eine Ausnahmeerscheinung, die nach Aufbau und Absicht der Börsengesetzgebung eine Einschränkung verdiene. Aus diesen Erwägungen heraus lehne man seitens des Bayerischen Staatsministeriums des Aeußeren die vorgeschlagene Gesetzesänderung ab.

Andere Börseninteressenten begrüßten hingegen die geplante Abschaffung des § 43 Satz 3 Börsengesetz. So wies z.B. die Handelskammer Stuttgart darauf hin, daß der Freiverkehr in unnotierten Werten im Prinzip

---

108 Stellungnahme des preußischen Handelsministers vom 20.4.1926. BAP, 31.01 Nr. 16909, Blatt 43ff. Abdruck der Stellungnahme auch in: GStAPK, I. HA. Rep. 120, CXI Nr. 49-2.

109 Schreiben des Bayerischen Staatsministeriums des Aeußeren vom 24.7.1926 an den Reichswirtschaftsminister. BAP, 31.01 Nr. 16909, Blatt 63ff.

110 In den §§ 36 bis 39 BG war die Zulassung von Wertpapieren zum amtlichen Börsenhandel geregelt. RGBL 1908, S. 222f.

schon so abgewickelt werde, wie es nach dem Wegfall des § 43 Satz 3 Börsengesetz mit der sogenannten halbamtlichen Notierung erst geplant sei.[111] Aufgrund der dadurch vorhandenen größeren Transparenz für dieses Marktsegment sei in Stuttgart ein erhebliches Interesse des Publikums für die unnotierten Wertpapiere vorhanden.

Die Handelskammer Leipzig sprach sich unter Berücksichtigung der Formen, unter denen sich der Freiverkehr an der Leipziger Börse abspiele, für den Antrag des Centralverbandes aus. [112] Im Leipziger Freiverkehr würden nur solche Aktien gehandelt, die von einer aus den ortsansässigen Banken bestehenden Kommission geprüft worden seien. Für diese Aktien würden keine Geld- und Briefkurse, sondern, wie im Berliner Kassahandel, Einheitskurse mit gewissen Auf- und Abschlägen festgesetzt. Die Ausgestaltung des Freiverkehrs an der Leipziger Börse weise somit, anders als bei dem für das Publikum völlig unkontrollierten Handel von Kontor zu Kontor, quasi offizielle Züge auf. Insofern vollziehe eine Abschaffung des § 43 Satz 3 Börsengesetz nur das nach, was de facto schon praktiziert werde.

Der Staatskommissar der Münchener Wertpapierbörse teilte mit, daß die zur Münchener Börse zugelassenen Pressevertreter die im Freiverkehr gehörten Preise in den von ihnen bedienten Zeitungen ohne Gewähr bekanntgäben.[113] Da an einer fortlaufenden Veröffentlichung dieser auf tatsächlichen Umsätzen beruhenden Börsenpreise ein erhebliches Interesse beim Publikum bestehe, sei die Aufhebung des § 43 Satz 3 Börsengesetz zu begrüßen.

Unter Berücksichtigung der vorgebrachten Argumente entschied der Reichswirtschaftsminister im Juni 1926 *bis auf weiteres,* den § 43 Satz 3 Börsengesetz nicht abzuändern.[114] Nach dieser Entscheidung kam der

---

111 Stellungnahme der Handelskammer Stuttgart vom 20.2.1926. BAP, 31.01 Nr. 16909, Blatt 52.

112 Stellungnahme der Handelskammer Leipzig vom 12.3.1926. BAP, 31.01 Nr. 16909, Blatt 50f.

113 Schreiben des Staatskommissars der Münchener Wertpapierbörse vom 8.4.1926 an den preußischen Handelsminister. BHStA, MWi 517.

114 Schreiben des Reichswirtschaftsministers vom 1.7.1926 an den Reichsfinanzminister. BAP, 31.01 Nr. 16909, Blatt 62.

Centralverband des deutschen Bank- und Bankiersgewerbes nicht mehr auf seine Anregung vom September 1924 zurück.[115]
Wie bereits in Kapitel 1 (Teil I) erwähnt, hatte sich der noch vor dem Ersten Weltkrieg eher als Randerscheinung angesehene Handel in unnotierten Wertpapieren während der Inflationszeit als eigenständiges Marktsegment fest etabliert. Vor diesem Hintergrund hätte die Umsetzung des im Herbst 1924 von den Großbanken unterbreiteten Vorschlags, eine halbamtliche Notierung für diese Werte einzuführen, für den offiziellen Börsenhandel zu einem Wettbewerbsnachteil führen können. Manches Unternehmen hätte sich vermutlich veranlaßt gesehen, auf eine Zulassung zum amtlichen Handel mit seinen vergleichsweise strengen Vorschriften zu verzichten. Insofern hätte sich der Markt der unnotierten Werte dann zu Lasten des offiziellen Börsenmarktes weiter ausdehnen können.
Zwar blieb dieses Vorhaben, da letztlich gescheitert, ohne erkennbare direkte Auswirkungen auf die Börsen. Die geführte Debatte machte allerdings deutlich, welchem Verdrängungswettbewerb sich der amtliche Handel in den ersten Jahren nach der Stabilisierung ausgesetzt sah.

2.4 Der steigende Wettbewerbsdruck auf die Kursmakler

Nach Sinn und Absicht des Börsengesetzes von 1896 stellten die Kursmakler das Kernstück der Wertpapierbörse dar.[116] Dies kam vor allem dadurch zum Ausdruck, daß allein die durch Kursmakler vermittelten Geschäfte für die amtliche Kursfeststellung maßgebend waren.[117] Aufgrund ihres gesetzlich definierten bzw. beschränkten Aufgabenkreises hatten die Kursmakler ein vitales wirtschaftliches Interesse daran, daß die für amtlich notierte Wertpapiere vorliegenden Aufträge möglichst vollständig durch sie vermittelt wurden. Vor allem war es aber für die Breite des amtlichen (Börsen)Marktes sowie für eine der wirklichen Marktlage entsprechende Kursfeststellung von Bedeutung, daß Wertpapiergeschäfte weitestgehend über die Kursmakler liefen.

---

115 Dies geht aus einem Schreiben des geheimen Regierungsrates Dr. Kohler vom 9.8.1928 im Auftrag des Reichswirtschaftsministers an den Reichsminister der Finanzen hervor. BAP, 31.01 Nr. 16909. Der im Rahmen dieser Arbeit genutzten Literatur resp. Quellen konnte kein Hinweis entnommen werden, daß die Frage einer Änderung des § 43 Börsengesetz zu einem späteren Zeitpunkt noch einmal aufgeworfen worden wäre.

116 Meier (1992), S. 137.

117 Siehe dazu die §§ 29-32 BG zur Feststellung des Börsenpreises und Maklerwesens. RGBL 1898, S. 163.

Trotz einer nicht unerheblichen Konkurrenz durch die freien Makler[118] war vor 1914 in der Regel sichergestellt, daß die Mehrzahl der in amtlich notierten Wertpapieren vorliegenden Aufträge über die Kursmakler vermittelt wurde.[119] Die überwiegende Zahl der freien Makler war damals lediglich als Kulisse tätig, und nur ein kleiner Teil betrieb in direkter Konkurrenz zu den Kursmaklern die Vermittlertätigkeit.[120] Die Kulisse baute jedoch ihre Geschäfte *nach* den ersten Kursen der amtlichen Makler auf und wickelte ihre Geschäfte in der von den amtlichen Kursmaklern vorgegebenen Tendenz ab. Angebot und Nachfrage konzentrierten sich bei den Kursmaklern, und somit konnte ein der tatsächlichen Marktlage entsprechender Kurs ermittelt werden. Dies änderte sich in der Zwischenkriegszeit grundlegend.

Die folgende Tabelle zeigt für bestimmte Jahre im Zeitraum 1909 bis 1924 die Zahl und Struktur der Börsenbesucher an der Frankfurter Börse auf. Für jedes Jahr werden sowohl die absoluten Zahlen als auch die prozentualen Anteile ausgewiesen.[121] Wie die Übersicht belegt, kehrte sich in den Jahren zwischen 1913 und 1923 das Verhältnis von „selbständigen Besuchern“ zu Angestellten an der Frankfurter Börse um.[122] Dies war, wie in Kapitel 3.6 (Teil I) bereits skizziert, eine Folge des inflationsbedingt starken Andrangs von Besuchern sowie der Tatsache, daß die Banken zur Bewältigung der wachsenden Orderflut zusätzliche Hilfskräfte einstellen mußten.

---

118 Im letzten Jahrzehnt des 19. Jahrhunderts standen den 75 Kursmaklern an der Berliner Börse etwa 150 freie Makler gegenüber.

119 Memorandum des Vorsitzenden der Berliner Maklerkammer Knatz vom 18.4.1933. Knatz gab darin einen Überblick zur Geschichte des Maklerwesens seit 1870. BAP, 31.03 Nr. 18.

120 Bis zur Einführung des HGB am 24.6.1897 genossen die amtlichen Makler das Vermittlungsmonopol für Wertpapiergeschäfte, bei gleichzeitigem Verbot, Geschäfte auf eigene Rechnung zu machen. Eine Folge der Aufhebung dieses Monopols war das Entstehen sogenannter freier Makler, die den amtlichen Kursmaklern Konkurrenz machten und sich vor allem dem Terminhandel bzw. dem außerbörslichen Handel widmeten. Vgl. Gömmel (1992), S. 165. Prion (1932), S. 40. Lüke (1929), S. 26. Barth (1953), S. 79.

121 Vergleichbare quantitative Daten stehen für die übrigen deutschen Börsenplätze meines Wissens nicht zur Verfügung. Den Jahresberichten der Handelskammer zu Berlin der Jahre 1921-1923 kann aber entnommen werden, daß es an der für das Deutsche Reich maßgebenden Berliner Börse ebenfalls zu einer ähnlichen Verschiebung in der Besucherstruktur gekommen sein mußte wie in Frankfurt. Jahresberichte der Handelskammer zu Berlin der Jahre 1921-1923 WWA, S 6 Nr. 911. Siehe auch Henning (1992), S. 230.

122 Vgl. auch Henning (1992), S. 234.

Tabelle II-2.2:

Anzahl der selbständigen Besucher[123] und Angestellten[124] an der Frankfurter Börse für bestimmte Jahre im Zeitraum 1909-1924 absolut und in v.H.

Jahresende:	1909		1913		1923		1924	
	absolut	in v.H.	absolut	in v.H.	absolut	in v.H.	absolut	in v.H.
selbständige Besucher	484	66	460	65	599	35	631	36
Angestellte	247	34	252	35	1.089	65	1.104	64
Insgesamt:	731	100	712	100	1.688	100	1.735	100

Quelle: Wormser (1919), S. 233. Jahresbericht der IHK-Frankfurt am Main 1925, S. 21. IHK-Archiv Frankfurt am Main, Nr. 371.

Zahlreiche der nach 1924 bei den rationalisierenden Kreditinstituten freigesetzten Bankangestellten haben später als freie Makler versucht, aus ihren Erfahrungen an der Börse zu profitieren. Außerdem wandten sich die kleineren und mittleren Privatbankiers verstärkt dem Geschäft des Börsenmaklers zu.[125] Als Folge davon stieg auch an der Berliner Wertpapierbörse die Zahl der freien Makler, die am Beginn des Ersten Weltkrieges 150 Personen umfaßte, bis 1926 auf nahezu 700 an.[126] Bei dem in den Jahren nach 1924 im Vergleich zur Inflationszeit erheblich gesunkenen Geschäftsverkehr mußte sich die wirtschaftliche Situation eines jeden an der Börse tätigen Maklers verschlechtern.

Am 26. Februar 1925 äußerte sich die Maklerkammer[127] an der Berliner Börse sehr besorgt über die Entwicklung, welche der Verkehr an der Berliner Börse in bezug auf die Zahl der am Effektenhandel beteiligten Firmen bzw. Personen in ihrem Verhältnis zueinander in der letzten Zeit ge-

123 Darunter fielen Firmeninhaber, Direktoren, Vorstände sowie Makler.

124 Darunter fielen Prokuristen und Gehilfen, jedoch keine Lehrlinge bzw. Boten.

125 Siehe dazu Kapitel 2.2.1 (Teil I).

126 Die Zahlenangaben konnten einem Vermerk über eine Besprechung am 5.2.1926 betreffend der Notlage des Kursmaklerstandes BAP, 31.03 Nr. 17 entnommen werden.

127 Die Maklerkammer, eine juristische Person des öffentlichen Rechts, übte die Aufsicht über die Kursmakler aus und trat in bestimmten Fällen als Gutachter auf. Vor allem aber war sie die Interessenvertretung der Kursmakler. Vgl. Hock (1927), S. 53ff.

nommen habe.[128] Bekanntlich sei die Zahl der Vermittler auch noch nach der Inflationszeit gestiegen, wohingegen die Anzahl der an der Börse tätigen Bankfirmen zurückgegangen sei. Die während der Inflationszeit eingetretene Überfüllung habe man im wesentlichen durch erschwerte Zulassungsbestimmungen im Verein mit der etwa zur gleichen Zeit in Kraft getretenen Verordnung über die Börsenbesuchssteuer abzubauen versucht. Die positiven Effekte dieser Maßnahmen seien allerdings durch einen neuen Zustrom von Vermittlern überkompensiert worden. Die Zahl der zur Börse gelangenden Aufträge reiche angesichts der bescheidenen Maklergebühren bei weitem nicht aus, die Gesamtheit der sich der Vermittlung widmenden Personen zu ernähren.
Die Maklerkammer schlage angesichts der unbefriedigenden Verhältnisse vor, daß baldmöglichst alle beteiligten Kreise zusammentreten sollten, um ein richtiges Verhältnis der einzelnen Berufskreise zueinander herbeizuführen und dadurch wieder ein geregeltes und für alle Teile nutzbringendes Funktionieren der Börseneinrichtungen sicherzustellen.

Aufgrund dieser Eingabe der Maklerkammer wandte sich der Staatskommissar an der Berliner Börse direkt an den preußischen Handelsminister.[129] Die Zusammensetzung der selbständigen Börsenbesucher verschiebe sich bekanntlich schon seit Jahrzehnten zugunsten der freien Makler. Dementsprechend seien die Kursmakler im Vergleich zu den freien Maklern zahlenmäßig klar im Nachteil.
Die vor den Schranken stehenden freien Makler würden vielfach von ihren früheren Arbeitgebern, den Banken, durch Aufträge unterstützt. Jüngst habe die Berliner Stempelvereinigung mit den freien Maklern sogar ein Abkommen geschlossen, in dem sich letztere dazu verpflichteten, die ihnen zugeleiteten Kommissionsgeschäfte außerhalb der Börse abzuwickeln. Dafür erklärten sich die Banken bzw. Bankiers bereit, in solchen Fällen den freien Maklern die gleiche Courtage zu gewähren wie sie die amtlichen Makler berechnen konnten.[130] Als Folge dieser Übereinkunft werde nun ein immer größer werdender Teil des Geschäftes außerhalb des

128 Schreiben der Maklerkammer bei der Berliner Börse vom 26.2.1925 an den Staatskommissar bei der Berliner Börse. BAP, 31.03 Nr. 54.

129 Schreiben des Staatskommissars an der Berliner Börse vom 28.2.1925 an den preußischen Handelsminister. BAP, 31.01 Nr. 54.

130 Die ehemaligen Bankangestellten wurden zwar als freie Makler formal zu den selbständigen Börsenbesuchern gerechnet. Aufgrund der weitgehenden Abhängigkeit von ihren ehemaligen Arbeitgebern wird man deren Stellung jedoch als „Scheinselbständigkeit" zu werten haben. Vgl. Prion (1932), S. 17.

amtlichen Marktes gemacht und die Kursmakler vielfach nur zum Spitzenausgleich benutzt. Wenn aber in zunehmenden Maße die amtlichen Kurse nur auf dünnster Basis zustande kämen, entspräche dies nicht mehr den Grundsätzen einer geordneten Preisbildung.[131]
Insgesamt könne man sich des Eindrucks nicht erwehren, daß ein Teil der Bankiers, der auch über einen gewissen Einfluß im Börsenvorstand verfüge, dahin strebe, das System des amtlichen Börsenhandels, insbesondere die Einrichtung der vereidigten Kursmakler in seiner jetzigen Verfassung, auszuhöhlen.[132] Diese Kreise seien sich jedoch bei der Förderung solcher Bestrebungen offensichtlich nicht über die Folgen im klaren. Im Falle der angestrebten grundlegenden Änderung des Systems müßte nämlich das gesetzliche Selbsteintrittsrecht des Bankiers (gemäß § 400 HGB) aufgehoben werden. Es sei anzunehmen, daß bei einer Offenlegung der Zusammenhänge zwischen Selbsteintrittsrecht und der Einrichtung der Kursmakler die angedeuteten Bestrebungen einen großen Teil ihrer Anhänger verlieren würden. Um ein ordnungsgemäßes Funktionieren der amtlichen Kursfeststellung sicherzustellen, solle ein möglichst großer Teil der Aufträge auf die Kursmakler konzentriert werden. Die Kursmakler müßten wieder alle vorliegenden Aufträge in amtlich notierten Wertpapieren vermitteln, die dann auch ihren Niederschlag in amtlichen Kursen fänden. Die freien Makler sollten ihre Aufgabe im variablen Handel und im Terminmarkt sowie im außerbörslichen Freiverkehr sehen.

Welche Reaktionen die seitens der Maklerkammer bzw. des Staatskommissars initiierten Vorstöße nach sich zogen, kann aufgrund der lückenhaften Quellenlage nicht gesagt werden. Fest steht allerdings, daß im Februar 1926 eine Besprechung im preußischen Handelsministerium zur Situation der Kursmakler stattfand, bei der die oben angesprochenen Probleme behandelt wurden.[133]

---

131 Nach § 400 Abs. 5 HGB hatte der Kommissionär (in der Regel eine Bank) seinem Kunden keinen schlechteren als den Kurs zu berechnen, den er selbst am Markt erzielt hatte. Mit dieser Vorschrift sollte eine Übervorteilung des Kunden verhindert werden.

132 Röhrl (1996) zeigt vor dem Hintergrund der „contestable markets theory“ auf, daß die unmittelbarste Zutrittsbedrohung für eine Börse von ihren Zugangsintermediären (Banken) ausgeht. Diese können ohne großen Aufwand eine Orderinternalisierung betreiben. Deshalb wird sich immer die Gruppe der Preisfeststellungsintermediäre (Makler) gegen eine solche Orderstrominternalisierung zur Wehr setzen. Röhrl (1996), S. 102.

133 Aktenvermerk des Staatskommissars bei der Berliner Börse über eine Besprechung vom 5.2.1926 betreffs der Notlage des Kursmaklerstandes. Bei dieser Besprechung waren vom Berliner Börsenvorstand vertreten: Direktor Bernhard (zugleich Mit-

Nach einleitenden Worten des Vorsitzenden Ministerialdirektor Bail, skizzierte Regierungsrat Koch die aktuelle Situation und wies auf die bekannten Ursachen der Notlage des Kursmaklerstandes hin. Das starke Anschwellen der Zahl freier Makler sei seiner Ansicht nach trotz erheblicher Bedenken und des Widerstandes des Staatskommissars bei der Berliner Börse „auf dringende Vorstellungen des (von den Banken dominierten, J.B.) Börsenvorstandes erfolgt".
Direktor Bernhard vom Berliner Börsenvorstand führte im Gegenzug aus, daß man mittlerweile von einer Notlage der Kursmakler nicht mehr sprechen könne. Sie habe zwar noch im Dezember 1925 bestanden, die Verhältnisse hätten sich aber durch die Belebung des Börsengeschäftes von Grund auf geändert. Zur Begründung gab er die Umsätze an, die in der Zeit von Oktober 1925 bis Ultimo Januar 1926 im Terminhandel erzielt wurden.[134]
Bankier Lichtenhein war der Ansicht, daß aus Altersgründen ein erheblicher Teil der Kursmakler für diesen Beruf mittlerweile ungeeignet sei und insofern eine Verringerung der Zahl auch durch zwangsweise Versetzung in den Ruhestand dringend geboten erscheine. Im übrigen befänden sich die Privatbankiers in einer noch schwierigeren Lage als die Kursmakler.
Kursmakler Stein erklärte, es sei unbedingt notwendig, trotz der augenblicklichen Belebung des Börsengeschäfts bis auf weiteres keine neuen Kursmakler zu ernennen und die Zulassung von freien Maklern sowie den Übergang vom Bankier zum Maklerberuf zu erschweren.
Der Vorsitzende Ministerialdirektor Bail führte zusammenfassend aus, daß der Kursmaklerstand sich zunächst, soweit er dazu in der Lage sei, selbst helfen müsse. Nur wenn die Maklerkammer alles in ihrer Macht stehende getan hätte, um die Notlage des Kursmaklerstandes zu beheben, könne auch von seiten staatlicher Stellen eine Unterstützung erwartet werden. Als Selbsthilfe sei in erster Linie die Einrichtung von Altersvorsorgeeinrichtungen und der Abbau des überalterten Kursmaklerstandes in Angriff zu nehmen. Neuernennungen dürften in Zukunft keinesfalls mehr erfolgen. Selbstverständlich müßten die Courtagesätze so gestaltet werden, daß sie die Schaffung und Erhaltung eines leistungsfähigen Kurs-

glied des Centralverbandes des deutschen Bank- und Bankiersgewerbes) und Bankier Lichtenhein, von der Maklerkammer Berlin die Herren Stein, Lewitz und Goldstein, vom Frankfurter Börsenvorstand der Bankier Oppenheim sowie vom preußischen Handelsministerium Ministerialdirektor Bail, Regierungsrat Koch und Geheimrat Lippert. BAP, 31.03 Nr. 17.

134 Leider beschränkt sich der Aktenvermerk auf die Feststellung, Bernhard habe die Umsätze angegeben.

maklerstandes ermöglichen. Durch eine Rotation der von den Kursmaklern betreuten Papieren müsse eine möglichst gleichmäßige Verteilung der Einnahmen sichergestellt werden.

Wie eben gezeigt, beschwerten sich die Kursmakler nach 1923 darüber, daß sie bei der Zuleitung von Wertpapierorders zugunsten der freien Makler von den Banken benachteiligt wurden. Den hier ausgewerteten Quellen zufolge verschlechterte sich nicht zuletzt deshalb die wirtschaftliche Situation der Kursmakler. Die von den Betroffenen als „Notlage“ bezeichnete Situation erlaubt meines Erachtens den Rückschluß auf eine nachhaltige Verengung des amtlichen Börsenhandels mit entsprechend negativen Auswirkungen auf die Bewertungsfunktion der Börse.[135]

Festzuhalten bleibt, daß es 1924 bis 1926 zu keiner raschen Normalisierung der Verhältnisse an der Wertpapierbörse im Sinne des Wiederanknüpfens an die Vorkriegsverhältnisse von vor 1914 kam. Dazu haben u.a. spezifisch auf die Hausseerscheinungen der Inflationszeit zurückzuführende Faktoren - Erhebung von Börsenbesuchssteuern, hohe Börsenumsatzsteuersätze - sowie nach 1923 von den Kursmaklern beklagte Ausdünnung des über den amtlichen Markt geleiteten Orderstromes beigetragen.

---

[135] Dieser Befund korrespondiert auch mit den Schlußfolgerungen, die man angesichts der im Kapitel 1 (Teil II) skizzierten Tendenz zur Ausdehnung des Marktsegmentes der unnotierten Werte ziehen kann.

3 Von der kurzzeitigen Börsenbelebung nach 1925 bis zum Scheitern der Börsenreform 1931

Während die Banken in den Jahren 1924/25 über das „flaue Börsengeschäft" geklagt hatten, wurde im Geschäftsjahr 1926 unisono von einem immer lebhafter werdenden Effektenhandel gesprochen.[136] Im Frühjahr 1927 waren die Börsensitzungen zum Teil derart turbulent, daß sich mancher der Beobachter an die Zeiten der Inflation erinnert fühlte.[137] Zeitgleich mit dem Beginn der Geschäftsbelebung zum Jahreswechsel 1925/26 kam es zum Umschwung am Aktienmarkt. Eine Übersicht der Kursentwicklung in den Jahren von 1926-1930 zeigt die folgende Abbildung. Zu den zugrundeliegenden ursprünglichen Zahlenangaben siehe Tabelle II-3A im Anhang.

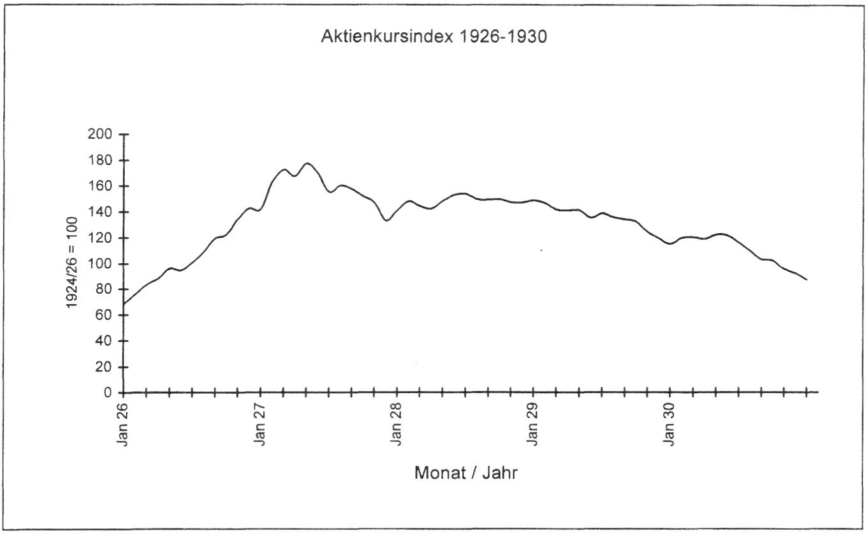

Abbildung II-3.1: Aktienkursindex 1926 bis 1930 (Basis 1924/26 = 100)

Quelle: Konjunkturstatistisches Handbuch 1936, hrsg. von E. Wagemann, Berlin 1935, S. 115.

136 Vgl. den Geschäftsbericht der Bayerischen Hypotheken- und Wechsel-Bank AG für 1926, S. 12f. oder den Geschäftsbericht der Bayerischen Vereinsbank AG für 1926, S. 6. Siehe auch die Ausführungen bei Henning (1992), S. 245f.

137 Vgl. Die Wirtschaftskurve, Jahrgang 1927, Heft 2, S. 453.

Ab Januar 1926 setzte ein nahezu ununterbrochener Anstieg der Aktienkurse ein.[138] Im April 1927 erreichten die Aktienkurse einen Höhepunkt. Die seit der Kürzung der Börsenkredite vom 13. Mai 1927 herrschende Verunsicherung am Aktienmarkt zeigte sich in den im zweiten Halbjahr deutlich zurückgehenden Kursen. Im ersten Halbjahr 1928 legten die Aktienkurse vorübergehend zu, um ab Juni 1928 zunächst langsam und ab Januar 1929 erheblich schneller abzugleiten. Nach einer kurzzeitigen Stabilisierung des Kursniveaus im ersten Quartal 1930 gingen die Kurse ab Mai rasch zurück.

3.1 Wachsende Sorgen in der Aktienhausse 1926/27

Bekanntlich setzte beginnend mit der Dawes-Anleihe im Sommer 1924 ein umfangreicher Kapitalimport nach Deutschland ein. Angeregt durch ein Zinsgefälle von im Durchschnitt etwa 2,5 v.H. in den Jahren 1925-1930 und unterstützt durch das internationale Vertrauen in die Regelungen des Dawes-Planes unter der Aufsicht des Reparationsagenten ergoß sich ein breiter Nettokapitalstrom nach Deutschland.[139] Es war unter den Zeitgenossen zwar im Prinzip unstrittig, daß zu der Politik der Aufnahme von Auslandsgeldern keine Alternative bestand, wollte man die alte weltwirtschaftliche Integration und ökonomische Leistungsfähigkeit Deutschlands zurückgewinnen. Allerdings wurde über das Risiko und die Problematik der wachsenden Verschuldung gegenüber dem Ausland in Deutschland kontrovers debattiert. Ob die Bedingungen einer volkswirtschaftlich sinnvollen Verwendung der Auslandskredite in Deutschland nach 1924 erfüllt waren, hat insbesondere Reichsbankpräsident Schacht in Frage gestellt.[140] Nach Schachts Überzeugung waren Auslandsanleihen aus währungs-, wirtschafts- und reparationspolitischen Gründen nur dann gerechtfertigt, wenn man sie produktiv in der Privatwirtschaft und nicht etwa konsumtiv in der öffentlichen Finanzwirtschaft verwendete.

---

138 Für den rasanten Anstieg der Aktienkurse von Januar 1926 bis April 1927 werden in der Literatur die unterschiedlichsten Gründe genannt. Spoerer (1996) geht davon aus, daß die Anleger bei den Aktiengesellschaften hohe stille Reserven vermuteten und überzogene Gewinnerwartungen hegten. Henning (1992) und Kiehling (1991) sehen die Aktienhausse von 1926 vor allem durch die Verflüssigung des Geldmarktes, fallende Zinsen sowie eine anziehende Industriekonjunktur bedingt.

139 Vgl. Stephen A. Schuker: American „reparations“ to Germany, 1919-33. Implications for the Third-World Debt Crisis, in: Princeton Studies in international finance, No. 61, Princeton 1988.

140 Müller (1973), S. 62f.

Im Januar 1926 monierte das Reichsbankdirektorium gegenüber dem Reichskanzler, daß die hohe Auslandsverschuldung der öffentlichen Hände vor allem zur Finanzierung der öffentlichen Haushalte diene.[141] Die Verwendung dieser Gelder, z.B. für öffentliche Bauten wie Schwimmbäder, sei eine nicht produktive Investition, da die zur späteren Tilgung der Auslandsdarlehen notwendigen Devisen damit nicht verdient werden könnten.[142] Eine spätere Tilgung der Auslandskredite sei dann nur unter Rückgriff auf die Devisenreserven der Reichsbank möglich.

Ende Oktober 1926 befaßte sich die Volkswirtschaftliche Abteilung der Reichsbank mit dem starken Anwachsen der Effektenkredite bei den Großbanken.[143] Es sei davon auszugehen, daß sich die Bankenliquidität vor allem durch solche Auslandskredite erhöhe, die noch nicht ihrer endgültigen Zweckbestimmung zugeführt worden seien. Den Banken falle es momentan schwer, für diese kurzfristigen Gelder eine günstige Anlage zu finden, da die aus der Depression kommende Wirtschaft noch nicht soweit sei, das Geldangebot absorbieren zu können. In dieser Situation sei es verständlich, wenn die Kreditinstitute wieder auf das in der Vorkriegszeit stark gepflegte börsenmäßige Report- und Lombardkreditgeschäft zurückgriffen. Auf diese Weise würden Auslandsgelder überwiegend in Form von Effektenkrediten an die Börse gelenkt, und die bei den Banken in Erscheinung tretende Kapitalbildung finde wahrscheinlich ausschließlich zur Alimentierung der Börse Verwendung.
An der momentan zu beobachtenden Entwicklung sei weniger die absolute Höhe der Effektenkredite bedenklich, vielmehr müsse in dem Tempo des Anwachsens dieser Position ein Problem gesehen werden. Außerdem müsse mit Sorge registriert werden, daß die Wertpapierspekulation am Terminmarkt sich zunehmend auf die Großbanken konzentriere, mithin

---

141 Schreiben des Reichsbankdirektoriums vom 24.1.1926 an den Reichskanzler. ADR. Weimarer Republik, Das Kabinett Luther I, bearb. von K. H. Minuth, Boppard a. R. 1977, Dok. 269, S. 1051-1056.

142 Diese Auffassung des Produktivitätsbegriffs von Schacht war unter den Zeitgenossen umstritten. Von Seiten der Gewerkschaften und der Sozialdemokraten wurde darauf verwiesen, daß die Zuordnung von einerseits produktiver Verwendung des Auslandskapitals in der privaten Wirtschaft und andererseits konsumtiver Verwendung durch die öffentliche Finanzwirtschaft einseitig sei. Vgl. Adolf Weber: Hat Schacht recht? München / Leipzig 1928. Maurer (1973), S. 21f. Müller (1973), S. 62f. Diehl (1932), S. 884...

143 Ausarbeitung der VoSta vom 27.10.1926 zum Thema: „Ist das Anwachsen der Position Reports und Lombards gegen börsenmäßige Wertpapiere eine unerwünschte Erscheinung und soll die Reichsbank gegebenenfalls etwas dagegen unternehmen?“ BAP, 25.01 Nr. 6467, Blatt 217-230.

eine Kumulation von Risiken stattfinde.[144] Der zu beobachtende rasche Anstieg des Effektenkreditvolumens deute auf eine Überspekulation hin, was bei einem überraschenden Abzug der Gelder einen Kurszusammenbruch an der Börse zur Folge haben müßte.

Nach Auffassung der Volkswirtschaftlichen Abteilung sei eine Börsenentwicklung nur dann gesund, wenn die Aktienkurssteigerungen in einem gewissen Verhältnis zur Unternehmensrentabilität stünden und falls das an die Börse gelangte Geld seiner Natur nach dauernde Anlage in Effekten suche. Vor diesem Hintergrund müsse betont werden, daß die gegenwärtige Situation ungesund sei. Gemessen an der Dividendenrendite der Vorkriegszeit von im Durchschnitt 6,5 v.H. stehe die Dividendenrendite zur Zeit mit durchschnittlich 4,5 v.H. für die maßgeblichen Terminpapiere der Berliner Börse in keinem Verhältnis zur Rendite der festverzinslichen Werte. Besonders bedenklich erscheine auch die Tatsache, daß durch die günstige Börsenkonjunktur und die damit verbundenen Hoffnungen auf weiter steigende Kurse Gelder von Handel und Industrie an die Börse gelangten, anstatt daß sie für den Güterumschlag bzw. die Produktion Verwendung fänden.
Neben den geschilderten Bedenken habe die ganze Entwicklung allerdings auch eine erfreuliche Seite. Eine starke, optimistische Börse sei bekanntlich die notwendige Voraussetzung für einen breiten und aufnahmefähigen Kapitalmarkt. Wenn die Bewegung in Zukunft so geleitet werde, daß sie den Zustrom von Geldern, die dauernd in Effektenform übergingen, stimuliere, wenn dadurch der Emissionsmarkt belebt werde, wenn die Industrie in die Lage versetzt werde, Aktien und Obligationen unterzubringen, wenn Deutschland ferner dadurch, daß die Kapitalmarktsätze niedriger würden, mehr und mehr von den Kapitalmärkten des Auslandes unabhängig werde und wenn schließlich durch die Börsenbewegung in der gesamten Wirtschaft Tendenzen zu schärfster Anspannung ausgelöst würden, so daß Substanz in die Aktienkurse hineinwachse, dann könne die gegenwärtige Effektenhausse vielleicht als ein weiterer Markstein auf dem Wege der Konsolidierung der wirtschaftlichen Verhältnisse angesehen werden.

---

144 Der Anteil der von den acht Berliner Großbanken ausgereichten Reports und Lombards an der Summe der von sämtlichen Kreditbanken gewährten Reports und Lombards erhöhte sich von 61,4 v.H. im Februar 1925 kontinuierlich auf 84,1 v.H. im August 1926. Undatierte Anlage zu den Ergebnissen der Erhebungen der Reichsbank zur Struktur der Vergabe von Reports und Lombards. BAP, 25.01 Nr. 6477, Blatt 181f. Zur Entwicklung der Anzahl der Berliner Großbanken siehe auch die Ausführungen in Kapitel 3.5.3 (Teil I).

Was die Umleitung von Auslandsanleihen an die Börse anging, kam die Volkswirtschaftliche Abteilung der Reichsbank zwei Wochen später zu der wesentlich eindeutigeren Auffassung, daß sich bei Hereinnahme der Erlöse aus Auslandsanleihen mittlerweile ein verhängnisvoller Mechanismus herausgebildet habe.[145] Die jeweils hereinströmenden Auslandsgelder gelangten über den Geldmarkt vor allem als Börsenkredite an den Aktienmarkt und trieben die Aktienkurse hinauf, wodurch erneut spekulative Auslandsgelder angezogen würden.[146] Die starke Alimentierung der Börse durch Effektenkredite finde daher in dem gegenwärtigen Aktienkursniveau seinen deutlichen Ausdruck.[147] Bei der gegenwärtigen Organisation des Geld- und Kapitalmarktes führe das Einströmen der Auslandskredite gewissermaßen zwangsläufig zu weiteren Zuflüssen von Auslandskrediten. Deshalb müsse mit allen Mitteln darauf hingearbeitet werden, die Entwicklung an der Börse nicht so weiterlaufen zu lassen wie bisher.
Nach den Erkenntnissen der Volkswirtschaftlichen Abteilung könne außerdem mit ziemlicher Sicherheit angenommen werden, daß in dem Ausweis der Reports und Lombards bei den Banken die sogenannten Effektenkäufe mit Einschuß nicht enthalten seien.[148] Deshalb komme die Alimentierung der Börse durch die Banken nicht nur in der Position Reports und Lombards zum Ausdruck. Welchen ziffernmäßigen Ausdruck die Ef-

---

145 Ausarbeitung der VoSta vom 11.11.1926 zur Frage der gegenwärtigen Reichsbankpolitik. BAP, 25.01 Nr. 6467, Blatt 282f.

146 Ähnlich wie die VoSta führte auch die IHK-Frankfurt in ihrem Bericht für das Wirtschaftsjahr 1926 aus, daß sich das Kapital und die Spekulation immer mehr der Börse zuwende. Außerdem werde immer mehr *hereinströmendes ausländisches Geld in Börsenkrediten angelegt*. Jahresbericht der Industrie- und Handelskammer Frankfurt am Main für 1926, Frankfurt am Main 1927, S. 18f. Archiv der Industrie- und Handelskammer Frankfurt am Main, Nr. 371.

147 Die IHK-Berlin stellte im Rückblick auf das Jahr 1926 ein verstärktes direktes Engagement von ausländischen Kapitalgebern am deutschen Aktien- und Rentenmarkt fest. In welchem Maße der deutsche Markt durch die in den Besitz des Auslandes übergegangenen Werte von letzterem abhängig geworden sei, lasse sich nicht sagen. Immerhin sei künftig damit zu rechnen, daß durch diese Besitzverschiebungen für die Wechselwirkung der Vorgänge am deutschen Effektenmarkt und derjenigen an den Weltbörsen ein breiter Spielraum geschaffen worden sei. Jahresbericht der IHK-Berlin für 1926, Berlin 1927, S. 85f., in: WWA, S 6 Nr. 911.

148 Bei Effektengeschäften mit Einschuß kaufte das Privatpublikum Effekten im Kassaverkehr, bezahlte diese nur zum Teil, während die Restsumme von der Bank als Pfanddarlehen gegen Deponierung der gekauften Wertpapiere und gegen Zinsrechnung gestundet wurde. Die Effektengeschäfte mit Einschuß wurden von den Banken in der Regel unter Forderungen verbucht.

fektenkäufe mit Einschuß angenommen hätten, sei nicht bekannt. Auffällig sei jedoch, daß das Verhältnis gedeckter Debitoren zu ungedeckten Debitoren von 111 v.H. im Februar 1925 auf 227 v.H. im August 1926 gestiegen sei. In Krisenperioden mit hohen Konkursziffern könne dies auf eine Zunahme der Vorsicht der Banken (Sicherheitenverstärkung) zurückzuführen sein. In Zeiten anziehender Konjunktur liege es nahe, hinter dem Anstieg vor allem eine Finanzierung von Wertpapiergeschäften zu vermuten.
Aufschlußreich ist in diesem Zusammenhang eine später zusammengestellte Übersicht der Reichsbank über das Volumen der Reports und Lombards sowie der gedeckten Debitoren.[149] Jede Spalte der nachfolgenden Tabelle weist in ihrer linken Hälfte die absoluten Beträge aus, während rechts die auf die Basis Dezember 1925 = 100 bezogenen Werte angegeben werden.

Tabelle II-3.1:

Reports und Lombards sowie gedeckte Debitoren sämtlicher Kreditbanken in Mio. Reichsmark zu bestimmten Stichtagen

Stand am	Reports / Lombards in Mio. RM	Index	Debitoren gedeckt in Mio. RM	Index
31.12.1925	160	100	1.940	100
30.6.1926	377	236	2.207	114
28.2.1927	1.075	672	3.155	163

Quelle: Ausarbeitung der VoSta zum Thema Reichsbank und Börse vom 17.5.1927. BAP, 25.01 Nr. 6570, Blatt 260.

In der linken Spalte der Übersicht läßt sich das Volumen der von den Banken gewährten Reports und Lombards zu bestimmten Stichtagen ablesen. Gemessen am Jahresende 1925 hatte sich diese Größe bis Ende Februar 1927 nahezu versiebenfacht. Die rechte Spalte mit den Ziffern der gedeckten Debitoren weist im selben Zeitraum einen vergleichsweise bescheidenen Anstieg um das 1,6 fache aus. Unterstellt, die Ausführungen der Reichsbank vom November 1926 über die Verbuchung der Effektenkredite mit Einschuß unter den gedeckten Debitoren waren zutreffend, so könnte das an der Börse insgesamt arbeitende Kreditvolumen (Summe aus Reports / Lombards und gedeckten Debitoren) im Februar 1927 bis zu

149 Die Reichsbank stütze sich dabei auf die Zahlen aus den Meldungen der Kreditinstitute im Rahmen der Zweimonatsbilanzberichterstattung.

viermal so hoch gewesen sein, wie es die Ziffern der „reinen Börsenkredite“ (Reports / Lombards) anzeigen.[150]
Die Relevanz dieses Argumentes liegt vor allem darin, daß nach der Börsenkreditrestriktion vom Mai 1927 die Mehrzahl der Zeitgenossen dazu neigte, der Reichsbank die Schuld an dem Desaster zu geben. Darüber hinaus wurde insbesondere Reichsbankpräsident Schacht vorgeworfen, eine verfehlte und auf einer fragwürdigen Analyse der Wirkungszusammenhänge beruhende Politik betrieben zu haben. Auch sei Schacht von überhöhten Zahlen bezüglich der Börsenkredite ausgegangen. Bei seiner Vernehmung im Rahmen der Enqueteuntersuchung über die Reichsbankpolitik im Juni 1927 wurde Reichsbankpräsident Schacht u.a. gefragt, wie er bei einer Marktkapitalisierung der Berliner Börse von etwa 23 Mrd. Reichsmark im März 1927 von einer vom „ausländischen Reportgeld abhängigen Börse“ habe sprechen können, wenn diese Reports insgesamt lediglich 1 Mrd. Reichsmark betragen hätten.[151] Wie im Ersten Teil dieser Arbeit gezeigt, befand sich ein großer - jedoch nicht genau quantifizierbarer - Teil des gesamten Aktienkapitals in festen Händen. Der „free float“ am Aktienmarkt lag mithin erheblich unter dem Wert von 23 Mrd. Reichsmark. Geht man davon aus, daß gemäß obiger Tabelle die Alimentierung der Börse durch Effektenkredite im Februar 1927 bis zu 4 Mrd. Reichsmark ausmachte, so erscheint die von Schacht im Juni 1927 gegen-

---

150 In der Literatur wird bei der Schilderung und Beurteilung der Ereignisse im Vorfeld des Schwarzen Freitags am 13. Mai 1927 stets auf der Basis der Börsenkredite im engeren Sinne, also der Reports und Lombards, argumentiert. Vgl. Benning (1929), S. 116. Balderston (1993), S. 208.; James (1985), S. 39.; Henning (1992), S. 246.; ten Cate (1987), S. 196.; Stucken (1964), S. 65.; Knapp (1939), S. 28ff.; Lüke (1958), S. 235ff.; Kiehling (1991), S. 113.

151 Ausschuß zur Untersuchung der Erzeugungs- und Absatzbedingungen der deutschen Wirtschaft. Verhandlungen und Berichte des Unterausschusses für Geld-, Kredit- und Finanzwesen (V. Unterausschuß), Die Reichsbank, Berlin 1929, S. 100f. und 108.
Folgt man den Ausführungen der VoSta, so war die erste Fassung des Enqueteberichtes, verfaßt vom wissenschaftlichen Sekretär, in sachlichen und neutralen Stellungnahmen um eine referierende Wiedergabe der Vernehmung von Schacht bemüht. Diese Fassung habe jedoch vor den Ausschußmitgliedern keine Gnade gefunden. Insbesondere als Georg Bernhard den Vorsitz des Ausschusses übernommen habe, sei es das Ziel des Ausschusses gewesen, die Reichsbankpolitik kritisch zu durchleuchten. So habe der Bericht in den zwei Jahren bis zu seiner Veröffentlichung eine Reihe von Metamorphosen durchgemacht. Stellungnahme der VoSta zum Bericht des V. Unterausschusses des Enqueteausschusses über die Reichsbank vom 24.7.1929. BAP, 25.01 Nr. 6477, Blatt 236ff.

über dem Enqueteausschuß geäußerte Schätzung, etwa 50 v.H. aller *umlaufenden Aktien* seien im Frühjahr mit Kredit finanziert worden, nicht mehr gar so übertrieben gewesen zu sein, wie im Enquetebericht des Untersuchungsausschusses ausgeführt.

3.2 Die Börsenkreditrestriktion des „Schwarzen Freitags" vom 13. Mai 1927

Anfang des Jahres 1927 registrierte die Reichsbank, daß ausländische Kapitalanleger begannen, Kursgewinne am Aktienmarkt zu realisieren und ihre Positionen am deutschen Aktienmarkt abzubauen. Nach den Erkenntnissen der Volkswirtschaftlichen Abteilung kamen die so abgeflossenen Gelder in großem Ausmaß wieder als kurzfristige Kredite nach Deutschland zurück und wurden von den Banken vor allem als Reportgeld an die Börse geleitet.[152] Im ganzen gesehen wandele das Ausland auf diese Weise seine Aktienanlagen in eine durch die Liquidationskasse garantierte Geldanlage um.

Im März 1927 wies Reichsbankpräsident Schacht im Rahmen seines Vortrags über währungs- und finanzpolitische Fragen im Kabinett auf die aus seiner Sicht ungesunde Entwicklung an den Börsen hin.[153] Nach den ihm vorliegenden Unterlagen leiteten die Banken die ihnen nach wie vor unvermindert zuströmenden Auslandsgelder vor allem in die vermeintlich sichere und liquide Anlage in Effektenkrediten. Die Liquidität dieser Effektenkredite sei bekanntermaßen äußerst fragil, denn im Falle einer Börsenkrise seien die Effekten natürlich nur unter größten Verlusten zu liquidieren. Entweder gingen die Kreditnehmer der Banken dabei bankrott oder die Banken müßten die eingefrorenen Kredite durchhalten.[154] Im

---

152 Ausarbeitung der VoSta vom 25.5.1927 zur Devisenlage und zur Diskontpolitik der Reichsbank. Darin wird u.a. auf die Beurteilung der Reichsbank zur Entwicklung am Aktienmarkt seit Januar 1927 eingegangen. BAP, 25.01 Nr. 6468, Blatt 162.

153 Bericht des Reichsbankpräsidenten über währungs- und finanzpolitische Fragen am 7. März 1927, ADR. Weimarer Republik, Die Kabinette Marx III und IV, 2 Bände, bearb. von G. Abramowski, Boppard a. R. 1988, Dok. 195, S. 581f.

154 Die Gefahren kreditfinanzierter Effektengeschäfte sind prinzipiell darin zu sehen, daß bei rückläufiger Börsentendenz die hinterlegten Sicherheiten dahinschmelzen und aus voll gedeckten Engagements plötzlich Blankoteile hervortreten. Werden die Kredite daraufhin gekündigt, sind die Kreditnehmer zur Glattstellung ihrer Positionen gezwungen, und dies wirkt in Richtung einer weiteren Verstärkung der Kursrückgänge.

April versuchte Schacht vergeblich, die Großbanken von seiner Auffassung zu überzeugen, die Effektenkreditvergabe sei einzuschränken.[155]

In einer Ansprache vor dem Rechtsausschuß des Reichstages am 4. Mai warnte der Reichsbankpräsident in bis dahin nicht gekannter Deutlichkeit vor dem Trugbild der derzeitigen hohen Aktienbewegung an den deutschen Börsen, auf dem die Auffassung von dem angeblich schon wieder errungenen Wohlstand Deutschlands im wesentlichen beruhe.[156] Diese Rede, die noch durch einen Presseartikel Duisbergs[157] gegen die Börsenspekulation akzentuiert wurde, erschütterte erstmals den seit 1926 ungebrochenen Optimismus an den Aktienmärkten, was sich in den folgenden Tagen an abbröckelnden Kursen zeigte.[158]

Anfang Mai hatte sich das Reichsbankdirektorium von der VoSta zusammenstellen lassen, auf welche Weise die Notenbanken in den Vereinigten Staaten und in Großbritannien einer „ungesunden Börsenentwicklung" entgegenzuwirken versuchten. Danach bestellte die Bank von England einfach die Leiter der Banken und Brokerfirmen ein und teilte ihnen die Sicht der „Bank" mit. Dies genügte in der Regel, um einer übertriebenen Spekulation Einhalt zu gebieten. In New York ließ sich die „Fed" wöchentlich eine Aufstellung über die den Maklerfirmen gewährten Börsenkredite geben. Diese Statistik ermöglichte es der „Fed", sich ein ziemlich sicheres Urteil über die jeweilige Börsenlage zu bilden, zumal daneben noch eine gut ausgebaute Umsatzstatistik existierte.[159]

Am 7. Mai nahm die Reichsbank Verbindung mit dem preußischen Handelsministerium auf.[160] Bei den Gesprächen zwischen Reichsbank und Handelsministerium stimmte man darin überein, daß das Reportkreditvolumen maßvoll zurückgeführt werden sollte. Außerdem war man sich ei-

---

155 Benning (1929), S. 94.

156 Die Rede Schachts ist abgedruckt in: Verhandlungen des Reichstages, 3. Wahlperiode 1924/27, 13. Ausschuß (Rechtspflege), 138. Sitzung am 4. Mai 1927. Stenographische Berichte, Reprint Bad Feilnbach 1986.

157 Carl Duisberg war zu diesem Zeitpunkt Vorsitzender des Verwaltungsrates der I.G. Farben und Präsident des Reichsverbandes der deutschen Industrie.

158 Benning (1929), S. 143f.

159 Ausarbeitung der VoSta vom 6.5.1927 zur Frage, in welcher Weise auswärtige Notenbanken auf eine ungesunde Börsenentwicklung einwirken. BAP, 25.01 Nr. 6468, Blatt 105f.

160 Vermerk des preußischen Handelsministeriums vom 14.5.1927 zu den Vorgängen, die zu dem Kurszusammenbruch am sog. „Schwarzen Freitag" geführt haben. BAP, 31.03. Nr. 155.

nig, gegenüber einem so „empfindlichen Institut wie der Börse“ mit geeigneten Mitteln und in vorsichtiger Weise vorzugehen.

In der zweiten Maiwoche veröffentlichte die Frankfurter Zeitung eine Artikelserie,[161] in der eine Reihe bekannter Sachverständiger sich mit der Frage auseinandersetzte, ob - und wenn ja, inwieweit - die Börse Kapital absorbiere.[162] Die Sachverständigen waren übereinstimmend der Meinung, daß Kapital von der Börse nur insoweit gebunden werde, als es für die fortgesetzte Übertragung von Wertpapieren erforderlich sei. Mit Ausnahme der Neuausgabe von Effekten könne nur in dem Fall, in dem die Verkaufserlöse nicht als Kapital, sondern als Einkommen angesehen und verkonsumiert würden, von einem Kapitalverbrauch durch die Einschaltung der Börse gesprochen werden.[163] Insbesondere auch das in Effektenkrediten angelegte Kapital komme über den Umweg der Börse der produzierenden Wirtschaft zugute. Gehe man davon aus, daß eine Wertpapier-Emission den Bankkredit eines Unternehmens ablöse, so ändere sich am gesamten Kreditvolumen der Volkswirtschaft durch die Wertpapier-Emission zunächst gar nichts. Wenn die Wertpapiere an den Markt gebracht würden, gewinne die Bank genau jene Liquidität zurück, die der Effektenverkäufer verliere. Würden diese Wertpapiere nun mit einem Börsenkredit plaziert, so bestehe der Unterschied zu dem Ausgangspunkt der Betrachtung lediglich in einer Verlängerung der Kreditkette. Anstatt eines Schuldners hafteten nun für die Wertpapiere zwei Schuldner, nämlich der Emittent und der Börsenkreditnehmer.[164] Deshalb könne man den Banken die Vergabe von Effektenkrediten nicht pauschal, so wie es die Reichsbank tue, als Benachteiligung des Industriekredites vorwerfen.

In der zweiten Maiwoche schlug die Stimmung am Geldmarkt um, und die Liquidität der Banken war aufgrund von Devisenabflüssen zunehmend

---

161 Gustav Cassel: Nimmt die Börse Kapital in Anspruch?, in: Frankfurter Zeitung, 1. Morgenblatt vom 8.5.1927, Frankfurt a.M. 1927, S. 4. Albert Hahn: Börsenkredite und Industrie, in: Frankfurter Zeitung, Abendblatt vom 9.5.1927, Frankfurt a.M. 1927, S. 2. Alfred Lansburgh: Der Börsenkredit und die industrielle Kapitalversorgung, in: Frankfurter Zeitung, Abendblatt vom 11.5.1927, Frankfurt a.M. 1927, S. 4. Arthur Spiethoff: Die volkswirtschaftliche Bedeutung der Börsenkredite, in: Frankfurter Zeitung, Abendblatt vom 12.5.1927, Frankfurt a.M. 1927, S. 4.

162 Aus der in der Frankfurter Zeitung diskutierten Fragestellung konnten mit der Materie vertraute Zeitgenossen schließen, daß es sich hierbei vor allem um eine kritische Auseinandersetzung mit der Reichsbankpolitik handelte.

163 Vgl. Gustav Cassel ebd.

164 Vgl. Albert Hahn ebd.

angespannt. Der Status der Reichsbank vom 7. Mai ließ eine steigende Verknappung der Deckungsdevisen bei deutlicher Zunahme der Wirtschaftskredite erkennen.[165] Zur Abwehr der Liquiditätsabflüsse ersuchten die Großbanken am 11. Mai die Reichsbank um eine Erhöhung des Diskontsatzes. Diese Bitte wurde jedoch von Schacht abgelehnt, da sich die Reichsbank durchaus in der Lage fühlte, den aus der „regulären produktiven Wirtschaft" an sie herantretenden Wechseldiskontwünschen in vollem Umfang auch mit einem fünfprozentigen Diskont gerecht zu werden.[166] Noch am gleichen Tag informierte die Reichsbank den preußischen Handelsminister über die Besprechung mit den Mitgliedern der Berliner Stempelvereinigung und teilte mit, daß mit einem Einlenken der Banken gegenüber den Vorstellungen der Reichsbank (eine Einschränkung der Börsenkredite vorzunehmen J.B.) zu rechnen sei.[167] Am Abend des zwölften Mai veröffentlichten die Berliner Großbanken dann folgendes Communiqué:

> „Die Mitglieder der Vereinigung der Berliner Banken und Bankiers ... sind heute untereinander übereingekommen, die zu Report- und Lombardzwecken und zur sonstigen Beleihung von Effekten gewährten Gelder allmählich, aber erheblich herabzusetzen. Sie werden deshalb zunächst die börsenmäßige Report- und Termingeldhergabe bis zur Medio-Juni-Liquidation um 25 v.H. vermindern und an den darauffolgenden Terminen weitere Einschränkungen vornehmen."[168]

---

165 Am 22. Januar 1927 betrug der Bestand an Devisen 501, 5 Mio. RM, während die Position Wechsel und Schecks 1.379,7 Mio. RM und die Position Lombards 9,6 Mio. RM ausmachten. Am 7. Mai war der Bestand an Devisen auf 127,0 Mio. RM gesunken, während die Position Wechsel und Schecks auf 1.931,4 Mio. RM und die Position Lombards auf 27,1 Mio. RM gestiegen waren. Verwaltungsbericht der Reichsbank für das Jahr 1927, S. 52f.

166 Vgl. „Der Reichsbankpräsident über die Börsenpanik. Eine Unterredung mit Dr. Schacht." Berliner Lokalanzeiger, Nr. 226, 14.5.1927.

167 Vermerk des preußischen Handelsministeriums vom 14.5.1927 zu den Vorgängen, die zu dem Kurszusammenbruch am sog. „Schwarzen Freitag" geführt haben. BAP, 31.03. Nr. 155.
Zur Einschränkung der auf Kredit finanzierten Börsenspekulation standen grundsätzlich die Mittel Krediteinschränkung und Reportzinserhöhung zur Verfügung. Der Reportzinssatz mußte aber in Einklang mit den anderen Geldmarktsätzen stehen. Weigerte sich die Reichsbank den Diskontsatz zu erhöhen, wie im Mai 1927, so hätten sich die Spekulanten auf diese Weise Geld verschaffen können, wenn alleine die Reportsätze heraufgesetzt worden wären. Auf der anderen Seite hätte der erhöhte Reportzinssatz neue Kreditgeber u.a. aus dem Ausland angelockt.

168 Benning (1929), S. 93.

Ein kräftiger Kursrückgang von rund 11 v.H. am Freitag, dem 13. Mai 1927, war die Folge.[169] Nur durch Rückgriff auf die Liquidationskasse konnte ein völliger Zusammenbruch des „Kursgebäudes" verhindert werden.[170] Die Liquidationskasse sah sich ihrerseits gezwungen, von ihren Mitgliedern umfangreiche Einschüsse einzufordern, und dies führte - sofern kein Kapitel nachgeschossen werden konnte - für die Spekulation zu höchst verlustreichen Glattstellungen von Engagements.[171] Folgt man Splettstösser, so sollen zahlreiche Berufsspekulanten an der Börse den größten Teil ihres Eigenkapitals verloren haben.[172] Die Schwächung der Spekulation machte sich dann in den folgenden Monaten in einer Verengung des Marktes und einer anhaltenden Mißstimmung an der Börse geltend.

Die Kürzung der Reportkredite hatte nach Ansicht von Zeitgenossen vor allem wegen der im Vergleich zur Vorkriegszeit prinzipiell anderen Struktur des Terminmarktes solch verheerende Auswirkungen.[173] Vor dem Ersten Weltkrieg war das Termingeschäft an den deutschen Effektenbörsen weitgehend auf Treu und Glauben aufgebaut gewesen. Die an der Börse zugelassenen (kapitalkräftigen) Firmen waren damals prinzipiell alle terminhandelsfähig. Die guten Firmen sicherten sich dadurch, daß sie grundsätzlich nur bekannte Bankgeschäfte und einige wenige ausgewählte Maklerfirmen als „Aufgabe" annahmen. Das Termingeschäft war insofern eine reine Adressenfrage.

Das System der Liquidationskasse sorgte nach 1925 dafür, daß durch die Kollektivhaftung der Mitglieder die Unterschiede in der Solvenz der Kontrahenten praktisch bedeutungslos und eine Gleichartigkeit der Kontrakte hergestellt wurde. Somit konnten - zum Teil durch Vorschieben von Strohmännern - auch zahlreiche in der Inflationszeit verarmte Personen bzw. kapitalschwache Firmen am Terminhandel teilnehmen. Von be-

---

169 Zusammenstellung der Reichskreditgesellschaft AG: „Börse und Geldmarkt im Jahre 1927", Berlin 1928, S. 1.

170 Benning (1929), S. 144f.

171 Um eventuellen Verlusten entgegenzuwirken, die sich dann einstellen würden, wenn die spekulative Aufwärtsbewegung am Aktienmarkt zusammenbrechen sollte, hatte die Liquidationskasse an der Berliner Börse bereits im April 1926 ihre Einschußforderungen für laufende Engagements von 5 v.H. auf 10 v.H. und im Juni 1926 auf 15 v.H. erhöht. Ein Anstieg der Einschüsse für Effektenkredite stellt, wie jüngst empirisch belegt wurde, ein Indiz dar, daß sich der Markt in einer spekulativ überhitzten Phase befindet. Rappoport/White (1994), S. 271ff.

172 Splettstößer (1934), S. 11.

173 Richter (1928), S. 1ff. und 45ff.

sonderer Relevanz war (wie oben bereits erwähnt) auch, daß sich der Kreis der Effektenkreditgeber nach 1925 im wesentlichen auf die Berliner Großbanken beschränkte.[174]

Am 14. Mai gab die Reichsregierung durch eine WTB-Meldung bekannt, daß sie mit den Vorgängen an der Börse weder etwas zu tun gehabt, noch Anregungen dazu gegeben habe.[175] Die Presse wies überwiegend der Reichsbank die Schuld an dem Desaster zu.[176] Für die von der Reichsbank im Vorfeld wiederholt geforderte „gesunde Entwicklung" des Geld- und Kapitalmarktes konnten die meisten Kommentatoren in der Höhe der im Mai gewährten Börsenkredite kein Hindernis erblicken. Lediglich unter dem Gesichtspunkt einer vernünftigen Kreditpolitik sei zuzugeben, daß die Banken mit ihren Börsenkrediten die Spielwut des breiten Publikums nicht zu sehr hätten fördern sollen.

Im Zuge der nach dem 13. Mai einsetzenden Kritik an Reichsbankpräsident Schacht resp. der vom ihm vertretenen Reichsbankpolitik rückten die zuvor in der Frankfurter Zeitung vorgetragenen Argumente in den Mittelpunkt der öffentlichen Debatte. Daraufhin sah sich die Volkswirtschaftliche Abteilung der Reichsbank veranlaßt, speziell auf die in der zweiten Maiwoche in der FZ abgedruckte Artikelserie einzugehen.[177] Nach den Ausführungen der VoSta habe die FZ auf Nachfrage keinen Beleg liefern können, wann die Reichsbank oder einer ihrer Repräsentanten die angefochtene These, die Börse beanspruche Kapital, aufgestellt habe. Die in der FZ kritisierte Behauptung sei offensichtlich, von wem auch immer,

---

174 Veesenmayer (1929), S. 201f.

175 Der Text dieser Erklärung war von der Reichskanzlei im Benehmen mit dem Reichswirtschaftsministerium entworfen und von Reichskanzler Marx genehmigt worden. BAK, R 43 I Nr. 2126, Blatt 66f.

176 Zusammenstellung der VoSta vom 16.5.1927 über die Reaktionen in der Presse zur Frage der Börsenkreditrestriktion vom 13. Mai. BAP, 25.01 Nr. 1542, 1543.

177 Ausarbeitung der VoSta vom 16.5.1927 zur Frage: „Nimmt die Börse Kapital in Anspruch?" Betrachtungen zu den Ausführungen der FZ. BAP, 25.01 Nr. 6468, Blatt 131-140.
In einer weiteren Ausarbeitung vom August 1927 setzte sich die VoSta erneut explizit mit der Frage der Kapitalabsorption der Börse und der Reichsbankpolitik vom Frühjahr 1927 auseinander. Die dort vertretene Argumentation weicht von der vom 16. Mai nicht sonderlich ab, so daß hier auf eine Darstellung verzichtet wird. Ausarbeitung vom 18.8.1927 mit dem Titel „Entwurf zu einer Entgegnung auf die Maiartikel der FZ" mit dem Zusatz: Nicht zur Verwendung gelangt. BAP, 25.01 Nr. 6469, Blatt 270-275.

selbst kombiniert und der Reichsbank untergeschoben worden. Mit den am 13. Mai einer Lösung harrenden Problemen - nämlich, ob unter Betrachtung der Gesamtsituation am Geld- und Kapitalmarkt eine Einschränkung der Reportgelder notwendig erscheine - habe die diskutierte These nichts zu tun gehabt. Keinesfalls sei die von den in der FZ zitierten Sachverständigen konstruierte Argumentationskette die Richtschnur für die operative Reichsbankpolitik im Frühjahr 1927 gewesen.
Man sei sich mit den Sachverständigen einig, daß die Börse selbst kein Kapital in Anspruch nehme. Im Mai 1927 habe jedoch die entscheidende Frage gelautet: „Beeinflußt die Börse in Haussezeiten, auch wenn zuzugeben ist, daß sie auf die Dauer kein Kapital absorbiert, den Geld- und Kapitalmarkt und damit das gesamte Wirtschaftsleben in einer Weise, daß es der Zentralbank, um ihrer Aufgabe als Währungshüterin und Wirtschaftsreglerin gerecht zu werden, als Pflicht erscheinen kann, dagegen einzuschreiten?“ Diese Frage müsse unbedingt bejaht werden. Aus Sicht der Reichsbank gebe es Konstellationen, bei denen die prinzipiell richtige Negation einer Kapitalabsorbtion durch die Börse nicht oder nur zum Teil Gültigkeit habe. So sei zum Beispiel nicht automatisch sichergestellt, ob das durch Verkäufe frei werdende Kapital in jedem Falle volkswirtschaftlich ebenso sinnvoll Verwendung finde, wie es vorher bei jenem Kapital der Fall war, welches in den Effektenkauf hineingegangen ist. Insbesondere in Haussezeiten sei es höchst zweifelhaft, davon auszugehen, daß die dem Verkäufer zufließenden Gelder stets auch wieder dem Geldmarkt zur Verfügung gestellt würden. Je größer nämlich die Kursgewinne am Aktienmarkt ausfielen und je müheloser diese erzielt würden, um so eher würden diese Kursgewinne nicht als Ersparnisse, sondern als zusätzliches Einkommen betrachtet und konsumtiv verwendet. So wie in den Zeitungen und Bankberichten ganz offen zu lesen sei, würden nämlich realisierte Börsengewinne als eine willkommene Ergänzung des Einkommens angesehen. Dies sei in einer durch Krieg und Inflation verarmten Wirtschaft eine typische und psychologisch verständliche Erscheinung. Nicht zuletzt auf diesen Luxuskonsum aus Effektengewinnen sei die Passivität der Handelsbilanz zurückzuführen. Aus Sicht der Reichsbank sei kein anderes Mittel geblieben, als eine Krediteinschränkung durchzuführen, wollte man dem Haussetreiben Einhalt gebieten. Die Reichsbankleitung habe aber nicht eine spezielle Reportgeldkürzung verlangt, sondern sie wollte das ungesund aufgeblähte Kreditvolumen dadurch auf ein erträgliches Maß zurückführen, daß sie seit geraumer Zeit den Banken eine größere Kassenliquidität nahelegte.

Bei der Sitzung des Berliner Börsenvorstandes am 17. Mai übten die Makler heftige Kritik an Form, Inhalt und Art der Vorgehensweise bei der Veröffentlichung des Communiqués der Banken vom 12. Mai.[178] Börsenvorstand und Vorstand der Deutschen Bank, Mosler, wies darauf hin, daß die Effektenkreditkürzung der Banken mit der Reichsbank in diversen Besprechungen abgestimmt worden sei. Angesichts der Dringlichkeit der Dinge sei es jedoch leider nicht möglich gewesen, vorab mit anderen Gremien in Verbindung zu treten.
Reichsbankpräsident Schacht hatte in seiner bereits drei Tage früher publizierten ersten öffentlichen Stellungnahme der Reichsbank grundsätzlich das Recht zugesprochen, im Interesse der Liquidität eine Verstärkung der Barreserven der Kreditinstitute zu fordern.[179] Außerdem habe die Reichsbank im Mai keinerlei Druck auf die Privatbanken ausgeübt.

Die Erklärungen der Banken, der Reichsregierung und des Reichsbankpräsidenten standen ganz offensichtlich in wesentlichen Punkten miteinander in Widerspruch, ohne daß in den folgenden Wochen eine Klarstellung erfolgte.[180] Alles in allem signalisierten die Ereignisse um den „Schwarzen Freitag“ von 1927, in welch hohem Maße die Börsen damals von primär exogenen (vor allem wirtschaftspolitischen) Umständen mitbestimmt worden sind. Dies deutet darauf hin, daß auch mehr als drei Jahre nach der Stabilisierung noch keine Stabilität des Kapitalmarktes erreicht worden war, geschweige denn eine Normalität an den Effektenmärkten im Sinne einer Rekonstruktion der Vorkriegsverhältnisse.

3.3 Die Häufung von Krisenzeichen an den Wertpapierbörsen (1927-1929)

> „Die Börse konnte bisher nicht wieder genügend Beteiligung in den Kreisen des anlagesuchenden Publikums ... finden, und auch die günstigen Nachrichten aus den meisten Industrien und die vielfache Erklärung höherer Dividenden konnten ... bisher keine Änderung dieses Zustandes herbeiführen.“[181]

---

178 Protokoll der Börsenvorstandssitzung vom 17.5.1927 BAP, 31.03 Nr. 43, Blatt 476ff.

179 Berliner Lokalanzeiger, Nr. 226 vom 14.5.1927: „Der Reichsbankpräsident über die Börsenpanik. Eine Unterredung mit Dr. Schacht.“

180 Im Economist vom 11. Juni 1927, S. 1222 hieß es zu dem im Mai ausgebrochenen Streit: „The actors, in fact, made rather the impression of schoolboys holding up their hands with the refrain, ‘Please, teacher it wasn’t me’.“

181 Geschäftsbericht der Danat-Bank für 1927, S. 16.

Der 13. Mai 1927 trug zu einer weiteren Verschlechterung der Struktur der Marktteilnehmer an der Börse bei. Darüber hinaus verringerte die Abkehr des unter großen Verlusten aus seinen Engagements gedrängten Publikums von der Börse die Tragfähigkeit und die Ausdehnung des Marktes.[182] Die ganzen Börsenbewegungen beschränkten sich zunehmend auf die berufsmäßige Spekulation. Die Direktion der Discontogesellschaft schrieb rückblickend in ihrem Halbmonatsbericht vom 15. September 1927: „Der Effektenmarkt erfuhr eine derartige Verengung, daß schon sehr kleine Umsätze heftige Kursschwankungen auslösten und es in den nächsten Monaten zu einer Störung des Preisbildungsprozesses kam."[183] Die zeitgenössische Presse konstatierte, daß bei einer früher so nicht gekannten Anzahl von Papieren wegen Mangels an Umsätzen keine Kurse notiert werden konnten.[184] In der zweiten Hälfte des Jahres 1927 zog sich das Publikum noch mehr von der Börse zurück. Nicht zuletzt aufgrund der anhaltenden Unsicherheit der Marktteilnehmer war die Kursentwicklung am deutschen Aktienmarkt über mehrere Monate hinweg abwärts gerichtet, aber auch am Rentenmarkt zeigten die Kurse eine rückläufige Tendenz.[185] Bei dieser ohnehin schon labilen Verfassung des Sekundärmarktes sorgte im November 1927 das sogenannte „Gilbert-Memorandum" für eine weitere Erschütterung des Kursniveaus.[186] Presseberichten zufolge muß - nach den bei den Großbanken vorliegenden Verkaufsaufträgen - der Eindruck des Memorandums auf das Börsenpublikum geradezu „verheerend" gewesen sein.[187] Die Reichsbank registrierte Ende November einen Rückgang der Wertpapier-Emissionen, der aufs engste mit der seit Mai schlechten Verfassung des Zirkulationsmarktes an der Effektenbörse zusammenhänge.[188] In der optimistischen Stimmung der ersten Jahreshälfte hätten Neuemissionen leicht untergebracht werden können. Dies sei, als am 13. Mai die Börsenbewegung ins Gegenteil umschlug, ungleich schwieriger geworden.

---

182 Vgl. Henning (1992), S. 247.

183 Halbmonatsbericht Nr. 16 der Discontogesellschaft vom 15.9.1927, Berlin 1927.

184 o.V.: Börsen und Wirtschaftskonjunktur, in: Schwäbischer Merkur vom 13.8.1928.

185 Vierteljahrshefte zur Konjunkturforschung, hrsg. vom Institut für Konjunkturforschung, 2. Jahrgang, Heft 1 und 2, Berlin 1927, S. 19 bzw. 18. Vergleiche auch Döring (1932), S. 423.

186 Vgl. Maurer (1973), S. 16.

187 BBZ vom 7.11.1927 sowie BBZ vom 25.11.1927. Zeitungsausschnittssammlung der Reichsbank, BAP, 25.01 Nr. 1502.

188 Ausarbeitung der VoSta vom November 1927 zum Thema: „Wie sieht die Reichsbank die Lage und welche Konsequenzen zieht sie?" BAP, 25.01 Nr. 6470, Blatt 89f. und 93f.

Nach einer vorübergehenden Unterbrechung (im Winter 1927/28) setzte sich ab Mai 1928 an den deutschen Wertpapierbörsen die im Trend abwärts gerichtete Kurs- und Umsatzentwicklung fort.[189] Durch technische Modernisierungen (verbesserte Fernmeldeeinrichtungen, Leuchttafeln, Tikker) versuchte man, das Börsengeschäft zu erleichtern und dadurch zu beleben. Dennoch sprachen im Herbst 1928 Zeitgenossen erstmals offen davon, daß die deutschen Börsen auf dem besten Weg seien, in gewissen Bereichen nicht mehr jenen Funktionen nachkommen zu können, die von ihnen erwartet würden.[190]

In welchem Ausmaß der Geschäftsverkehr an den Börsen 1927 bis 1930 zurückging, läßt sich z.B. mit Hilfe des bereits in Kapitel 1 (Teil II) verwendeten Maßes „Umfang des Effektengiroverkehrs" illustrieren. Die Deutsche Allgemeine Zeitung hat auf der Basis der Geschäftsberichte der Bank des Berliner Kassenvereins zusammengestellt, wie sich von 1927 bis 1930 Anzahl und Betrag der Gesamteinlieferungen im Wertpapierinkassoverkehr entwickelten. Die Anzahl der Wertpapiereinlieferungen ging (1927 = 100) bis 1928 auf 79 v.H., bis 1929 auf 64 v.H. und bis 1930 auf 58 v.H. zurück. Der Betrag der eingelieferten Wertpapiere ging (1927 = 100) bis 1928 auf 73 v.H., bis 1929 auf 53 v.H. und bis 1930 auf 43 v.H. zurück.[191]

Anfang 1929 konstatierten Zeitgenossen eine unwahrscheinliche Nervosität unter den Börsianern. Diese in ihrem Umfang neue Erscheinung wurde mit den fortgesetzt rückläufigen Kursen und Umsätzen erklärt und als neues Symptom einer eigentümlichen Schwäche der deutschen Börsen gedeu-

---

189 Zum Teil wird man die tendenziell abwärtsgerichtete Entwicklung an den deutschen Aktienmärkten auch auf die seinerzeit (noch) scheinbar unaufhaltsame stürmische Aufwärtsbewegung an den US-Börsen zurückführen können. Die Kurse am US-amerikanischen Aktienmarkt stiegen, weitgehend unbeeindruckt von der realwirtschaftlichen Entwicklung, seit 1921 nahezu permanent an. Allein in den drei Jahren 1927, 1928 und 1929 (vor dem Kurssturz im Oktober) verdoppelte sich der Dow Jones Industrial Index nahezu. In welchem Umfang damals Kapital von den deutschen Börsen abgezogen und an den US-Börsen investiert worden ist, kann hier nicht quantifiziert werden. Vgl. Kiehling (1991), S. 119.

190 o.V.: Börsen-Invaliden - invalide Börsen, in: Frankfurter Zeitung, Nr. 807 vom 27. Oktober 1928, Frankfurt a.M. 1928, S. 3.

191 Dieser Befund korrespondiert auch mit der im Teil I vorgenommen Schätzung über die langfristige Entwicklung des Wertpapierumsatzes. o.V.: Börsenumsätze und Kursbildung, in: DAZ vom 25.2.1933.

tet.[192] Im Frühjahr glaubte man erkannt zu haben, daß vor allem der schwierige Verlauf der Reparationsverhandlungen für den Börsenverlauf verantwortlich gemacht werden könnte.[193] Und in der Folgezeit rückte die Abhängigkeit der Wertpapiermärkte von der Politik wieder in den Vordergrund der Diskussion.[194]

Im Sommer 1929 mehrten sich die Anzeichen, daß die Kapitalflucht aus Deutschland zunahm.[195] Wenige Wochen später registrierten Genfer Bankiers, daß ihnen nicht unerhebliche Summen von deutschen Privatpersonen zugeflossen seien.[196] Auf der anderen Seite habe es noch nie so viele Anfragen deutscher Firmen nach Darlehen gegeben, wie in der letzten Zeit. Etwa zur gleichen Zeit gelangte man zu der Überzeugung, es mit einer nahezu ausschließlich an den jeweils aktuellen politischen Tagesereignissen orientierten Börsenkursentwicklung zu tun zu haben.[197]

Im September 1929 kam es zu einer Akkumulation des Lösungsbedarfs von Problemen. Ob, und wenn ja, ab welchem genauen Zeitpunkt man berechtigt ist, von einer *Krise der Börse* zu sprechen, ist nicht leicht zu sagen.[198] Die Stimmung unter den „Börsianern" war jedenfalls derart

---

192 Vgl. Daniel Bernstein: Warum stagniert das Börsengeschäft?, in: Berliner Börsen-Courier, Nr. 21 vom 13.1.1929, Berlin 1929, S. 13-14.

193 o.V.: Börsenoptimismus und Wirtschaftssorgen, in: Berliner Börsen-Zeitung, Nr. 161 vom 7.4.1929, Berlin 1929, S. 14. o.V.: Die Börse erwartete eine Einigung in Paris, in: Berliner Börsen Zeitung, Nr. 217 vom 12.5.1929, Berlin 1929.

194 Diese zunehmende Dominanz (wirtschafts)politischer Faktoren auf die Kursentwicklung kann als ein deutliches Krisensymptom gewertet werden. Die Relevanz des hier vorgetragenen Arguments liegt nicht so sehr darin, wie *perfekt* die Korrelation der beiden Größen war. Der wichtige Punkt ist der, daß die Börsenteilnehmer offensichtlich in zunehmendem Maße negativ auf politische Ereignisse reagierten, die möglicherweise die Zukunft beeinflußten.

195 Vgl. Balderston (1993), S. 163f. und 170. James (1988), S. 286ff.

196 Bericht des deutschen Konsulats in Genf vom 31.10.1929 (übermittelt durch die Deutsche Gesandtschaft in Bern) über die Kapitalflucht aus Deutschland. PA/AA, R 117107.

Im August 1929 war der Aktienkursindex wieder auf den Stand von Oktober 1926 zurückgefallen. Gemessen an seinem Höchststand vom April 1927 hatten sich die Aktienkurse bis August 1929 um 25 v.H. gesenkt. Vergleiche dazu auch die Tabelle I-3I im Anhang.

197 Vgl. Stolper (1929), S. 107. Wirtschaft und Statistik, 10. Jahrgang, Berlin 1930, S. 113. Jahresbericht der Industrie- und Handelskammer zu Berlin für 1929, Berlin 1930, S. 53. WWA S 6 Nr. 911.

198 In der Presse wurde im September 1929 offen von einer „Marktzerstörung" an der Börse gesprochen. o.V.: Die Schrumpfung der Börse, in: Germania vom 23.9.1929. Zeitungsausschnittssammlung der Reichsbank. BAP, 25.01 Nr. 1505.

schlecht, daß - um ein positives Zeichen zu setzen - von seiten der Großbanken an die Gründung eines Interventionskonsortiums zur Kursstützung gedacht wurde.[199] Jakob Goldschmidt, der Leiter der Danat-Bank, war allerdings nur unter Vorbedingungen bereit, sich an diesem Projekt zu beteiligen. Nach den Vorstellungen Goldschmidts sollte das geplante Interventionskonsortium das „Übel an der Wurzel" packen und wichtige Reformen des Börsenverkehrs initiieren. Goldschmidt kritisierte insbesondere den Schematismus im Terminhandel, der sich durch die 1925 neu gegründete Einrichtung der Liquidationskasse breitgemacht habe. Die Gemeinschaftshaftung habe die Reinigung des Marktes verhindert, und somit tummelten sich noch zu viele schwache Elemente an der Börse. Der Rückgang des Börsengeschäfts seit dem Schwarzen Freitag im Mai 1927 wäre zu vermeiden gewesen, wenn man frühzeitig die entsprechenden Maßnahmen ergriffen hätte. Im Mittelpunkt der Beratungen über ein Reformprogramm sollte deshalb vor allem die Liquidationskasse stehen. Goldschmidts Anregung lief darauf hinaus, den reinen Personalkredit wieder zur Geschäftsgrundlage im Terminhandel zu machen - mithin die Liquidationskasse abzuschaffen.[200] Mit seinen weitreichenden Vorschlägen stand Goldschmidt allerdings alleine da. Nach langen Verhandlungen einigte man sich schließlich darauf, eine Interventionsgemeinschaft zu gründen. Das Gremium sollte allerdings nicht über die konkrete Ausgestaltung von Börsenreformplänen *beraten*, sondern vielmehr über allgemein notwendige Maßnahmen an der Wertpapierbörse *nachdenken*.[201]

Die Interventionsgemeinschaft der Banken trat vermutlich im Oktober 1929 erst- und letztmalig zusammen.[202] Bei dieser Sitzung fand eine Aussprache über prinzipielle Gesichtspunkte einer notwendigen Börsenreform statt. Die Aufgabe, detaillierte Pläne zu einer Reform der Berliner

---

199 o.V.: Berliner Börse, in: Magazin der Wirtschaft, 5. Jahrgang, Berlin 1929, S. 1511. Im Bank-Archiv war nachzulesen, daß die in- wie ausländische Handelspresse an die Banken und Industrie in sehr eindringlicher Form die Aufforderung gerichtet habe, zum Zweck der Kursstützung eine Kurspflege im weiten Umfang auszuüben. Wilhelm Koeppel: Öffentlichkeit und Aktienrecht zur Kurspflege, in: Bank-Archiv, 31. Jahrgang, 1931/32, S. 74ff.

200 Georg Bernhard: Um die Liquidationskasse, in: Magazin der Wirtschaft, 5. Jahrgang, Berlin 1929, S. 1519.

201 o.V: Hilfe für die Börse, in: Magazin der Wirtschaft, Oktober 1929, 5. Jahrgang, Berlin 1929, S. 1621.

202 Dies geht aus den „Mitteilungen über den bisherigen Verlauf der Reformbestrebungen" auf der Sitzung der Maklerkammer am 2.6.1930 hervor. Leider werden dort keine genaueren Angaben über die Zusammenkunft der Interventionsgemeinschaft der Banken gemacht. BAP, 31.03 Nr. 17.

Wertpapierbörse auszuarbeiten, wurde von den Bankenvertretern dem Berliner Börsenvorstand übertragen.
Der daraufhin zusammengestellten Kommission zur Beratung einer Börsenreform gehörten u.a. Mitglieder des BBV, der Maklerkammer, der Staatskommissar bei der Berliner Börse sowie Ministerialdirektor Ernst vom preußischen Handelsministerium an.[203] Die Kommission sollte Vorschläge ausarbeiten, wie durch Veränderungen im organisatorischen Aufbau, der personellen Zusammensetzung der Besucher, aber auch durch Umgestaltung von Arbeitsprozessen die Funktionsfähigkeit der Berliner Wertpapierbörse wiedergewonnen werden könnte.[204] Wegen der lückenhaften Quellenlage muß jedoch eine Darstellung der Beratungen der Reformkommission einstweilen ein Forschungsdesiderat bleiben.[205]

Die Börsenteilnehmer setzten im Herbst 1929 ihre ganze Hoffnung auf das Inkrafttreten des Young-Plan und eine anschließende Beruhigung der Lage.[206] Doch entgegen den Erwartungen stellte sich mit der Einigung über den Young-Planes keine zuversichtliche Stimmung an der Börse ein. Im Gegenteil, zeitgenössischen Berichten zufolge nahmen die Abflüsse von Kapital immer mehr zu, und die Kurse sackten - nach dem 22. Oktober wohl auch durch die New Yorker Börsenkrise beeinflußt - weiter ab.[207] Ende 1929 sprachen die Zeitgenossen von einer regelrechten „Flucht" von in- wie ausländischem Kapital.[208]

---

203 Die genaue personelle Zusammensetzung der Reformkommission ist bis heute nicht bekannt. Die hier mitgeteilten Informationen konnten einem undatierten Vermerk aus dem Reichsfinanzministerium entnommen werden. BAP, 21.01 Nr. B-7731.

204 In einem Vermerk des Staatskommissars bei der Berliner Börse vom April 1930 wird ein Überblick über den Stand der Verhandlungen zur Börsenreform gegeben. Mit einigen knappen Bemerkungen wird darin auch auf den Beginn der Beratungen und die Ziele des Projektes eingegangen. BAP, 31.03 Nr. 160.

205 Möglich ist es jedoch, über die Ergebnisse der Beratungen zu berichten. Siehe dazu das folgende Kapitel.

206 o.V.: Konjunktur und Börse, in: Berliner Börsen-Zeitung, Nr. 443 vom 22.9.1929, Berlin 1929, II. Handelsbeilage. o.V.: Die Börse unter dem Eindruck der politischen Krise, in: Berliner Börsen-Zeitung, Nr. 585 vom 15.12.1929, Berlin 1929, S. 13.

207 In der Summe der abgeflossenen Gelder sind sowohl Abzüge in- und ausländischen Kapitals als auch echte deutsche Auslandsinvestitionen enthalten. Was Kapitalflucht und was echte Auslandsinvestition war, ist einer bestimmten transferierten Summe im nachhinein kaum anzusehen. Vgl. James (1988), S. 288f. Stucken (1964), S. 82f. Born (1983), S. 105.

208 Jahresbericht der Industrie- und Handelskammer Frankfurt am Main für das Jahr 1929, Frankfurt am Main 1930, S. 17. o.V.: Das Börsenjahr 1929 - wieder ein Jahr schwerster Enttäuschungen, in: Berliner Börsen-Zeitung, Nr. 601 vom 25.12.1929,

Im Winter 1929/30 schien die Stimmung an den Börsen in den Augen von Zeitgenossen „auf dem Nullpunkt“ angekommen zu sein. Vorübergehend beruhigte sich die Lage in diesen Wochen. Doch als es im Frühjahr 1930 keine Anzeichen gab, daß sich ausländisches Kapital wieder dem deutschen Effektenmarkt zuwenden oder daß sich das einheimische Publikum wieder verstärkt an der Börse engagieren würde, ging die Talfahrt an den Börsen weiter.[209] Zeitgenossen konstatierten, daß im Verhältnis zwischen Börse und Wirtschaft sowie zwischen Börse und Kapitalmarkt strukturelle Veränderungen eingetreten seien. Diese hätten zu regelrechten Funktionsstörungen der Börse geführt. Somit habe deren Mittlerstellung zwischen Kapital und Wirtschaft an Bedeutung verloren, ja es sei gar ein Funktionswandel der Börse festzustellen.[210] Im September 1930 sprach Katona im Deutschen Volkswirt dann offen davon, daß die Börse „funktionsunfähig zu werden drohe“.[211]

3.4 Die gescheiterten Börsenreformbestrebungen in der Krise 1930/31

Im Januar 1930 wandte sich die Maklerkammer an der Berliner Börse an Staatskommissar Neufeld als Mitglied der Börsenreformkommission.[212] Die Eingabe verfolgte das Ziel, aus Sicht der Kursmakler die besonders relevanten Fragen aufzuzeigen, die bei den anstehenden Beratungen der Börsenreformkommission behandelt werden sollten.

In der Denkschrift wurde einleitend darauf hingewiesen, daß die wirtschaftliche Situation der Kursmakler äußerst prekär sei. Dies werde in Bank- und Börsenkreisen inzwischen allgemein anerkannt.[213] Der größte Teil der freien Makler sei ausschließlich bemüht, von den Banken die für den amtlichen Handel vorliegenden Aufträge des Publikums zu erhalten und unter sich zu vermitteln. Die Bevorzugung der freien Makler durch

---

Berlin 1929, II. Handelsbeilage. Willi Prion: Strukturwandel der Börse, in: Magazin der Wirtschaft, 6. Jahrgang, Nr. 2, 1930, S. 95-97.

209 o.V.: Börse und Geldmarkt nach der Annahme des Young-Planes, in: BBZ vom 16.3.1930. Zeitungsausschnittssammlung der Reichsbank. BAP, 25.01 Nr. 1508.

210 Willi Prion: Strukturwandel der Börse, in: Magazin der Wirtschaft, 6. Jahrgang, Nr. 2, 10.1.1930, S. 95f. Quirin: Funktionswandel der Börse, in: Germania vom 5.7.1930.

211 Georg Katona: Politik und Börse, in: Der Deutsche Volkswirt, 26.9.1930, S. 1759f.

212 Denkschrift der Maklerkammer der Berliner Börse vom 9.1.1930. BAP, 31.03 Nr. 57.

213 Demnach hatte der in Kapitel 2.4 beschriebene Wettbewerbsdruck auf die Kursmakler in den Jahren nach 1926 nicht nachgelassen, sondern sich tendenziell weiter erhöht.

die Banken habe nach den der Maklerkammer vorliegenden Informationen nicht selten ihren Grund in illegalen Geschäften der Bankangestellten mit den jeweiligen freien Maklern.[214]
Selbst wenn ein freier Makler mangels Kontrahenten die ihm vorliegenden Aufträge gar nicht vermitteln könne, behalte er sie lieber in seinen Büchern, anstatt diese Aufträge einem Kursmakler als Unterlage zur Kursbildung zu überweisen. Als Folge dieses Verhaltens komme oft der groteske Fall vor, daß die Kursmakler absolut keine Aufträge in ihren Büchern vorfänden und die amtliche Notiz durch Vermittlung eines Mindestbetrages von den freien Maklern gewissermaßen vorgeschrieben werde. Dies geschehe in der Regel zu Kursen, die den Absichten der freien Makler Rechnung trügen. Die vom Börsengesetz vorgesehene Funktion der Kursmakler, bei der Kursermittlung mitzuwirken, sei in der Praxis mittlerweile weitgehend ausgeschaltet.[215] Die Maklerkammer halte es für ihre Pflicht, dem Staatskommissar von der ernsten Besorgnis in bezug auf die weitere Entwicklung der Lage der Kursmakler Kenntnis zu geben. Bei ernsthafter Würdigung der vorstehenden Ausführungen müßten sich zwangsläufig Ansatzpunkte für Reformen und Verbesserungen daraus ergeben. Aus Sicht der Maklerkammer sollten dabei die folgenden wichtigen Punkte unbedingt Beachtung finden:

1. Einwirkung auf die Banken, daß genug Aufträge an die Kursmakler gelangten, um die amtlichen Kurse gemäß der tatsächlichen Marktlage festsetzen zu können;
2. Zurückführung der sogenannten Kompensationen in die Bücher der Kursmakler;
3. Abbau der Anzahl der freien Makler durch Nichtbesetzung frei werdender Stellen;
4. Strengste Anwendung der Börsenordnung bei Neuzulassung freier Makler;
5. Strengste Anwendung der Börsenordnung bei Eintritt von Insolvenzen, um zu einem Abbau der Zahl der freien Makler zu gelangen;
6. Festhalten an auskömmlichen Maklergebühren.

Wie oben erwähnt, wissen wir bis heute leider nichts über die Beratungen der Börsenreformkommission. Fest steht hingegen, daß am 15. April zwi-

---

214 Teilung der Courtage, Duldung von Insidergeschäften.

215 Die Tätigkeit der Kursmakler reichte in der Praxis weiter als das im Börsengesetz geforderte Mitwirken bei der Kursermittlung. In der Regel wurden die von den Kursmaklern errechneten Kurse vom Börsenvorstand ohne Änderungen festgestellt und damit für offiziell gültig erklärt.

schen Min. Dir. Ernst vom preußischen Handelsministerium, dem Mitglied des BBV ,Pohl, und Staatskommissar Neufeld sämtliche bis dahin von der Reformkommission behandelten Fragen durchgesprochen wurden.[216] Die von der Kommission entwickelten Vorschläge waren nach übereinstimmender Ansicht der drei Herren derart miteinander verwoben, daß die einzelnen Pläne bei der anstehenden Plenarsitzung des Berliner Börsenvorstandes am 28. Mai als „ein Reformprojekt" angenommen werden müßten. Anschließend sollte auch die Presse informiert werden. Aufgrund eines von Staatskommissar Neufeld im Anschluß an dieses Gespräch verfaßten ausführlichen Vermerkes kann im folgenden ein Überblick zum Stand der Verhandlungen Mitte April gegeben werden.

Nach den Ausführungen Neufelds sah das Reformprojekt drei unterschiedliche Aktionsfelder vor:

1. Pläne für die Ausgestaltung des Terminhandels;
2. Pläne für eine Neugruppierung / Aussonderung der Börsenbesucher;
3. Pläne für eine Belebung des Börsengeschäftes.

Zum ersten Punkt sei festgestellt worden, daß sich im Terminhandel gegenwärtig die kapitalschwachen Firmen bei jeder größeren Kursveränderung gezwungen sähen, ihre Positionen glattzustellen. Auf diese Weise würden erheblich störende Einflüsse auf die Kursentwicklung am Termin- und Kassamarkt ausgeübt. Weite Kreise, die zur Zeit am Terminhandel teilnähmen, seien so schwach, daß sie ein Engagement kaum von Minute zu Minute zu halten in der Lage seien. Um die Qualität der Kulisse zu verbessern und die zahlungsschwachen Elemente aus dem Terminmarkt auszuscheiden, sollten in Zukunft zum Handel am Terminmarkt ausschließlich Mitglieder der Liquidationskasse zugelassen werden.
Beabsichtigt sei, mit der Neufassung der Bestimmungen über die Berliner Liquidationskasse einen quasi als eigene Terminbörse funktionierenden Terminmarkt zu errichten, an dem nur die besten und solventesten Firmen teilnehmen sollten. Über den Zwischenschritt der Errichtung eines liquiden Terminmarktes könne am ehesten eine Marktverbreiterung an der Berliner Wertpapierbörse erreicht werden.

---

216 Vermerk des Staatskommissars bei der Berliner Börse vom 17.4.1930. BAP, 31.03. Nr. 160. Eine Reihe der 1930 erarbeiteten Reformmaßnahmen war nicht grundsätzlich neu, sondern griff frühere Ansätze auf. Neu war hingegen, daß es von den Zeitgenossen als notwendig erachtet wurde, ein ganzes Bündel von Maßnahmen zu schnüren, um den amtlichen Börsenhandel zu beleben.

Werde der Plan realisiert, eine eigene Terminbörse in Berlin zu etablieren, so könne man auch die beim Liquidationsverein zu hinterlegenden Garantiesummen reduzieren.[217] Gemäß dem derzeitigen Plan sollten 90 v.H. der Garantieeinlagen an die Mitglieder des Liquidationsvereins zurückgezahlt werden. Der Sinn dieser Reduzierung des Garantiefonds bestehe darin, daß man sich von der durch die mit der Rückzahlung der 18 Mio. Reichsmark Sicherungseinlagen freiwerdende Liquidität die dringend erwünschte Belebung des Börsengeschäftes erwarte. Der sich aus der verbleibenden Haftsumme von 2 Mio. Reichsmark sowie den Reserven des Liquidationsvereins von 3 Mio. Reichsmark ergebende Garantiefonds könne als völlig ausreichend angesehen werden. Allerdings wolle man sich weiterhin vorbehalten, von den Mitgliedern der Liquidationskasse sofort einen Nachschuß bis zur vollen Höhe ihres Eintrittsgeld zu verlangen, sobald ein Verlust von mindestens 20 v.H. des Reservefonds eingetreten sei.

Einen weiteren Schwerpunkt bilde das Vorhaben, die Qualität der Börsenbesucher zu verbessern. Um die „Bereinigung der Börse“ von schwachen Elementen voranzutreiben, sei vorgesehen, das Ausschlußverfahren von Besuchern im Falle von Zahlungsschwierigkeiten zukünftig weit strenger als bisher zu handhaben.
Die Frage des Ausschlusses von Börsenmitgliedern liege zur Zeit in der Zuständigkeit von verschiedenen Gremien. Aufgrund der höchst unterschiedlichen Interessen der involvierten Personen bzw. Stellen verwundere es nicht, daß die bisherigen Versuche, eine strengere Handhabung der Disziplinarvorschriften durchzusetzen, regelmäßig im Sande verlaufen seien. Gerade im Zusammenhang mit den Plänen zur Umgestaltung und Aufwertung des Terminhandels käme der Handhabung der Ausschlußbestimmungen demnächst eine erhöhte Bedeutung zu. Wenn sich in Zukunft nur noch die solventeren Firmen im Terminhandel betätigen könnten, stehe zu befürchten, daß der Kassamarkt zum Sammelbecken für die schwachen Elemente werden würde. Die kapitalschwachen Personen, verstärkt durch den Zuzug der vom Terminmarkt ausgeschlossenen Firmen bzw. Personen, hätten in Zukunft nur noch die Möglichkeit, am Kassamarkt Geschäfte zu machen. Somit werde in dem Augenblick, in welchem sich eine Terminbörse absondere, eine strengere Handhabung der Bestimmungen über den Ausschluß schwach gewordener Börsenbesucher dringlich-

[217] Bislang war beim Eintritt in den Liquidationsverein je nach Firmengröße eine Einlage von 20.000 bis 250.000 Reichsmark fällig. Die Gesamtsumme dieser Einlagen betrug etwa 20 Mio. Reichsmark.

stes Gebot. Deshalb sei von der Reformkommission nach Möglichkeiten gesucht worden, unerwünschte Firmen bzw. Personen leichter vom Börsenbesuch ausschließen zu können. Mittlerweile habe man sämtliche Mitglieder des Berliner Börsenvorstands von der Dringlichkeit dieses Punktes überzeugen können.
Im Rahmen der Reformpläne sei nun vorgesehen, das Ausschlußverfahren prinzipiell neu zu organisieren. Geplant sei, einen vergleichsweise kleinen Ausschuß für diese Frage zu bilden, der *nur* über die Zahlungsfähigkeit eines Börsenbesuchers zu entscheiden habe und gegen dessen Entschließungen keine Berufung bis zum Handelsministerium mehr möglich sein solle.

Im Zusammenhang mit der angestrebten Verbesserung der Besucherstruktur sehe der Reformplan außerdem vor, eine neue Gruppe von Börsenbesuchern, die als spekulierendes Element auftreten sollten, zu schaffen. Nach der geltenden Börsenordnung gebe es an der Berliner Wertpapierbörse außer den Kursmaklern zwei Gruppen von Börsenbesuchern: Bankiers und freie Makler. Durch die Schaffung eines Standes von sogenannten Eigenhändlern nach dem Vorbild von London, Paris und New York solle nun der Berliner Börse ein qualitativ neues Element hinzugefügt werden.[218] Die Eigenhändler sollten keine Kunden außerhalb der Börse haben, keine Courtage nehmen, sondern einzig auf eigene Rechnung kaufen und verkaufen dürfen.[219] Außerdem müßten die Eigenhändler in der Lage sein, einen Effektenposten für mehrere Tage fest zu übernehmen und später weiter zu plazieren. Geschäfte mit Eigenhändlern sollten für Banken und Bankiers nur möglich sein, wenn ein Kursmakler dazwischengeschaltet würde. Bankiers sollten nur dann unmittelbar mit den Eigenhändlern kontrahieren dürfen, wenn sich der Bankier verpflichte, die usancemäßige Courtage dem Maklerverein e.V. (der freien Makler J.B.) mit der Maßgabe zur Verfügung zu stellen, daß davon 75 v.H. an dessen Mitglieder und 25 v.H. an die Kursmakler ausgezahlt würden.

---

[218] Bereits im 19. Jahrhundert hatte sich in London bei den Börsenhändlern eine Zweiteilung entwickelt: die Broker handelten im Drittauftrag als Vertreter ihrer Kunden mit den Jobbern, während die Jobber ausschließlich Eigengeschäfte tätigten und es ihnen nicht gestattet war, unmittelbar Börsengeschäfte mit Nicht-Mitgliedern der Stock-Exchange abzuschließen.

[219] Von der Intention des Reformplanes her sollte die neu zu schaffende Klasse der Eigenhändler im Prinzip die gleichen Funktionen ausüben, wie sie schon die sog. Großkulissiers im 19. Jahrhundert innegehabt hatten. Meier (1992), S. 140ff.

Zum einen hoffe man, Eigenhändler aus dem Kreis von solventen, jedoch arbeitslos gewordenen Privatbankiers zu rekrutieren.[220] Zum anderen wolle man einigen zahlungskräftigeren Aufgabemaklern die Gelegenheit geben, in diese Gruppe einzutreten. Von der Errichtung des Standes der Eigenhändler verspreche man sich vor allem eine höhere Liquidität des amtlichen Handels der Börse. Darüber hinaus erwarte man, daß kapitalkräftige Elemente, die der Börse bisher ferngeblieben seien, angezogen und so der Markt insgesamt verbreitert würde.

Im Zuge der Neugestaltung der personellen Struktur sei darüber hinaus vorgesehen, die Kursmakler in eine zentrale Position zu rücken und ihren Tätigkeitsbereich zu erweitern. Der Tätigkeitsbereich der Kursmakler habe sich bekanntlich schon in der Vergangenheit aus den Bedürfnissen der Praxis heraus verändert und befinde sich auch weiterhin im Umbruch. Zur Erhöhung der Marktliquidität sollten Kursmakler zukünftig in größerem Umfang Eigen- und Aufgabegeschäfte tätigen dürfen. Um den damit einhergehenden steigenden Kapitalanforderungen gerecht zu werden, müsse den Kursmaklern gestattet werden, sich in Kursmaklergesellschaften zusammenzuschließen.
Um den Umfang des Tätigkeitsbereiches der Kursmakler vergrößern zu können, müsse der Berufsstand insgesamt verjüngt und in seiner Qualität verbessert werden. Dies könne durch die vermehrte Pensionierung geschehen. Daher sei in den Reformplänen vorgesehen, die Maklerordnung durch eine Altersbegrenzungsbestimmung dahingehend zu ergänzen, daß ein Kursmakler grundsätzlich im Alter von 70 Jahren in den Ruhestand versetzt werden sollte. Für eine gewisse Übergangszeit sei an eine Staffelung der Altersgrenzen gedacht.[221] Aus noch zu schaffenden Fonds könne vorläufig fünfzig arbeitsunfähigen alten oder kapitalschwachen Maklern der Austritt aus der Börse durch eine einmalige Zahlung von 6.000 Reichsmark erleichtert werden. Ferner solle ein Fonds gebildet werden, aus dem in geeigneten Fällen zukünftig zahlungsschwachen Börsenbesuchern bei einem Verzicht auf den Börsenbesuch Unterstützung zu gewähren sei.

---

220 Man ging seitens der Reformkommission davon aus, daß bei vielen Privatbankiers das Kundengeschäft mittlerweile weitgehend zusammengebrochen war, diese sich also de facto schon als „Spekulanten auf eigene Rechnung" betätigten und daher gerne bereit wären, als Eigenhändler aufzutreten.

221 Vorgesehen war, Kursmakler, die über 80 Jahre alt waren, nach einem Jahr, solche, die über 75 Jahre alt waren, nach 2 Jahren und solche, die über 70 Jahre alt waren, nach 3 Jahren abzuberufen.

Zur allgemeinen Belebung des Börsengeschäftes sehe der Reformplan Maßnahmen vor, die zum einen die Rückführung von Kompensationsgeschäften der Großbanken an die Börse und zum anderen die Überführung der außerbörslich abgewickelten Aufträge in den amtlichen Handel bewirken sollten. Als wertvolle Hilfe für die Reformpläne sei der Wunsch der Reichsbank zu betrachten, eine Statistik über die Börsenumsätze einzuführen.[222] Würde eine solche Statistik in Angriff genommen, so hätten auch die Großbanken aus Imagegründen ein Interesse daran, die Umsätze im amtlichen Handel hoch erscheinen zu lassen. Man wolle daher das Reichsfinanzministerium bitten, eine Senkung der Börsenumsatzsteuersätze vorzunehmen. Vorgesehen sei auch, daß die Banken und Kursmakler ihre Provisions- bzw. Courtagesätze senken sollten. Darüber hinaus müsse ein wirtschaftlicher Anreiz geschaffen werden, die Kompensationsgeschäfte gänzlich an die Börse zu legen. Deshalb sei geplant, die 1924 außer Kraft gesetzte Kompensationsteuer wieder einzuführen. Diese solle nur dann entfallen, wenn die Kompensation durch einen Kursmakler vorgenommen würde. Wie man der Presse entnehmen könne, würden in der Öffentlichkeit gerade an die Wiedereinführung der Kompensationsteuer besondere Erwartungen geknüpft, so daß dieser Punkt sicherlich breite Zustimmung in der Bevölkerung finden werde.[223] Im Unterschied zu den vor allem auf eine Umgestaltung der Börsenorganisation zielenden Maßnahmen habe man hier einen direkt wirkenden Hebel, um den amtlichen Börsenhandel zu stimulieren. Obwohl sich die Beratungen über die Kompensationsteuern mit der am meisten betroffenen Großbank äußerst schwierig gestalteten, sei das Vorhaben bei der letzten Kommissionssitzung im Grundsatz bereits angenommen worden.[224]

Um wesentliche Teile des außerbörslich abgewickelten Geschäftes in amtlich notierten Wertpapieren wieder dem eigentlichen Börsenhandel

222 Wie im Teil I (Kapitel 3.4) bereits erwähnt, hatte die Reichsbank schon 1927 Überlegungen angestellt, wie die Börsenumsätze zu erfassen seien. Allerdings sind in Deutschland bis 1939 die Börsenumsätze nicht erhoben worden.

223 Zu diesbezüglichen Pressestimmen vergleiche z.B. Bruno Saekel: Hilfe für die Börse, in: Berliner Tageblatt vom 13.3.1930. Zeitungsausschnittssammlung der Reichsbank. BAP, 25.01 Nr. 1464.

224 Unterstützung erhielten die Pläne zur Einführung eines Kompensationsstempels aufgrund der starken Rivalität der Großbanken. Wegen ihrer überragenden Stellung im Wertpapierverkehr erwuchsen der DeDi-Bank erhebliche Sondergewinne aus Kompensationsgeschäften. Von den anderen Großbanken war, weil die geplante Maßnahme in erster Linie die DeDi-Bank treffen würde, kein nachhaltiger Widerstand zu erwarten. Siehe auch die Ausführung zur Kompensation von Aufträgen durch die Großbanken im Kapitel 2.2.2 (Teil I) dieser Arbeit.

zuzuführen, sei schließlich geplant, eine Ausführung aller Kundengeschäfte (der in Frage kommenden Werte) zum ersten und zum letzten Kurs bei den Kursmaklern vorzuschreiben. Als Interessenausgleich für die Umsatzverluste der freien Makler sei eine Teilung der Courtage zwischen den Kursmaklern und den ihnen die Aufträge übergebenden freien Maklern vorgesehen.

Mitte Mai 1930 informierte der Vorstand der Berliner Maklerkammer seine Mitglieder über die im Rahmen der Reformpläne vorgesehene Senkung der Courtagesätze.[225] Der bei dieser Sitzung anwesende Staatskommissar Neufeld erklärte, daß man regierungsseitig nur dann gewillt sei, die Börsenumsatzsteuersätze zu senken, wenn es auch zu einer Ermäßigung bei den Provisions- und Courtagesätzen der Banken bzw. Kursmakler komme. Die vorliegenden Vorschläge zur Senkung der Transaktionskosten seien als zentrale Teile der Reform anzusehen. Es sei der unbedingte Wille des Reichsfinanzministers, zu einer Herabsetzung der auf dem Effektengeschäft lastenden Gebühren zu kommen. Im Reichsfinanzministerium erhoffe man sich davon, daß das Publikum wieder vermehrt zu Börsengeschäften angeregt und so der Einnahmeausfall pro Geschäft durch die Zunahme der Geschäfte insgesamt kompensiert werde. Nur wenn die Kursmakler hinreichend Aufträge vermittelt bekämen, seien die ermittelten Kurse wahr. Deshalb sei vorgesehen, im Zuge der kommenden Börsenreform den Kursmaklern wieder jene Stellung einzuräumen, die ihnen von der Intention des Börsengesetzes her zugedacht war.
Aus den Reihen der Kursmakler wurde im Gegenzug darauf hingewiesen, daß den Kursmaklern unbedingt in genügender Menge Aufträge zugeleitet werden müßten, zum einen um die im Falle der Umsetzung der geplanten Gebührensenkung zu erwartenden Einnahmeausfälle auszugleichen, zum anderen aber zur Sicherstellung einer objektiven Kursermittlung. Daher sei es vordringlich, die Kompensationsgeschäfte der Großbanken wieder an die Börse zu holen.
Der Vorsitzende der Maklerkammer regte an, die bei der Sitzung zum Ausdruck gekommene Haltung der Maklerkammer dem Börsenvorstand zur Kenntnis zu geben. Staatskommissar Neufeld stimmte diesem Vorschlag zu und stellte in Aussicht, in einem Schreiben die Notwendigkeit des gleichzeitigen Inkrafttretens der verschiedenen zu ermäßigenden Unkostensätze zu betonen.
Zwei Wochen später stand bei einer erneuten Zusammenkunft der Maklerkammer die Frage im Vordergrund, ob man den freien Maklern ein Ab-

225 Protokoll der Sitzung der Maklerkammer von Berlin vom 16.5.1930. BAP, 31.03 Nr. 17.

kommen zur Courtageteilung unterbreiten solle.[226] Vorgeschlagen worden war, bei solchen Aufträgen, die bis spätestens fünf Minuten vor Feststellung der Anfangs- bzw. Schlußkurse in den Händen der Kursmakler eingingen, dem betreffenden freien Makler nur die halbe Courtage zu berechnen. Von diesem Anreiz erhoffte man sich, daß ein beträchtlicher Teil der bislang außerbörslich abgewickelten Aufträge wieder zurück in die Bücher der Kursmakler finden würde. Ungeachtet der Vorbehalte einzelner Kursmakler[227] beschloß die Versammlung, zu dieser Frage mit der Standesvertretung der freien Makler nach Pfingsten Verhandlungen aufzunehmen.

Am 5. Juni sprach der zweite Staatskommissar bei der Berliner Börse Regierungsrat Sperl im Reichsfinanzministerium vor, um auszuloten, inwieweit der Fiskus bereit sei, bei solchen Kompensationsgeschäften, die über die Kursmakler abgewickelt würden, einen geringeren Umsatzstempel zu berechnen.[228] Das Reichsfinanzministerium sah sich nicht in der Lage einer Regelung zuzustimmen, von der zu erwarten sei, daß es aufgrund von Vergünstigungen zu einem rückläufigen Aufkommen an Börsenumsatzsteuereinnahmen insgesamt kommen werde. Auch der Hinweis von Sperl, eine kostengünstigere Abwicklung solle den amtlichen Handel wiederbeleben und dadurch die Steuereinnahmen insgesamt erhöhen, stimmten das Reichsfinanzministerium nicht um.

Mittlerweile hatte die Presse von den bisher ausgearbeiteten Vorschlägen Kenntnis erlangt.[229] Insgesamt wurden die verschiedenen Maßnahmen des Reformplanes sehr zurückhaltend beurteilt. Bislang seien vor allem technische, soziale und organisatorische Vorschläge gemacht worden, die zu einer Modifizierung der Rahmenbedingungen für Wertpapiergeschäfte an der Börse bzw. der Abläufe führen würden. Ob damit den tiefgehenden

---

226 Protokoll der Sitzung der Maklerkammer von Berlin vom 2.6.1930. BAP, 31.03 Nr. 17.

227 Kursmakler Neumann verwies darauf, daß an der Produktenbörse bereits eine ähnliche Abmachung bestehe. Sie habe aber zu gewissen Unzuträglichkeiten geführt.

228 Vermerk vom 5.6.1930 über eine Besprechung im Reichsfinanzministerium zur Frage der Börsenumsatzsteuer bei Kompensationsgeschäften. BAP, 21.01 Nr. B-7731.

229 Ende Mai war zum Beispiel in der DAZ nachzulesen, daß die Reform an der Börse auf alle Fälle zu Erleichterungen und Verbesserungen im Terminhandel führen solle. Auch sollten die Kompensationen wieder an die Börse geholt werden, doch sei mit den Banken noch keine Einigung erzielt worden. Außerdem würden von allen Beteiligten gewisse Opfer verlangt. Da aber die Maßnahmen zu einer Verbesserung der Lage führen sollten, würden wiederum alle Beteiligten davon profitieren. o.V.: Wie steht die Börsenreform?, in: DAZ vom 30.5.1930. Zeitungsausschnittssammlung der Reichsbank. BAP, 25.01 Nr. 1464.

strukturellen Ursachen der Börsenmisere zu begegnen sei, sei höchst ungewiß.[230]
Gegen den vom Berliner Börsenvorstand wiederaufgenommenen Gedanken, den Stand von Kulissiers bzw. Eigenhändlern zu schaffen, sei einzuwenden, daß weniger die Einreihung der Börsenbesucher in diesen oder jenen Stand, sondern vielmehr ihre finanzielle Leistungsfähigkeit entscheidend sei. Eine Börse, die ihren Zweck erfüllen solle, brauche Mitglieder, die nicht nur aktionsbereit, sondern auch finanziell imstande seien, ihren Verpflichtungen unter allen Umständen nachzukommen. Gerade hiermit sei es zur Zeit übel bestellt. Allein durch die Deklarierung einer neuen Gruppe von Besuchern würden noch lange nicht kapitalkräftigere Kreise an die Börse gezogen. Am vielversprechendsten sei der Vorschlag, die Kompensationen der Banken wieder an die Börse zu legen. Die Umleitung aller Aufträge über die Börse werde eine namhafte Steigerung des Börsenumsatzes mit sich bringen.

Mitte Juli wandte sich der Berliner Börsenvorstand wegen der Klärung von Detailfragen im Vorfeld der Einführung von Eigenhändlern an der Berliner Börse an den Reichsfinanzminister.[231] Das Vorhaben könne nur gelingen, wenn diese von den steuerlichen Belastungen, die sie nach dem zur Zeit geltenden Kapitalverkehrsteuergesetz zu tragen hätten, befreit würden. Da der Verdienst des Eigenhändlers aus der Differenz zwischen An- und Verkaufskurs bestehe, könne er nur existieren, wenn die von ihm abgeschlossenen Geschäfte steuerfrei blieben.
Deshalb bitte man den Reichsfinanzminister, in Erwägung zu ziehen, ob es möglich sei, die neu zu schaffende Kategorie der Eigenhändler von der Börsenumsatzsteuer für diejenigen Geschäfte zu befreien, die innerhalb eines bestimmten Zeitraumes (z.B. zwei Tage) hinsichtlich des Nennbetrages der gehandelten Wertpapiere ausgeglichen würden. Sollte die Steuerbefreiung nicht in Frage kommen, so wäre zu prüfen, ob eine Steuerermäßigung, und zwar in größerem Umfange als die allgemein beabsichtigte, gewährt werden könne.

---

230 Vgl. o.V.: Das Reformprogramm des Berliner Börsenvorstandes, in: Der Deutsche Oekonomist, 48. Jahrgang, I. Hälfte, Berlin 1930, S. 777. Quirin: Börsenfunktion und Börsenreform, in: Germania, Nr. 318 vom 12.7.1930, Berlin 1930. Argentarius: Börsenreform. Briefe eines Bankdirektors an seinen Sohn, in: Die Bank, 1. Halbjahr, Berlin 1930, S. 541ff und S. 892ff. o.V.: Börsenreform?, in: Der deutsche Volkswirt, 4. Jahrgang, 2. Halbband, Berlin 1930, S. 1210.

231 Schreiben des Berliner Börsenvorstandes vom 16.7.1930 an den Reichsfinanzminister. BAP, 21.01 Nr. B-7731.

Wie bei der Sitzung der Berliner Maklerkammer Anfang Juni angekündigt, nahm die Maklerkammer mit der Standesvertretung der freien Makler nach Pfingsten Gespräche zu der Frage auf, ob nicht Zahl und Umfang der von den Kursmaklern vermittelten Geschäfte durch Vereinbarungen zwischen Kursmaklern und freien Maklern über eine Ermäßigung der Courtage erhöht werden könne. Unter dem Vorsitz von Staatskommissar Neufeld fanden zwischen Vertretern der Kursmakler und der freien Makler in der zweiten Jahreshälfte Verhandlungen statt, deren Ziel ein engeres und reibungsloseres Zusammenarbeiten der beiden Gruppen war. Die Besprechungen führten zu dem Entwurf eines Abkommens über eine Courtageteilung.[232] Die Kursmakler boten an, den freien Maklern Aufträge, die ihnen von diesen unter der Bezeichnung „zur halben Maklergebühr" zu den Eröffnungs-, Einheits- und Schlußkursen bis fünf Minuten vor der Ermittlung der genannten Kurse aufgegeben würden, zur Hälfte der jeweils geltenden Maklergebühren auszuführen. Das Abkommen sollte, vorbehaltlich der Billigung durch die zuständigen Standesvertretungen, am 1. Januar 1931 in Kraft treten und zunächst für sechs Monate gelten.

Den zwischen beiden Standesvertretungen ausgearbeiteten Vorschlag lehnte die Vollversammlung der freien Makler Anfang Dezember 1930 ab. Am 19. Dezember erklärten die freien Makler gegenüber dem preußischen Handelsministerium, daß von insgesamt 650 freien Maklern an der Berliner Börse bislang nur etwa 100 von den Banken mit der Ausführung von Orders beauftragt würden, während sich die überwiegende Anzahl als Kulisse betätige.[233] Dabei habe sich die Übung herausgebildet, daß die mit Orders beauftragten freien Makler ihre Aufträge sogenannten „bodenständigen freien Maklern" übergäben, wo sie gesammelt und courtagefrei ausgeführt würden. Ein zuführender freier Makler erhalte also eine geringe Vermittlungsprovision von der Bank, während der bodenständige freie Makler seinen Verdienst in den Kursdifferenzen der von ihm ausgeführten Aufträge fände.
Im Prinzip würden sich also die bodenständigen freien Makler de facto bereits als Eigenhändler betätigen. Zu einer Beschränkung ihres Verdienstes auf den Unterschied zwischen Übernahme- und Verkaufskurs seien diese jedoch nur unter der Maßgabe bereit gewesen, daß sie - wenn sie ein Geschäft nicht selbst ausgleichen könnten - den Auftrag ihrerseits an einen Kursmakler weitergeben dürften. In einem solchen Fall stehe

232 o.V.: Courtage-Teilung, in: Die Bank, 2. Halbjahr, Berlin 1930, S. 1895.

233 Vermerk vom 19.12.1930 über eine Besprechung im preußischen Handelsministerium mit Vertretern der freien Makler sowie der Kursmakler. BAP, 31.03 Nr. 18.

dann dem bodenständigen freien Makler die mit den Banken vereinbarte Provision zu und der zuführende freie Makler gehe leer aus. Die bodenständigen freien Makler befürchteten nun, im Falle der Umsetzung der geplanten Courtageteilung nicht mehr wie bisher durch ihre zubringenden Makler mit Aufträgen versorgt zu werden. Vielmehr würden die von den Banken mit Orders versehenen freien Makler künftig den Kursmaklern ihre Aufträge unmittelbar übergeben. Während die zubringenden freien Makler nach der neuen Regelung wie bisher ein Ertragsrisiko eingingen, wenn sie ihre Aufträge an einen bodenständigen freien Makler weiterleiteten, wäre ihnen nun bei direkter Weiterleitung an einen Kursmakler ein zwar geringerer, jedoch fest vereinbarter Lohn sicher.

Trotz der ablehnenden Haltung der Standesvertretung der freien Makler wurde das Modell zur Courtageteilung an der Berliner Börse noch im Dezember 1930 in die Praxis umgesetzt. In der Folgezeit machten die freien Makler von dem Angebot der Courtageteilung so gut wie keinen Gebrauch.[234] Die hinter den Erwartungen (der Kursmakler) zurückbleibende geringe Inanspruchnahme seitens der freien Makler konnte nach Ansicht der Kursmakler nicht allein mit dem allgemein schwachen Börsengeschäft zur Jahreswende 1930/31 erklärt werden. Ganz offensichtlich läge hier ein abgestimmtes Verhalten zwischen den freien Maklern und bodenständigen freien Maklern vor.

Im Frühjahr 1931 ließ man die im Entwurf vorliegenden Börsenreformpläne fallen.[235] Warum das unter Leitung des Berliner Börsenvorstandes ausgearbeitete Reformvorhaben nicht umgesetzt wurde, muß aufgrund der lückenhaften Quellenlage einstweilen offenbleiben. Möglicherweise sahen die Verantwortlichen - als sich die Krise immer weiter verschärfte - eine Neuordnung der Berliner Wertpapierbörse nicht mehr als vordringlich an. Hervorzuheben ist, daß nach Überwindung der Wirtschaftskrise unter gänzlich veränderten politischen Rahmenbedingungen die Diskussion um eine Neugestaltung der Börse wiederauflebte. Und 1934 wurden dann unter Ausrichtung auf die spezifischen Ziele des NS-Regimes Teile der 1930 entwickelten Reformpläne umgesetzt.

---

[234] So teilte die Maklerkammer dem Staatskommissar mit, daß es im Januar 1931 nur in 370 Fällen zur Courtageteilung gekommen sei. Je Kursmakler sei es also im Durchschnitt fünf mal im Laufe dieses Monats zu einer Inanspruchnahme des Angebots gekommen. Schreiben der Maklerkammer vom 12.2.1931 an den Staatskommissar bei der Berliner Börse. BAP, 31.03 Nr. 18.

[235] Dies geht aus einem Schreiben der Maklerkammer der Berliner Börse vom 30.7.1931 an den Staatskommissar bei der Berliner Börse hervor. BAP, 31.03 Nr. 57.

4 Die Unterbrechung des amtlichen Börsenhandels vom 13. Juli 1931 bis zum 12. April 1932

Um das Verständnis des Ablaufs zu erleichtern, benennt Tabelle II-4.1 zunächst die wichtigsten Ereignisse zur Entwicklung des Handels von Wertpapieren in chronologischer Folge.

Tabelle II-4.1:

Übersicht zur Entwicklung des Wertpapierhandels von Juli 1931 bis April 1932

13.7.1931	Schalterschluß der Danat-Bank sowie Einstellung des amtlichen Handels an den Börsen in Deutschland.
16.7.1931	Inkrafttreten des Kursveröffentlichungsverbotes. In den ersten sieben Wochen bis 3.9.1931 konnte nur ein inoffizieller Handel außerhalb der Börse abgehalten werden.
3.9.1931	Wiederaufnahme eines eingeschränkten amtlichen Kassahandels an den deutschen Börsen zu Einheitskursen.
9.9.1931	Aufhebung des Kursveröffentlichungsverbotes.
10.9.1931	Wiederaufnahme der fortlaufenden Notierung an den deutschen Börsen, jedoch ohne Bankaktien.
21.9.1931	Aufgabe des Goldstandards in England. Einstellung des amtlichen Wertpapierhandels in Deutschland, England, Holland, Belgien, Dänemark, Schweden, der Schweiz und Österreich. In Berlin seitdem nur Verkehr von Büro zu Büro oder über Telefon.
Bis zum 24.9.1931	erfolgte die Wiederöffnung der Börsen in London, Amsterdam, Brüssel, Zürich, Basel, Genf.
3.10.1931	erneutes Inkrafttreten des Kursveröffentlichungsverbotes in Deutschland.
Bis zum 27.10.1931	Wiederöffnung der Börsen in Kopenhagen, Stockholm und Wien.
30.10.1931	Schließung der bis dahin geöffneten Börsenräume in Berlin.
17.12.1931	Wiederöffnung der Börsenräume in Berlin für Gespräche.
16.2.1932	Einverständniserklärung des preußischen Ministers für Handel und Gewerbe mit der Abhaltung von Börsenversammlungen ohne amtliche Notiz und ohne Kursveröffentlichung.
25.2.1932	Freiverkehr an den deutschen Börsen ohne amtliche Notiz und ohne Kursveröffentlichung.
12.4.1932	Wiederaufnahme des amtlichen Handels an den deutschen Börsen für Kassa- und variable Werte sowie Erlaubnis zur Kursveröffentlichung.

Quelle: Schneider / Dalheim, 30. Auflage, Berlin 1932, S. 229. Die Wirtschaftskurve, hrsg. von der Frankfurter Zeitung, Berlin 1932, S. 29.

Korrespondierend zu den hier vorgestellten historischen Daten wird in diesem Kapitel zwischen folgenden Zeitabschnitten unterschieden: Die Zeit des amtlichen Börsenhandels bis zum 13. Juli 1931; die Sommerwochen zwischen dem 13. Juli und dem 3. September 1931, in denen der institutionell vermittelte Wertpapierverkehr praktisch völlig ruhte, die zweieinhalb Wochen des eingeschränkten Kassahandels im September bis zur erneuten Börsenschließung am 21. September, die Herbstmonate bis zum Jahresende, während denen sich der inoffizielle Telefonverkehr erheblich ausdehnte und der Übergang vom Telefonverkehr zum amtlichen Börsenhandel im ersten Quartal 1932.

Bevor in den Kapiteln 4.2 bis 4.6 eine genauere Betrachtung der Unterbrechung des amtlichen Börsenhandels vor dem geschichtlichen Hintergrund erfolgt, sollen zunächst einzelne - den ganzen Betrachtungszeitraum zum Teil vollständig abdeckende - Zeitreihen in bezug auf Wertpapierkurse und -umsätze vorgestellt werden.

4.1 Entwicklung von Wertpapierkursen und Umsätzen im Abrechnungsverkehr des Berliner Kassenvereins in der Zeit der Börsenschließung

Weil nach der Börsenschließung am 13. Juli amtliche Kurse nicht festgestellt und die inoffiziell ermittelten Kurse ab dem 16. Juli nicht publiziert werden durften, klafft in den Tabellen der amtlichen Statistik zur Aktien- bzw. Rentenkursentwicklung, mit Ausnahme der Zeitspanne vom 3. bis 21. September 1931, eine Lücke. Die Verhängung des Kursveröffentlichungsverbotes im Juli 1931 bedeutete jedoch nicht, daß die Zeitgenossen damals gänzlich ohne Anhaltspunkte über die Kursentwicklung im außerbörslichen Wertpapierhandel gewesen sind. Die Banken vermochten durch Zirkulare und die Presse durch Umschreibungen für den größeren Zeitraum der Börsenschließung ein mehr oder weniger zuverlässiges Bild von den Marktverhältnissen im Telefonverkehr zu zeichnen.[1]

1 So hieß es zum Beispiel am 21.12.1931 im BBC: „Der telefonische Effektenhandel von Büro zu Büro zeigte zu Wochenbeginn ein freundliches Bild. Anregung bot vor allem die Kompromißformel in Basel. ... überwiegend traten Kurssteigerungen im Ausmaß von 1 bis 2 Prozent ein. Das Geschäft hielt sich jedoch in engsten Grenzen.“ Im BBC vom 31.12.1931 wurde ausgeführt, daß im einzelnen die Montanwerte stetig um etwa 15 v.H. einbüßten. „Siemens besserten sich gegen ihren gestrigen Abendkurs zunächst um 1 v.H., gaben aber später wieder 2 v.H. her.“

Konkrete Zahlenangaben über die im außerbörslichen Telefonhandel ermittelten Wertpapierkurse liegen jedoch nur vereinzelt vor.[2] So befindet sich im Verwaltungsbericht der Reichsbank für 1932 eine grafische Darstellung der im Telefonhandel in Berlin zustandegekommenen Wertpapierkurse.[3] Die folgende Abbildung II-4.1 zeigt den Aktienindex des Statistischen Reichsamtes (Reihe 1) und die aus den Reichsbankunterlagen (Reihe 2) übertragenen Kurse im Zeitraum 1931/32. Die der Abbildung zugrunde liegenden Zahlenangaben können im Anhang in Tabelle II-4B nachgeschlagen werden.

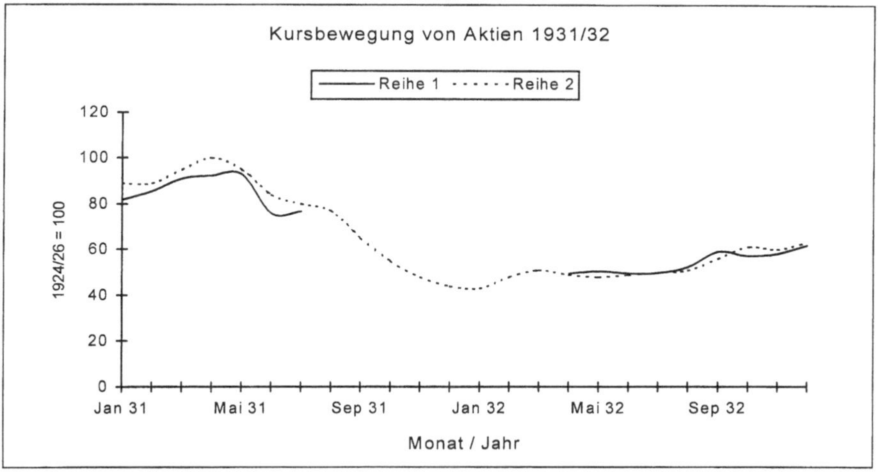

Abbildung II-4.1: Kursbewegung von Aktien 1931/32 (Reihe 1 = Aktienindex des Statistischen Reichsamtes; Reihe 2 = von der Reichsbank ermittelter Index)

Quelle: Statistisches Jahrbuch für das Deutsche Reich, 51. bzw. 52. Jahrgang, Berlin 1932/33, S. 354f. und 362f. oder auch Konjunkturstatistisches Handbuch 1936, hrsg. von E. Wagemann, Berlin 1935, S. 115. Verwaltungsbericht der Reichsbank für 1932, Berlin 1933, S. 8. BAK, RD 51/3.

2 Die Frankfurter Zeitung teilte im April 1932 nachträglich für eine Reihe von Wertpapieren mit „fast täglichem Umsatz" die im Telefonhandel bzw. Freiverkehr ermittelten Kurse zu bestimmten Stichtagen mit. Frankfurter Zeitung vom 12.4.1932, Nr. 270/72. Zeitungsausschnittsammlung der Reichsbank. BAP, 25.01 Nr. 1512. Dieses Material wird auszugsweise in Tabelle II-4A im Anhang präsentiert.

3 Verwaltungsbericht der Reichsbank für 1932, Berlin 1933, S. 8. BAK, RD 51/3.

Für die erste Phase der Börsenschließung (13. Juli bis 2. September 1931) hat die Reichsbank die Kurse interpoliert. Während der Phase des eingeschränkten amtlichen Handels (3. bis 20. September 1931) standen die an der Berliner Börse ermittelten Kurse zur Verfügung. Für die Zeit ab dem 21. September lagen die im Büro- bzw. Telefonverkehr - an dem die Reichsbank ab Oktober 1931 direkt teilnahm - ermittelten Kurse zugrunde.[4] Aus den jeden Mittwoch festgestellten Durchschnittskursen sämtlicher im Berliner Telefonverkehr gehandelten bzw. getaxten Aktien errechnete die Reichsbank einen gewogenen Monatsdurchschnitt.[5] Im ersten Vierteljahr 1931 zeigen beide Reihen zunächst eine Aufwärtsbewegung, ehe ab April die Kurse deutlich zurückgingen. Im Juni verlangsamte sich der Kursrückgang vorübergehend, doch ab August halbierte sich dann bezogen auf den Juli 1931 bis zum Jahresende das Kursniveau nahezu. Von ihrem Tiefpunkt zum Jahreswechsel 1931/32 stiegen die Aktienkurse im Winter 1932 an. März bis Juni weisen beide Reihen eine Seitwärtsbewegung aus, ehe sich ab Juli 1932 der Wiederanstieg der Aktienkurse fortsetzte.

Auch für den Rentenmarkt von Berlin kann auf die von der Reichsbank mitgeteilten außerbörslich ermittelten Kurse zurückgegriffen werden. In der nachstehenden Abbildung II-4.2 zeigt Reihe 1 die aus dem Verwaltungsbericht der Reichsbank übertragenen Werte der Kursbewegung von Anleihen in Berlin (ohne Schatzanweisungen, Aufwertungsanleihen, konvertible Bonds, und die über 8 v.H. nominal verzinslichen Werte). Reihe 2 zeigt die ebenfalls aus dem Reichsbankbericht übertragenen Kurse deutscher Anleihen (inklusive Dawes- und Young-Anleihen) in New York. Nach Angaben der Reichsbank handelte es sich um gewogene Durchschnittskurse vom letzten Freitag jeden Monats.[6] Hinsichtlich der Zahlenangaben ist wieder auf Tabelle II-4B im Anhang zu verweisen.
Für die Zeit vom 13. Juli bis zum 2. September 1931 hat die Reichsbank die (Berliner) Rentenkurse interpoliert. Beim Vergleich der im Trend ähnlich verlaufenden Reihen, fallen einige Unterschiede auf. So lagen die

---

4 Protokoll der Sitzung des Generalrates der Reichsbank vom 16.11.1931. BAP, 25.01 Nr. 6821, Blatt 272f.

5 Wie dieser „gewogene Monatsdurchschnitt" ermittelt wurde, teilt die Reichsbank nicht mit.

6 Wie schon bei den Aktienkursen hat die Reichsbank auch bei den Rentenkursen nicht mitgeteilt, wie die „gewogenen Durchschnittskurse" ermittelt wurden.

New Yorker Kurse im Betrachtungszeitraum stets unter den in Berlin notierten Kursen und wiesen auch eine deutlich höhere Volatilität auf.[7]

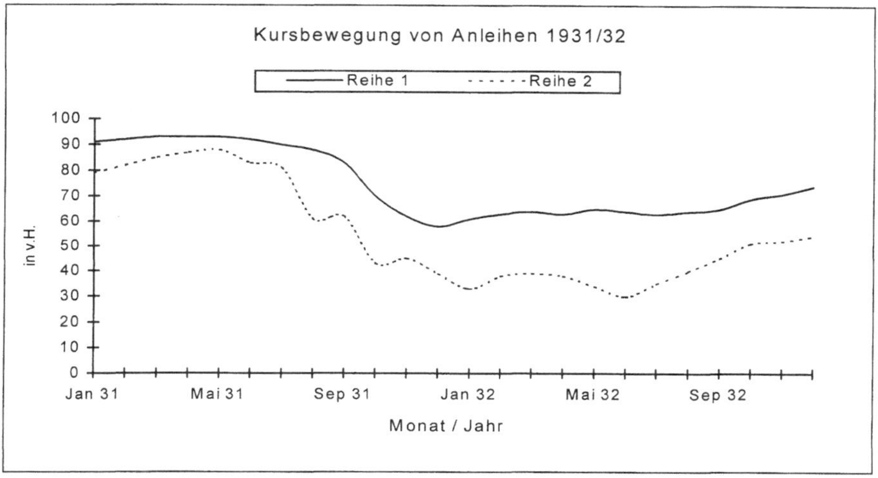

Abbildung II-4.2: Kursbewegung von Anleihen 1931/32 (Reihe 1 = von der Reichsbank ermittelte Kurse; Reihe 2 = Anleihekurse in New York)

Quelle: Konjunkturstatistisches Handbuch 1936, hrsg. von E. Wagemann, Berlin 1935, S. 119. Verwaltungsbericht der Reichsbank für 1932, Berlin 1933, S. 8. BAK, RD 51/3.

Der ab August 1931 erkennbare starke Kurseinbruch führte bis zum Jahresende zu Verlusten die bezogen auf den Juli 1931 ca. 30 v.H. (Berlin) bzw. ca. 60 v.H. (New York) ausmachten. Von ihrem Tiefpunkt zum Jahreswechsel 1931/32 erholten sich die Rentenkurse in Berlin nur sehr zögerlich. Reihe 1 weist jedoch keine größeren Rückschläge aus.[8] Hingegen

7 Vermutlich war die Zusammensetzung der in den jeweiligen Reihen berücksichtigten Anleihen nicht identisch. So wird man allein aus diesem Grund einen unterschiedlichen Kursverlauf sowie unterschiedliche Volatilitäten erwarten können.

8 Im Frühjahr 1932 ließ sich in Deutschland innerhalb der Rentenwerte insbesondere bei den Schuldtiteln des Reichs eine Deklassierung über die Kurse feststellen. Folgt man einer Zusammenstellung des Bankhauses Gebrüder Goldschmidt in Frankfurt vom März 1932, so notierten bei den 6%-igen nominal verzinslichen Rentenwerten die Pfandbriefe bei Kursen von 76-83 v.H., die Hilferdinganleihe bei 67 v.H. und die Reichsschuldbuchforderungen bei 46 v.H. Schreiben des Bankhauses Gebrüder Goldschmidt vom 1.3.1932 an Reichsfinanzminister Dietrich verbunden mit einer

stiegen die Kurse in New York ab Januar 1932 zwar zunächst deutlich an, gingen aber ab April 1932 erneut zurück und erreichten erst im Juni 1932 ihren Tiefpunkt, um dann erneut kräftig anzuziehen.

Wie hoch der Wertpapierumsatz im außerbörslichen Büro- und Telefonverkehr 1931/32 war, ist bis heute nicht bekannt.[9] Aufgrund der unzureichenden Quellenlage können auch in dieser Arbeit keine verläßlichen quantitativen Angaben, ja nicht einmal Schätzungen mitgeteilt werden. Dennoch ist es möglich, Aussagen über die Intensität des außerbörslichen Handels während der Börsenschließung zu machen. Dazu wird eine Aufstellung der Anzahl der beim Berliner Kassenverein abgerechneten Wertpapiergeschäfte betrachtet.
Die folgenden Angaben in Tabelle II-4.2 beziehen sich auf die Anzahl der durchschnittlich täglich ausgestellten Schlußscheine von Juni 1931 bis Februar 1932. In den hier verwendeten Unterlagen des Reichskommissars bei der Berliner Börse fanden sich leider keine Daten aus weiter zurückliegender Zeit, die man als Vergleichsmaßstab für einen „normalen“ Abrechnungsverkehr hätte heranziehen können. Daher bleibt notgedrungen nichts anderes übrig, als den Juni 1931, der ja bereits durch die sich abzeichnende Bankenkrise beeinflußt gewesen ist, als Orientierungsgröße zu verwenden. Dies wird man bei den im folgenden getroffenen Aussagen berücksichtigen müssen.

Siehe Tabelle II-4.2

Zieht man den Juni 1931 als Bezugspunkt heran, so läßt sich bereits für das erste Juli-Drittel ein Rückgang der durchschnittlichen täglichen Geschäftsabschlüsse von 20 v.H. feststellen. Auffällig ist, daß nach der Börsenschließung am 13. Juli bis zur Wiederaufnahme des Kassahandels am 3. September nur wenige Wertpapierschlußscheine im Abrechnungsverkehr des Berliner Kassenvereins abgewickelt wurden. Dies deutet darauf hin, daß der Wertpapierhandel - mit Ausnahme eines rein privat betriebe-

---

Aufforderung, etwas zur Hebung des öffentlichen Vertrauens in den Staatskredit zu unternehmen. BAK, R2 Nr. 3295, Blatt 29f. Vgl. auch James (1985), S. 226.

9 Die von der amtlichen Statistik veröffentlichten Werte des monatlichen Börsenumsatzsteueraufkommens können für die Zeit der Börsenschließung unter keinen Umständen als Meßziffer zur Abbildung der Wertpapierumsätze herangezogen werden. Die sich abwechselnden Perioden von amtlichem Börsenhandel, geduldetem Telefonverkehr und eingeschränktem Freiverkehr decken sich nicht mit dem Erhebungsrhythmus der Börsenumsatzsteuer zum jeweiligen Kalendermonat.

nen Verkehrs - praktisch ruhte. Betrachtet man die zwei Wochen des amtlichen Wertpapierhandels im September, so zeigt sich, daß trotz der stark eingeschränkten Möglichkeiten im Kassahandel die Zahl der abgewickelten Geschäfte nur um 30 v.H. hinter den Juni-Werten zurückblieb.[10]

Nach der erneuten Börsenschließung am 21. September sackte die Anzahl der vom Berliner Kassenverein abgerechneten Geschäfte erneut ab, blieb aber deutlich über den Ziffern vom Sommer 1931. Die vom 21. September bis 31. Dezember steigenden Ziffern korrespondieren mit jenen zeitgenössischen Aussagen, die von einer kontinuierlichen Ausweitung des Telefonverkehrs berichten.[11] Im Januar 1932 überstieg die Zahl der vom Berliner Kassenverein abgerechneten Abschlüsse bereits die Werte aus der Zeit des amtlichen Handels Anfang Juli 1931 bzw. im September 1931. Anfang Februar 1932 wurden schließlich annähernd so viele Geschäfte abgewickelt wie im letzten Monat vor der Börsenschließung.

Tabelle II-4.2:

Zahl der durchschnittlich täglich ausgestellten Schlußscheine im Abrechnungsverkehr des Berliner Kassenvereins (6/1931 bis 3.2.1932)[12]

1931	Anzahl	1932	Anzahl
1. Juni - 30. Juni	5.000	2. Jan. - 20. Jan.	4.222
1. Juli - 11. Juli	3.900	21. Jan. - 30. Jan.	4.345
13. Juli - 2. Sept.	83	1. Feb. - 3. Feb.	4.855
3. Sept. - 19. Sept.	3.500		
21. Sept. - 6. Okt.	250		
7. Okt. - 10. Okt.	666		
12. Okt. - 17. Okt.	919		
1. Nov. - 30. Nov.	2.450		
1. Dez. - 31. Dez.	3.040		

Quelle: Vermerke über den Umfang des Freiverkehrs während der Börsenschließung. BAP, 31.03 Nr. 91.

10 Möglicherweise ist dies auf einen „Nachholeffekt" zurückzuführen.

11 Vgl. Die Wirtschaftskurve, 10. Jahrgang, 1932, S. 30.

12 Wie diese zum Teil willkürlich erscheinenden Eckdaten der Übersicht zustande gekommen sind, war der Quelle nicht zu entnehmen. Interessanterweise korrespondieren einige Eckdaten mit den verschiedenen Phasen der Börsenschließung.

4.2 Die Bankenkrise als auslösendes Moment der Börsenschließung am 13. Juli 1931

Die deutschen Wertpapier-Börsen waren, wie oben (Abschnitte 3.3 und 4.1) gezeigt, bereits seit 1929 sowohl in ihrer Kursentwicklung als auch in ihrer Umsatztätigkeit ein ziemlich getreues Spiegelbild der damaligen wirtschaftlichen Lage. In den ersten vier Monatendes Jahres 1931 zeigten sich die deutschen Börsen noch widerstandsfähig, im Mai setzte dagegen der Umschwung ein. Zahlreichen ungünstigen Momenten, wie den Defiziten in den öffentlichen Haushalten, den reparationspolitischen Problemen, der sinkenden Rentabilität in der Industrie, in der Landwirtschaft und im Hausbesitz, stand kein anregendes Moment gegenüber.[13]

Als im Mai 1931 mit dem Zusammenbruch der Österreichischen Creditanstalt in Wien eine Bankenkrise ausbrach, griff der „Sturm" rasch auf die deutschen Banken über, und an den Aktienmärkten kam es erstmals in 1931 zu einem größeren Kursrutsch.[14] Als verhängnisvoll sollte sich erweisen, daß die Großbanken, um dem Kursverfall ihres Aktienkapitals zu begegnen, in hohem Umfang zum Erwerb eigener Aktien an der Börse schritten. Den Kursverfall konnten diese Käufe nicht aufhalten, doch infolge dieser „Kurspflege" erlitten die Banken eine fortschreitende Aufzehrung der eigenen Vermögenssubstanz.[15]

Schon länger standen ja die deutschen Banken im Blickpunkt der interessierten Öffentlichkeit, denn man wußte, daß deren kurzfristige Auslandsverschuldung relativ hoch war. Bis Ende Mai büßten die Banken 337 Mio. Reichsmark ihrer Einlagen ein.[16] Die größten Verluste erlitten diejenigen Institute, denen ein unsolides Geschäftsgebaren nachgesagt wurde.[17] Trotz alledem nahmen sie auch weiterhin kurzfristige Kredite auf,

---

13 Auf die schwierige Börsenlage im Frühsommer 1931 wurde auch in einer Antwort des RFM vom 20.6.1931 bezüglich einer Eingabe des Staatsrates Gundlach - Mitglied des Landtages von Mecklenburg-Strelitz - wegen der Kursrückgänge am Aktienmarkt hingewiesen. BAK, R 2 Nr. 14684, Blatt 23ff.

14 Verwaltungsbericht der Reichsbank für 1931, Berlin 1932, S. 4 und 9 BAK, RD 51/3 o.V.: Das Barometer der Börse, in: Münchner Neuesten Nachrichten, Nr. 167 vom 23.6.1931, München 1931, S. 1-2.

15 Vgl. auch Luther (1961), S. 177f. Wandel (1974), S. 212f. Balderston (1993), S. 266-329. Döring (1932), S. 425.

16 Irmler (1976), S. 284.

17 Die Danat-Bank verlor im Mai 97 Mio. RM, die Deutsche Bank 51 Mio. RM und die Commerzbank 36 Mio. RM.

und es gab keine Anzeichen für ausländischen Kapitalabzug als unmittelbare Folge des Zusammenbruchs der Creditanstalt.[18]

Vom 6. Juni an verstärkte sich der innere Kapitalabfluß bei den Banken.[19] Auch bei der Reichsbank traten ernstzunehmende Goldverluste erstmals nach dem 6. Juni ein, und die Notendeckung näherte sich der gesetzlich und im Haager Abkommen als Mindestmaß vorgeschriebenen 40-Prozent-Marke.[20]

Reichsbankpräsident Luther konnte im Juni 1931 die führenden Persönlichkeiten der Gläubigerstaaten nur dann für Kapitalhilfe gewinnen, wenn er Kreditrestriktionen einführte, um die Kapitalflucht zu unterbinden. Am 20. Juni wurden Kreditrestriktionen verkündet, die zwei Tage später in Kraft traten. Zugleich erhielt die Reichsbank am 20. Juni von den drei wichtigsten Zentralbanken und der BIZ einen Kredit über 100 Mio. US-Dollar.
Am 22. Juni unterbreitete US-Präsident Hoover überraschend den Vorschlag eines Reparationsfeierjahres. Daraufhin erholte sich der Aktienmarkt zunächst wieder etwas, während der Rentenmarkt sehr schwach blieb.[21] Die erhoffte Beruhigung an den Börsen trat nur für wenige Tage ein, denn als bei den internationalen Verhandlungen zur Umsetzung des Hoover-Planes die französische Opposition zutage trat, überwog an den deutschen Börsen wieder die Nervosität und Sorge, daß seitens der Reichsbank eine weitere Diskonterhöhung erfolgen könnte.[22]

In den ersten Tagen des Juli 1931 verstärkten sich die Kreditabzüge des Auslandes weiter.[23] Am 5. Juli erschien in der Baseler „Nationalzeitung"

---

18 Erst in der ersten Juniwoche verkaufte die Reichsbank größere Devisenmengen (73 Mio. Reichsmark). James (1988), S. 292.

19 James (1988), S. 292.

20 Insgesamt verlor die Reichsbank im Zeitraum Mai / Juni 1931 etwa 1 Mrd. Reichsmark ihres Devisenvorrates. Eine Übersicht zum Gold- und Devisenbestand der Reichsbank sowie zur Notendeckung in den Jahren 1930 bis 1932 findet sich in Tabelle II-4C im Anhang. Vgl. auch Born (1983), S. 108f. Irmler (1976), S. 289.

21 Jahresbericht der Industrie- und Handelskammer Frankfurt am Main für 1931, Frankfurt am Main 1931, S. 10. Archiv der Industrie- und Handelskammer Frankfurt a. M., Nr. 371

22 Bereits am 13. Juni hatte die Reichsbank den Diskontsatz um zwei Punkte auf 7 v.H. erhöht. Vgl. Wandel (1974), S. 193.

23 Die Reichsbank mußte vom 6. bis 8. Juli für 190 Mio. RM Devisen abgeben. Verwaltungsbericht der Reichsbank für 1931, Berlin 1932, S. 9ff.

ein Artikel, in dem es hieß, daß eine große deutsche Bank in Schwierigkeiten sei.[24] Dadurch wurde die breite Öffentlichkeit hellhörig.
In weiten Kreisen war man überzeugt, daß es zu einer allgemeinen Katastrophe kommen werde, falls ein größerer Kreditnehmer in Schwierigkeiten geriete.[25] Währenddessen setzte eine starke Abhebungswelle des inländischen Publikums bei den Banken ein, der sich vor allem die schwer angeschlagene Danat-Bank ausgesetzt sah. Ende der zweiten Juliwoche war der Leiter der Danat-Bank, Goldschmidt, gezwungen, zunächst an den stärksten Konkurrenten, das Vorstandsmitglied der Deutschen Bank, Oscar Wassermann, und dann an Reichsbankvizepräsident Dreyse mit der Bitte um Beistand heranzutreten.[26]

Am Samstag, dem 11. Juli, teilte Goldschmidt dann der Reichsregierung mit, daß er sich außerstande sehe, die Schalter seiner Bank am Montag zu öffnen. Bei einer noch am gleichen Tag in der Reichskanzlei abgehaltenen Reparationsbesprechung führte Staatssekretär Trendelenburg aus, daß es vom Verlauf der Samstags-Börse abhänge, ob die Danat-Bank zusammenbrechen werde.[27] Am Abend des 11. Juli erklärte Trendelenburg während einer Chefbesprechung in der Reichskanzlei, daß ein Verbot des Terminhandels an der Börse bevorstehe, weil sich in den Aktien der Danat-Bank in den letzten Tagen „sehr unerfreuliche Vorkommnisse“ abge-

---

24 Am 4. Juli hatte Luther vergeblich versucht, die Industrie gemeinsam mit den führenden Berliner Großbanken zur Gründung eines Garantiesyndikats für die Danat-Bank mit einem Kapital von 500 Mio. RM zu bewegen. Da einige wichtige Firmen den Beitritt verweigerten, bediente sich Luther am 8. Juli einer Notverordnung zur Errichtung des Syndikats. James (1988), S. 299.

25 James (1988), S. 296ff.

26 Reichskanzler Brüning rückte später nie von seiner Überzeugung ab, daß der Vorstandsvorsitzende der Deutschen Bank ,Wassermann, zu der Katastrophe vom 1931 beigetragen habe, indem er sich weigerte, die Danat-Bank vor ihrer Schließung am 13. Juli zu stützen. Brüning wurde das Gefühl nicht los, daß bei dem Besuch, den Wassermann ihm am Abend des 10. Juli (wegen der Krise der Danat-Bank) abgestattet hatte, unlautere Hintergedanken im Spiel gewesen waren. James (1995), S. 301ff. u. 335.
Jüngst hat Feldman den Verdacht, die DeDi-Bank habe eine kollektive Rettungsaktion der Großbanken zugunsten der Danat-Bank sabotiert, um sich eines Konkurrenten zu entledigen, widerlegt. G.D. Feldman: Jakob Goldschmidt, The History of the Banking Crisis of 1931, in: M. Hutter u. H. James Hg., Zerrissene Zwischenkriegszeit: Wirtschaftshistorische Beiträge. Baden-Baden 1994, S. 307ff.

27 Die Tendenz an der Berliner Börse war am 11. Juli lustlos und schwach. Verwaltungsbericht der Reichsbank für 1931, Berlin 1932, S. 9ff.

spielt hätten.[28] Anschließend zog man auch die Vertreter der Großbanken hinzu, um über die Lage der Danat-Bank und den anhaltenden Devisenabfluß bei der Reichsbank zu beraten. Im Verlauf der Diskussion zeigte es sich, daß die Meinungen darüber, welche Schritte konkret ergriffen werden sollten, erheblich auseinandergingen.[29] So fiel am Abend des 11. Juli keine definitive Entscheidung. Am Sonntag zeigte sich, daß die Dresdner Bank ebenfalls dicht vor dem Zusammenbruch stand.[30] Bei einer weiteren Chefbesprechung in der Reichskanzlei wurde entschieden, daß im Falle einer Zahlungseinstellung der Danat-Bank auch die Börsen geschlossen werden müßten.[31] Am Montag, dem 13. Juli 1931, veröffentlichte WTB dann folgende Meldung:

> „Die Darmstädter und Nationalbank hat mitgeteilt, daß sie genötigt sei, ihre Schalter am Montag geschlossen zu halten. ... Mit Rücksicht auf die eingetretene Zahlungsstockung ist den Börsen die Anregung gegeben worden, den Verkehr mit Effekten und Devisen am Montag und Dienstag einzustellen."[32]

---

28 Der Reichsregierung waren im Juli 1931 Mitteilungen des Inhalts zugegangen, die DeDi-Bank habe umfangreiche Leerverkäufe von Aktien der Danat-Bank vorgenommen. Außerdem warf man der DeDi-Bank vor, sie versuche auf diese Weise, gegenüber einem unliebsamen Konkurrenten zusätzlichen Druck auszuüben. Die DeDi-Bank hat solche Vorwürfe immer strikt von sich gewiesen, wie zum Beispiel aus einem Schreiben an den Reichskanzler vom 1.8.1931 sowie einem Vermerk der Reichskanzlei betreffs der Verkäufe von Danat-Bankaktien vom 11.8.1931 hervorgeht. BAK, R 43 I Nr. 646, Blatt 321-325.

29 Bemerkenswert ist, daß sich ausgerechnet der Präsident der Berliner Börse sowie Vorstand der DeDi-Bank ,Mosler, dafür aussprach, im Falle der ins Auge gefaßten Bankfeiertage den Börsenverkehr ruhen zu lassen und den Terminhandel bis auf weiteres überhaupt nicht mehr aufzunehmen. Ab August 1931 gehörte hingegen insbesondere Mosler zu den engagiertesten Verfechtern einer raschen Börsenwiederöffnung.

30 James (1988), S. 301.

31 ADR. Weimarer Republik, Die Kabinette Brüning I und II, 3 Bände, bearb. von T. Koops, Boppard a. R. 1982, Dok. Nr. 375, S. 1322 und Dok. Nr. 376, S. 1328ff. Eine detaillierte Schilderung der Ereignisse findet sich u.a. im „Bericht über die Entwicklung der außen-, innen- und wirtschaftspolitischen Lage über die sich überstürzenden Ereignisse vom Sonntag, den 12. Juli 1931". Nachlaß Hermann Pünder. BAK, NL 5, Nr. 139, Blatt 50.

32 Verordnung des Reichspräsidenten über die Darmstädter und Nationalbank vom 13.7.1931. RGBL 1931, Teil I, S. 369. Abdruck der WTB-Meldung in: BAK, R 43 I, Nr. 646, Blatt 179.

In einem ergänzenden Aufruf erläuterte die Reichsregierung der Öffentlichkeit die Gründe für die ergriffenen Maßnahmen in der Absicht, damit die Lage etwas zu beruhigen.[33] Die anfängliche Beschränkung der Maßnahmen auf die Danat-Bank erwies sich als ein Fehler. Denn jedermann sah in der Schließung der Schalter einer der Großbanken ein Zeichen dafür, daß das ganze deutsche Bankwesen erschüttert sei. Der zu erwartende Sturm auf die Schalter der noch offenen Banken setzte sofort ein. So blieb nichts übrig, als noch am gleichen Tage den 14. und 15. Juli zu allgemeinen Bankfeiertagen zu erklären.[34]

Während der Bankfeiertage regelte das Kabinett in mehreren kurzfristig geltenden Notverordnungen die Auszahlungsmodalitäten der Kreditinstitute und legte fest, welche Schritte zur Wiederingangsetzung des freien Bankenverkehrs ergriffen werden sollten.[35] Zwei materielle Voraussetzung waren dabei für die Wiederaufnahme des Zahlungs- und Überweisungsverkehrs unerläßlich: einmal die Einführung einer Devisenzwangswirtschaft, zum anderen eine Lockerung der quantitativen Kreditrestriktionsmaßnahmen.

Im Juli 1931 hätte Deutschland selbst unter Aufbringung aller verfügbaren Gold- und Devisenvorräte nur die Hälfte seiner innerhalb der nächsten sechs Monate fälligen kurzfristigen Schulden bezahlen können. Die Haltung der Reichsbank in der Frage der Börsenöffnung blieb in den nächsten Monaten maßgeblich von der Überlegung bestimmt, wie im Hinblick auf die Devisensituation die Abstoßung deutscher Effekten durch Ausländer baldmöglichst abzustoppen und die Überweisung von Erlösen aus solchen Verkäufen ins Ausland zu verhindern sei. Unter anderem um die Devisenvorräte der Reichsbank zu schützen, ging das Reich kurz nach Ausbruch der Bankenkrise zur Devisenbewirtschaftung über.[36] Bereits zwei Tage nach der Börsenschließung wurde eine „Verordnung über den Verkehr mit ausländischen Zahlungsmitteln“ erlassen, in die auch der Wertpapierverkehr mit einbezogen wurde.[37]

---

33 Erklärung des Reichskabinetts zur Bankenkrise. Schulthess' Europäischer Geschichtskalender, 1931, S.156f.

34 Verordnung des Reichspräsidenten über Bankfeiertage vom 13.7.1931. RGBL 1931, Teil I, S. 361.

35 Schulthess' Europäischer Geschichtskalender, 1931, S.159.

36 Vgl. James (1988), S. 368f. James (1985), S. 215ff. Irmler (1976), S. 301. Stucken (1964), S. 92 bzw. S. 99-103. Harald Lossos: Bilanz der deutschen Devisenbewirtschaftung, Jena 1940. Howard Ellis: Exchange Control in Central Europe, Cambridge/London 1941.

37 RGBL 1931, Teil I, S. 366f.

„Wertpapiere dürfen nur mit Genehmigung der zuständigen Stelle für Devisenbewirtschaftung in das Ausland oder Saargebiet überbracht werden. Nur mit Genehmigung der zuständigen Stelle für Devisenbewirtschaftung dürfen entgeldlich erworben werden: deutsche Auslandsbonds, ausländische Wertpapiere, die nicht an einer deutschen Börse zum Handel zugelassen sind, ausländische Wertpapiere, die an einer deutschen Börse zum Handel oder Freiverkehr zugelassen sind, wenn eine im Inland ansässige Person sie von einer im Ausland ansässigen erwirbt."[38]

Die Lockerung der Kreditrestriktionen glaubte die Reichsbank nur unter dem Schutz rigoroser Kreditverteuerung verantworten zu können. Daher erhöhte die Reichsbank den Diskontsatz mit Wirkung vom 16. Juli 1931 zunächst auf 10 v.H. und mit der völligen Aufhebung der Auszahlungsbeschränkungen für Bankeinlagen am 1. August sogar auf 15 v.H.[39] Als Termin für die Bankenöffnung resp. die Wiederaufnahme des Zahlungsverkehrs war der 5. August und für die Sparkassen der 8. August vorgesehen.[40] Bis dahin konnte kein amtlicher Börsenhandel stattfinden, da der für die Abrechnung der Wertpapiergeschäfte notwendige Zahlungsverkehr unterbrochen war.

4.3 Die Verhandlungen über eine Börsenöffnung im Juli / August 1931

Unmittelbar nach der Unterbrechung des amtlichen Börsenhandels breitete sich an den deutschen Börsen ein inoffizieller Wertpapierhandel aus. Bei den in der folgenden Zeit unter der Hand abgeschlossenen Geschäften, aber auch bei nur gesprochenen Kursen zeigte sich, daß ein immer weiter fortschreitender Kursverfall zu verzeichnen war. Dieser Kursrutsch veranlaßte einige der am Wertpapierhandel beteiligten Banken- und Börsenvertreter, keine allzu rasche Wiederöffnung des amtlichen Handels anzustreben.[41]

---

38 Ab dem 15. Juli galten Personen, die ihren ständigen Wohnsitz im Ausland hatten - ohne Rücksicht auf ihre Staatsangehörigkeit - als Ausländer im devisenrechtlichen Sinne. Schneider, August u. Dahlheim, Louis: Usancen der Berliner Fonds-Börse. Ein Handbuch zum praktischen Gebrauch für Börsen-Interessenten, bearb. von K. Hartung, 30. Aufl., Berlin 1932, S. 34.

39 Vgl. Irmler (1976), S. 291f.

40 Schulthess' Europäischer Geschichtskalender, 1931, S. 175.

41 Meyer (1931), S. 69.

Noch am 13. Juli wurde im preußischen Handelsministerium über die mit der Börsenschließung eingetretene Situation beraten.[42] Unter den Teilnehmern[43] war man sich einig, angesichts der Unübersichtlichkeit der Lage momentan keine definitive Entscheidung über eine Wiederaufnahme des amtlichen Börsenhandels treffen zu können. Deshalb verständigten sich die Behördenvertreter mit den Börsenvorständen der Börsen in Preußen darauf, daß auch nach Ablauf der Ruhetage am 16. Juli die Börsenschließung mindestens solange verlängert werden sollte, bis der freie Zahlungsverkehr der Banken wiederhergestellt worden sei. Das Wichtigste sei, jeglichen unstatthaften Wertpapierhandel, insbesondere die Abhaltung börsenmäßiger Versammlungen, durch Eingreifen der Börsenorgane zu verhindern.
Bezüglich der Situation im Terminhandel schilderte der Vorsitzende Direktor Ernst, daß im preußischen Handelsministerium verschiedene Möglichkeiten zur Abwicklung der mit über 1 Mrd. Reichsmark kreditfinanzierten Termingeschäfte erwogen worden waren. Am besten erschien es demnach, den Terminhandel auch nach der Börsenöffnung ausgesetzt zu lassen und die Abwicklung über den Kassamarkt durchzuführen.[44]
Der Vorsitzende des BBV, Mosler, legte zu diesem Vorschlag dar, daß es im Falle einer Umsetzung zweckmäßig erscheine, für bereits abgeschlossene Deckungsgeschäfte die Erfüllung des Grund- bzw. Kassageschäfts auf den Ultimo des laufenden oder sogar des nächsten Monats hinauszuschieben. Dieser Forderung schloß sich der Vorsitzende der Liquidationskasse, Dr. Gelpcke, an. Herr Oppenheimer vom Börsenvorstand in Frankfurt am Main erklärte sich ebenfalls mit Moslers Vorschlägen einverstanden. Der Vertreter der freien Makler, Seckelsohn, hielt hingegen einen Terminhandel in irgendeiner Form für notwendig. Wenn kein Terminverkehr ge-

42 Vermerk über die Besprechung vom 13.7.1931 im preußischen Handelsministerium. BAP, 31.01 Nr. 16942. Der Vermerk findet sich ebenso in: GStAPK, I. HA. Rep. 120, C XI 1, Nr. 45-5.

43 Anwesend bei dieser Besprechung waren: vom preußischen Handelsministerium Ministerialdirektor Dr. Ernst, der Staatskommissar bei der Berliner Börse ,Min.Rat Dr. Neufeld, Reg.Rat Sperl und Gerichtsassessor Martin, vom Reichswirtschaftsministerium Reg.Rat Kohler, außerdem Vertreter der Börsenvorstände der Börsen zu Berlin, Breslau, Magdeburg, Stettin, Köln, Frankfurt am Main, Düsseldorf, Essen und Hannover.

44 Regierungsseitig versuchte man, in den ersten Wochen nach der Börsenschließung auf die Banken moralischen Druck auszuüben, ihre Effektenkreditnehmer nicht durch die Nachforderung von Einschüssen zur Exekution zu treiben. Vgl. o.V.: Sorge um die Lombards, in: Berliner Tageblatt, Nr. 388 vom 19.8.1931, Morgen-Ausgabe, Berlin 1931, 2. Beiblatt.

stattet werden könne, müßten wenigstens sämtliche Terminpapiere sofort am variablen Markt notiert und für die Geschäfte in variablen Papieren gewisse Erleichterungen gewährt werden. Insbesondere solle die Erfüllung solcher Geschäfte erst zum Ultimo vorgesehen werden.[45]
Da keine Einigung erzielt werden konnte, wurde die Beschlußfassung zur Abwicklungsfrage der Terminengagements auf Vorschlag des stellvertretenden Vorsitzenden des BBV, Bergman, zurückgestellt. Es herrschte nur insofern Einvernehmen, daß gesetzliche Eingriffe in die Abwicklung möglichst vermieden werden sollten.[46]

> Am 25. Juli 1931 kam es - anders als bei der Sitzung am 13. Juli gewünscht - doch zu einer gesetzlichen Regelung des Terminhandels, indem die „Verordnung des Reichspräsidenten über die Abwicklung von Börsengeschäften" in Kraft gesetzt wurde.[47] Der Grundgedanke dieser Verordnung war, die schwebenden Terminengagements in halbmonatlichen bzw. monatlichen Abständen zwangsweise zu prolongieren. Dabei sollten immer niedrigere Prolongationskurse festgesetzt werden, um auf diese Weise die Basispreise der Terminengagements sukzessive den erheblich gesunkenen Kursen im außerbörslichen Handel anzupassen. Diese schonende Art der Abwicklung der Terminengagements fand im November 1931 ihr vorläufiges Ende. Alle nach dem 31.12.1931 noch auszugleichenden Terminengagements sollten bis Ende März 1932 unter Einsetzung der jeweiligen Tageskurse abgewickelt werden, während bis dahin immer zu höheren Kursen prolongiert worden war. Außerdem sollten bei Unterdeckung die Engagements wieder mit Nachschüssen versehen werden.

Abschließend legte Staatskommissar Neufeld dar, daß die bestehenden gesetzlichen Bestimmungen des Börsengesetzes für die geplante Unterdrückung nichtamtlicher Kursnotizen nicht ausreichten und eine gesonderte gesetzliche Regelung nötig sei.
Die Teilnehmer beschlossen nach eingehender Diskussion, ein Verbot von nichtamtlichen Kursmitteilungen im Wege der Notverordnung zu beantragen. Die Mitteilung amtlicher Börsenpreise des Auslandes sollte zugelassen werden.

---

45 Dieser Vorschlag Seckelsohns lief de facto auf die Einführung eines „Terminhandels durch die Hintertür" hinaus.

46 Bekanntmachung des Sekretariats des Berliner Börsenvorstandes vom 25.11.1931. GStAPK, I. HA Rep. 120, CXI 1 Nr. 45-5.

47 RGBL 1931, Teil I, S. 395.

Am 15. Juli erging eine Verordnung des Reichspräsidenten über die Veröffentlichung von Kursen. Gemäß § 1 durften Angaben nicht veröffentlicht werden, die sich auf Preise bezogen, zu denen ausländische Zahlungsmittel, die Reichsmark und Wertpapiere gehandelt, angeboten oder gesucht wurden. Diese VO trat am 16. Juli in Kraft.[48]

Wie sich in den ersten Tagen nach der Börsenschließung zeigte, lagen die Standpunkte der Beteiligten bezüglich der Frage, wie rasch eine Börsenöffnung angestrebt werden sollte, weit auseinander. Die Volkswirtschaftliche Abteilung der Reichsbank hat in einer Ausarbeitung die verschiedenen Argumente zusammengestellt.[49] Für eine baldige Aufnahme des amtlichen Börsenverkehrs sprach demnach:

1. Beschränkungen im normalen Funktionieren aller wirtschaftlichen Einrichtungen sollten prinzipiell möglichst bald wieder aufgehoben werden.
2. Eine lang andauernde Unterbindung des Börsenverkehrs stelle die Liquidität jeder Wertpapieranlage in Frage und zerstöre das Vertrauen zum Kapitalmarkt.
3. Solange durch Kredit-Restriktionen oder durch überhöhte Zinssätze die Kreditversorgung der Wirtschaft auf Schwierigkeiten stoße, sei die Börse oft der einzige Ort der Geldbeschaffung.
4. Das voraussichtlich niedrigere Kursniveau an der Wertpapierbörse werde evtl. Auslandskäufer anlocken und so zur Deviseneinfuhr beitragen.

Gegen eine baldige Aufnahme des amtlichen Börsenverkehrs sprach:

1. Aufgrund der noch nicht überwundenen Mißtrauenswelle stehe zu befürchten, daß ein starkes Wertpapierangebot (Verkaufsdruck) vom In- und Ausland zu weiteren starken Kursverlusten führen werde. Baissespekulationen würden diese Tendenz noch verstärken.
2. Eine dem entgegenwirkende Haussespekulation könne sich wegen des Geldmangels und der hohen Zinssätze kaum entwickeln, und außerdem sei die Aufnahmefähigkeit des Publikums zur Zeit sehr gering.
3. Kursstützungen bei Pfandbriefen und Aktien seitens der interessierten Banken wären mangels flüssiger Mittel kaum bzw. nur unter schweren Opfern möglich.

48 RGBL 1931, Teil I, S. 368.

49 „Soll der Börsenverkehr schon jetzt wieder aufgenommen werden?" Ausarbeitung der VoSta vom 22.7.1931. BAP. 25.01 Nr. 6484, Blatt 378-380.

4. Der zu erwartende Kursrückgang bedeute Buchverluste für Effektenbesitzer, die entsprechend dem Imparitätsprinzip am Bilanzstichtag auszuweisen seien. Bei weiterhin geschlossener Börse sei dagegen eine Bewertung der Wertpapierbestände zu den letzten amtlichen (also höheren) Börsenkursen möglich. Dies spiele vor allem für die Banken und die Versicherungen eine wichtige Rolle.
5. Sämtliche Lombarddepots bei der Reichsbank und ähnliche Pfandsicherheiten würden bei den zu erwartenden Kursrückgängen entwertet werden. Gegebenenfalls wären Exekutionen unvermeidbar, die weiter auf das Kursniveau drücken würden.
6. Die infolge der zu erwartenden niedrigen Kurse möglicherweise auftretenden ausländischen Käufe würden eine völlig unkontrollierbare, neue kurzfristige Auslandsverschuldung einleiten, die eines Tages fristlos liquidiert werden könnte und dadurch den Keim zu neuen großen Schwierigkeiten in sich trage.

Am 12. August fand unter dem Vorsitz von Handelsminister Schreiber eine weitere Besprechung von Bank- und Börsenvertretern aus Preußen im zuständigen Handelsministerium statt.[50] Der Vertreter der Hypothekenbanken, Geheimrat Schreyer, war der Ansicht, daß vor einer Wiedereröffnung der Börse unbedingt der Diskontsatz auf 8 und der Lombardsatz auf 9 v.H. zurückgenommen werden müsse.[51] Der Vertreter der Kölner Börse, Dr. Seligmann, erklärte, man solle vor einer Börsenöffnung das Ergebnis der laufenden Stillhalteverhandlungen abwarten.[52] Auch sei es sinnvoll, ein Auffangkonsortium für das zu erwartende Angebot in festverzinslichen Werten zu gründen. Die Vertreter der Breslauer, Hamburger, Essener und Düsseldorfer Wertpapierbörse schlossen sich im wesentlichen diesem Standpunkt an.

---

50 Vermerk des Reichswirtschaftsministers vom 18.8.1931 über die Sitzung am 12.8.1931 im preußischen Handelsministerium. BAP, 31.01 Nr. 16942.

51 Zur Entwicklung des Reichsbankdiskont- und -lombardsatzes während der Börsenschließung siehe Tabelle II-4D im Anhang.

52 Unter Beteiligung der Reichsbank wurden ab dem 14. August 1931 in Basel Verhandlungen mit den ausländischen Bankgläubigern geführt. Aus deutscher Sicht sollte dabei die Stillhaltung für alle kurzfristigen Auslandskredite einschließlich der ausländischen Reichsmarkguthaben bei deutschen Banken für mindestens sechs Monate erreicht werden. Die internationalen Gläubiger waren allerdings nicht zu einer so umfassenden Stillhaltung bereit. Das am 17. September in Kraft gesetzte Stillhalteabkommen entsprach dann auch eher den Vorstellungen der Gläubiger. Vgl. Born (1967), S. 146-149. Susanne Wegerhoff: Die Stillhalteabkommen 1931-1933. Internationale Versuche zur Privatschuldenregelung unter den Bedingungen des Reparations- und Kriegsschuldensystems, Diss. München 1982, S. 125-131.

Dagegen stellte das Vorstandsmitglied der DeDi-Bank, Mosler, als Vertreter der Berliner Börse fest, daß eine umgehende Wiederöffnung der Wertpapierbörsen im Interesse der deutschen Wirtschaft liege. Den Ausführungen der Vorredner könne er nicht zustimmen. Nachdem ein ungestörter Zahlungsverkehr der Banken wiederhergestellt worden sei, liege die wesentliche Voraussetzung für ein reibungsloses Funktionieren des Börsenverkehrs vor. Nach Ansicht des Präsidiums der Berliner Börse sei als günstigster Zeitpunkt einer Börsenwiederöffnung der 19. oder 20. August anzusehen. Seiner Ansicht nach sei der Reichsbankdiskont für den Wertpapiermarkt in keiner Weise maßgebend, da es sich hierbei um einen währungspolitischen Tendenzsatz handele. Außerdem sei bezüglich der geforderten Zinssenkung überhaupt kein genauer Zeitpunkt für eine Entscheidung abzusehen. Daß sich das Kursniveau bei Wiederöffung der Börsen um etwa 25 v.H. senken werde, müsse in Kauf genommen werden. Für ein Auffangkonsortium, wie es das preußische Handelsministerium plane, würde sich niemand bereit finden, solange keine realistische Aussicht bestehe, die Effekten in fünf bis sechs Monaten ohne Verlust wieder verkaufen zu können. Die weitere Diskussion brachte jedoch keine Annäherung der Standpunkte, so daß die Sitzung im Handelsministerium ohne greifbares Ergebnis schloß.

Tags darauf kam der Berliner Börsenvorstand zur Beratung über die Lage der Wertpapierbörsen in Preußen zusammen.[53] Der Vorsitzende Mosler berichtete zunächst über die Verhandlungen vom Vortag im preußischen Handelsministerium. Im Anschluß an die Ausführungen Moslers wurde das Präsidium von der Versammlung ermächtigt - vorbehaltlich der Zustimmung des preußischen Handelsministeriums[54] - eine Wiederaufnahme des amtlichen Berliner Börsenverkehrs zum 20. August vorzunehmen.[55] Sollte sich der preußische Handelsminister nicht entschließen können, für eine Wiederöffnung zu stimmen, so müßten wegen des bevorstehenden

---

53 Vermerk vom 13.8.1931 zur Beratung des Berliner Börsenvorstandes über die Wiederöffnung der Börse. BAP, 31.03 Nr. 45, Blatt 456-458.

54 Den Buchstaben des BG nach war der preußische Handelsminister als Börsenaufsicht allein für die Angelegenheiten der preußischen Börsen zuständig. De facto hätte er die Entscheidung über eine Börsenöffnung nur in Abstimmung mit der Reichsregierung treffen können.

55 Für die erste Zeit nach der Wiederöffnung der Börse sollten nach den Vorstellungen des BBV in allen Werten nur Kassakurse notiert werden. Die Feststellung dieser Kurse sollte *vorsichtig*, unter Berücksichtigung von noch zu bestimmenden Richtlinien, vonstatten gehen. Die Sonnabendbörsen im August und September sollten ausfallen.

Abwicklungzeitpunktes im Terminhandel zum Ultimo August neue Vorkehrungen getroffen werden. Ferner beschloß die Versammlung, dem preußischen Handelsminister noch am gleichen Tage die Auffassung des BBV in einer Eingabe zuzusenden. Außerdem sollte die Öffentlichkeit durch eine Pressenotiz über den Plan, die Börsenöffnung in Berlin zum 20. August anzustreben, in Kenntnis gesetzt werden.

Mosler verfaßte daraufhin ein Schreiben, in dem er das Einverständnis des Ministers erbat, den amtlichen Kassahandel in Berlin am 20. August wiederaufnehmen zu dürfen.[56] Jede Hinausschiebung dieses Zeitpunktes, auch nur um wenige Tage, würde es unmöglich machen, mit der Abwicklung der schwebenden Termingeschäfte Ende August zu beginnen. Es würden dann völlig neue, eine weitere Prolongation der Terminengagements nach sich ziehende Beschlüsse erforderlich werden. Verzögerungen des angestrebten Entschlusses zur Börsenöffnung würden die Unzuträglichkeiten wahrscheinlich verschärfen, statt sie abzuschwächen. Ausdrücklich spreche sich der Berliner Börsenvorstand deshalb gegen die von verschiedenen Provinzbörsen erhobene Forderung aus, die Börsenöffnung vom Stand der Stillhalteverhandlungen abhängig zu machen. Lasse man sich darauf ein, so würde auf diese Weise ein Junktim mit zeitlich nicht übersehbaren Folgen geschaffen. Angesichts der Dringlichkeit, die der Wiederöffnung der Börse für die gesamte Volkswirtschaft zukomme, sei kein Grund dafür anzuerkennen, die gebotenen Maßnahmen nicht in kürzester Frist zu treffen.

Bei den übrigen Börsenplätzen Preußens zeigte man sich merklich verstimmt, daß man der Berliner Verlautbarung nach eine Wiederaufnahme des amtlichen Handels plante, ohne den Konsens mit den Provinzbörsen zu suchen.[57] Aufgrund der heterogenen Struktur der Börsenplätze in Preußen müsse eine Entscheidung, die gut für Berlin sei, noch lange nicht gut für die übrigen Börsen sein. Nach wie vor bleibe man außerhalb Berlins der Ansicht, daß eine so rasche Börsenöffnung, wie vom BBV angestrebt, angesichts des ungeklärten Standes der Stillhalteverhandlungen und der momentanen Zinssätze ein außerordentliches Wagnis sei. Auch das Ar-

---

56 Schreiben des Berliner Börsenvorstandes vom 13.8.1931 an den preußischen Handelsminister. GStAPK, I. HA. Rep. 120, CXI 1 Nr. 45-4.

57 In der Kölnischen Zeitung fand sich der Abdruck einer öffentliche Stellungnahme der Provinzbörsen zu den Berliner Vorschlägen. Vgl. o.V.: Das Problem der Börsenwiederöffnung, in: Kölnische Zeitung vom 15.8.1931. Zeitungsausschnittssammlung der Reichsbank. BAP, 25.01 Nr. 1465.

gument des BBV, den Öffnungszeitpunkt in einen vermuteten Tiefpunkt der Kursentwicklung zu legen, mache ja nur dann Sinn, wenn die Wertpapierkurse in einem überschaubaren Zeitraum tatsächlich jenen Stand erreichten bzw. überschritten, den sie vor der Börsenschließung gehabt hätten. Sollte sich diese Entwicklung nicht einstellen, so werde jedoch ein weiteres Krisensignal in alle Welt ausgesandt. Dann stehe zu befürchten, daß kein ausländischer Gläubiger mehr zum Stillhalten zu bewegen sei.

Für das Reichsfinanzministerium spielte bei der Festlegung eines geeigneten Zeitpunktes der Börsenöffnung die Frage, in welchem Ausmaß mit einer Verkaufswelle von Reichstiteln zu rechnen sei, die entscheidende Rolle.[58] Am 13. August bat Reichsfinanzminister Dietrich den Unterabteilungsleiter im RFM, Ministerialdirektor Norden, um eine Mitteilung, ob - für den Fall der Börsenöffnung - erheblicher Abgabedruck von den Kapitalsammelstellen zu erwarten sei und ob in diesem Falle genügend Mittel zur Kursstützung der festverzinslichen Wertpapiere des Reiches zur Verfügung stünden.[59]
In seiner Vorlage an den Minister führte Norden u.a. aus, daß von kommunaler Seite, genauso wie von den Sparkassen, keine umfangreichen Abgaben festverzinslicher Wertpapiere zu erwarten seien. Bei der Kranken- und Unfallversicherung würden voraussichtlich ebenfalls keine Abgaben erfolgen. Die Invaliden- und Knappschaftsversicherung habe einen Bedarf von etwa 50 Mio. Reichsmark. Außerdem sei mit einem Druck von 150-200 Mio. Reichsmark aus Lombardengagements zu rechnen, so daß eine Gesamtsumme von 200 bis 250 Mio. Reichsmark erwartet werden könne. Nach den ihm vorliegenden Informationen habe die Stützung der Reichsanleihen in der Zeit von Anfang Juni bis Mitte Juli etwa 7 Mio. Reichsmark erfordert.
Große Kassenmittel zum Zwecke der Stützung der Reichsanleihen könne man nicht zur Verfügung stellen. Nach den vorläufigen Schätzungen über die Steuereingänge könne günstigstenfalls damit gerechnet werden, im August gerade so durchzukommen, wohingegen für den September 85 Mio. Reichsmark fehlen würden. Solange sich Bankdiskont und Lombardsatz auf dem derzeitig hohen Niveau bewegten, bedeute eine Wiederöffnung der Börse für die festverzinslichen Werte eine erhebliche Gefahr.

---

58 Im Reichsfinanzministerium war man der Ansicht, daß in den ersten Wochen nach Ausbruch der Bankenkrise speziell Ausländer versucht hätten, ihren Besitz an deutschen Wertpapieren auf dem außerbörslichen Markt zu verkaufen.

59 Schriftwechsel aus dem Reichsfinanzministerium vom 13. und 14. August 1931. BAK, R 2 Nr. 3295, Blatt 5-7.

Entschließe man sich unter Würdigung all dieser Aspekte trotzdem zur Börsenöffnung, so werde man hinsichtlich jener Reichstitel, die zum amtlichen Börsenhandel zugelassen seien, möglicherweise dazu kommen müssen, nur einen Teil ins Angebot aufzunehmen.

Auf Initiative des Berliner Börsenvorstandes fand unter dem Vorsitz des preußischen Handelsministers am 17. August eine Aussprache mit den Vorsitzenden der Berliner, Frankfurter und Kölner Börse sowie mit Vertretern des Privatbankierstandes statt.[60] Nach eingehender Aussprache und Austausch der bekannten Standpunkte[61] mußte der Preußische Minister für Handel und Gewerbe allerdings feststellen, daß dringende übergeordnete allgemeine Interessen eine Öffnung der preußischen Börsen im August nicht zuließen.[62] Nach allgemeiner Auffassung habe sich zwar die Höhe der Wertpapierkurse der Entwicklung anzupassen, die die volkswirtschaftlichen Verhältnisse genommen hätten. Dennoch erscheine es geboten, die Auswirkung bestimmter Maßnahmen abzuwarten, die darauf gerichtet seien, die außerbörsliche Abwicklung der Effektenkreditengagements schonend zu bewerkstelligen.[63] Da sich ein Zeitpunkt, zu dem die Vorbereitungen dieser Maßnahmen abgeschlossen seien, noch nicht genau bestimmen ließe, sei es auch nicht möglich, schon jetzt einen genauen Termin für die Öffnung der Börsen festzulegen.

---

60 Vermerk von Staatskommissar Neufeld über die Besprechung vom 17.8.1931 im preußischen Handelsministerium. BAP, 31.01 Nr. 16942. Über die Ergebnisse dieser Besprechung informiert auch: Schulthess' Europäischer Geschichtskalender, 1931, S. 184f.

61 Das Interesse der effektenbesitzenden Bevölkerungskreise erfordere eine möglichst baldige Wiederöffnung der Börsen, da nur an für die Öffentlichkeit transparenten Märkten und zu amtlich festgestellten und daher zuverlässigen Kursen ein geordneter Wertpapierhandel möglich sei.

62 Die Hauptbedenken gegen eine Börsenöffnung zum 20. August haben, folgt man einer zeitgenössischen Pressenotiz, in der über diese Besprechung berichtet wurde, offensichtlich dem Terminhandel gegolten. Man hoffte, in der Zeit, die man durch ein Hinauszögern der Börsenöffnung zur Verfügung hatte, konkrete Zusagen über zusätzliche Lombardkredite seitens der Reichsbank zu bekommen. o.V.: Börsenöffnung nicht vor Anfang September, in: BBZ vom 18.8.1931. Zeitungsausschnittssammlung der Reichsbank. BAP, 25.01 Nr. 1465.

63 Gedacht war daran, durch unmittelbare Vereinbarungen zwischen Verkäufern und Käufern größerer Posten von Wertpapieren, durch Erleichterung der Beleihung von Wertpapieren sowie durch eine nachsichtige Behandlung der durch Wertpapiere nicht mehr gedeckten Kredite den Effektenmarkt bei Börsenöffnung zu entlasten.

In einer zwei Tage später verfaßten Eingabe an den Preußischen Minister für Handel und Gewerbe bekundete der Berliner Börsenvorstand sein grundsätzliches Verständnis für den ablehnenden Beschluß.[64] Dennoch müsse lebhaft bedauert werden, daß die Börsen nicht, wie ursprünglich vorgesehen, am 20. August geöffnet werden könnten. Die inzwischen eingetretenen Ereignisse in der nationalen und internationalen Finanzwirtschaft hätten,[65] gerade unter den bei den diversen Verhandlungen betonten Gesichtspunkten, diesen Zeitpunkt zu einem für die Wiedereröffnung sehr geeigneten gemacht. Ob und wann in Zukunft ein Zeitpunkt hierfür ebenso günstig sein werde, könne unter den gegenwärtigen Verhältnissen nicht vorhergesagt werden. Trotzdem sei es dringend geboten, Klarheit zu schaffen, daß spätestens am 2. September die Wiedereröffnung bestimmt erfolge. Eine abermalige Hinausschiebung würde erhebliche Nachteile für die deutsche Volkswirtschaft bedeuten. Zu diesen Nachteilen gehörten nach Auffassung des BBV insbesondere: Störung des Effektenumlaufes, Fehlallokation des Anlagekapitals, Förderung „schwarzer" Börsen, Schädigung des legitimen Bankgeschäftes, Ausschaltung des Maklergewerbes.
Parallel dazu legte Börsenvorstandspräsident Mosler der Öffentlichkeit in einer dem Centralverband für das deutsche Bank- und Bankiersgewerbe nahestehenden Fachzeitschrift die (eben skizzierte) Auffassung des BBV zur Frage der Börsenöffnung ausführlich dar.[66]

Nach der Sitzung vom 17. August informierte das preußischen Handelsministerium die Kapitalsammelstellen darüber, daß man die Börsenöffnung verschoben habe, um einige Vorbereitungen zu treffen, die dazu dienen sollten, dem erwarteten Verkaufsdruck besser standhalten zu können. In diesem Zusammenhang bat man um Mitteilung, ob, und wenn ja, inwieweit die Kapitalsammelstellen bei den stark gesunkenen inoffiziellen Kursen bzw. bei zu erwartenden weiter sinkenden Kursen als Wertpapierkäufer auftreten könnten.[67] Zugleich nahm der preußische Handelsminister mit der Reichsbank Verhandlungen über die Möglichkeit der Gewährung zusätzlicher Lombardkredite an die Banken auf. Die Reichs-

64 Eingabe des Berliner Börsenvorstandes vom 19.8.1931 an den preußischen Handelsminister. BAK, R 2 Nr. 14684, Blatt 36f.

65 Am 19. August wurde in Basel das erste Stillhalteabkommen unterzeichnet. Schulthess' Europäischer Geschichtskalender, 1931, S. 514.

66 E. Mosler: Zur Wiederöffnung der Börse, in: Bank-Archiv. Zeitschrift für Bank- und Börsenwesen, 30. Jahrgang, Nr. 22, 1931, S. 481f.

67 Die Wirtschaftskurve, 9. Jahrgang, 1931, S. 245.

bank erklärte sich im Grundsatz zum Entgegenkommen gegenüber den Kreditbanken bereit, machte allerdings keine konkreten Zusagen.[68]

Während es nach dem negativen Ergebnis der Beratungen vom 17. August noch völlig offen schien, wann es zu der vom BBV geforderten Entschließung über eine baldige Börsenöffnung kommen werde, änderte sich innerhalb einer Woche die Lage völlig.

Am 24. August fand im Reichswirtschaftsministerium mit den Vertretern der Länder, dem Staatskommissar Neufeld sowie Reichsfinanzminister Dietrich eine Besprechung über die *bevorstehende Wiederöffnung der Effektenbörsen* im Reiche zum 3. September statt.[69]

Staatskommissar Neufeld führte einleitend aus, man sei zu der Überzeugung gelangt, auf einen regulären amtlichen Wertpapierhandel nicht länger verzichten zu können. Die Kurse, zu denen zur Zeit Wertpapiere umgesetzt würden, seien völlig unkontrolliert und das Publikum dementsprechend ungeschützt. Bisher habe die Gefahr bestanden, daß der hohe Reichsbankdiskont und die damit zusammenhängenden hohen Bankzinsen zum Verkauf von Wertpapieren reizten. Inzwischen habe man jedoch den Reichsbanksatz herabgesetzt. Mit einer weiteren Senkung könne, wenn auch nicht sofort, so doch in absehbarer Zeit gerechnet werden. Dennoch sei eine negative Auswirkung des immer noch hohen Zinsniveaus bei einer Wiederöffnung der Börse nicht auszuschließen. Deshalb müßten sich die Bemühungen darauf konzentrieren, einen allzu starken Kursdruck zu vermeiden. Das Wesentliche sei, daß in den Fällen, in denen Wertpapiere als Sicherheit für Kredite dienten, beim Schwachwerden des Pfandes keine Exekutionen stattfänden und überfällige Außenstände mit Schonung eingetrieben würden. Die Reichsbank, die Berliner Stempelvereinigung und der Sparkassen- und Giroverband hätten dies zugesagt.

Von den Sparkassen erwarte man nach den ihm vorliegenden Informationen keinen großen Verkaufsdrang. Von seiten der Sozialversicherungsträger sei in erster Linie die Invalidenversicherung zu Verkäufen genötigt. Hier habe man jedoch Absprachen mit den anderen Sozialversiche-

---

68 Die Reichsbank war damals hinsichtlich der Gewährung von Lombardkrediten insofern beschränkt, als Lombardpfänder zur Notendeckung nicht herangezogen werden durften. Daher wurde der Zeitpunkt der Börsenöffnung in Abhängigkeit von dem Grad der allgemeinen Inanspruchnahme der Reichsbank gebracht. Zunächst mußte man abwarten, wie sich die Anspannung des Noteninstituts zum August-Ultimo gestalten werde und ob bzw. in welchem Umfang im weiteren Verlauf eine Entlastung erzielt werde. o.V.: Sorge um die Lombards, in: Berliner Tageblatt, Nr. 388 vom 19.8.1931, Morgen-Ausgabe, Berlin 1931, 2. Beiblatt.

69 Vermerk des Reichsfinanzministeriums vom 25.8.1931. BAK, R 2 Nr. 3295, Blatt 9f.

rungsträgern getroffen. Diejenigen Institute, die Anlagebedarf hätten, wollten direkt Wertpapiere ankaufen, so daß die Verkaufsaufträge der Invalidenversicherung gar nicht an die Börse kämen. Zur Abstützung der Börsenöffnung plane man ferner, die Kursbildung nicht wie bisher allein durch die Makler, sondern unter Kontrolle von durch den Börsenvorstand bestellten Kommissaren vornehmen zu lassen. Obendrein sollten im Kassahandel nur Einheitskurse notiert werden. Für Kursabschläge wolle man eine Höchstgrenze festlegen, deren Überschreitung automatisch zu einer Kursstreichung führe. Bei den festverzinslichen Werten habe das preußische Handelsministerium vorgeschlagen, mit einer Stützung erst dann zu beginnen, wenn der Kurs 10 bis 15 v.H. unter den letzten amtlich notierten Kurs zurückgefallen sei.[70]

4.4 Wiederaufnahme des Kassahandels und erneute Börsenschließung im September 1931

Als am Donnerstag, dem 3. September, die Wertpapierbörsen wieder für den Kassahandel geöffnet wurden, kam es sowohl am Aktien- als auch am Rentenmarkt zu zahlreichen Kursstreichungen. Man wollte offenbar nicht das volle Ausmaß des Kursrückgangs sichtbar werden lassen.[71] Bei geringen Umsätzen betrugen die Kursrückgänge am Aktienmarkt in den ersten Tagen (gegenüber Juli) ca. 25 v.H.[72] Die Verkaufsaufträge stammten in erster Linie aus dem Deckungsbedürfnis der Spekulation für die noch nicht abgewickelten Terminengagements und aus dem Entlastungsbedürfnis von Kapitalisten, deren Effektenbesitz zur Sicherung von Krediten verpfändet war. Erst nachdem die Großbanken bekanntgegeben hatten, auch im Falle des Hervortretens von Blankoteilen bei Kreditengagements keine Exekutionen vorzunehmen, ging die Anzahl der Verkaufsaufträge zurück.

Der Rentenmarkt, dem im August die Hauptsorge gegolten hatte, war dagegen etwas stabiler als der Aktienmarkt. Freilich konnten auch hier wegen des übermäßigen Angebots für viele Werte nur Briefkurse notiert

---

70 Am 11. Juli, dem letzten offiziellen Börsentag, notierte z.B. die Anleiheablösungsschuld mit Auslosungsrechten (Altbesitz) bei 49,5 v.H.; die 7% Reichsanleihe von 1929 (Hilferdinganleihe) bei 91,25 v.H.; die 6% Reichsanleihe von 1927 (Reinholdanleihe) bei 78 v.H. BAK, R 2 Nr. 3295, Blatt 10.

71 o.V.: Gestörtes Gleichgewicht, in: Frankfurter Zeitung, Abendblatt vom 6.9.1931, Frankfurt a.M. 1931, S. 5.

72 Georg Katona: Die erste Börsenwoche, in: Der Deutsche Volkswirt, 5. Jahrgang, 2. Halbband, Berlin 1931, S. 1685f.

oder Teilausführungen zugelassen werden. Darüber hinaus waren am Rentenmarkt Bewertungsunterschiede zwischen den einzelnen Rentengruppen festzustellen, wie sie nie zuvor am deutschen Anleihemarkt verzeichnet worden waren.[73] Nachfrage war im wesentlichen nur für Pfandbriefe und Industrieobligationen vorhanden.

Am Montag, dem 7. September, sanken die Aktienkurse nicht mehr. Dennoch bot auch das mittlerweile erreichte niedrigere Niveau dem Publikum zunächst nur wenig Anreize für Neuengagements. Überraschenderweise herrschte dann am 9. und 10. September eine so große Nachfrage, daß diese nur teilweise bei sprunghaft steigenden Kursen befriedigt werden konnte.[74] Die Nachfrage stammte überwiegend aus den Kreisen des sogenannten „kleinen Publikums", der Kundschaft der Depositenkassen. Nach dieser kurzen freundlicheren Periode setzte, durch Gewinnmitnahmen und Exekutionen hervorgerufen, am 11. September erneut ein Kursrückgang ein.[75] Und Ende der folgenden Woche brachen die Kurse am Aktien- und Rentenmarkt auf breiter Front stark ein.[76] Dem umfangreichen Wertpa-

---

73 Auf der einen Seite standen die Pfandbriefe, deren Rendite weniger als 9% betrug. Auf der anderen Seite wiesen die kurzfristigen öffentlichen Schulden die höchsten Renditen von bis zu 30% auf. Zur Erklärung dieser extrem unterschiedlichen Notierungen der festverzinslichen Werte wurde von Zeitgenossen vor allem auf irrationale Motive verwiesen. So übe das Wort „Pfandbrief" eine große Anziehungskraft aus, während das Wort „kommunal" abstoße. Daneben seien Anfang September Gerüchte über eine drohende Zwangsprolongierung der kurzfristigen öffentlichen Schuld oder über Zinsherabsetzungen in Umlauf gewesen. Ebd. S. 1685f.

74 Möglicherweise standen die Kurssteigerungen im Zusammenhang mit den Erwartungen einer für das Reich vorteilhaften Lösung der Reparationsfrage. Vgl. James (1985), S. 218ff., 261f. Luther (1961), S. 204ff. Bonn (1932), S. 385.

75 In dieser kritischen Situation wurden wieder Stimmen laut, die Börse zu schließen. Nach den Aufzeichnungen im Tagebuch von Reichsbankpräsident Luther hatte dieser am Montag, dem 14.9.1931, u.a. ein Gespräch mit Sobernheim und Reinhart (Vorstandsmitglieder der Commerz- und Privatbank), bei dem auch über die schlechte Börsenlage gesprochen wurde. Auf die Forderung Sobernheims, geeignete Maßnahmen zu ergreifen, erwiderte Luther, daß ja im wesentlichen nur ein Verkaufsverbot für die in den Händen von Ausländern befindlichen Wertpapiere oder eine erneute Schließung der Börse in Betracht käme. Das alles könne man doch nicht auf Grund der Besorgnis einiger schlechter Börsentage in Betracht ziehen. Reinhart stimmte zu. BAK, NL 9 Nr. 366.

76 Der Kurseinbruch am Rentenmarkt vom 19. September fand in der Presse wesentlich stärkere Beachtung als der gleichzeitig stattfindende Rückgang der Aktienkurse. Nach Auffassung der Reichsbank hing dies möglicherweise damit zusammen, daß am Aktienmarkt aufgrund der weltwirtschaftlichen Produktionsschrumpfung eine allgemein Minderbewertung der Aktienkurse erklärlich und damit weniger spektakulär erschien. Dagegen sei der Kurseinbruch am Rentenmarkt als Zeichen

pierangebot stand so gut wie keine Nachfrage gegenüber, so daß nur kleine Volumina umgesetzt werden konnten.[77] Die pessimistische Grundeinstellung im Börsenpublikum wurde darüber hinaus durch in der Öffentlichkeit umlaufende Gerüchte, daß von „gewöhnlich gut informierten Börsenkreisen" auf eine weitere Baisse spekuliert werde, verstärkt.[78]

Ob nun aus spezifisch auf die Situation an den deutschen Wertpapierbörsen zurückzuführenden Gründen in den nächsten Tagen mit einer erneuten Börsenschließung zu rechnen gewesen wäre, ist schwer zu sagen. Die überraschende Erklärung der englischen Regierung am Abend des 20. September, den Goldstandard aufzugeben, hat diese Entscheidung vorweggenommen.[79]

Noch am 21. September erklärten die Börsenvorstände einiger Provinzbörsen, daß sie es vor dem Hintergrund der schlechten Erfahrungen mit dem eingeschränkten Kassahandel und im Interesse der deutschen Gesamtwirtschaft für notwendig hielten, alle deutschen Börsen so lange geschlossen zu halten, bis auf Grund der wirtschaftlichen und politischen Verhältnisse ein wirkliches Funktionieren des Börsenverkehrs gewähr-

---

zu werten, daß das Vertrauen in die deutsche Kreditwürdigkeit schwinde. Ausarbeitung der VoSta vom 19.9.1931 zum Thema: „Zuspitzung der Börsenlage". In dieser Ausarbeitung nahm die VoSta eine Zusammenstellung verschiedener Pressestimmen vor. BAP, 25.01 Nr. 6493, Blatt 49-52.

77 Vgl. Die Wirtschaftskurve, 9. Jahrgang, 1931, S. 246.

78 In den Sommerwochen nach der Julikrise kamen immer wieder Gerüchte auf, daß sich gewisse Kreise durch gezielte Baissemanöver zu bereichern suchten. Interessant erscheint in diesem Zusammenhang, daß der Vizepräsident des Reichstages, Oberbaurat Hans Rauch, die Behörden seit Juni 1931 mit zahlreichen Eingaben beschäftigte, in denen er Mutmaßungen über „Kräfte, die eine bewußte Baissespekulation betrieben" anstellte. Amtlicherseits wurde auf die Eingaben Rauchs stets beschwichtigend geantwortet. So zum Beispiel in einem Schreiben des Staatssekretärs im Reichswirtschaftsministeriums vom 28.8.1931, einem weiteren Schreiben des Staatssekretärs in der Reichskanzlei vom 2.9.1931 oder im Schreiben des Staatskommissars bei der Berliner Börse vom 11.9.1931. In diesbezüglichen internen Vermerken der Reichskanzlei kam dagegen zum Ausdruck, daß man durchaus die von Rauch vermuteten Baissemanöver „bestimmter Bank- und Börsenkreise" für möglich hielt. BAK, R 43 I Nr. 2126, Blatt 97f. und 107f.

79 Reichsbankpräsident Luther schrieb am 21. September in sein Tagebuch: „Um 10 Uhr rief ich verabredungsgemäß die Reichsbank an und erfuhr ..., dass gestern England die Goldeinlösungspflicht aufgehoben hat ... dass New Yorker Börse geschlossen sei und auch die deutsche Börse geschlossen werde." BAK, NL 9 Nr. 366.

leistet sei.[80] Den Verkäufern von Wertpapieren müßten wenigstens die zu einer regulären Kursermittlung notwendigen Käufer gegenüberstehen. Die minimalen Umsätze, wie sie derzeit an der Tagesordnung seien, müßten in vielen Fällen zu rein fiktiven Kursbildungen und zu so vielen Kursstreichungen führen, daß ein vollkommen falsches Bild entstehe. Auch die erhofften Käufe des Auslandes seien bislang ausgeblieben. Die durch das Stillhalteabkommen dem Ausland gegebene Möglichkeit, sich durch Effektenverkäufe Devisen zu beschaffen, habe im Gegenteil einen weiteren Druck auf die Kurse ausgeübt. Bei der inländischen Bevölkerung habe sich bei dieser Sachlage eine regelrechte Panikstimmung breitgemacht. Das Publikum habe zu Verkäufen gedrängt, um die noch letzten Vermögensreste zu retten. Gerade der Mittelstand, durch die Inflation schon einmal seines Sparkapitals beraubt, befürchte nun, zum zweiten Mal eine fast völlige Vernichtung seines Vermögens hinnehmen zu müssen.

Der Wirtschaftsausschuß des Kabinetts beschloß am 22. September auf Wunsch der Reichsbank, eine für die nächsten Tage vorgesehene Vollversammlung der Börsenvorstände zur Frage der Börsenwiederöffnung zu vertagen.[81] Reichsbankpräsident Luther verwies in seiner Begründung vor allem auf die nicht sorgfältig genug vorbereitete Börsenöffnung Anfang September. Die Wirtschaft wie die gesamte Öffentlichkeit sei an dem Bestehen eines Börsenverkehrs nur insoweit interessiert, als das richtige Funktionieren desselben gewährleistet sei. Wie der Fehlschlag mit dem eingeschränkten Kassahandel im September gezeigt habe, könne dies zur Zeit nicht sichergestellt werden. Außerdem sei die Gefahr des Verkaufes von Wertpapieren durch Ausländer nach den englischen Vorgängen so groß, daß die Notwendigkeit eines Moratoriums vor der Tür stehe.

80 In einem Telegramm vom 21.9.1931 an Reichskanzler Brüning betonte der Vorstand der Hamburger Wertpapierbörse, daß sich Hamburg seinerzeit nur widerstrebend einer Wiederöffnung der Börsen angeschlossen habe. Wie die Entwicklung nun gezeigt habe, sei die damalige Entscheidung zur Börsenöffnung ein Fehlschlag gewesen. Deshalb rate der Börsenvorstand dringend dazu, von einer vorzeitigen Wiederöffnung der deutschen Börsen abzusehen. Gleicher Meinung wie Hamburg seien auch die Börsenvorstände von Breslau und München. BAK, R 43 I Nr. 2126, Blatt 114-119. Ähnlich wie der Hamburger Börsenvorstand äußerte sich auch der Kölner Börsenvorstand in einem Schreiben vom 21.9.1931 an den Preußischen Minister für Handel und Gewerbe. BAP, 31.01 Nr. 16942.

81 Tagebuchaufzeichnung Luthers vom 22.9.31 über die Sitzung des Wirtschaftsausschusses des Kabinetts. BAK, NL 9 Nr. 366.

In den ersten Tagen nach der britischen Pfundfreigabe sprachen sich lediglich die Börsenvorstände von Berlin und Frankfurt für eine sofortige Öffnung der Börsen aus.[82] Bei einer am 23. September im preußischen Handelsministerium abgehaltenen Besprechung, nahm man - da zwischen der Haltung der preußischen Provinzbörsen und der Auffassung von Berlin und Frankfurt keine Übereinstimmung erzielt werden konnte - als Kompromiß in Aussicht, die Börsen am Dienstag, den 29. September wieder zu öffnen.
Am darauffolgenden Tag lehnte jedoch Reichsbankpräsident Luther dem preußischen Handelsminister gegenüber eine Wiederöffnung der Börsen vor Anfang Oktober entschieden ab.[83] Die Reichsbank müsse sowieso schon 400 Mio. Reichsmark in Devisen abgeben (250 Mio. Transferdevisen und 150 Mio. aus der Stillhaltung). Deshalb könne sie sich der Gefahr eines weiteren Devisenabflusses durch die Börsenöffnung nicht aussetzen. Der preußische Handelsminister wollte sich mit dieser Antwort nicht zufriedengeben und suchte am 26. September den Reichsfinanzminister auf. Doch auch der Reichsfinanzminister stellte klar heraus, daß man regierungsseitig diesmal auf eine möglichst lange Unterbrechung des Börsenhandels Wert legen würde. Auf alle Fälle sei eine Schließung über den 1. Oktober hinaus notwendig.

Bereits in den ersten Tagen nach der erneuten Börsenschließung traf sich das Börsenpublikum in Berlin zu einer Art Ersatzbörse in einem dem Börsengebäude nahe gelegenen Restaurant.[84] Da man auch diese „wilde Versammlung“ untersagte, entwickelte sich ein Wertpapierverkehr am Telefon, den eine Gruppe von Maklern und Banken in der Folgezeit systematisch ausbaute.
Als sich immer mehr Banken und Bankiers über direkte Telefonleitungen miteinander verbinden ließen, nahmen Anzahl und Umsatz der telefonisch abgewickelten Geschäfte rasch zu.[85] Dieser Telefonhandel funktionierte ohne die Vermittlungsfunktion eines Maklers, und deshalb war der Großteil der freien und amtlichen Makler (soweit diese nicht selbst Teil-

82 Vermerk von Min.Rat Bayrhoffer vom 26.9.1931 über die Vorgänge seit dem 23.9.1931. BAK, R 2 Nr. 14684, Blatt 43.
83 Vgl. ebd.
84 Die Börsenräume blieben in Berlin zwar noch bis zum 30. Oktober geöffnet, allerdings wurde streng darüber gewacht, daß diese nur für zwanglose Gespräche und nicht zum Wertpapierhandel genutzt wurden.
85 Protokoll der Sitzung des Generalrates der Reichsbank vom 16.11.1931. BAP, 25.01 Nr. 6821, Blatt 272.

nehmer am Telefonhandel waren) zur Untätigkeit verurteilt. Verständlicherweise protestierten vor allem die in ihrer wirtschaftlichen Existenz bedrohten Vermittler gegen diesen ihrer Ansicht nach unhaltbaren Zustand.[86] Aus Sicht der Makler bestand, nachdem im internationalen Umfeld die Börsen innerhalb einer Woche wieder in Funktion getreten waren, auch für die deutschen Wertpapierbörsen keine Veranlassung, die Schließung aufrechtzuerhalten. Wenigstens sollte so bald als möglich ein sogenannter freier Handel vom Börsenvorstand zugelassen werden. Der unter gänzlichem Ausschluß der Öffentlichkeit stattfindende Telefon-Effektenhandel sei unter den Aspekten der Transparenz der Kursbildung und der Funktionsfähigkeit des Wertpapiermarktes insgesamt weitaus schlechter zu beurteilen als ein freier Verkehr.

4.5 Wirtschaftspolitische Bedenken gegen eine rasche Börsenwiederöffnung im Herbst 1931

Am 3. Oktober wurde im Zuge der „Vierten Verordnung über die Veröffentlichung von Kursen“ die Bekanntmachung der im Telefonhandel ermittelten Kurse untersagt.[87] Das Publikum mußte sich mit den von den Banken gestellten Kursen zufrieden geben, ohne eine Vergleichsmöglichkeit für deren Marktgerechtigkeit zu haben, und somit war der Manipulation Tür und Tor geöffnet.[88] Das Kursveröffentlichungsverbot hatte u.a. zur Folge, daß Insider (z.B. Bankangestellte) ihre Kenntnis von kursrelevanten Tatsachen oder der Orderlage zum eigenen Vorteil ausnützen konnten.[89] Deshalb war insbesondere dem privaten Publikum an einer raschen Wiederherstellung eines regulären Börsenverkehrs gelegen.

---

86 o.V.: Scharfe Proteste der Börsenmakler, in: Berliner Tageblatt vom 24.9.1913. Zeitungsausschnittssammlung der Reichsbank. BAP, 25.01 Nr. 1466.

87 RGBL 1931, Teil I, S. 570.

88 In der Presse erschienen im Herbst 1931 zahlreiche Beiträge darüber, daß es aufgrund der Unübersichtlichkeit im inoffiziellen Telefonhandel zu umfangreichen Betrügereien und Übervorteilungen des Publikums gekommen sei. So zum Beispiel in den Berliner Börsenberichten vom 8.10.1931. BAK, R 2 Nr. 14684, Blatt 46f.

89 Ein Insider nutzt Insiderwissen aus, wenn er für sich oder einen anderen seinen Wissensvorsprung in der Hoffnung und mit der Zielsetzung einsetzt, für sich oder einen anderen einen wirtschaftlichen Vorteil zu erlangen, der als Verstoß gegen den Grundsatz der Chancengleichheit der Anleger am Wertpapiermarkt angesehen und mißbilligt wird. Vgl. dazu auch die Begründung der Bundesregierung zum Gesetzentwurf des zweiten Finanzmarktförderungsgesetzes. Deutscher Bundestag - 12. Wahlperiode. Drucksache 12/6679.

Am 5. Oktober hatte die Inanspruchnahme des Rediskonts der Reichsbank einen Umfang angenommen, der um rund 1,7 Mrd. Reichsmark über dem Vorjahresniveau lag. Die Volkswirtschaftliche Abteilung der Reichsbank wies in einer Ausarbeitung darauf hin, daß der Zahlungsmittelumlauf momentan eine künstliche Aufblähung erfahre und gleichzeitig die Gold- und Devisenreserven schwänden.[90] Die gesetzliche Notendeckung sei mittlerweile auf 31,2 v.H. gesunken. Trotz Devisenzwangswirtschaft und Stillhalteabkommen drohe in absehbarer Zeit ein Erschöpfen der freien Gold- und Devisenreserven unter weiterer außergewöhnlicher Ausdehnung des Notenumlaufes mit der Gefahr einer stillen Inflation. Die Lage sei ernst und erfordere sofortiges Handeln, wobei im Mittelpunkt Abwehrmaßnahmen gegen eine weitere Zuspitzung der bedrohlichen Devisensituation stehen müßten.[91] Das Ausland habe die Wiedereröffnung der deutschen Börsen im September zum Anlaß genommen, sich großer Teile seines deutschen Effektenbesitzes zu entledigen und den Markerlös in Devisen umzuwandeln.[92] Auch deutsche Reichsangehörige hätten sich unter Beteiligung ausländischer Mittelspersonen auf diesem Weg Valuten beschafft. Die erneute Börsenschließung schiebe dieser Entwicklung nur teilweise einen Riegel vor. Zwar würden von den Devisenbewirtschaftungsstellen keine Devisen zur Konvertierung des Markerlöses aus den Abschlüssen im Telefonverkehr bewilligt. Die Statistiken der Reichsbank zeigten aber, wie der Devisenbestand weiter abnehme, so daß ganz offensichtlich Lücken in diesem System vorhanden seien.[93] Vom in- und ausländischen Publikum würden immer neue Methoden zur Umgehung

---

90 Ausarbeitung der VoSta vom 5.10.1931: „Welche sofortigen Maßnahmen erfordert die augenblickliche Situation der Reichsbank?“. BAP, 25.01 Nr. 6493, Blatt 89f.

91 Vgl. o.V.: Angespannter Geldmarkt. Starke Devisenabzüge., in: Berliner Tageblatt vom 1.10.1931. o.V.: Die deutschen Börsen im Dunkeln, in: Finanz und Wirtschaft (Zürich) vom 18.10.1931. Zeitungsausschnittssammlung der Reichsbank. BAP, 25.01 Nr. 1466.

92 Die Stillhalteverhandlungen wären im August fast an der Frage der Markguthaben gescheitert. Nur durch erhebliche Konzessionen deutscherseits konnte schließlich in Basel eine Einigung erzielt werden. Gemäß § 18 der Stillhaltevereinbarung waren die auf Reichsmark lautenden Guthaben ausländischer Gläubiger von der Stillhaltung ausgenommen. Überdies war von den deutschen Vertretern in Basel mündlich zugesagt worden, daß auch der Umtausch der Erlöse von Effektenverkäufen durch Ausländer in Devisen nicht behindert werde. Vgl. Born (1967), S. 149. Jung (1932), S. 70. Schulthess' Europäischer Geschichtskalender, 1931, S. 508f.

93 Diese Argumentation der Volkswirtschaftlichen Abteilung fand sich dann auch im Verwaltungsbericht der Reichsbank für das Jahr 1931, Berlin 1932, S. 9f. BAK, RD 51/3, sowie im Deutschen Volkswirt wieder. Vgl. Der deutsche Volkswirt, 6. Jahrgang, 1. Halbband, Berlin 1931/32, S. 206.

der Devisenbestimmungen ausgeklügelt, so daß im Gegenzug von amtlicher Seite eine ständige Verfeinerung der einschlägigen Gesetze und Verordnungen und ein weiterer Ausbau der Kontrollmaßnahmen erfolgen müsse.[94]

Immer deutlicher zeichnete sich ab, daß zunächst eine grundsätzliche Lösung des Problems der Devisenabflüsse herbeigeführt werden mußte, bevor an eine Wiederöffnung der Börse zu denken war.

Am 7. Oktober wandte sich BBV-Präsident Mosler an den stellvertretenden Reichswirtschaftsminister.[95] Der Börsenvorstand zu Berlin sei sich bei seiner Entschließung am 28. September entsprechend dem Ersuchen des preußischen Handelsministers, Versammlungen der Wertpapierbörse bis auf weiteres ausfallen zu lassen, bewußt gewesen, daß dadurch von neuem eine schwere Störung der deutschen Wirtschaft verursacht werde. Auf der anderen Seite habe man im BBV anerkannt, daß die dem Ausland eröffnete Möglichkeit, den Gegenwert für im Börsenhandel verkaufte Wertpapiere in Devisen umzuwandeln, bei der gegenwärtigen Devisenlage des Reiches ein gewichtiges Argument gegen die Wiederaufnahme des amtlichen Börsenhandels darstelle. Unterdessen sei die befürchtete Störung im Wirtschaftsleben und insbesondere am Wertpapiermarkt in vollem Umfang eingetreten. Das Bedürfnis des breiten Publikums nach einem Markt für Wertpapiere trete immer stärker hervor. Der Telefonverkehr sei kein Ersatz für den amtlichen Handel, sondern vielmehr eine Quelle zahlreicher Beschwerden.[96]

---

94 Im Gegensatz zu den Ausführungen der Reichsbank argumentierte jüngst Holtfrerich, daß mit der Einführung der Devisenbewirtschaftung Ende Juli 1931 eine außenpolitische Absicherung für expansive Geld- und fiskalpolitische Maßnahmen eingerichtet war, *die eine massive Kapitalflucht ins Ausland und Inflation im Inland verhindert hätte.* Carl-Ludwig Holtfrerich: Zur Debatte über die deutsche Wirtschaftspolitik von Weimar zu Hitler, in: Vierteljahreshefte für Zeitgeschichte, 2. Band, München 1996, S. 123f.

95 Schreiben des Berliner Börsenvorstandes Mosler vom 7.10.1931 an den stellvertretenden Reichswirtschaftsminister. BAK, R 43 I Nr. 2126, Blatt 125f.
In diesem, aber auch in anderen hier zitierten Aktenstücken wird der Begriff „stellvertretender Reichswirtschaftsminister" gebraucht. Tatsächlich hat es sich dabei um Staatssekretär Trendelenburg gehandelt, der mit der Wahrnehmung der Geschäfte des Reichswirtschaftsministers betraut war, seit Dietrich ins Finanzministerium gewechselt war und bis Warmbold Reichswirtschaftsminister wurde.

96 Interessanterweise war es das Vorstandsmitglied der Deutschen Bank, der Berliner Börsenpräsident Mosler, der sich Herbst 1931 vehement für eine rasche Börsenöffnung einsetzte. Als Interessenvertreter einer am Telefonhandel teilnehmenden Großbank hätte man eigentlich erwarten können, daß Mosler eher an einem Andau-

Die baldige Wiederöffnung der Börse sei außerdem das einzige Mittel, um die Entstehung eines umfangreichen außerbörslichen Wertpapierhandels zu verhindern, welcher die Börsen auch langfristig zu schädigen drohe. Nach Ansicht des BBV liege es im dringenden volkswirtschaftlichen Interesse, baldmöglichst den amtlichen Börsenhandel wiederherzustellen. Deshalb sollten regierungsseitig unverzüglich Schritte zur Änderung der Basler Abmachung eingeleitet werden, aus der sich die Verpflichtung der Reichsbank zur Hergabe von Devisen gegen die Erlöse aus Effektenverkauf ergäbe.

Reichsbankpräsident Luther erklärte gegenüber dem Reichswirtschaftsminister, daß mit Rücksicht auf die Basler Verhandlungen eine Transfersperre des Erlöses aus Wertpapierverkäufen nicht möglich gewesen sei.[97] Die interne Vereinbarung der Banken, Verkaufsorders von Ausländern nicht auszuführen, genüge erwartungsgemäß nicht. Das gleiche gelte von den anderen börsentechnischen Maßnahmen, wie z.B. Streichung von Kursen. Luther sah sich angesichts der angespannten Devisenlage außerstande, durch die Ingangsetzung eines Freiverkehrs oder gar amtlichen Handels erneut eine legale Möglichkeit für ausländische Effektenbesitzer zu schaffen, ihre Wertpapiere zu Lasten der schon arg zusammengeschmolzenen Devisenpolster der Reichsbank zu veräußern.

Am 20. Oktober wandte sich Mosler in der Frage der Börsenöffnung direkt an den Reichsbankpräsidenten.[98] Auf Börsenseite habe man mittlerweile akzeptiert, daß dem zur Zeit höchsten Ziel deutscher Finanzpolitik, dem Schutz der Währung, Rechnung zu tragen sei.[99] Daher stimme er mit

---

ern dieser Situation interessiert gewesen wäre. Sein energisches Eintreten für eine rasche Börsenöffnung deutet angesichts dieser Umstände darauf hin, daß er den hohen Stellenwert erkannt hatte, der der Wiederherstellung eines transparenten, organisierten Börsenmarktes für die prinzipielle Neigung des Publikums, sich in Wertpapieren zu engagieren, zukam.

97 Protokoll Luthers über eine Besprechung vom 19.10.1931 beim Reichswirtschaftsminister über Devisenfragen. BAK, NL 9 Nr. 337.

98 Schreiben Moslers vom 20.10.1931 an den Reichsbankpräsidenten. GStAPK, I. HA. Rep. 120, CXI 1 Nr. 45-5.

99 In einem Telegramm Reichskanzlers Brüning an die Botschaft in Washington vom 18. Oktober 1931 heißt es u.a., daß die deutsche Regierung ihre wichtigste Aufgabe zur Zeit darin sehe, das privatwirtschaftliche System zu retten, *die Währung zu erhalten* und die privaten Auslandsschulden abzutragen. Dieses Ziel nehme gegenwärtig alle Kräfte in Anspruch. Akten zur Deutschen Auswärtigen Politik 1918-1945. Serie B: 1925-1933, Band XIX, 16. Oktober 1931 bis 29. Februar 1932, Dok. 4, Göttingen 1983, S. 13.

Luther überein, keinerlei die Devisenlage gefährdenden Maßnahmen zu treffen. Unstrittig sei allerdings auch, daß dringende volkswirtschaftliche Interessen eine baldige Wiederherstellung des amtlichen Börsenverkehrs erheischten. Auf Dauer sei es unmöglich, den jetzigen Zustand des Wertpapierhandels fortbestehen zu lassen. Gegenwärtig spiele sich der Wertpapierhandel in Berlin selbst und von Berlin aus im Telephonverkehr ab. Obwohl er beachtliche Umsätze aufweise, lasse der Telephonhandel wesentliche wirtschaftliche Bedürfnisse eines geordneten Wertpapierhandels unbefriedigt. So beschränke er sich nur auf jenen Kreis des inländischen Publikums, der von seinem Vorhandensein unterrichtet und die Banken darauf anzusprechen in der Lage sei. Der gegenwärtige Zustand sei durch mangelnde Markttransparenz gekennzeichnet, da keine ordnungsgemäße Kursfeststellung und keine Veröffentlichung der Kurse stattfinde. Von diesen Nachteilen würde nur ein kleiner Teil beseitigt, wenn man einen sogenannten „freien Verkehr" an der Börse zuließe und damit einen Zustand wie in den Jahren von 1915 bis 1917 herstellte.
Nach Auffassung des BBV sprächen somit alle Erwägungen dafür, möglichst bald den amtlichen Börsenhandel wiederaufzunehmen und Ausländern die volle Freizügigkeit ihres Wertpapierverkehrs zu gewähren, ohne dies jedoch zum Schaden für die deutsche Devisenlage zu tun. Ein gangbarer Weg könne etwa in einer Sperrung von Erlösen für den Devisentransfer liegen, die aus Verkäufen von Wertpapieren durch Ausländer stammten. Unter allen Umständen erscheine es erforderlich, daß eine solche Regelung nach vorherigen Verhandlungen mit den Regierungen oder Notenbanken des Auslandes baldigst durch eine Notverordnung getroffen werde.

In Kenntnis der Ausführungen Moslers regte der Reichswirtschaftsminister am darauffolgenden Tag an, angesichts der sich immer deutlicher abzeichnenden Unzuträglichkeiten im Wertpapierverkehr zu prüfen, ob die Bedenken, die gegen eine Wiederöffnung der Börse sprächen, nicht behoben werden könnten.[100]
In einer ihm vorliegenden Denkschrift sei vorgeschlagen worden, den Erlös aus ausländischem Effektenbesitz den Ausländern nur auf gesperrtem Konto gutzuschreiben. Das Bestechende an dem vorliegenden Konzept sei, daß man damit Ausländern unbedenklich gestatten könne, ihre

---

[100] Rundschreiben des Reichswirtschaftsministers vom 21.10.1931. BAK, R 2 Nr. 14684, Blatt 50f. Das Rundschreiben war an den Reichsfinanzminister, das Auswärtige Amt, den Reichsjustizminister, den preußischen Handelsminister und das Reichsbankdirektorium gerichtet.

Guthaben in anderer Weise, sei es in Wertpapieren oder sonstigen inländischen Werten, neu anzulegen, solange der Erlös einer solchen Anlage stets wieder auf ein gesperrtes Konto zurückfließe. Somit wäre ein wesentliches Hindernis für die Wiedereröffnung der Börsen beseitigt. Auf der anderen Seite sei allerdings in Erwägung zu ziehen, daß eine solche Maßnahme im Ausland eine starke Verstimmung herbeiführen könnte. Um diese und weitere mit der Angelegenheit zusammenhängende Fragen zu erörtern, bat der Reichswirtschaftsminister die Angeschriebenen, zu einer Besprechung in das Reichswirtschaftsministerium zu kommen.

Bei der am 22. Oktober abgehaltenen Aussprache waren sich die Teilnehmer grundsätzlich einig, daß die Umwandlung der Erlöse von Auslandsverkäufen aus Effekten in Devisen nur durch eine gesetzliche Regelung eingeschränkt werden könne.[101]
Staatskommissar Neufeld machte deutlich, daß es im preußischen Handelsministerium für unbedingt notwendig erachtet werde, die Wertpapierbörsen bald wieder aufzumachen. Die Gründe, die im September zur Schließung geführt hatten, nämlich die politische Unsicherheit und die wirtschaftlichen Auswirkungen des Pfundsturzes, seien weggefallen. Lediglich der Schutz des Devisenverkehrs sei noch ein Hinderungsgrund. Neufeld schlug vor, den § 11 der sechsten Verordnung über Devisenbewirtschaftung vom 2. Oktober 1931 dahingehend zu ändern, daß bei Effektenverkäufen von Ausländern der Erlös nur zum Ankauf anderer Effekten in Deutschland oder zur Abdeckung einer Schuld bei der betreffenden Bank verwendet werden dürfe.

Gegen diese Anregung von Neufeld machte Ministerialdirektor Dr. Ritter vom Auswärtigen Amt (im folgenden AA) erhebliche Bedenken geltend.[102] Bei den Stillhalteverhandlungen in Basel sei von den deutschen Vertretern mündlich zugesagt worden, daß das Ausland hinsichtlich der Erlöse von Effektenverkäufen nicht behindert werde. Eine Beschränkung der vorgeschlagenen Art könne also als ein Verstoß gegen das „Gentlemen's Agreement" angesehen werden. Seiner Meinung nach sei es vom Standpunkt des deutschen Auslandskredites nicht angängig, sich ein-

101 Vermerk des Stellvertretenden Börsenkommissars Sperl vom 15.11.1931. GStAPK, I. HA. Rep. 120, CXI 1 Nr. 45-5 sowie Vermerk des Reichsfinanzministeriums von Oktober 1931. BAK, R 2 Nr. 14684, Blatt 52f. über die Sitzung im Reichswirtschaftsministerium vom 22.10.1931.

102 Ministerialdirektor Dr. Ritter war im Auswärtigen Amt für Wirtschaftsverhandlungen, Wirtschafts- und Reparationspolitik zuständig.

seitig über die Vereinbarungen des Stillhalteabkommens hinwegzusetzen. Außerdem werde es sehr schwer sein, für diese Frage des Stillhalteabkommens einen ausländischen Verhandlungspartner zu finden. Zweckmäßig wäre es, wenn das AA die ausländischen Regierungen über den Sachverhalt in Kenntnis setzte und um Verständnis bäte. Im AA halte man die hier anstehende Entscheidung für so wichtig, daß man einen Kabinettsbeschluß darüber herbeiführen wolle. Auf diese Darlegungen Ritters hin beschloß die Versammlung, zu der strittigen Frage nochmals genauere Stellungnahmen (des AA und der Reichsbank) einzuholen.

Am 9. November wurde bei einer Ministerbesprechung in der Reichskanzlei u.a. der Entwurf einer neuen Durchführungsverordnung zur Devisenbewirtschaftung diskutiert. Dabei äußerte der Staatssekretär des AA, von Bülow, schwere Bedenken gegen die zur Debatte stehende Vorlage.[103] Beim ersten Stillhalteabkommen habe man ausdrücklich zugesagt, daß u.a. beim Verkauf von Dollarbonds durch Ausländer keine Schwierigkeiten entstünden. Nur aufgrund dieser mündlichen Zusage hätten die gegnerischen Verhandlungsparteien auf weitere Sicherungen verzichtet. Nach den Ausführungen von Reichsbankpräsident Luther war es hingegen das Ausland selbst, welches sich zur Zeit über die unzulänglichen Maßnahmen Deutschlands zum Schutze seiner Devisen beklagte.[104] Da auch der Reichskanzler der Ansicht Luthers zuneigte, stimmte das Kabinett (gegen den Einspruch von Bülows) schließlich dem vorliegenden Verordnungsentwurf zu.[105]

Während die Erlöse aus Effektenverkäufen von Ausländern bis dahin noch freien Reichsmarkkonten gutgeschrieben und transferiert werden konnten, bestimmte § 1 der „7. Verordnung zur Durchführung der Verordnung des Reichspräsidenten über die Devisenbewirtschaftung" (im folgenden auch 7. DVO), daß ab dem 10. November der Erlös auf soge-

---

103 ADR. Weimarer Republik, Die Kabinette Brüning I und II, 3 Bände, bearb. von Tilman Koops, Boppard a. R. 1982, Dok. Nr. 545, S. 1928.

104 Insbesondere die ausländischen Banken, die dem Stillhalteabkommen beigetreten waren, haben offensichtlich größten Wert auf eine strengere Fassung der Devisenverordnungen gelegt. Willi Prion: Die Praxis der Devisenbewirtschaftung und ihre Ergebnisse, in: Zeitschrift für Betriebswirtschaft, IX Jahrgang, Berlin 1932, S. 327.

105 Im Tagebuch Luthers am 11.11.1931 heißt es: Die Devisenbewirtschaftungsmaßnahmen reichten nicht aus, um die jetzige Devisenlage zu verbessern. Um diesem auf Dauer unerträglichen Zustand abzuhelfen, habe sich die Reichsregierung entschlossen, mittels einer Verordnung die Devisenbestimmungen zu verschärfen. BAK, NL 9 Nr. 338.

nannte Sperrkonten zu buchen war.[106] Gemäß den Vorschriften der 7. DVO war eine Genehmigung erforderlich 1. für die freie Verfügung über Guthaben einer im Ausland ansässigen Person, die nach Inkrafttreten der VO durch Verkauf von Wertpapieren in Deutschland entstanden waren[107], 2. für den Ankauf ausländischer Effekten, die zum Handel an einer deutschen Börse zugelassen waren[108] und 3. für den Ankauf von inländischen Wertpapieren, die nicht an deutschen Börsen notiert wurden - also in erster Linie für die deutschen Dollarbonds.[109]

Nach Inkrafttreten der 7. DVO waren zumindest auf dem Papier die hauptsächlichsten Bedenken, die bislang gegen eine Börsenöffnung vorgebracht worden waren, ausgeräumt. Dennoch standen die zuständigen Reichsbehörden einschließlich der Reichskanzlei und der Reichsbank einer Wiederaufnahme des amtlichen Wertpapierhandels weiterhin ablehnend gegenüber.[110] Maßgebend für diese Haltung waren nun in erster Linie Befürchtungen, daß bei einer Börsenöffnung jede Phase der Stillhalteverhandlungen in den Wertpapierkursen und dem Bestand von Effektensperrmark ihren Niederschlag finden könnte. Bei einem der wirtschaftlichen Lage entsprechenden schlechten Kursbild würde das Vertrauen des Auslandes in die deutsche Kreditwürdigkeit stark leiden. Bei eventuell zu

---

106 Undatierte Ausarbeitung der deutschen Niederlassung des Bankers Trust über den Stand der Verordnungen über die Devisenbewirtschaftung. BAK, R 111 Nr. 33. Vergleiche auch Börsen- und Wirtschaftskalender 1934, hrsg. von der Frankfurter Zeitung, 71. Jahrgang, Frankfurt am Main 1935, S. 43.

107 Ausländer konnten jedoch Tauschoperationen innerhalb ihres Effektenbesitzes vornehmen und ihre Effekten auch in Bankguthaben umwandeln. Nur eine Belastung der deutschen Devisenbilanz sollte vermieden werden.

108 In den abgelaufenen Monaten waren zeitweise ausländische Wertpapiere deshalb verstärkt nach Deutschland eingeführt und dort verkauft worden, weil deren Kurse an den deutschen Börsen bzw. im Telefonverkehr zum Teil über den Kursen an ausländischen Börsen gelegen hatten. o.V.: Die neue Devisenverordnung, in: Frankfurter Zeitung vom 12.11.1931. Zeitungsausschnittssammlung der Reichsbank. BAP, 25.01 Nr. 1466.

109 Anlage zum Thema: „Maßnahmen der Deutschen Regierung für die Verhinderung von Kapital- und Steuerflucht.“ BAP, 25.01 Nr. 6658, Blatt 251f.

110 Vgl. o.V.: Leere Versprechungen, in: 8 Uhr Abendblatt vom 16.11.1931. Zeitungsausschnittssammlung der Reichsbank. BAP, 25.01 Nr. 1466. Im Protokoll der Sitzung des Generalrates der Reichsbank vom 16.11.1931 heißt es u.a.: „Trotz dieser Maßnahmen (gemeint war die 7. DVO J.B.) und trotz der vielfach sich aus dem Telefonverkehr ergebenden Misshelligkeiten erscheint es aber zweifelhaft, ob angesichts der bestehenden Verhältnisse die Börsen in absehbarer Zeit wieder geöffnet werden können.“ BAP, 25.01 Nr. 6821, Blatt 272f.

hohen Kursen würde dem Ausland ein zu positives Bild über die Lage in Deutschland vermittelt, und dies sei ebenfalls für die deutsche Verhandlungsposition von Nachteil. Insofern könne eine Wiederaufnahme des Geschäftsverkehrs in den Börsenräumen eher eine neue Entwertung der Vermögen sowie eine nachhaltige Belastung der Reparationsverhandlungen bringen.[111]

Am 17. November fand eine Besprechung des preußischen Handelsministers mit dem Präsidium des Börsenvorstandes von Berlin und dem Syndikus der IHK-Berlin, Meyer, statt.[112] Börsenpräsident Mosler führte aus, daß es nach Ansicht des Berliner Börsenvorstandes nun unbedingt notwendig sei, die Börse so bald wie möglich, spätestens jedoch Anfang Dezember, wieder zu öffnen. Zögere man die Börsenöffnung weiter hinaus, so sei im Hinblick auf die in den nächsten Monaten voraussehbaren Ereignisse (Verlängerung der Stillhaltung, Reichstagszusammentritt im Februar, Preußenwahl) die Befürchtung gerechtfertigt, daß man kaum mit einer Börsenöffnung vor Mitte 1932 rechnen könne. Zuzugeben sei, daß bis zum Zeitpunkt der Bekanntgabe des Wirtschaftsprogramms der Regierung,[113] welches von einschneidender Bedeutung für die deutsche Wirtschaft und insbesondere für die Bewertung der Effekten sein könne, Bedenken gegen eine Börsenöffnung bestünden. Nach Bekanntgabe dieses Programms sollte jedoch gerade dann, wenn man der Überzeugung sei, daß sich die Bewertungsgrundlagen für Effekten aufgrund der Regierungsmaßnahmen geändert hätten, durch die Wiederöffnung der Börse ein Zeichen gesetzt werden. Die Schäden und Gefahren des inoffiziellen Verkehrs seien so groß, daß ein amtlicher Börsenverkehr dem jetzigen Zustand des unkontrollierten Telefonhandels vorzuziehen sei.
Der preußische Handelsminister Schreiber schloß sich der Auffassung Moslers an. Auch er sei schon lange von der Notwendigkeit einer baldigen Börsenöffnung überzeugt. Nach dem Gesetz sei er zwar als Börsenaufsicht allein für die Angelegenheiten der preußischen Börsen zuständig;

[111] Die deutsche Verhandlungsposition war nach Einschätzung des Reichskanzlers bei den Reparationsgesprächen im November 1931 außerordentlich schwierig, wie z.B. den Ausführungen Brünings bei einer Pressekonferenz vom 11.11.1931 entnommen werden kann. Vgl. Schulthess' Europäischer Geschichtskalender, 1931, S. 268.

[112] Vermerk der Abteilung für Bank- und Börsenwesen im preußischen Handelsministerium vom 30.11.1931 über eine Besprechung des Berliner Börsenvorstandes mit Minister Schreiber am 17.11.1931. GStAPK, I. HA. Rep. 120, CXI 1 Nr. 45-5.

[113] Mit dem Begriff „Wirtschaftsprogramm der Regierung“ war die 4. Notverordnung vom 8.12.1931 gemeint, die u.a. eine Zinssenkung am Rentenmarkt vorschrieb.

insbesondere zum gegenwärtigen Zeitpunkt müsse er jedoch vor einer solchen Entscheidung der Reichsregierung Gelegenheit geben, sich zu dieser Frage zu äußern.

Am 23. November trafen Schreiber und Vertreter von Reichsbehörden zusammen, um die Frage eines geeigneten Zeitpunktes der Börsenwiederöffnung zu beraten.[114] Einleitend wies der Minister auf die Dringlichkeit der Öffnung der Börsen hin. Hingegen führten die Vertreter des Reichswirtschaftsministeriums und des Reichsbank-Direktoriums aus, daß sich trotz der 7. Durchführungsverordnung zu den Devisenbestimmungen bei einer Börsenöffnung die Devisenlage der Reichsbank verschlechtern könnte. Zwar seien Auslandsverkäufe dadurch erschwert worden. Es müsse jedoch damit gerechnet werden, daß Ausländer - insbesondere bei einem Absinken der Kurse - innerhalb des Rahmens der gesetzlichen Bestimmungen Wertpapiere in erheblichen Umfange verkauften und den Erlös bei Banken auf gesperrten Konten stehenließen. Somit bestehe die Gefahr, daß bei den kommenden Stillhalteverhandlungen von den ausländischen Gläubigern unter Berufung auf die in Basel gegebene Zusage, die dem Ausland den Verkauf von deutschen Wertpapieren freistelle, gefordert werde, diese Guthaben ohne oder ohne genügende Anrechnung auf die Rückzahlungsquoten des neuen Stillhalteabkommens freizugeben. Schließlich sei, wie die Erfahrung lehre, nach wie vor nicht ausgeschlossen, daß das Ausland Mittel und Wege finden werde, den Erlös aus dem Verkauf deutscher Wertpapiere unter Umgehung der gesetzlichen Bestimmungen in Devisen umzuwandeln.
Auf die vorgebrachten Einwände hin entgegnete Minister Schreiber, daß Umgehungen des Gesetzes auch im gegenwärtigen Zeitpunkt bei geschlossener Börse möglich seien. Derartige Gesetzesverletzungen ließen sich nur durch strengste Kontrollmaßnahmen und Überwachungen des Post- und Grenzverkehrs verhindern. Zur Zeit verschlechterten sich die Kreditverhältnisse seiner Auffassung nach, gerade weil die Börsen geschlossen seien. Die für die Freigabe von Verkaufserlösen von Sperrkonten im Rahmen der neuen Stillhalteverhandlungen in Frage kommende Summe sei seiner Ansicht nach nicht sehr erheblich. Jedenfalls sei der in den Raum gestellte Betrag von 100 Mio. Reichsmark nach den Erfahrungen aus den Septembertagen sehr hoch gegriffen. Die Gefahr bestünde nach seinem Dafürhalten nicht, daß das Ausland auf die in Basel gegebene Zusage, nach der Ausländern der Verkauf von deutschen Wertpapieren

114 Vermerk vom 25.11.1931. GStAPK, I. HA. Rep. 120, CXI 1 Nr. 45-5. Ebenso Vermerk von Min.Dir. Norden vom 23.11.1931: BAK, R 2 Nr. 14684, Blatt 65-68.

freigestellt sei, jetzt fordern werde, diese Guthaben ohne oder ohne genügende Anrechnung auf die Rückzahlungsquoten des neuen Stillhalteabkommens freizugeben. Bei den anstehenden Verhandlungen würde das Ausland vor der Tatsache stehen, daß Deutschland insgesamt kaum mehr als den Überschuß seiner Handelsbilanz zur Abtragung seiner Schuldverpflichtungen zahlen könne.
Ministerialdirektor Reichardt vom Reichswirtschaftsministerium vertrat die Ansicht, eine Wiederöffnung der Börse wäre angesichts der in nächster Zeit stattfindenden Verhandlungen über die Verlängerung des Stillhalteabkommens und die Reparationsfrage nicht ohne Risiko. Zudem könnte es sehr mißlich sein, wenn die Tatsache der geplanten Börsenöffnung bei diesen Verhandlungen vom Ausland als ein Zeichen der Stärke und des Vertrauens in die wirtschaftliche Entwicklung Deutschlands gewertet würde. Wenn man gerade jetzt die Börse öffne, werde im Ausland der Anschein erweckt, in Deutschland sei nunmehr alles schön und gut. Eine etwaige günstige Kursentwicklung könne aber sehr unwillkommene Rückwirkungen auf die deutsche Verhandlungsposition auslösen.
Auch Bankenkommissar[115] Ernst war der Überzeugung, daß eine Öffnung der Börse keine Vorteile bringen werde, sondern eher große Wertpapierpakete vom In- und Ausland auf den Markt kommen würden.
Ministerialdirektor Norden betonte, daß sich das Reichsfinanzministerium zunächst einer Stellungnahme enthalten wolle. Gegen die Börsenöffnung führte er die Notwendigkeit an, bei dem zu erwartenden Verkaufsdruck Kassenmittel für die Aufnahme von Anleihen aufzubringen.

Im Ergebnis sprachen sich lediglich das preußische Handelsministerium und das preußische Finanzministerium für eine Börsenöffnung aus. Der Vertreter des Reichsfinanzministeriums, Ministerialdirektor Norden, war ohne Instruktionen. Die Vertreter der Reichsbank sowie des Reichswirtschaftsministeriums, Dreyse, Puhl und Reichardt, waren dagegen. Abschließend erklärte Minister Schreiber, daß die gegen die Börsenöffnung

[115] Die Bankenkrise des Sommer 1931 veranlaßte die Reichsregierung die Beaufsichtigung des deutschen Kreditwesens einzuführen. Dies geschah zunächst durch den zweiten Teil der „Verordnung des Reichspräsidenten über Aktienrecht, Bankaufsicht und über eine Steueramnestie“ vom 19.9.1831. (RGBL, Teil I, S. 493). Danach wurden die Kreditinstitute, die nicht einer besonderen Staatsaufsicht unterlagen, der Aufsicht des bei der Reichsbank bestellten Kuratoriums für das Bankgewerbe (Koordinierungsorgan zwischen Reichsregierung und Notenbank) und der des Reichskommissars für das Bankgewerbe (Exekutivorgan) unterstellt. Letzterer wurde abgekürzt auch als Bankenkommissar angesprochen.

angeführten Gründe ihn nicht überzeugt hätten. Falls er keinen Einspruch von der Reichsregierung bekomme, werde er der vom Berliner Börsenvorstand geplanten Börsenöffnung zum 1. Dezember zustimmen.

Bereits am folgenden Tag, dem 24. November, beschäftigte sich die Reichsregierung mit diesem Thema.[116] Reichswirtschaftsminister Warmbold rekapitulierte zunächst die vom preußischen Handelsminister vorgebrachten Argumente vom Vortag. Nach Ansicht des Reichswirtschaftsministeriums könne sich die Reichsregierung den Plänen des preußischen Handelsministers nicht anschließen. Auch Reichsbankpräsident Luther sprach sich sehr nachdrücklich gegen den Standpunkt des Preußischen Handelsministers aus. Reichsfinanzminister Dietrich schloß sich, trotz erheblicher Bedenken wegen der überhandnehmenden Mißstände an den „schwarzen Börsen", den Ausführungen Luthers an. Reichskanzler Brüning stellte als Ergebnis fest, daß für die nächsten Wochen an eine Wiederöffnung der Börse nicht zu denken sei, insbesondere weil angesichts der von der Reichsregierung zu treffenden einschneidenden Maßnahmen ein ruhiger Verlauf des Börsenhandels nicht erwartet werden könne.[117]
Im Anschluß an diese Sitzung nahm Ministerialdirektor Reichardt vom Reichswirtschaftsministerium telefonisch Kontakt mit Staatskommissar Neufeld vom preußischen Handelsministerium auf. Die Reichsregierung habe sehr starke Einwände gegen die Börsenöffnung und müsse darum bitten, von diesem Vorhaben Abstand zu nehmen. Daraufhin suchte Minister Schreiber den Reichswirtschaftsminister am Vormittag des 25. November persönlich auf. Reichswirtschaftsminister Warmbold machte erhebliche Vorbehalte gegen eine Börsenöffnung geltend und bedeutete Schreiber, daß seine Forderungen vorerst unerfüllt bleiben würden.[118]

Ebenfalls am 25. November unterrichtete Börsenpräsident Mosler die übrigen Mitglieder des Berliner Börsenvorstandes. Die zuversichtliche Hoffnung, die er für die Wiederaufnahme des amtlichen Börsenverkehrs Anfang Dezember gehabt habe, sei ihm durch die gestrigen Stellungnahmen der Reichsbank, des Reichswirtschaftsministeriums und des Reichs-

---

[116] Chefbesprechung vom 24.11.1931 in der Reichskanzlei. BAK, R 43 I Nr. 2126, Blatt 128.

[117] Nach den Tagebuchaufzeichnungen von Reichsbankpräsident Luther hatte sich der Kanzler bei der Besprechung in der Reichskanzlei am 24.11.1931 über die Börsenöffnung der zur Zeit ablehnenden Haltung Luthers angeschlossen. BAK, NL 9 Nr. 367.

[118] Vermerk vom 25.11.1931. GStAPK, I. HA. Rep. 120, CXI 1 Nr. 45-5, Blatt 7.

finanzministeriums und die nachfolgend ablehnende Entscheidung des Reichskanzlers genommen worden.[119] Trotz dieser mißlichen Lage werde es natürlich weiterhin das Bestreben des Präsidiums des Börsenvorstandes bleiben, eine baldige Wiederaufnahme des Börsenverkehrs zu erreichen. Nach kurzer Aussprache beschloß man, der Presse eine Stellungnahme zuzuleiten, in der der Öffentlichkeit die Auffassung des BBV erläutert werden sollte.[120]

Ob der BBV im Herbst 1931 von den anderen Börsenplätzen in Preußen resp. im Deutschen Reich unterstützt wurde, läßt sich wegen der lückenhaften Aktenlage nicht sagen. Vor dem Hintergrund der Stellungnahmen einiger Provinzbörsen vom 21. September, in denen sich diese für eine möglichst lange Börsenschließung ausgesprochen hatten, muß dies bezweifelt werden. Fest steht allerdings, daß zumindest von seiten der Frankfurter Börse ebenfalls entschieden gegen die Verschiebung der Börsenöffnung protestiert wurde.[121] Der Börsenvorstand der Wertpapierbörse zu Frankfurt am Main richtete am 26. November neben einem Schreiben an den Reichswirtschaftsminister gleichlautende Depeschen an den preußischen Handelsminister, den Reichskanzler, den Reichswirtschaftsminister und das Reichsbankdirektorium.[122] Darin erhob der Frankfurter Börsenvorstand nachdrücklich gegen die Fortdauer der Börsenschließung Einspruch.

---

119 Protokoll der Sitzung des BBV vom 25.11.1931. GStAPK, I. HA. Rep. 120, CXI 1 Nr. 45-5.

120 In der Pressenotiz des BBV vom 25.11.1931 heißt es u.a.: „Durch die infolge der Haltung der Reichsregierung und des Reichsbankdirektoriums seitens des Preußischen Ministers für Handel und Gewerbe eingenommenen Stellung ist der Börsenvorstand verhindert worden, den beabsichtigten Beschluss auf Wiederherstellung des amtlichen Börsenhandels in Wertpapieren für Anfang Dezember 1931 zu fassen. Der Börsenvorstand hält aber an der Auffassung fest, dass die baldige Wiederöffnung der Wertpapierbörse, zumindest die vorläufige Öffnung der Börsenräume für den Freiverkehr, im Interesse der deutschen Wirtschaft dringend geboten ist und wird seine auf dieses Ziel gerichteten Bemühungen mit allem Nachdruck fortsetzen.“ GStAPK, I. HA. Rep. 120, CXI 1 Nr. 45-5.

121 Gleichzeitig machte die IHK-Frankfurt in einem Schreiben an den Reichswirtschaftsminister deutlich, welch schwere Bedenken man in Frankfurter Börsenkreisen gegen die Hinausschiebung der Börsenöffnung habe. Schreiben der IHK-Frankfurt a. M. an Reichswirtschaftsminister Warmbold vom 26.11.1931, in: GStAPK, I. HA. Rep. 120, CXI 1 Nr. 12-4.

122 Schreiben des Frankfurter Börsenvorstand vom 26.11.1931 an Reichswirtschaftsminister Warmbold. GStAPK, I. HA. Rep. 120, CXI 1 Nr. 12-4.

Der Syndikus der IHK-Berlin Meyer setzte sich Ende November in einem Presseartikel mit der Wirtschaftspolitik der Regierung Brüning und insbesondere dem bevorstehenden „Wirtschaftsprogramm“ auseinander:[123]

> „Auch der, der das größte Vertrauen in die Regierung Brüning hat, kann von dem Wirtschaftsprogramm keine Lösung, sondern bestenfalls die Weisung des Weges erhoffen. Wer heute auf das Wirtschaftsprogramm wartet, wird nach dessen Herausgabe folgerichtig auf die ersten Wirkungen des Programms warten müssen.“

Nach Ansicht Meyers sei es problematisch, die Börsenöffnung stets von in der Zukunft liegenden Ereignissen abhängig zu machen, über deren Eintreten man heute noch gar nichts sagen könne. Besser erscheine es, schon jetzt geeignete Schritte einzuleiten, um auch unter ungünstigen Verhältnissen eine Börsenöffnung vornehmen zu können.

Am 8. Dezember 1931 wurde mit der „4. Verordnung des Reichspräsidenten zur Sicherung von Wirtschaft und Finanzen und zum Schutz des inneren Friedens“ (im folgenden auch 4. Notverordnung) u.a. eine Senkung der Zinssätze für im Inland begebene Anleihen vorgeschrieben.[124] Betroffen waren alle Anleihen, die in öffentliche Schuldbücher eingetragen waren oder über die Teilschuldverschreibungen ausgegeben waren und die ferner eine Laufzeit von mindestens einem Jahr hatten. Wenn der Zinssatz bisher mehr als 6 v.H. und bis 8 v.H. betragen hatte, mußte er auf 6 v.H. ermäßigt werden. Zinssätze von mehr als 8 v.H. und bis 12 v.H. mußten im Verhältnis 8:6 herabgesetzt werden, und Zinsen, die über 12 v.H. lagen, mußten für den Teil, der 12 v.H. überstieg, im Verhältnis 8:4 gesenkt werden. Entsprechendes galt für Zinsen von Forderungen einschließlich der Hypotheken sowie der Grundschulden.[125] Die Banken wurden genötigt, selbst für eine einheitliche und gesamtwirtschaftlich günstigere Zinsgestaltung zu sorgen. Sie sollten sich dabei in der Festsetzung der Sollzinsen am jeweiligen Diskontsatz der Reichsbank orientieren, so daß Diskontsenkungen der Reichsbank auch für ihre Kreditnehmer wirksam wurden.[126]

---

123 Meyer (1931), S. 69f.

124 § 1 Erster Abschnitt, Kapitel III der 4. Notverordnung. RGBL 1931, Teil I, S. 702.

125 Vgl. Irmler (1967), S. 313f. Born (1979), S. 84f.

126 Aufgrund der 4. Notverordnung wurde der Zentrale Kreditausschuß der Banken gebildet, der mit dem Reichskommissar für das Bankgewerbe zusammenarbeitete und allgemein verbindliche Höchstsätze für Habenzinsen und für Kreditprovisionen sowie Normalsätze für Sollzinsen vereinbarte. De facto war der Zentrale Kreditausschuß ein Konditionenkartell der Banken. Ihm gehörten Vertreter des Centralver-

Ebenfalls im Zuge der 4. Notverordnung wurde die Zuständigkeit für die „Genehmigung" der Ausgabe von Inhaberschuldverschreibungen von den Ländern auf das Reich übertragen.[127] Nach dem 31. Dezember 1931 durften Inhaberschuldverschreibungen nur noch mit Genehmigung der Reichsregierung in den Verkehr gebracht werden.[128] Vor der Erteilung der Genehmigung war jedoch nach wie vor die Zustimmung der obersten Landesbehörde des Landes einzuholen, in dessen Gebiet der Aussteller seinen Sitz hatte. Im Ausland begebene Schuldverschreibungen waren von dieser Bestimmung ausgenommen.[129]
Die hier angesprochene Regelung markiert den Beginn der unter NS-Herrschaft ausgebauten *Emissionskontrolle*. Die Reichsregierung hat den Reichswirtschaftsminister als den zuständigen Fachminister damit beauftragt.[130] Dieser Handhabung in der Praxis entsprach, daß später, als die Genehmigungspflicht zunächst durch Artikel 4 Abs. 4 der „Ersten Verordnung zur Durchführung des Anleihestockgesetzes" vom 27. Februar

---

bandes des deutschen Bank- und Bankiersgewerbes, der Vereinigung der Privatbankiers, der genossenschaftlichen Banken und des Deutschen Sparkassen- und Giroverbandes an. Vgl. Born (1967), S. 166f.

127 Bei der Organisation der Ausgabe von Wertpapieren lassen sich grundsätzlich zwei Verfahren unterscheiden. Entweder gilt eine Wertpapieremission automatisch dann als genehmigt, wenn bestimmte Normativbestimmungen - die üblicherweise in Spezialgesetzen kodifiziert sind - erfüllt werden. Oder es wird festgelegt, daß für jede Wertpapieremission eine gesonderte Bewilligung eingeholt werden muß. Eine an die Erfüllung bestimmter Normen geknüpfte Wertpapierausgabe dient in der Regel dazu, eine Verbesserung der Funktionsfähigkeit des Kapitalmarktes hinsichtlich der Emittenten sicherzustellen und unsoliden Emissionen vorzubeugen. Dürfen hingegen Wertpapiere nur nach dem Konzessionsprinzip neu ausgegeben werden, so wird damit in der Regel eine direkte Lenkung oder Zwangsbewirtschaftung des Kapitalmarktes unterstützt.
Unabhängig davon, wie die Ausgabe von Wertpapieren geregelt ist, bedürfen Wertpapiere, die mit amtlicher Feststellung des Börsenpreises gehandelt werden sollen, der Zulassung zum Börsenhandel. Die Zulassung von Wertpapieren zum Börsenhandel erfolgt an jeder Börse durch eine Kommission (Zulassungsstelle). Deren Mitglieder muß mindestens zu Hälfte aus Personen bestehen, welche nicht berufsmäßig am Börsenhandel mit Wertpapieren beteiligt sind.

128 § 6 Abs. 2 Erster Abschnitt, Kapitel III der 4. Notverordnung. RGBL 1935, Teil I, S. 703.

129 Als im Ausland begeben galten Schuldverschreibungen, die von inländischen Schuldnern ausgestellt worden waren und entweder auf ausländische Zahlungsmittel lauteten oder ausschließlich für den Absatz und den Handel im Ausland bestimmt waren. Artikel 17 der ersten „Durchführungs- und Ergänzungsverordnung über Zinssenkung auf dem Kapitalmarkt" vom 23.12.1931. RGBL 1931, Teil I, S. 795.

130 Irene Werner: Das Interregnum in der Emissionskontrolle, in: Zeitschrift für das gesamte Kreditwesen, 7. Jahrgang, Frankfurt am Main 1954, S. 124.

1935[131] auf die Begebung von Aktien, Genußscheinen und ähnlichen Rechten und durch die „Verordnung über den Kapitalverkehr" vom 12. Juni 1941[132] auch auf GmbH-Anteile ausgedehnt wurde, der Reichswirtschaftsminister explizit als die genehmigende Behörde genannt wurde. Wegen der unzureichenden Quellenlage[133] muß eine genauere Darstellung der Gründe für die Einführung der Emissionskontrolle sowie deren Auswirkungen auf Kapitalmarkt und Börse einstweilen ein Forschungsdesiderat bleiben.

Eine Woche später, am 15. Dezember, wurde auf der Generalratssitzung der Reichsbank u.a. festgestellt, daß eine Wiederöffnung der deutschen Börsen wegen der zu befürchtenden ungünstigen Wechselwirkungen mit den laufenden Reparations- und Stillhalteverhandlungen nicht möglich sei.[134] Seit der erneuten Börsenschließung im September habe sich notgedrungen der telefonische Freiverkehr als Ersatzmarkt herausgebildet, der zumindest für die wichtigsten Aktien- und Rentenwerte nicht schlecht funktioniere. Aufgrund der 4. Notverordnung vom 8. Dezember 1931 würden mit Wirkung vom 1. Januar 1932 (weitere) einschneidende Eingriffe in die Rechtsverhältnisse auf dem Kapitalmarkt in Kraft gesetzt werden, deren Auswirkungen auf die künftige Kapitalversorgung der Wirtschaft noch nicht abzusehen seien. Ferner stehe die Einführung der Kompensationsteuer bevor, wodurch die außerbörsliche Kompensation im Wege des Selbsteintritts des Kommissionärs wenigstens bei notierten Werten wohl verhindert werde.[135] Insbesondere von dieser Maßnahme, die in die Vormachtstellung der Großbankkonzerne im Effektengeschäft eine Lücke reiße, erwarte man eine Belebung der Geschäftstätigkeit. Daher erscheine es geboten, mit einer Wiederöffnung der Börse so lange zu warten, bis diese Maßnahmen umgesetzt worden seien.
Jedenfalls gab man am 17. Dezember die Börsenräume der Berliner Börse wieder für Gesprächszwecke frei. Die dreimal wöchentlich stattfindenden Versammlungen sollten das Bedürfnis nach persönlicher Fühlungnahme und Aussprache befriedigen.[136]

---

131 RGBL 1935, Teil I, S. 316.

132 RGBL 1941, Teil I, S. 328.

133 In der Literatur fanden sich nur ganz allgemeine Hinweise und auch in den hier ausgewerteten Aktenstücken über die Börsenschließung kam das Thema „Emissionskontrolle" nicht vor.

134 Protokoll der Sitzung des Generalrates vom 15.12.1931. BAP, 25.01 Nr. 6821, Blatt 314f.

135 Siehe dazu auch die Ausführungen im Kapitel 2.2.2 in Teil I.

136 Vgl. Die Wirtschaftskurve. 10. Jahrgang, 1932, S. 29ff.

4.6 Die schrittweise Rückkehr zum amtlichen Börsenhandel bis zum 12. April 1932

Am 8. Januar wandte sich IHK-Syndikus Meyer in einem Schreiben an Reichskanzler Brüning.[137] Einleitend nahm Meyer auf das persönliche Gespräch zwischen ihm und Brüning vom Dezember 1931 Bezug.[138] Mittlerweile seien alle gegen die Wiederöffnung der Börsen genannten Gründe, bis auf den von Brüning geltend gemachten, weggefallen. Dieser Grund spreche aber nur gegen eine baldige Wiederöffnung des amtlichen Börsenhandels. Es sei möglich, den Bedenken des Reichskanzlers Rechnung zu tragen, wenn man die Börsen lediglich für einen Freiverkehr öffne. Wenn die im Freiverkehr ermittelten Kurse nach wie vor dem geltenden Kursveröffentlichungsverbot unterlägen, fände die befürchtete Beunruhigung der Öffentlichkeit nicht statt. Es würden jedenfalls nicht in höherem Maß als zum gegenwärtigen Zeitpunkt Nachrichten über den Telefonverkehr verbreitet. Der Zeitpunkt für die Aufnahme eines Freiverkehrs in den Börsenräumen sei gerade jetzt günstig, da die Kurse fest seien. Dazu habe auch der Beschluß beigetragen, die Kompensationsgeschäfte der Großbanken mit einer Zusatzsteuer zu belegen. Daher bitte er Brüning, den Plan zur Zulassung eines Freiverkehrs zu befürworten, der auch vom preußischen Handelsminister unterstützt werde.

Brüning teilte Meyer am 15. Januar mit, daß er die vorgebrachten Gründe für beachtlich halte. Bevor ein Entschluß gefaßt werde, wolle er jedoch darüber eingehend mit den zuständigen Reichsministern und dem Reichsbankpräsidenten beraten.[139] Einem Vermerk von Ministerialdirektor Reichardt im Reichswirtschaftsministerium zufolge vertrat auch Reichswirtschaftsminister Warmbold die Auffassung, daß der Versuch einer Börsenöffnung gemacht werden könne. Hingegen sprach sich Reichsbankpräsident Luther nach wie vor gegen eine Wiederaufnahme des amtlichen Börsenhandels oder auch nur eines erweiterten Freiverkehrs aus. Würde der Börsenhandel wieder aufgenommen, so war nach seiner Ansicht

---

[137] Schreiben des Syndikus der IHK-Berlin, Meyer, an Reichskanzler Brüning vom 8.1.1932. BAK, R 43 I Nr. 2126, Blatt 144-146.

[138] Im Dezember hatte Meyer direkten Kontakt mit Reichskanzler Brüning aufgenommen, um die Spielräume auszuloten, die von der Reichsregierung für eine stufenweise Wiederöffnung der Börse gesehen wurden. Wie dem hier zitierten Schreiben entnommen werden kann, hatte der Reichskanzler bei dieser Gelegenheit bekräftigt, daß eine Wiederöffnung der Börse vor Erledigung der Reparationsfrage (die für Januar 1932 erwartet worden war, J.B.) ausgeschlossen sei.

[139] Vermerke vom 15. und 16. Januar 1932. BAK, R 43 I Nr. 2126, Blatt 146f.

bestimmt damit zu rechnen, daß ausländische Bankiers für nicht unter die Stillhaltung fallende Forderungen in ziemlichem Umfang Exekutionen vornehmen ließen.[140]

Am gleichen Tag setzte sich der preußische Handelsminister zum wiederholten Male nachdrücklich für eine Wiederöffnung der Börsen ein. In einem Schreiben an den Reichskanzler führte Schreiber aus, daß die - abgesehen von einer kurzen Unterbrechung im September - seit dem 13. Juli 1931 andauernde Börsenschließung mittlerweile zu Verhältnissen geführt habe, die ein Hinausschieben der Wiederöffnung nicht länger erlaube.[141] Er sei zu der Überzeugung gelangt, daß dieser Frage eine weit über das Börsenwesen hinaus relevante, gesamtwirtschaftliche Bedeutung zukomme. Für die Überwindung der Wirtschaftskrise sei die Zuführung aller Geldmittel zum Kapitalmarkt dringend erforderlich.
Auch könne die mittels der 4. Notverordnung vom 8. Dezember 1931 eingeleitete Zinssenkung nur dann dauerhaften Erfolg haben, wenn auf dem Kapitalmarkt ein die erstrebten Zinssätze rechtfertigendes Angebot vorhanden sei.
Während bis Mitte Dezember 1931 noch der Verkaufsdruck zu sinkenden Kursen geführt habe, sei nun eine größere Nachfrage nach Wertpapieren bei steigenden Kursen zu verzeichnen. Zum einen sei dies auf eine erhöhte Liquidität im Publikum infolge der Einlösung von Zinsscheinen und der Rückzahlung von Aufwertungshypotheken zurückzuführen. Zum anderen habe gerade die 4. Notverordnung das Vertrauen der Bevölkerung gestärkt, was sich in einer größeren Bereitschaft des Publikums zur Wertpapieranlage niederschlage. Deshalb gelte es, diesem Prozeß durch die Wiederöffnung eines geordneten Wertpapiermarktes die technischen Mittel für den Effektenverkehr bereitzustellen und dem wertpapierkaufenden Publikum die Sicherheit zu geben, im Bedarfsfalle die erworbenen Anlagen wieder flüssig machen zu können.
Mittlerweile stünden außer ihm auch der Reichswirtschaftsminister und der Reichskommissar für das Bankgewerbe auf demselben Standpunkt. Allein das Reichsbankdirektorium habe ihm mitgeteilt, daß man mit Rücksicht auf die schwebenden Stillhalteverhandlungen und auf die noch bevorstehenden internationalen Reparationsverhandlungen gegen eine Wiederöffnung der Börse sei. Es läge ihm fern, die Stillhalteverhandlun-

140 Vermerk des Staatssekretärs in der Reichskanzlei vom 19.1.1932. BAK, R 43 I Nr. 2126, Blatt 150f.

141 Schreiben des preußischen Handelsministers vom 16.1.1932 an den Reichskanzler. BAK, R 43 I Nr. 2126, Blatt 148f.

gen des Reichsbankdirektoriums in irgendeiner Weise zu beeinträchtigen, und deshalb werde er sich damit abfinden, daß eine Wiederherstellung des Börsenverkehrs bis zur Beendigung derselben, die ja wohl für die allernächsten Tage zu erwarten seien, hinausgeschoben werde.[142] Dann aber solle schnellstmöglich der Börsenverkehr - zunächst unter gewissen Einschränkungen (keine amtliche Kursfeststellung und Berichterstattung, Ausschließung von Pfandexekutionen) - wiederaufgenommen werden.

Bei der Kabinettsitzung vom 21. Januar teilte Reichswirtschaftsminister Warmbold mit, daß ihm Börsenvorstand Mosler den Antrag auf Wiedereröffnung der Berliner Wertpapierbörse übergeben habe. Über diese Frage müsse daher in den nächsten Tagen gesprochen werden.[143] Trotzdem konnte man sich immer noch nicht dazu entschließen, den amtlichen Börsenhandel wiederzueröffnen.[144] In der Presse wurde die Aufrechterhaltung der Börsenschließung dahingehend gedeutet, daß die Bedenken politischer und devisenmäßiger Art nach wie vor höher gewichtet würden als die Schäden, die dem Wertpapiermarkt aus dem Andauern der augenblicklichen Lage erwüchsen.[145]

Der preußische Handelsminister monierte am 8. Februar gegenüber dem Reichswirtschaftsminister, daß er auf sein Schreiben bisher keine Antwort bekommen habe, genausowenig habe eine Erörterung dieser Angelegenheit stattgefunden.[146] Als Instanz, die nach dem Börsengesetz in Preußen die Verantwortung für die Handhabung der staatlichen Börsenaufsicht trage, könne er den jetzigen Zustand nicht mehr länger hinnehmen. Falls ihm nicht baldmöglichst überzeugende Gründe gegen eine Wiederaufnahme der Börsenversammlungen mitgeteilt würden, beabsichtige er, die

---

142 Am 23. Januar wurde die Verlängerung des Stillhalteabkommens paraphiert.

143 Protokoll der Kabinettssitzung vom 21.1.1932. ADR. Weimarer Republik, Die Kabinette Brüning I und II, 3 Bände, bearb. von T. Koops, Boppard a. R. 1982, Dok. Nr. 640 S. 2209.

144 Wie noch zu zeigen sein wird, war im Januar 1932 die noch ausstehende Reorganisation der Banken ein wichtiges Motiv, die Börsenöffung einstweilen weiter hinauszuschieben.

145 o.V.: Zu lange geschlossen, in: BBC vom 24.1.1932. Zeitungsausschnittssammlung der Reichsbank. BAP, 25.01 Nr. 1467. o.V.: Berliner Büroverkehr, in: BBC vom 26.1.1932. Zeitungsausschnittssammlung der Reichsbank. BAP, 25.01 Nr. 1354. Im Januarbericht der Reichsbank „Monatliche Berichte über die Börsen". Reichsbank Chronik 1932. BAP, 25.01 Nr. 7320.

146 Schreiben des preußischen Handelsministers vom 8.2.1932 an den Reichswirtschaftsminister. BAK, R 2 Nr. 14684, Blatt 89 oder BAK, R 43 I Nr. 2126, Blatt 157.

Vorstände der preußischen Börsen am 15. Februar zu unterrichten, daß einer Wiederaufnahme des Börsenverkehrs gemäß den im Schreiben vom 16. Januar skizzierten Bedingungen nichts entgegenstehe.

Am 11. Februar schloß sich Reichswirtschaftsminister Warmbold der Auffassung des preußischen Handelsministers an.[147] Reichsfinanzminister Dietrich teilte am 13. Februar dem Reichswirtschaftsminister mit, er sei mit der Absicht des preußischen Handelsministers, die Börsenversammlungen wiederaufzunehmen, unter der Voraussetzung einverstanden, daß keine amtlichen Kursnotierungen und keine Kursveröffentlichungen vorgenommen werden.[148] Allerdings halte er es für dringend geboten, die Börsenöffnung solange zurückzustellen, bis Klarheit über das Bankenproblem geschaffen sei. Der Reichskanzler habe höchstpersönlich festgelegt, eine Entscheidung über die Wiederöffnung der Börsen erst nach endgültiger Regelung der Bankenfrage zu treffen.[149] Da eine Klärung dazu in den nächsten Tagen erfolgen werde, könne es sich nur um eine ganz kurze Verschiebung handeln.

Wie gerade eben ausgeführt, hatte Brüning die Wiedereröffnung der Börsen von der Sanierung der Banken abhängig gemacht. Deshalb soll an dieser Stelle kurz auf die „Regelung der Bankenfrage“ eingegangen werden. Die Reorganisation der Banken wurde ab Februar 1932 nach einem von Reichsregierung und Reichsbank gemeinsam ausgearbeiteten Plan durchgeführt. Auf Basis der im Kabinett am 2. Februar 1932 erzielten Einigung ermächtigte der Reichspräsident durch eine Notverordnung das Reichskabinett, die zur Sanierung von Bankunternehmen nötigen Maßnahmen zu treffen.[150] Auf dieser Grundlage brachten das Reich und die von ihm beherrschte Golddiskontbank zur Neugestaltung des Großbankensystems insgesamt 2 Mrd. Reichsmark an Kapitalbeteiligungen, Kredi-

---

147 Schreiben des Reichswirtschaftsministers vom 11.2.1932 an den Reichsbankpräsidenten, den Reichsfinanzminister und den Staatssekretär in der Staatskanzlei. BAK, R 2 Nr. 14684, Blatt 88 oder auch BAK, R 43 I Nr. 2126, Blatt 156.

148 Schreiben des Reichsfinanzministers an den Reichswirtschaftsminister vom 13.2.1932. BAK, R 2 Nr. 14684, Blatt 90.

149 Vermerk der Reichskanzlei vom 17.2.1932 über die Vorgänge im Zusammenhang mit der geplanten Börsenöffnung. BAK R 43 I Nr. 2126, Blatt 158. Wann Brüning dieses Junktim zwischen der Bankensanierung und der Börsenöffnung hergestellt hatte, läßt sich anhand der hier ausgewerteten Unterlagen nicht genau sagen.

150 Verordnung des Reichspräsidenten über die Sanierung von Bankunternehmen vom 20.2.1932. RGBL 1932, Teil I, S. 83.

ten und Bürgschaften auf.[151] Da das Reich und die Reichsbank den Banken finanzielle Hilfestellung leisten mußten, ergab sich für die Reichsregierung ein Druckmittel, die Sanierung bei allen Großbanken mit einem gleichmäßigen Tempo zu erzwingen.[152] Die Aktivseite der Bilanzen betroffener Institute wurde unter Inanspruchnahme der Reserven und, soweit erforderlich, unter Übernahme von (zum Teil erheblichen) Verlustreserven auf das Reich saniert. Neue Reserven wurden den Banken u.a. durch Bereitstellung großer Mittel seitens des Reichs in Form von Schatzanweisungen verschiedener Art und Fälligkeiten, die ihm allmählich aus Gewinnen wieder zu erstatten waren, zugeführt.[153] Das Kapital der Banken mußte wieder auf eine angemessene, dem Geschäftsumfang entsprechende Höhe gebracht werden. Die Voraussetzungen hierfür wurden geschaffen durch Einziehung von im Eigenbesitz der Banken befindlichen Aktien, durch Zusammenlegung der übrigen Aktien und im Anschluß daran durch Wiedererhöhung des Kapitals unter gleichzeitiger Ausgabe neuer Aktien oder nicht zur Einziehung gebrachter Portefeuilleaktien.[154] Die neuen Aktien wurden zu einem zunächst kleinen Teil in Privathänden untergebracht. Einen Teil übernahm das Reich, im übrigen aber entschloß sich die Reichsbank, sich mit großen Beträgen zu beteiligen. Am 22. Februar wurden die schwer angeschlagene Danat-Bank und die Dresdner Bank fusioniert, wobei sich fast zwei Drittel des Grundkapitals der neuen Dresdner Bank im staatlichen Besitz befanden. Gleichzeitig wurden auch bei der DeDi-Bank und der Commerz- und Privatbank die zur Ausgleichung der eingetretenen Verluste notwendigen Kapitalerhöhungen von staatlicher Seite aus vorgenommen.[155]

---

151 Ernst R. Huber: Deutsche Verfassungsgeschichte seit 1789. Band 7, Stuttgart 1984, S. 914.
Die Reichsbank stellte die Mittel über die Deutsche Golddiskontbank zur Verfügung, die ihr Kapital um 200 Mio. RM erhöhte, was die Reichsbank voll übernahm. Nach dem Abschluß der Bankensanierung stammten 91 v.H. des Kapitals der Dresdner Bank, 70 v.H. des Kapitals der Commerzbank und 35 v.H. des Kapitals der Deutschen Bank aus Mitteln der öffentlichen Hand. Born (1967), S. 168ff.

152 James (1988), S. 306.

153 Vgl. Schulthess' Europäischer Geschichtskalender, 1931, S. 26f.

154 Die hohen Verluste, welche die Aktienbanken und natürlich auch die Aktiengesellschaften in der Industrie und im Handel 1931 erlitten hatten, machten es notwendig, das Grundkapital dem verringerten Vermögensstand durch Kapitalherabsetzung anzupassen. Dies war nach den Bestimmungen des HGB eine umständliche und zeitraubende Angelegenheit. Deshalb wurde vorübergehend eine Kapitalherabsetzung in erleichterter Form ermöglicht, welche für die Zeit vom 6. Oktober 1931 bis zum 30. Juni 1932 galt. Vgl. Born (1967), S. 154.

155 Vgl. Kopper (1995), S. 55ff.

Mit der Kapitalrekonstruktion war für die Reichsregierung die Bankensanierung noch nicht abgeschlossen. Brüning hatte schon im Juli und August 1931 auf personelle Änderungen gedrängt. Nachdem das Reich und die Reichsbank umfangreiche Kapitalzuschüsse geleistet hatten, konnten personelle Veränderungen ohne rechtliche Schwierigkeiten vorgenommen werden. Die Persönlichkeiten, die mit dem Odium des Fehlschlages belastet waren, wurden soweit eliminiert, wie es mit Rücksicht auf die Kontinuität der technischen Gesamtführung möglich war.[156]

Ohne eine Antwort der erst am 13. Februar angeschriebenen Stellen abzuwarten, erteilte der preußische Handelsminister den Börsenvorständen in Preußen am 15. Februar die Erlaubnis, ab sofort Börsenversammlungen abzuhalten.[157] Von einer amtlichen Kursfeststellung und Kursveröffentlichung sei einstweilen abzusehen. Vor der Wiederaufnahme der Börsenversammlungen bat er, Beschlüsse der Berufsvereinigungen des Bankgewerbes zu veranlassen, nach denen sie sich für ihre Mitglieder verpflichteten, Pfandexekutionen im Börsenverkehr nicht ohne seine Zustimmung vorzunehmen.
In der Reichskanzlei fühlte man sich von der nicht abgestimmten Vorgehensweise des preußischen Handelsministers offensichtlich übergangen, sah aber keine Möglichkeit mehr, nachträglich einzugreifen.[158]

---

156 Dem Aufsichtsrat der neuen (Danat-)Dresdner-Bank gehörten nur noch zwei Aufsichtsratsmitglieder der beiden alten Banken an. Bei der Deutschen Bank wurde ein Drittel und bei der Commerzbank die Hälfte der Vorstandsmitglieder entlassen. Vgl. Born (1967), S. 170f.

157 Schreiben des preußischen Handelsministers vom 15.2.1932 an die Börsenvorstände in Berlin, Frankfurt am Main, Essen, Düsseldorf, Köln, Magdeburg, Breslau, Hannover, Königsberg, Stettin sowie dem RFM zur Kenntnis. BAK, R 2 Nr. 14684, Blatt 91.
Offensichtlich hat man börsenseitig noch die Bankensanierung abgewartet, denn der Freiverkehr ohne Kursveröffentlichung wurde erst am 25. Februar aufgenommen, so daß sich bis dahin an der konkreten Situation an den Börsen nichts änderte.

158 Das oben erwähnte Schreiben des Reichswirtschaftsministers vom 11. Februar, in dem dieser *mit Abschrift der Stellungnahme des preußischen Handelsministers vom 8. Februar* ausführte, auch er halte den Zeitpunkt für die Wiederöffnung der deutschen Wertpapierbörsen für gekommen, ging erst kurz vor dem 15. Februar in der Reichskanzlei ein. Somit erhielt die Reichskanzlei erst zu diesem Zeitpunkt von dem „Ultimatum“ des preußischen Handelsministers Kenntnis. Da der preußische Handelsminister die in Aussicht gestellte Erklärung den Wertpapierbörsen gegenüber jedoch am gleichen Tage abgeben hatte, wäre eine Stellungnahme dagegen verspätet und unwirksam gewesen. Vermerk der Reichskanzlei vom 17.2.1932. BAK, R 43 I Nr. 2126, Blatt 158.

Am 24. Februar publizierten die Berliner Stempelvereinigung und die Interessengemeinschaft der Privatbankierfirmen „Bedingungen für den Wertpapierverkehr“, wie sie nach der Aufnahme des Freiverkehrs an den Wertpapierbörsen im Verkehr mit dem privaten Publikum gelten sollten.[159] Danach durften die Mitglieder der Berliner Stempelvereinigung sowie der Interessengemeinschaft der Privatbankierfirmen gegenüber den Kunden keine bindende Verpflichtung übernehmen, Kauf- oder Verkaufsangebote auszuführen. Wertpapierorders sollten ausschließlich entsprechend den üblichen Bedingungen des Eigenhandels ausgeführt werden. Für Orders ohne Limitangabe sollte gemäß § 315 BGB der Preis in das billige Ermessen des Händlers gestellt sein. Teilausführungen blieben, sofern nicht ausdrücklich vom Kunden ausgeschlossen, vorbehalten. Abrechnungen sollten netto unter Belastung mit der vollen gesetzlichen Börsenumsatzsteuer erteilt werden.

Die Aufnahme des beschränkten Freiverkehrs ohne Kursveröffentlichung am 25. Februar verlief reibungslos.[160] Mit den ersten Tagen war man seitens der Verantwortlichen, anders als bei der Börsenöffnung am 3. September 1931, zufrieden. Obwohl die Umsätze im Freiverkehr sehr bescheiden waren, zeigten sich die Kurse zunächst besser als erwartet. Dem erfreulichen Auftakt folgte aber bereits Anfang März eine wachsende Unzufriedenheit unter den Börsenbesuchern. Der bislang betriebene inoffizielle Telefonhandel entbehrte aus Sicht des anlegenden Publikums ja vor allem der gewohnten Transparenz des Geschehens und der Sicherheit, daß der Handel gemäß den Bestimmungen des Börsengesetzes bzw. den Börsenordnungen vonstatten ging. Mit der Einführung des Freiverkehrs war jedoch für das private Publikum noch keine hinreichende Transparenz des Geschehens hergestellt.[161] Auf der anderen Seite hatte man sich bei den am Wertpapierhandel beteiligten Banken mittlerweile daran gewöhnt, den ganzen Tag über mit Wertpapieren handeln zu können. Insofern empfanden die Banken die üblichen Börsenzeiten von 12 bis 14 Uhr als Ein-

---

159 Schreiben des Sekretariats der Berliner Stempelvereinigung vom 24.2.1932. GStAPK, I. HA. Rep. 109, Nr. 673, Blatt 64f.

160 Monatlicher Bericht der Reichsbank über die Börsen vom Februar 1932. BAP, 25.01 Nr. 7321.

161 Es war schon ein Kuriosum dieser Wochen im März 1932, daß auf der einen Seite die staatlichen Preisüberwachungsstellen an den Warenmärkten die Veröffentlichung der Preise durch Schilder propagierten und andere Behörden gleichzeitig an den Effektenmärkten die Kursveröffentlichung untersagten. o.V.: Die erste Börsenwoche, in: FZ vom 4.3.1933. Zeitungsausschnittssammlung der Reichsbank. BAP, 25.01 Nr. 1467.

schränkung.[162] Wie sich bald herausstellte, konnte sich der Freiverkehr nicht durchsetzen. Das Geschäftsvolumen nahm bereits in der zweiten Märzwoche wieder ab, und ein großer Teil der Banken und Makler stand in den Börsensälen ohne Beschäftigung herum. Auch die Wertpapierkurse näherten sich wieder ihrem Rekordtiefstand vom Dezember 1931.[163] Die am Handel Beteiligten forderten deshalb energisch, den amtlichen Börsenverkehr wieder in Gang zu setzen, denn nur so würde das Publikum wieder Vertrauen in die Börsen fassen. Wenn außerdem noch die Kompensationsteuer planmäßig eingeführt werde, sei auch zu erwarten, daß die Börsenumsätze anstiegen.[164]

Der Preußische Minister für Handel und Gewerbe teilte am 21. März den Börsenvorständen in Preußen mit, daß er keine Einwendungen dagegen erhebe, wenn nach Ablauf der ersten Aprilwoche die amtliche Kursfeststellung an den Wertpapierbörsen wiederaufgenommen werde.[165] Nach der Wiederaufnahme des amtlichen Handels sollte für dazu geeignete Wertpapiere neben Anfangs-, Einheits- und Schlußkursen eine fortlaufende Notiz festgestellt werden. Die Zustimmung für die Zulassung der einzelnen Wertpapiere in den variablen Handel behalte er sich vor. Von der Wiederaufnahme des Terminhandels in Wertpapieren bitte er einstweilen noch Abstand zu nehmen.

Am 3. April gab der Berliner Börsenvorstand bekannt, daß auch der amtliche Handel an der Berliner Wertpapierbörse am 12. April wiederaufge-

---

162 Die Länge der Handelszeit ist u. a. für die Informationsverarbeitung am Wertpapiermarkt von Bedeutung. Zum einen besteht die Möglichkeit, daß während der Handelsstunden mehr Informationen freigesetzt werden als außerhalb. Zum anderen können einzelne Gruppen von Marktteilnehmern versuchen, aus den Kursbewegungen Informationen abzuleiten, die weiteren zusätzlichen Handel bewirken. Schiereck (1995), S. 40.

163 o.V.: Die Börse im Jahre 1932, in: Berliner Börsen-Zeitung, Nr. 603 vom 24.12.1932, Berlin 1932, Handelsbeilage.

164 In einem Schreiben der Münchner Wertpapierbörse vom 16.3.1932 an den Staatskommissar der Münchner Wertpapierbörse, Durner, äußerte der Börsenvorstand die dringende Bitte, daß der amtliche Börsenverkehr bald wieder aufgenommen werde. Die Zulassung des Freiverkehrs in den Börsenräumen habe an der Münchener Börse keineswegs einen befriedigenden Zustand geschaffen. BHStA, MWi Nr. 564.

165 Schreiben des preußischen Handelsministers vom 21.3.1932 an die Börsenvorstände von Berlin, Frankfurt am Main, Essen, Düsseldorf, Köln, Magdeburg, Breslau, Hannover, Königsberg, Stettin sowie dem RFM zur Kenntnis. BAK, R 2 Nr. 14684, Blatt 128f.

nommen werde.[166] Um die Fehler vom September 1931 zu vermeiden, ordnete die preußische Regierung vor der Wiederöffnung der Berliner Börse neben schon bewährten noch einige zusätzliche Maßnahmen an.[167] So wurden die Devisenverordnungen nochmals verschärft, denn die Freigrenzen für Verfügungen über alle Arten von Sperrkonten wurden aufgehoben. Außerdem nahm der Berliner Börsenvorstand etwa 100 Werte vorab vom Kurszettel, wovon ca. 20 Aktien, 30 Obligationen und 50 ausländische Effekten waren. Schließlich wurde, im Interesse der Kurswahrheit, von allen Kursstützungen abgesehen und die Notiz „Strich ohne Umsatz“ eingeführt. Um das befürchtete starke Angebot an Wertpapieren bei Wiederöffnung des Börsenhandels absorbieren zu können, sagte die Reichsbank zu, deutlich erweiterte Lombardierungsmöglichkeiten für Effektenkreditnehmer zu schaffen.

Nach der siebenmonatigen Börsenpause war den Beteiligten klar, daß es zunächst noch keinen reibungslosen Wertpapierverkehr geben konnte.[168] Die innenpolitische Spannung vor der Preußenwahl am 24. April, die ungeklärten Fragen auf dem Gebiet der Außenpolitik, die die Welt überraschende Feststellung des kriminellen Charakters der Kreuger-Affäre und nicht zuletzt das nach wie vor tiefe Dunkel, das auf dem Konjunkturbild lag, all das ließ Anfang April 1932 keine allzu hoffnungsvollen Erwartungen aufkommen. Auch über das Verhalten des Publikums herrschte bei den Verantwortlichen weitgehende Unklarheit. Die tatsächliche Entwicklung des Börsenauftaktes verlief, gemessen an den gegebenen Umständen, durchaus zufriedenstellend. Nach einiger Zeit füllten sich die Kurslücken, die zunächst minimalen Umsätze zogen an, und auch die Kurse zeigten festere Tendenz.[169] Still war es um das „Reformgerede“ (aus dem Jahre

---

166 o.V.: Was wird die amtliche Börse bringen?, in: Hannoverscher Kurier, Nr. 154/55 vom 3.4.1932, Morgenblatt, Hannover 1932.
Am 10.4.1931 war Hindenburg erneut zum Reichspräsidenten gewählt worden. Offensichtlich hat die preußische Regierung vor der Wiederaufnahme des amtlichen Börsenhandels diese Wahl abwarten wollen.

167 Monatliche Berichte über die Börsen vom April 1932 in der Reichsbank-Chronik für 1932. BAP, 25.01 Nr. 7321.

168 Ausarbeitung der Abteilung für Bank-, Börsen- und Maklerwesen beim preußischen Handelsministerium vom April 1932. GStAPK, I. HA Rep. 120, CXI 1, Nr. 12-4.

169 o.V.: Die Börse im Jahre 1932, in: Berliner Börsen-Zeitung, Nr. 603 vom 24.12.1932, Berlin 1932, Handelsbeilage. In der Vorstandssitzung der HYPO-BANK vom 19.4.1932 führte Vorstandssprecher Remshard aus, daß die an die Wiederöffnung der Börse geknüpften Befürchtungen im allgemeinen grundlos gewesen seien. Historisches Archiv der HYPO-BANK. SP Nr. 10 vom 19.4.1932.

1930) geworden, die Börse hatte sich zunächst aufs Abwarten eingestellt.[170]

Zusammenfassend läßt sich festhalten, daß die Unterbrechung des amtlichen Börsenhandels am 13. Juli 1931 eine unmittelbare Folge der Bankenschließung und der damit einhergehenden Unterbrechung des Zahlungsverkehrs war.[171] Die Protagonisten einer raschen Börsenwiederöffnung im Berliner Börsenvorstand konnten sich mit ihren Vorstellungen im Sommer 1931 nicht durchsetzen, da man seitens der Reichsbehörden, der Reichsbank und einiger Provinzbörsen fürchtete, daß im Falle einer zu raschen Börsenöffnung eine erneute Verkaufswelle einsetzen werde. Dies würde zu starken Kursrückgängen mit weit über die Börsen hinausreichenden negativen Auswirkungen für die Volkswirtschaft führen. So wurde die Börsenöffnung von bestimmten Bedingungen abhängig gemacht.[172] Der eingeschränkte Kassahandel im September war nicht zuletzt wegen der anhaltenden Kursverluste in den Augen der Zeitgenossen ein Fehlschlag. Nach der erneuten Börsenschließung am 21. September 1931 waren insbesondere die Befürchtungen der Reichsbank, im Falle einer Wiederaufnahme des amtlichen Börsenhandels erneut erhebliche Devisenabflüsse hinnehmen zu müssen, ausschlaggebend dafür, die Börsenöffnung hinauszuzögern. Im Zuge des Inkrafttretens der 7. DVO zur Devisenbewirtschaftung vom 11. November 1931 traten die devisenpolitischen Gefahren in den Hintergrund. Nun sprachen aus Regierungssicht jedoch reparationspolitische Bedenken gegen eine Börsenöffnung. Reichsregierung und Reichsbank fürchteten, daß angesichts der anstehenden schwierigen Verhandlungen kein ruhiger Börsenverlauf zu erwarten sei, wenn sich jede Phase der Verhandlungen (analog 1929) in den Wertpapierkursen und dem Bestand an Effektensperrmark niederschlagen würde. Eine solche Entwicklung könne umgekehrt wiederum negative Rückwirkungen auf die Verhandlungen selbst haben. Im Januar / Februar 1932 war für die Reichsregierung die noch bevorstehende Bankensanierung ein wichtiges Motiv dafür, die Börsen weiter geschlossen zu halten. Erst nachdem dieser bis dahin als hinderlich angesehene Grund weggefal-

170 Jahresbericht der IHK-Berlin für 1932, Berlin 1933, S. 53. WWA, S 6 Nr. 911.

171 Aufgrund der zentralen Stellung der Banken als Zugangsintermediäre zu den Börsen waren Börsengeschäfte nur mit einem funktionstüchtigen Bankenapparat im Rücken reibungslos abzuwickeln.

172 Unter anderem wollte man den Abschluß der Stillhalteverhandlungen in Basel abwarten sowie genügend Zeit gewinnen, um Maßnahmen vorzubereiten, die im Falle starker Kursrückgänge ergriffen werden sollten.

len war, ging man daran, schrittweise zum amtlichen Börsenhandel zurückzukehren.
Die vornehmlich aus devisen-, reparations- und wirtschaftspolitischen Gründen über nahezu neun Monate aufrechterhaltene Börsenschließung schaltete vorübergehend sämtliche Börsenfunktionen aus. Daneben hatte die Börsenschließung jedoch auch langfristig wirksame Effekte. Das private Publikum zeigte sich insbesondere aufgrund der negativen Erfahrungen während der Börsenschließung[173] in den folgenden Jahren sehr zurückhaltend gegenüber Wertpapieranlagen. Außerdem spielten sich während der Phase des Telefonhandels bei den Marktteilnehmern Verhaltensweisen ein (Telefonhandel), die in den folgenden Jahren zu einer weiteren Ausdünnung des über den amtlichen Handel abgewickelten Orderstromes führten.

173 Näheres dazu im nachfolgenden Kapitel 5.1.

5 Die Börse nach Überwindung des Krisentiefs von 1932

Die Nationalsozialisten übernahmen bei ihren Eingriffen in die Wirtschaft von den Regierungen der Krisenzeit ein System staatlicher Reglementierungen, das sie noch weiter ausbauten. Verfolgt man den deutschen Weg aus der Depression in die Lenkungswirtschaft, so fällt es nicht leicht zu unterscheiden, was mehr oder weniger zwangsläufig aus den finanziellen und wirtschaftlichen Katastrophen der Weltwirtschaftskrise resultierte und was auf die politischen Zielvorstellungen der neuen Machthaber in Deutschland zurückzuführen war.[1] Natürlich kann in dieser Arbeit keine eindeutige Zuordnung vorgenommen werden. Aber es soll versucht werden, zu einer Abschätzung verschiedener Ursachenbündel von Veränderungen zu kommen.

5.1 Nachwirkungen der Weltwirtschaftskrise auf die Wertpapierbörse

Entscheidend für die Gestaltung der deutschen Außenhandelsbeziehungen in den dreißiger Jahren war die unverändert prekäre Devisenlage der Reichsbank. Aus diesem Grund wurde die im Juli 1931 in Gang gesetzte Devisenbewirtschaftung schrittweise ausgebaut.[2] Das lose Netz, das ursprünglich um die deutsche Wirtschaft gelegt worden war, verdichtete sich zwischen 1931 und 1933 zu einem engmaschigen Geflecht von Reglementierungen und Zwangsmaßnahmen, das durch wachsende Starrheit und zunehmende Undurchlässigkeit gekennzeichnet war.[3] Die zunehmende Behinderung des grenzüberschreitenden Güter- und Kapitalverkehrs war eine ab 1931 auch international zu beobachtende Erscheinung.[4] Die

---

1 Auch international war zu beobachten, daß der Kapitalmarkt an Volumen einbüßte und mithin auch die Börse an Bedeutung verlor. James (1995), S. 315ff.

2 Die Moratorien und Stillhaltevereinbarungen, die Zahlungs- und Verrechnungsabkommen gaben der deutschen Währung den Charakter einer Binnenwährung und ermöglichten es, erhebliche außenwirtschaftliche Störungen fernzuhalten. Vgl. Ritschl (1992), S. 120. Ritschl (1993), S. 312ff. Deng (1986), S. 434.

3 Vgl. Wegerhoff (1982), S. 12.

4 Die Reichs-Kredit-Gesellschaft veröffentlichte in ihren Mitteilungen über „Deutschlands wirtschaftliche Entwicklung im ersten Halbjahr 1932" u.a. eine Übersicht der seit Mitte 1931 bekannt gewordenen protektionistischen Maßnahmen. In rund 44 Ländern war es danach zu wiederholten und drastischen Zollerhöhungen, Devisenkontrollen, Goldausfuhrverboten, Zins- und Auslandsmoratorien, Devisenbewirtschaftung und -zuteilung, Importkontingentierung und zur Aufgabe des Goldstandards gekommen. „Die Abschnürungen im Außenhandel", in: Deutschlands wirt-

zum Ausgleich der Devisenbilanz in einem Land ergriffenen Maßnahmen riefen in der Regel entsprechende Schritte in anderen Ländern hervor. Sofern diese Länder dann selbst zur Devisenbewirtschaftung übergingen, wurde darauf wieder mit Gegenmaßnahmen aus dem Bereich der Devisenbewirtschaftung geantwortet. Sofern diese Länder jedoch selbst keine Devisenbewirtschaftung einführten, standen alternative Mittel (zum Beispiel Einfuhrkontingente bzw. Einfuhrverbote) zur Verfügung.[5] In einem solchen Umfeld konnte von einem normalen Börsenverkehr, wenn man darunter einen Handel unter den Rahmenbedingungen aus den Jahren vor 1931 versteht, keine Rede mehr sein.

Die Devisenbewirtschaftung führte u.a. dazu, daß die deutschen Börsen in eine immer stärkere Isolierung von der internationalen Entwicklung gerieten.[6] Zeitgenössischen Pressestimmen zufolge wurden sowohl Krisenwellen als auch Hausseerscheinungen der ausländischen Börsen von den deutschen Plätzen weitgehend ferngehalten.[7] Vor allem innenpolitische Themen sowie die wirtschaftliche Lage im Deutschen Reich bestimmten die Börsenkurse. Als im Sommer 1932 die Wertpapierkurse und Wertpapierumsätze in Deutschland anzogen, wurde dies zum Beispiel im „Deutschen Oekonomisten" nicht als ein auf fundamental bessere Daten zurückzuführender Umschwung gedeutet, sondern mit der zunehmend auf das Inland beschränkten Ausrichtung des anlagesuchenden Kapitals begründet.[8] Bei den sowohl im Inland als auch an Auslandsbörsen notierten Wertpapieren war eine immer größere Abweichung der Kursentwicklung zu verzeichnen. Machte die Differenz der Kurse von sowohl im In- als auch im Ausland notierten Wertpapieren im September 1931 etwa 15 bis 20 Prozent aus, so lagen die Kurse im Sommer 1932 zum Teil noch weiter auseinander. Zum Beispiel notierten die I.G. Farben-Aktien im Juli 1932 in Berlin bei 90 v.H. und in Amsterdam bei 62 v.H. Die 6% RWE Bonds

---

schaftliche Entwicklung im ersten Halbjahr 1932. hrsg. von der Reichs-Kredit-Gesellschaft AG Berlin. BAP, 31.03 Nr. 157, Blatt 342ff.

5 Willi Prion: Die Praxis der Devisenbewirtschaftung und ihre Ergebnisse, in: Zeitschrift für Betriebswirtschaft, IX. Jahrgang, Berlin 1932, S. 327.

6 Vgl. Henning (1992), S. 279.

7 o.V.: Das Problem Börse, in: Deutsche Bergwerks-Zeitung vom 25.6.1932, Düsseldorf. Zeitungsausschnittssammlung der Reichsbank. BAP, 25.01 Nr. 1467.

8 o.V.: „Aufbauhausse" in Berlin, in: Der Deutsche Oekonomist. Wochenschrift für Wirtschafts- und Finanzfragen, Geld- und Realkreditwesen, begr. von W. Christians, 50. Jahrgang, Nr. 33, 19.8.1932, Berlin 1932, S. 1094-1095.

notierten in Berlin bei 65 v.H. und in New York bei 23 v.H.[9] Die zeitgenössische (Wirtschafts)Presse deutete diese Entwicklung als eine spezifisch deutsche Erscheinung, die vor allem eine Folge der schrittweise ausgebauten Devisenbewirtschaftung sei.[10]
Was die Isolierung der deutschen Börsen neben dem schrittweise ausgebauten System der Devisenbewirtschaftung noch verstärkte, war ab 1933 die zunehmende Abschottung gegen Nachrichten aus dem Ausland. Demgegenüber standen im internationalen Umfeld zahlreiche Börsen noch zumindest insofern in einer lockeren Verbindung, als sich deren „Stimmungsmomente“ untereinander auswirkten. Allerdings gab es auch hier verbreitet keine direkte Beeinflussung der Börsenplätze mehr (z.B. durch Arbitrageverkehr).[11]

Neben der Desintegration der Effektenmärkte, die nahezu überall eingetreten ist, ist bei der Betrachtung der Zeit nach Überwindung des Krisentiefs noch auf solche Faktoren zu verweisen, die spezifische Auswirkungen der langen Börsenschließung 1931/32 waren. Während der Unterbrechung des amtlichen Börsenhandels waren Wertpapiere in Deutschland über weite Strecken nur sehr schwer und nur mit erheblichen Kursverlusten veräußerbar. Zudem haben die Banken, die Unübersichtlichkeit der Verhältnisse ausnutzend, das private Publikum oft übervorteilt.[12] Die in den dreißiger Jahren zu beobachtende Zurückhaltung der Kapitalanleger gegenüber der Effektenanlage läßt sich deshalb auch mit den negativen Erfahrungen des Publikums aus der Zeit der Börsenschließung erklären. Damit traf die ideologisch motivierte Abneigung der NS-Regierung gegen die Wertpapierbörsen mit einer anhaltenden Bereitschaft der Anleger zusammen, der Effektenanlage den Rücken zu kehren und verstärkt bei Kapitalsammelstellen zu sparen. Allerdings hat es sich bei der hier angesprochenen Institutionalisierung der langfristigen Geldkapitalbildung um einen schon länger anhaltenden Trend gehandelt:

---

9 o.V.: Autarkisierung der Effektenmärkte, in: Der Deutsche Oekonomist. Wochenschrift für Wirtschafts- und Finanzfragen, Geld- und Realkreditwesen, begr. von W. Christians, 50. Jahrgang, Nr. 24, 7.7.1932, Berlin 1932, S. 791-793.

10 o.V.: Beseitigung der Börsenautarkie?, in: Neue Preußische Kreuzzeitung vom 11.1.1933. Zeitungsausschnittssammlung der Reichsbank. BAP, 25.01 Nr. 1467. Weiter Belege dazu auch in den Pressekommentaren zur Börsenentwicklung in den monatlichen Börsenberichten der Reichsbank von Mai bis September 1932. BAP, 25.01 Nr. 7321-7322.

11 Die Wirtschaftskurve, 12. Jahrgang, Heft 1, 1933, S. 85 und 192.

12 Otto Donner: Für einen funktionsfähigen Kapitalmarkt, in: Der Deutsche Volkswirt, 7. Jahrgang, Nr. 50 vom 15.9.1933, Berlin 1933, S. 1443-1445.

Vor dem ersten Weltkrieg fand die langfristige Geldkapitalbildung der privaten Haushalte noch ganz überwiegend in der Form einer originären Kapitalbildung (der Unterbringung von Wertpapieren direkt beim privaten Publikum) und nicht in der Form einer anstaltsmäßigen Kapitalbildung (über Einlagensparen bei Banken, Bausparkassen sowie über Lebensversicherungen) statt.[13] In der Zwischenkriegszeit zeigte sich dann ein Rückgang des Anteils des privaten Wertpapiersparens an der gesamten langfristigen privaten Geldkapitalbildung. Im Zeitraum 1924-1929 betrug der Anteil der anstaltsmäßigen Formen 52,3 v.H., während auf im freien Verkehr untergebrachte Wertpapiere 47,7 v.H. entfiel.[14] In den Jahren 1934-1939 war der Anteil anstaltsmäßiger Formen an der gesamten privaten Geldkapitalbildung auf 60 v.H. gestiegen, während der Anteil von im freien Verkehr untergebrachten Wertpapieren bei 40 v.H. lag.[15] Nach 1933 wurde also noch stärker als schon in den Jahren 1924 bis 1929 bei den Kapitalsammelstellen gespart. Allerdings floß infolge des auf die Kapitalsammelstellen ausgeübten staatlichen Zwanges nach 1933 ein beträchtlicher Teil des in Depositen bei den Kapitalsammelstellen angelegten Kapitals wieder in Wertpapiere.[16] Der Wertpapiermarkt Börse wandelte sich zu einem von den institutionellen Marktteilnehmern bestimmten Markt.[17] Im Jahre 1937 kam die Volkswirtschaftliche Abteilung der Reichsbank u.a. zu dem Ergebnis, daß sich netto mehr als die Hälfte aller am deutschen Kapitalmarkt emittierten Wertpapiere im Bestand von Kapitalsammelstellen befand.[18]

---

13 So befanden sich zum Beispiel vor dem Ersten Weltkrieg 84 v.H. der festverzinslichen Wertpapiere in unmittelbarem Besitz des inländischen Publikums. Vgl. Mössner (1934), S. 210.

14 Vgl. Osthues (1957), S. 156ff. und 162ff. Ehrlicher (1956), S. 281-285.

15 Strathus (1958), S. 974ff.

16 Erbe (1958), S. 52. Die Berliner Großbanken wiesen ab 1934 in ihren Bilanzen sowohl wachsende Einlagen auf der Passivseite als auch wachsende Wertpapierbestände - die in der Regel Reichsanleihen waren - auf. Deutsche Bundesbank (1976), S. 78. James (1995), S. 317ff.

17 Vgl. Balderston (1993), S. 193ff. Rudolph (1992), S. 299. Prion (1936), S. 538.

18 Ausarbeitung der VoSta vom 18.12.1932. BAP, 25.01 Nr. 6549, Blatt 122f.
Rudolf Stucken, ein sachkundiger Kenner des Kapitalmarktes, hob im Herbst 1942 hervor, daß der schon seit 1924 erkennbare Trend zur Institutionalisierung der privaten Geldkapitalbildung ununterbrochen andauere und sich seit Kriegsbeginn ganz besonders verstärkt habe. Gutachten von Prof. Stucken vom 6.10.1942 zur Frage, ob eine stärkere unmittelbare Anlage des privaten Geldkapitals in Wertpapieren wirtschaftliche und staatsfinanzielle Vorteile habe. BAP, 25.01 Nr. 6550, Blatt 187f.

Goldsmith (1985) hat ein Maß zur Abschätzung der Bedeutung institutioneller Anleger am Kapitalmarkt innerhalb einer Volkswirtschaft entwikkelt (siehe dazu Tabelle II-5.1).

Tabelle II-5.1:

Institutionalisierungsgrad des Kapitalmarktes in Deutschland, gemessen als Anteil der von Kapitalsammelstellen gehaltenen Vermögenswerte an den gesamten in- und ausländischen Finanzaktiva

Jahr	1850	1875	1895	1913	1929	1939
in v.H.	20	22	26	30	37	40

Quelle: Goldsmith (1985), S. 135.

Der Quotient aus den von Kapitalsammelstellen gehaltenen Vermögenswerten zu den gesamten in- und ausländischen Finanzaktiva eines Landes zeigt für Deutschland eine (1850-1939) langfristig ansteigende Entwicklung.
Wenn man den Zeitraum 1850-1913 mit dem wesentlich kürzeren Zeitraum 1913-1939 vergleicht, wird deutlich, daß sich das Tempo der Institutionalisierung beschleunigte. Bildet man aus den Eckjahren der gerade abgegrenzten Perioden die Differenz der jeweiligen Quotienten und teilt den Wert durch die Anzahl der dazwischenliegenden Jahre, so ergibt sich ein „Maß für das Tempo der Institutionalisierung". Für die Jahre 1850-1913 nimmt dieses Maß einen Wert von 0,16 und für die Jahre 1913-1939 einen Wert von 0,38 an. Der Institutionalisierungsprozeß hat sich damit - unter Schwankungen, die hier nicht betrachtet wurden - langfristig gesehen beschleunigt.

Auch im internationalen Vergleich zeigt sich ein durchgehend aufwärtsgerichteter Trend des von Goldsmith entwickelten Quotienten. Lag der von Goldsmith ermittelte Wert um 1850 im Durchschnitt der Länder Belgien, Frankreich, Deutschland, Großbritannien, Italien und den USA bei 12,5 v.H., so stieg er kurz vor dem Ersten Weltkrieg (1913) auf etwa 25 v.H. an, um während der Zwischenkriegszeit (1929) auf etwa 27 v.H. und zu Beginn des Zweiten Weltkrieges (1939) auf etwa 31 v.H. zu steigen.[19]
In einem zusehends institutionalisierten Umfeld bedurfte es naturgemäß weniger der Organisationsform einer Börse im klassischen Sinne, um

[19] Goldsmith (1985), S. 15ff. und 135.

Wertpapiertransaktionen abzuwickeln. Unter diesen veränderten Rahmenbedingungen verlor die primäre Funktion der Börse - die Marktbildung - immer mehr an Bedeutung.

5.2 Die Börse im Spannungsfeld zwischen politischem Interesse und wirtschaftlicher Funktion

5.2.1 Die Einschätzung der Rolle der Börse durch die NS-Ideologie

Weitgehend unstrittig ist in der Literatur mittlerweile, daß die gesamte Wirtschaftspolitik im nationalsozialistischen Führerstaat nicht von dessen politischen Zielsetzungen zu trennen und diesen untergeordnet gewesen ist.[20] Schon von zeitgenössischen Autoren wurde festgestellt und später durch eingehendere Untersuchungen bestätigt und untermauert, daß die Herstellung des „Primats der Politik" ein - wenn nicht das wesentliche - Charakteristikum der nationalsozialistischen Wirtschaftsordnung war.[21] Hitlers Auffassung von der „sekundären Rolle der Wirtschaft" war letztlich Ausdruck der Kritik an einer Gesellschaft und einer Staatsform, in der die ökonomischen Interessen zu dominieren schienen. Im NS-Staat dagegen sollte nicht mehr die Politik der Wirtschaft dienlich sein, sondern die Wirtschaft sollte die NS-Politik ermöglichen.[22]
Die Finanz- und Wirtschaftspolitik war infolgedessen - als weitgehend opportunistisch benutztes Mittel, um die übergeordneten Aufgaben des Staates zu erreichen - vor allem von ideologischen und politischen Normen diktiert.[23] Obwohl die nationalsozialistische Wirtschaftsauffassung prinzipiell auf dem Boden privaten Eigentums auch an Produktionsmitteln stand, war im Konfliktfall für den freien Markt kein Platz. Der Autoritätsgedanke, Antiliberalismus und Unterordnung der Wirtschaft kennzeichneten deren wichtigste Elemente. Damit entsprach diese Auf-

---

20 Volk und Rasse waren elementare Ausgangspunkte in Hitlers Geschichtsbild. Außen- und Wirtschaftspolitik waren nur Funktionen zur Selbsterhaltung eines Volkes. Barkai (1977), S. 15 und 26. Vgl. auch: Barkai (1988) Boelcke (1992) Bracher (1965) Broszat (1981) Buchheim (1994) Erbe (1958) Heyl (1973) Overy (1984) Turner (1985) Zitelmann (1987).

21 In der Forschung, wird die These vom „Primat der Wirtschaft" heute kaum noch vertreten. Vgl. Spoerer (1996), S. 85.

22 Zitelmann (1987), S. 204.

23 Boelcke (1992), S. 95. Barkai (1977), S. 20.

fassung auch der zeitgenössischen Vielfalt konservativer Ideologien.[24] Einiges von dem, was vor allem in den ersten drei Jahren der NS-Herrschaft in der Wirtschaftspolitik umgesetzt wurde, kann durchaus noch in der Tradition der durch die Krisensituation 1930-32 von der Politik der Präsidialkabinette in der Weimarer Republik bedingten Sofortmaßnahmen verstanden werden.[25] Allerdings prägte die nationalsozialistische Wirtschaftspolitik die Tendenz zur Regulierung als Folge der Weltwirtschaftskrise radikaler aus, als dies in anderen Industriestaaten mit kapitalistischer Grundstruktur der Fall war.

Während die NS-Ideologie nicht grundsätzlich kapitalfeindlich war, stand sie doch in unversöhnlicher Feindschaft zu jenem Kapitalismus, der an der Börse zu herrschen schien.[26] Schon in der Weimarer Zeit bot die Federsche Scheidung des *schaffenden* (produktiven) Kapitals vom *raffenden* (Finanz)-Kapital der NSDAP die Möglichkeit, sich antikapitalistisch zu geben, ohne diejenigen Kreise im Unternehmerlager zu verschrecken, an deren Unterstützung ihr gelegen war.[27] Zentrale Eckpfeiler des Programms der NSDAP bildeten u.a. Forderungen, die unter den Schlagworten „Brechung der Zinsknechtschaft“ und „Gemeinnutz geht vor Eigennutz“ bekannt geworden sind und insbesondere gegen das *raffende* (Finanz)-Kapital gerichtet waren.[28] Das *raffende* (Finanz)-Kapital habe, so

---

24 Barkai (1975), S. 5ff.
So war z.B. die Abhandlung Czernins (1937) über „die Börse“ der Gedankenwelt eines Othmar Spann verbunden. Spann stellte die „innere Verbundenheit der Menschen“ in den Mittelpunkt seiner universalistischen Lehre und forderte einen Mittelweg zwischen dem Kapitalismus und Kommunismus etwa im Sinne eine Ständestaats.

25 Buchheim (1994), S. 101. Overy (1984), S. 52f. und 66. Erbe (1958), S. 23.

26 Vgl. Broszat (1981), S. 229. Zitelmann (1987), S. 267f. Henning (1992), S. 270.

27 Feder (1927), S. 7ff. Fischer (1994), S. 5.
Allerdings gab es eine bis ins 19. Jahrhundert zurückreichende Vortradition des Redens vom „Finanzkapital“, zu deren scharfsinnigsten Theoretikern der Marxist Rudolf Hilferding gehörte. Im Rahmen dieser Arbeit kann jedoch darauf nicht weiter eingegangen werden. Einführende Informationen zu Hilferding und seinem Werk bei: Hans-Ulrich Wehler: Aus der Geschichte lernen: Essays, München 1988, darin: Rudolf Hilferding - Theoretiker des „Finanzkapitals“, S. 272-288. Vgl. auch Harold James: Hilferding., in: The Historical Journal, Jg. 24, 1981, S. 847ff.

28 Im § 11 des Programms der NSDAP wurde u.a. die Abschaffung aller „arbeits- und mühelosen Einkommen“ gefordert. Darüber hinaus sollte der Staat aus seinen Verpflichtungen gegenüber dem Großleihkapital befreit werden. Bei der Finanzierung aller größeren öffentlichen Aufgaben sollte der Anleiheweg vermieden werden. Feder (1927), S. 23ff.

fabulierte Feder, nämlich alle Macht an sich gerissen und die Menschen der Zinsknechtschaft unterworfen. Die Brechung der Zinsknechtschaft sei deshalb die größte und bedeutungsvollste wirtschaftspolitische Aufgabe, die der nationalsozialistische Staat zu lösen habe.[29]
Es war daher nicht überraschend, daß es in den dreißiger Jahren eine ideologisch motivierte Agitation gegen die Börse gab.[30] Dabei bezeichnete man die Börse liberal-kapitalistischer Zeit u.a. als „negative zerstörerische Kraft" und warf ihr vor, daß sie ein Organ für die Verbreitung des „eigennützigen materialistischen Wirtschaftsgeistes des Hochkapitalismus" sei.[31] In der Regel ging es den Ideologen jedoch nicht darum, die Börse gänzlich abzuschaffen. Vorrangiges Ziel war es, deren Struktur und Verfassung den neuen Verhältnissen anzupassen. Deshalb forderte man, daß sich die Börse als „Instrument des Staates" und „Dienerin der Volkswirtschaft" wie andere Glieder der Volkswirtschaft auch den veränderten Bedürfnissen im neuen Staat unterordnen müsse.[32]

Aufgrund eines zweiten Kurzschlusses wurde von NS-Seite das *raffende* (Finanz)-Kapital für jüdisch und das *schaffende* (produktive) Kapital für arisch erklärt. Das „Finanzjudentum an der Börse" war für Hitler verantwortlich, daß die ehrliche Arbeit zum Spekulationsobjekt ihrer gewissenlosen Schacherei herabgesunken war. Über „die Börse" hätten „die Juden" einen maßgeblichen Einfluß auf die deutsche Wirtschaft erhalten und seien zum Kontrolleur der nationalen Arbeitskraft geworden.[33]
Allerdings war die Identifikation von Börsen und Juden weder ein neuer Einfall der Nationalsozialisten, noch entbehrte sie jeder Grundlage.[34] Tat-

---

29 Gottfried Feder: Kampf gegen die Hochfinanz, München 1935, S. 302ff.

30 Bereits kurz nach der Machtübergabe beschäftigte sich am 11.2.1933 ein Rundfunkvortrag mit dem Thema: „Die überschätzte Börse". In diesem Vortrag wurde abfälligen Bemerkungen gegen die Börse und die am Börsenhandel beteiligten Kreise breiter Raum geschenkt. Die gegen die Börse erhobenen Vorwürfe wies die IHK-Berlin in einem Schreiben vom 15.2.1933 an den Reichskommissar für Rundfunkwesen des Reichsministers des Innern zurück. BAP, 80 Ba2 Nr. P-343, Blatt 99-109. Sowie BAK, R 2 Nr. 14684, Blatt 228-232.

31 Vgl. Czernin (1937), S. 174f.

32 o.V.: Die Börsen im Dritten Reich, in: Bank-Archiv. Zeitschrift für Bank- und Börsenwesen, 35. Jahrgang, 1935/36, S. 156-158. Vergleiche auch den Geschäftsbericht der Bayerischen Hypotheken- und Wechsel-Bank von 1936, S. 9. Sowie den Artikel von Louis Wirth: Die Stellung der deutschen Börse in der Kapitalmarktpolitik des Reiches, in: Die neue Wirtschaft, Nr. 18/19, 1938, S. 8-9.

33 Hitler, Adolf: Mein Kampf, 474. Auflage, München 1939, S. 256, 345, 702.

34 Siehe dazu auch Kapitel 2.1 (Teil I).

sächlich waren seit den sechziger Jahren des 19. Jahrhunderts unter den Börsenhändlern und Bankiers Juden überproportional vertreten,[35] und an den hohen jüdischen Feiertagen ging die Geschäftstätigkeit an den Börsen merklich zurück.[36] Bezeichnenderweise wurden in der Karikatur Börsianer schon vor der Gründerzeit fast ausnahmslos als Juden dargestellt. Eine Beschreibung des typischen jüdischen Börsianers findet sich schon bei Wilhelm Busch in seiner Erzählung „Die Fromme Helene“:

> „Und der Jud' mit krummer Ferse,
> Krummer Nas' und krummer Hos'
> Schlängelt sich zur hohen Börse
> Tiefverderbt und seelenlos.“[37]

Dieses Bild festigte und verbreitete sich im Laufe der Gründerkrise der siebziger Jahre des 19. Jahrhunderts immer mehr, und für weite Kreise der Bevölkerung wurden schließlich „Börse“ und „Juden“ zu untrennbaren Begriffen.[38]

5.2.2 Veränderungen von Rahmenbedingungen für die Börse und ihre Geschäfte

Die ab 1933 rasch wachsenden Staatsausgaben, die nicht allein durch Steuereinnahmen gedeckt werden konnten, führten bis 1939 zu einer Verdreifachung der Staatsschuld.[39] Ein beträchtlicher Teil der schwebenden Schulden des Reiches sollte am Kapitalmarkt fundiert werden.[40] Deshalb kam solchen Maßnahmen eine erhebliche finanzpolitische Bedeutung zu,

---

35 Der Vorstand der Berliner Effektenbörse setzte sich 1928 zu vier Fünfteln aus Juden zusammen. Albert Fischer: Hjalmar Schacht und Deutschlands „Judenfrage“. Der „Wirtschaftsdiktator“ und die Vertreibung der Juden aus der deutschen Wirtschaft, Köln / Weimar / Wien 1995, S. 18.

36 In den Berliner Börsenusancen waren die beiden jüdischen Neujahrstage und das jüdische Versöhnungsfest den christlichen Feiertagen gleichgestellt. Vgl. Arthur Prinz: Juden im Deutschen Wirtschaftsleben, Tübingen 1984.

37 Wilhelm Busch: Historisch-Kritische Gesamtausgabe, hrsg. von Friedrich Bohne, Band 2, Wiesbaden / Berlin o.J., S. 204.

38 Vgl. Meier (1992), S. 15f. Baltzarek (1973), S. 103.

39 Borchardt (1982), S. 157f.

40 Vgl. R. Erbe: Die nationalsozialistische Wirtschaftspolitik 1933-39 im Licht der modernen Theorie, Zürich 1958. R. J. Overy: The Nazi Economic Recovery 1932-1938, London 1982. R. C. Cohen: Fiscal Policy in Germany during the Great Depression, in: Explorations in Economic History, Vol. 29, 1992, pp 318-342.

welche eine Konsolidierung der kurzfristigen Reichsverbindlichkeiten unterstützen konnten. Ziel der vom Reich ausgeübten *Emissionskontrolle* war es im Konkurrenzfall, den deutschen Kapitalmarkt von privaten Ansprüchen weitgehend freizuhalten.

Die im Zuge der 4. Notverordnung am 8. Dezember 1931 eingeführte Emissionskontrolle wurde durch die NS-Regierung nicht suspendiert.[41] Das Wesen der vom Reichswirtschaftsministerium in Zusammenarbeit mit der Reichsbank und dem Reichsfinanzministerium ausgeübten Kontrolle bestand in der Genehmigungspflicht jeder Neuausgabe von Wertpapieren.[42] Die Prüfung erfolgte unter Berücksichtigung der Entwicklung der Bank- und Spareinlagen, der Verhältnisse am Geldmarkt sowie der Börsenlage. Vor allem aber wurde nach den Erfordernissen der wirtschaftlichen und politischen Lage ermittelt, welcher der beantragten Emissionen der Vorrang gebührte. Bevorzugt wurden solche Emissionen, deren Erlös volkswirtschaftlich dringlichen Investitionen zufließen sollte.[43]

Die bis 1935 sehr streng gehandhabte Emissionskontrolle verdrängte nahezu vollständig die privaten Emittenten festverzinslicher Wertpapiere am Kapitalmarkt.[44] Das Neuemissionsgeschäft mit Industrieanleihen lag 1933 mit 2 Mio. Reichsmark, 1934 mit 4 Mio. Reichsmark und 1935 mit 3 Mio. Reichsmark praktisch brach.[45] Die Bruttoemission von Pfandbriefen betrug 1933 = 371, 1934 = 465 und 1935 = 831 Mio. Reichsmark. Die Pfandbriefausgabe lag damit zwar deutlich über den Werten der Industrieanleihen. Die tatsächliche Neuinanspruchnahme des Kapitalmarktes durch Pfandbriefe blieb jedoch aufgrund des steigenden Volumens von Wiederanlagen jener Beträge, die aus Tilgungen resultierten, weit hinter

---

41 Vgl. Kroll (1958), S. 596. Willi Prion: Das deutsche Finanzwunder, Berlin 1938, S. 80.

42 Kurt Lange: Kapitalmarktpolitik, in: Probleme und Aufgaben des deutschen Geld- und Kreditwesens, hrsg. vom Präsidium und Volkswirtschaftlichen Beirat des Deutschen Instituts für Bankwissenschaft und Bankwesen, Berlin 1942, S. 55ff.

43 Das Kriterium der volkswirtschaftlichen Dringlichkeit bot natürlich mancherlei Auslegungsspielraum.

44 Kopper (1995), S. 119f.
Die Reichsbank führte in ihrem Verwaltungsbericht von 1934 u.a. aus, daß die Ausgabe und die Zulassung festverzinslicher Wertpapiere privater Emittenten seit 1933 auf das unbedingt notwendige Maß beschränkt wurde. Verwaltungsbericht der Reichsbank für das Jahr 1934, Berlin 1935, S. 8. BAK, RD 51/3.

45 Statistisches Jahrbuch für das Deutsche Reich. 54. bis 59. Jahrgang, Berlin 1935-1941/42.

diesen Ziffern zurück.[46] Die öffentliche Hand gab von 1933 bis 1935 hingegen rund 3 Mrd. Reichsmark an festverzinslichen Wertpapieren aus.[47] Die in den ersten Jahren de facto als Emissionssperre gehandhabte Kontrolle führte bei Industrieobligationen und Pfandbriefen zu einer angebotsseitigen Verengung des Sekundärmarktes an den Börsen.[48]
Nach 1935 wurde die Emissionssperre für festverzinsliche Wertpapiere (vor allem für „Vierjahresplan-Unternehmen") gelockert. Dennoch war damit keine grundlegende Abkehr von der Politik der Kapitalmarktlenkung verbunden.[49] Auch als mit der zunehmenden Vollbeschäftigung der Wirtschaft der Finanzierungsbedarf bei den Unternehmen verstärkt aus fremden Quellen gedeckt werden sollte, blieb der Vorrang der Reichsbedürfnisse nach wie vor gewahrt.[50]

Im Zuge der „Verordnung zur Durchführung und Ergänzung des Anleihestockgesetzes" vom 27. Februar 1935 wurde die gesetzliche Grundlage für die Genehmigungspflicht auch für Aktien, Genußscheine und ähnliche Rechte geschaffen.[51] Die vom Reichswirtschaftsminister in der Folgezeit genehmigten Aktienemissionen haben fast ausschließlich der Finanzierung von Unternehmen - insbesondere von Großbetrieben der Rüstungs- und Ersatzstoffindustrie - gedient, die Aufgaben im Rahmen des Vierjah-

---

46 In der Zeitschrift Wirtschaft und Statistik (19. Jahrgang, Berlin 1939, S. 36) hat man die nachträglich bis 1931 zurückreichende Umstellung von „Bruttoemissionsziffern" der Pfandbriefe und Kommunalobligationen im Statistischen Jahrbuch auf die „Umlaufveränderung bei den Bodenkreditinstituten von Pfandbriefen und Kommunalobligationen" damit begründet, daß die ursprüngliche Darstellung der Bruttowerte in immer stärkerem Maße von dem Betrag der tatsächlich neu aufgelegten Werte abwich.

47 Das Vordringen der öffentlichen Hand am Kapitalmarkt nach 1933 läßt sich auch anhand von Strukturverschiebungen des Wertpapierumlaufs aufzeigen. Während zwischen 1924 und 1929 noch 66 v.H. der emittierten Wertpapiere private Schuldner hatten, waren es in der Zeit von 1933 bis 1938 lediglich 15 v.H. Vgl. Borchardt (1971), S. 141. Knapp (1939), S. 39ff. Kurz (1939), S. 100.

48 Willi Prion: Das deutsche Finanzwunder. Berlin 1938, S. 81.

49 Boelcke (1985), S. 39.

50 Kopper (1995), S. 126.
Welche Schwierigkeiten ein Industrieunternehmen trotz der Lockerung der Emissionssperre noch haben konnte, Schuldverschreibungen zu emittieren, zeigt u.a. das Beispiel der F.A. Krupp AG. Wie aus Firmenunterlagen hervorgeht, gelang es Krupp im Jahre 1938 nicht, von den zuständigen staatliche Stellen (Reichsbank und Reichswirtschaftsministerium) die Genehmigung zur Emission einer Anleihe im Volumen von 40 Mio. RM zu erhalten. HAK, FAH Nr. 4 C 70, Blatt 33ff.

51 Artikel 4 Abs. 4 der „Verordnung zur Durchführung und Ergänzung des Anleihestockgesetzes" vom 27.2.1935. RGBL 1935, Teil I, S. 317.

resplanes zu erfüllen hatten.[52] Im Prinzip war diese Handhabung nichts anderes als eine Abzweigung von Anforderungen an den Kapitalmarkt von der öffentlichen Hand an die Privatwirtschaft für staatlich festgelegte Aufgaben.

Neben der staatlichen Kontrolle von Wertpapieremissionen erfolgte eine Kapitalmarktlenkung auch durch die Beeinflussung der Anlagepolitik großer Kapitalsammelstellen. Als ab 1935 die Emissionsperre gelockert wurde, brachte das Reich öffentliche Schuldtitel in zunehmendem Maße direkt bei den Kapitalsammelstellen unter.[53] Darüber hinaus wurden für die öffentliche Verschuldung verstärkt solche Formen gewählt, die nicht unmittelbar über die Wertpapierbörse plaziert werden konnten, wie zum Beispiel Schuldscheine, Darlehen oder Hypotheken. Ab der Jahreswende 1938/39 sah das Reich von einer öffentlichen Auflegung seiner börsenfähigen Schuldtitel weitgehend ab.[54] Schatzanweisungen wurden hauptsächlich bei Banken abgesetzt, längerfristige Anleihen in rollendem Verkauf ohne vorige Festlegung des Emissionsvolumens durch Vereinbarungen mit den betreffenden Spitzenorganisationen bei Sparkassen und Versicherungen untergebracht. Anweisungen des Reichsarbeitsministers an die Sozialversicherungsträger, des Reichswirtschaftsministers an die Girozentralen und der Reichsgruppe Versicherungen an die Privatversicherungen sicherten die Anlage verfügbarer Einlagen dieser Institutionen in Schuldverschreibungen des Reiches. Die zwangsweise Einbindung der Kapitalsammelstellen nahm in der folgenden Zeit immer striktere Formen an, so daß diese nach 1939 - wie schon einmal im Ersten Weltkrieg - ihre Einlagen vor allem in staatliche Titel investierten.[55] So ergibt sich ein Bild, bei dem die anlagesuchenden Mittel, die sich zunehmend bei den Banken und Versicherungen ansammelten, in bemerkenswertem Umfang zur Finanzierung des öffentlichen Kreditbedarfs herangezogen wurden.

---

52 Von den Aktienemissionen des Jahres 1938 entfiel fast die Hälfte auf die Kapitalerhöhung der Hermann-Göring-Werke. Vgl. Erbe (1958), S. 68.

53 Barkai (1977), S. 157.

54 Vgl. Boelcke (1992), S. 100.

55 Vgl. Borchardt (1971), S. 140.
In Tabelle II-5A im Anhang wird eine Zusammenstellung der Anlagen der Lebens- und Sozialversicherungen in Mio. Mark bzw. Reichsmark für die Jahre 1932-1940 vorgestellt. Die Spalte V gibt den Anteil von Wertpapieren (wo infolge der Emissionskontrolle und der Beeinflussung der Anlagevorschriften der Versicherungen in wachsendem Umfang die Titel der öffentlichen Hand dominierten) an den Gesamtanlagen der Lebens- und Sozialversicherungen an. Diese Quote stieg von 21,9 v.H. in 1932 auf 60,5 v.H. in 1940 an.

Vor dem Hintergrund der Zunahme der ab 1935 zur Konsolidierung anstehenden Beträge der schwebenden Schulden des Reiches kam der Herabschleusung des Kapitalmarktzinsniveaus eine finanzpolitisch hohe Bedeutung zu.[56] Die Senkung des Kapitalmarktzinsniveaus sollte die Zinsbelastung des Staatshaushalts vermindern. Bei der Durchführung der Zinskonversion wurde offenbar, wie sehr die Börsen bereits zu einem bloßen Instrument des Staates im Rahmen der nationalsozialistischen Kapitalmarktpolitik geworden waren.

Die Reichsbank beschäftigte sich 1934 mit der Frage, wie eine Zinskonversion am Kapitalmarkt so umgesetzt werden könnte, daß die Kurse der konvertierten Papiere langfristig stabil blieben.[57] Vorrangiges Ziel im Vorfeld der Zinssenkung war es, die Nachfrage nach festverzinslichen Werten künstlich zu steigern, um deren Kurse auf den Paristand zu bringen. Eine Zinssenkung konnte - so war man der Überzeugung - nur dann Erfolg haben, wenn sich die Sparer angesichts mangelnder Alternativen zu einem Engagement in konvertierte Papiere veranlaßt sähen. Deshalb mußte ein Ausweichen der Anleger in andere, rentablere Anlageformen verhindert werden. Um das Ausweichen von Anlegern in rentablere Anlageformen (wie z.B. Aktien) zu verhindern, suchte das „Kapitalanlagegesetz" vom März 1934 (KAG) die Rentenanlage zu Lasten der Aktienanlage zu fördern.[58]

Nach dem im März 1934 in Kraft getretenen KAG hatten Kapitalgesellschaften, sofern ihre Gewinne die des Vorjahres überstiegen oder sie eine höhere Dividende ausschütteten als 6 Prozent, einen Anleihestock aus Schuldverschreibungen des Reiches, der Länder oder Gemeinden zu bilden.[59] Der Anleihestock blieb ein Vermögensbestandteil der Gesellschaft,

---

56 Paul Adler: Die langfristigen Zinskonvertierungen seit der Stabilisierung der Mark, Erlangen 1934. Zur Zinskonversion vergleiche auch: Kopper (1995), S. 156. Stamm (1939), S. 65f. Barkai (1977), S. 159. Stucken (1964), S. 139ff. Doll (1940), S. 62f. James (1988), S. 395. Gerber (1939), S. 85ff. Reichardt (1937), S. 613f. Irmler (1967), S. 324. Die Wirtschaftskurve, Jg. 1935, S. 355f.

57 Vermerk über die Besprechung am 28.2.1934 in der Reichsbank. BAP. 25.01 Nr. 6507, Blatt 260-264.

58 „Gesetz über die Bildung eines Anleihestocks bei Kapitalgesellschaften vom 29.3.1934 (Kapitalanlagegesetz)." RGBL 1934, Teil I, S. 295f.
„Gesetz über die Gewinnverteilung bei Kapitalgesellschaften vom 4.12.1934 (Anleihestockgesetz)." RGBL 1934, Teil I, S. 1222ff.
Die Tatsache, daß sowohl das KAG als auch das ASG im gleichen Jahr in Kraft traten, hat in der Literatur zu mancherlei Verwirrung beigetragen. Zum Beispiel liegt bei Pohl (1983), S. 31 eine Verwechslung des KAG vom März 1934 und des ASG vom Dezember 1934 vor.

59 Erläuterungen zur Abschrift des KAG vom 29.3.1934. BAP, 31.01 Nr. 15746, Blatt 29f.

der in der Bilanz gesondert auszuweisen und bis zum 31. März 1936 gesperrt war. Nach Ablauf dieser Frist sollte einer freien Verfügung nichts mehr im Wege stehen. Nach Inkrafttreten des KAG nahmen Gesellschaften, die bereits eine über 6 v.H. liegende Dividende verteilt hatten, in der Regel keine weiteren Dividendenerhöhungen vor. Die übrigen machten bei ihren Ausschüttungen bei der Freigrenze von 6 v.H. halt.

Mitte Juni 1934 stellten die Verantwortlichen fest, daß die Entwicklung auf dem Rentenmarkt die Erwartungen nicht erfüllt habe.[60] Man habe zwar bis Anfang 1934 eine starke Besserung des Kursniveaus erreicht, dann aber seien die Kurse stehengeblieben bzw. zurückgefallen. Aller Voraussicht nach werde es in Zukunft nicht gelingen, die Kurse so zu steigern, daß eine natürliche Konversion möglich sei. Da voraussichtlich im Jahr 1935 große öffentliche Inanspruchnahmen des Kapitalmarktes bevorständen, müsse der Weg einer unter dem Deckmantel der Freiwilligkeit betriebenen Zwangskonversion beschritten werden.
Als sich im Sommer 1934 abzeichnete, daß das KAG die ihm zugedachte Rolle bei der Vorbereitung des Kapitalmarktes für die Zinssenkung nicht in dem gewünschten Umfang spielen konnte, ging man seitens des zuständigen Reichsfinanzministeriums daran, eine schärfere Fassung der Bestimmungen vorzubereiten.[61] Geplant war, den Anleihestock zukünftig als Sondervermögen von der Deutschen Golddiskontbank verwalten zu lassen und ihn so dem Verfügungsbereich der Gesellschaften zu entziehen. Gemäß § 4 Abs. 2 des Gesetzentwurfes sollten nur noch Anleihen des Reiches und solche Anleihen, deren Verzinsung vom Reich gewährleistet wurden, als anleihestockfähige Papiere zugelassen werden.

Am 4. Dezember 1934 trat das Anleihestockgesetz (ASG) in Kraft.[62] Aufgrund vom Statistischen Reichsamt gelieferter Unterlagen nahm man

---

60 Vermerk des Reichsfinanzministeriums vom 15.6.1934 über die Beratungen betreffs der Zinskonversion. Anwesend waren der Reichsbankpräsident, der Reichswirtschaftsminister, Staatssekretär Reinhard und der Reichsbankkommissar. BHStA, MA Nr. 107149.

61 Undatierte Begründung (etwa Juni / Juli 1934) zum „Abänderungsvorschlag des Kapitalanlagegesetzes“. BAK, R 2 Nr. 3296, Blatt 100f.

62 In einer Rundfunkansprache führte Reichsbankpräsident Schacht am darauffolgenden Tag aus, daß im Anleihestockgesetz in vorbildlicher Weise die nationalsozialistische Wirtschaftsgesinnung zum Ausdruck komme, indem es den Grundsatz des privaten Eigentums in glücklicher Form mit den Interessen der Volksgemeinschaft verbinden würde. Ausarbeitung der VoSta vom 2.12.1935 zum Thema „Ein Jahr Anleihestockgesetz“. BAP, 25.01 Nr. 6548, Blatt 360-364. In dieser Ausarbeitung wurde auf die Rundfunkansprache Schachts vom 5.12.1934 eingegangen.

an, daß etwa 40 bis 45 Mio. Reichsmark jährlich als Wertpapiere im Anleihestock anfallen würden.[63] Nach dem ASG blieben ausgeschüttete Dividenden bis 6 v.H. unberührt. Bei Dividenden zwischen 6 und 8 v.H. war der den Schwellenwert überschießende Betrag dem Anleihestock zuzuführen. Bei Dividenden über 8 v.H. hing die Behandlung von der Vorjahresregelung ab.[64] Der Anleihestock als solcher unterlag nicht der Körperschaft-, Gewerbe- oder Vermögensteuer. Eigentümer des Anleihestocks blieben die Aktionäre, die jedoch durch die Deutsche Golddiskontbank treuhänderisch vertreten wurden. Die Golddiskontbank hatte bei der Anlage der ASG-Gelder weitgehend freie Hand. Sie war - obwohl Treuhänderin der Anteilseigner - an keine Weisungen der Treugeber gebunden.[65] Jede Aktiengesellschaft, die sich nach Inkrafttreten des Gesetzes in eine Personengesellschaft umwandelte, war automatisch von den Bestimmungen befreit.[66] So hat das ASG mit dazu beigetragen, daß im Zeitraum 1934 bis 1939 2.167 Aktiengesellschaften mit einem Nominalkapital von 1,8 Mio. Reichsmark in Personengesellschaften umgewandelt wurden.[67]

Das „Reichsgesetz über das Kreditwesen" vom 5. Dezember 1934 zog Lehren aus den Ursachen der Bankenkrise und wird in der neueren Literatur als eine im wesentlichen systemneutrale Modernisierung bankgeschäftlicher Grundsätze und Regeln charakterisiert.[68] Die verkehrswirt-

---

63 Vermerk vom 3.12.1934 vom Reichsfinanzministerium. BAK, R 2 Nr. 3296, Blatt 116ff.

64 War auch im Vorjahr mehr als 8 v.H. Dividende ausgeschüttet worden, so war nur die Differenz zwischen 8 v.H. und dem aktuellen Ausschüttungssatz dem Anleihestock zuzuführen. Waren im Vorjahr weniger als 8 v.H. Dividende ausgeschüttet worden, so war der über 6 v.H. hinausgehende Betrag dem Anleihestock zuzuführen. War in dem Jahr, für das der Reingewinn ausgeschüttet wurde, oder in den beiden Vorjahren das Grundkapital herabgesetzt worden, so wurde der Prozentsatz unter Berücksichtigung des Betrages berechnet, um den das Kapital herabgesetzt worden war. „Wissenswertes aus dem Anleihestockgesetz". Undatierte Ausarbeitung aus dem Bestand der Deutschen Bank. BAP, 80 BA2 Nr. P-9707, Blatt 208-214.

65 Freiherr von Falkenhausen: Das Anleihestockgesetz und seine Durchführung, in: Bank-Archiv, 34. Jahrgang, Berlin 1935, S. 283ff.

66 Das „Gesetz über die Umwandlung von Kapitalgesellschaften" und das „Gesetz über die Steuererleichterungen bei der Umwandlung und Auflösung von Kapitalgesellschaften", beide vom 5. Juli 1934, (RGBL 1934, Teil I, S. 569ff.) gewährten in diesem Zusammenhang erhebliche formelle und steuerliche Erleichterungen. Ausarbeitung der Deutschen Bank vom 26.9.1936 zum Anleihestockgesetz. BAP, 80 BA2 Nr. P-9708, Blatt 141ff.

67 Vgl. Henning (1992), S. 272. Wirtschaft und Statistik (1939), S. 236ff. Statistisches Jahrbuch für das Deutsche Reich, 59. Jahrgang, Berlin 1941/42, S. 494.

68 Kopper (1995), S. 118.

schaftliche Ordnung des Bankgewerbes blieb erhalten, wurde aber dem Primat staatlicher Finanzierungsinteressen untergeordnet. Die geplante Zinssenkung der öffentlichen Anleihen erfuhr durch das Kreditwesengesetz eine weitere vorbereitende Unterstützung. Die von öffentlichen Stellen emittierten Werte wurden für offenmarktfähig erklärt - was diesen eine höhere Liquidität verlieh und zu steigenden Kursen führte.[69]

Anfang 1933 hatten sich die Kurse 6-prozentiger festverzinslicher Wertpapiere[70] an der Berliner Börse bei etwa 81 v.H. des Nennwertes bewegt. Im Januar 1935 waren die Kurse auf etwa 96 v.H. gestiegen.[71] Trotzdem war damit noch kein Zustand erreicht, an dem man eine freiwillige Konversion hätte anbieten können. Am 27. Februar 1935 wurden mit dem „Gesetz über die Zinsermäßigung bei den öffentlichen Anleihen" die über 6 v.H. verzinsten Schuldverschreibungen der Kreditinstitute und der öffentlichen Körperschaften sowie die in ein öffentliches Schuldbuch eingetragenen Schulden zur Konversion aufgerufen.[72] Ausgenommen waren im Ausland begebene Schuld- und Aufwertungsschuldverschreibungen sowie Industrieobligationen. Die in die Konversion einbezogenen Schuldverschreibungen sollten mit Wirkung vom 1. April 1935 in solche mit 4,5 v.H. Verzinsung umgewandelt werden. Nahm ein Gläubiger das Angebot an, so hatte er Anspruch auf die Zahlung eines einmaligen Bonus von 2 Prozent. Lehnte er ab, hatte er zwar Anspruch auf Weiterzahlung der ursprünglich vereinbarten Zinsen, die nicht konvertierten Stücke wurden jedoch vom Börsenhandel und von der Beleihung bei der Reichsbank ausgeschlossen.[73] Nicht konvertierte Schuldverschreibungen wären dadurch nur erschwert handelbar gewesen und fast wertlos geworden.[74]
Die Konversionsbedingungen boten offensichtlich einen hinreichenden Anreiz, das Angebot anzunehmen, denn nur 1 v.H. der Gläubiger lehnten die Zinsreduktion ab.[75] Insgesamt wurden öffentliche Anleihen im Wert von etwa 2 Mrd. Reichsmark und Pfandbriefe und Kommunalobligationen im Wert von etwa 8 Mrd. Reichsmark konvertiert. In den folgenden Jah-

---

69 Borchardt (1971), S. 140. Reichardt (1937), S. 613. Stamm (1939), S. 65f. Wandel (1983), S. 153.

70 Pfandbriefe, Kommunalobligationen, öffentliche Anleihen, Industrieobligationen.

71 Konjunkturstatistisches Handbuch 1936, Berlin 1935, S. 119.

72 Gesetz über die Zinsermäßigung bei den öffentlichen Anleihen vom 27.2.1935. RGBL 1935, Teil I, S. 286ff.

73 § 8 des Kreditwesengesetzes machte die Börsenzulassung eines Wertpapiers im amtlichen Handel von der erfolgten Konversion abhängig.

74 Kopper (1995), S. 157.

75 Adler (1935), S. 20ff. Barkai (1977), S. 159. Gerber (1939), S. 86. James (1988), S. 395.

ren gelang es, die Rentenkurse auf der gewünschten Höhe zu halten.[76] Einen Überblick zur Kursentwicklung festverzinslicher Wertpapiere (1932-1939) gibt die folgende Abbildung II-5.1. Zu den originalen Zahlenangaben siehe Tabelle II-5B im Anhang.

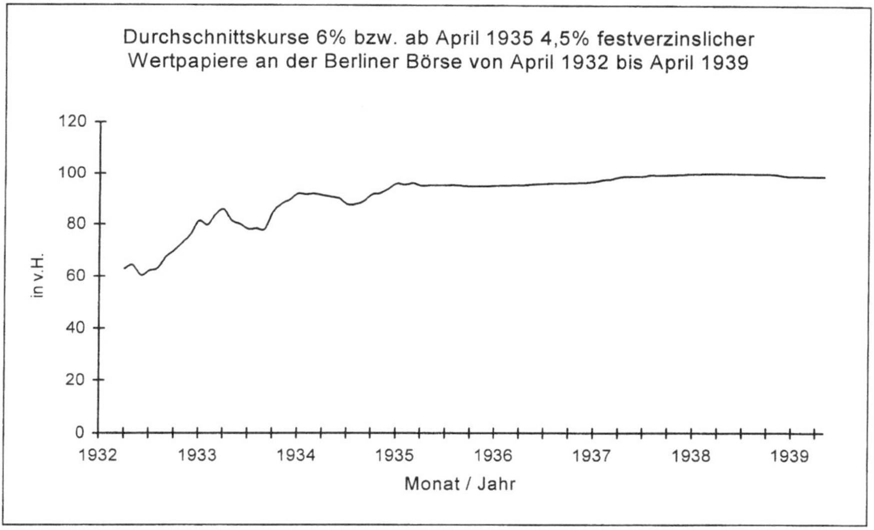

Abbildung: II-5.1: Durchschnittskurse 6% bzw. ab April 1935 4,5% festverzinslicher Wertpapiere insgesamt an der Berliner Börse von April 1932 bis April 1939

Quelle: Konjunkturstatistisches Handbuch 1936, hrsg. von E. Wagemann, Berlin 1935, S. 119, darin: 1928 bis Oktober 1935. Statistisches Jahrbuch für das Deutsche Reich, 45. bis 47. Jahrgang und 57./58. Jahrgang, Berlin 1938-1939/40, darin: 1935-1939.

Es ist schwer zu sagen, inwieweit die durch das ASG bewirkte Umleitung von ausgeschütteten „Überdividenden“ an den Rentenmarkt dazu beigetragen hat, die Kurse der konvertierten festverzinslichen Wertpapiere auf dem Paristand zu halten. Volkswirtschaftlich gesehen trat eine Zwangsverlagerung von Kaufkraft ein, indem Einkommensteile, die sonst bei Ausschüttung von den Aktionären beliebigen Zwecken hätten zugeführt

[76] Damit lagen nach der Konversion die langfristigen Zinsen im Schuldnerland Deutschland unter denen des Gläubigers USA - eine groteske Situation, welche nur durch die Devisenzwangswirtschaft ermöglicht wurde. Vgl. Stucken (1964), S. 139ff.

werden können, nunmehr diesen zeitweilig entzogen wurden und der Befruchtung des Rentenmarktes dienten.[77] In der Periode von 1935-1937 wurden durch das ASG pro Jahr allerdings (nur) 30-40 Mio. Reichsmark abgeführt und nachfragewirksam an den Rentenmarkt geleitet. Der Konsolidierungsbedarf für die Reichsausgaben lag hingegen weit darüber.[78]

Das ASG vom Dezember 1934 hatte eine Laufzeit von drei Jahren.[79] Im Februar 1937 äußerte das Reichsbankdirektorium die Befürchtung, daß die Anfang 1938 anstehende Ausschüttung des Anleihestocks zu unerwünschten Auswirkungen am Kapitalmarkt führen werde.[80] Gemäß den geltenden Bestimmungen könnten die Aktionäre nach Ablauf der Sperrfrist über die Ausschüttung des Anleihestocks frei verfügen. Deshalb müsse nach Möglichkeiten gesucht werden, die aufgestockten Beträge für einen weiteren Zeitraum der Verfügung der Aktionäre zu entziehen.
Bei einer Besprechung am 26. Juli 1937 im Reichswirtschaftsministerium verständigte man sich dahingehend, das ASG zu verlängern. Die fälligen Anleihestockbeträge sollten automatisch zu ihrem Kurswert in unverzinsliche Steuergutscheine umgetauscht werden.[81] Die Steuergutscheine sollten erst 1941 eingelöst werden können.
Der 1934 gebildete Anleihestock wurde wie angekündigt Ende 1937 aufgelöst. Insgesamt hatten sich Mittel in Höhe von 109,8 Mio. Reichsmark angesammelt. Die Ausschüttung erfolgte in Form von Steuergutscheinen, die an der Börse gehandelt wurden. In der zweiten Geltungsperiode des ASG von 1938 bis 1941 konnten 125 Mio. Reichsmark angesammelt werden. Ein weiteres Mal wurde das ASG nicht verlängert, sondern durch die Dividendenabgabeverordnung vom 12. Juni 1941 abgelöst.[82]

---

77 Vgl. Kopper (1995), S. 152f. Achterberg (1962), S. 29. Irmler (1976), S. 324. Stucken (1964), S. 139ff. Henning (1992), S. 272.

78 Vgl. Barkai (1977), S. 154 und 157f. Stamm (1939), S. 59f., 62f.

79 Vgl. auch Hans Kahlert: Das gesamte Anleihestockrecht nebst Ausschüttung des Anleihestocks, Leipzig 1938, S.42. Robert Deumer: Das Gesetz über die Gewinnverteilung bei Kapitalgesellschaften vom 4. Dezember 1934, Berlin und Leipzig 1935, S. 7ff. o.V.: Zum Anleihestockgesetz, in: Der deutsche Oekonomist, 52. Jahrgang, Nr. 49, Berlin 1934, S. 1619, 1653.

80 Schreiben des Reichsbankdirektoriums vom 13.2.1937 an den Reichswirtschaftsminister. BAP, 31.01 Nr. 15749, Blatt 15f.

81 Vermerk über die Besprechung vom 26.7.1937 im Reichswirtschaftsministerium. Anwesend waren Vertreter des Reichswirtschaftsministeriums, des Reichsfinanzministeriums, der Reichsbank, des Reichsjustizministeriums und der Deutschen Golddiskontbank. BAK, R 2 Nr. 3298.

82 Spoerer (1996), S. 85f.

Die Berliner Handels-Gesellschaft war der Auffassung, daß das ASG tendenziell eine marktverengende Wirkung auf den Aktienmarkt ausgeübt habe. Das Ausmaß dieses Effektes könne dabei nicht allein an dem relativ bescheidenen Volumen der zwischen Aktien- und Rentenmarkt verlagerten Beträge gemessen werden. Das ASG übe einen Einfluß auf die Bildung stiller Reserven bei Aktiengesellschaften resp. deren Dividendenpolitik und somit auf die Aktienkursentwicklung aus. Insoweit werde die relative Attraktivität des Aktienmarktes vermindert.[83]

Da das ASG ausdrücklich eine Verteilung der Nachsteuergewinne zur Voraussetzung seiner Anwendung machte, hat es vielfach die Unternehmen zur Thesaurierung ihrer Gewinne angeregt. Dies konnte über die Aufstockung freier Rücklagen offen erfolgen oder versteckt durch das Legen stiller Reserven. Einige Aktiengesellschaften verzichteten nach 1934 sogar grundsätzlich auf eine Dividendenausschüttung und setzten ihre Gewinne vollständig zur Reservenstärkung ein. Spoerer (1996) hat anhand zeitgenössischer, größtenteils publizierter Statistiken herausgearbeitet, welchen Anteil die stille Selbstfinanzierung deutscher Aktiengesellschaften an deren Gewinnen gehabt hat.[84] Im Zeitraum 1925-1939 entwickelte sich diese Quote, wie es die folgende Tabelle II-5.2 zeigt.

Tabelle II-5.2:

Stille Selbstfinanzierung deutscher Aktiengesellschaften in v.H. vom Gewinn im Zeitraum 1925-1939

Jahr	1925	1926	1927	1928	1929	1930/31	1932
Quote	31,1	18,2	24,9	20,2	10,0	-	-19,0
Jahr	**1933**	**1934**	**1935**	**1936**	**1937**	**1938**	**1939**
Quote	-17,9	9,2	34,0	44,2	45,2	50,9	53,0

Quelle: Spoerer (1996), S. 110.

83 „Zur wirtschaftspolitischen Seite des ASG." Wirtschaftliche Nachrichten der Berliner Handels Gesellschaft vom 6.11.1937. BAP, 31.01 Nr. 15749, Blatt 32f.

84 Unter Selbstfinanzierung versteht man die Finanzierung aus Gewinnen, die im Unternehmen zurückbehalten werden. Nach der Art des Ausweises des zurückbehaltenen Gewinns in der Bilanz kann man unterscheiden in: (1) offene Selbstfinanzierung und (2) stille Selbstfinanzierung. Die stille Selbstfinanzierung erfolgt durch Einbehaltung nicht ausgewiesenen Gewinns. Der Gewinnausweis wird durch bewußte bilanzpolitische Maßnahmen verringert (Unterbewertung von Aktiva bzw. Überbewertung der Passiva), wodurch stille Reserven entstehen. Vgl. Perridon/Steiner (1993), S. 421ff.

Von 1925 bis 1929 ging die stille Selbstfinanzierung deutscher Aktiengesellschaft zurück, und während der Krisenjahre bis 1933 mußten in erheblichen Umfang Reserven aufgelöst werden. Nach 1933 kam es zu einem deutlichen Anstieg der Bildung stiller Reserven, deren Umfang nicht alleine auf die Besserung der Ertragslage im nationalsozialistischen Wirtschaftsaufschwung zurückgeführt werden kann. Begünstigt wurde die Selbstfinanzierung durch die hohe Liquidität, die sich aufgrund der Arbeitsbeschaffungsprogramme und der Aufrüstungsausgaben bei den Unternehmen ansammelte.[85]
Außerdem kam das Reich dem Bestreben von Unternehmen nach umfangreichen Abschreibungsmöglichkeiten entgegen.[86] Überhöhte Abschreibungen auf das Anlagevermögen waren in den dreißiger Jahren sicherlich die quantitativ bedeutsamste Form der Legung stiller Reserven. Dadurch wurde der Buchwert der Anlagen zu Lasten des Gewinns unter den tatsächlichen Restwert gedrückt.[87] Die Daimler Benz AG hat zum Beispiel in den Jahren 1934-1937 die gesamten Zugänge des Anlagevermögens jeweils noch im Jahr ihrer Aktivierung vollständig abgeschrieben und somit in erheblichem Umfang stille Reserven gelegt (insgesamt rund 52,9 Mill. RM von 1934 bis 1937).[88]

Die nach 1933 zunehmende Selbstfinanzierung verengte die Effektenmärkte immer mehr.[89] Zum einen gelangten die thesaurierten Mittel nicht in die Hände der bezugsberechtigten Kapitalgeber und von ihnen aus weiter an den Kapitalmarkt, zum anderen fielen die Unternehmen als Kapitalnachfrager (Wertpapieremittenten) aus. Die Effektenbörsen büßten so ihre Funktion als Vermittlerin zwischen anlagesuchendem Sparkapital und anlagebereitem Investitionskapital für private Unternehmen immer mehr ein.

Nach 1933 hat der Gesetzgeber aber auch durch steuerliche Veränderungen die Rahmenbedingungen für den Aktienmarkt verschlechtert.[90] Ge-

85 Spoerer (1996), S. 113ff.
86 Boelcke (1985), S. 47f.
87 Spoerer (1996), S. 67f.
88 Aufstellung vom 30.8.1938 über die Entwicklung des Anlagevermögens der Jahre 1934-1937. Akten des Vorstandes Dr. Wilhelm Kissel. Archiv der Mercedes-Benz-AG.
89 Erich Frisch: Die Selbstfinanzierung der Unternehmungen, in: Fragen zur Kapitalerhaltung und Finanzierung. Veröffentlichungen zur Betriebswirtschaft, hrsg. von Aufermann u.a., Wolfenbüttel 1949, S. 52.
90 Vgl. Werner Högemann: Das deutsche Steuerrecht unter dem Einfluß des Nationalsozialismus (1933-1945), Diss. Münster 1993.

mäß der grundsätzlich feindlichen Einstellung der NS-Ideologie zum *raffenden* (Finanz)-Kapital bedurften Spekulationsgewinne keiner steuerlichen Schonung. Im Zuge der Änderungen des Einkommensteuergesetzes vom 16. Oktober 1934 wurde der Zeitraum, innerhalb dessen Spekulationsteuer anfiel, von drei Monaten auf ein Jahr verlängert und so eine Reihe von bislang steuerfreien Wertpapiergeschäften erfaßt.[91] Außer Ansatz blieben Einkünfte aus der Veräußerung von Forderungen, die in ein inländisches öffentliches Schuldbuch eingetragen waren, sowie von Vorzugsaktien der Deutschen Reichsbahn.[92] Die schärfere steuerliche Erfassung von Spekulationsgewinnen wirkte sich in der Folgezeit tendenziell dämpfend auf die Aktienspekulation und damit auch auf die Geschäftstätigkeit resp. den Aktienumsatz an der Börse aus.

Darüber hinaus hat der Gesetzgeber nach 1933 die Gewinne von Kapitalgesellschaften höher besteuert und das Aktienvermögen gegenüber anderen Anlageformen steuerlich schlechtergestellt.[93] Der Körperschaftsteuersatz, der 1925 bis 1934 unverändert 20 v.H. betrug, wurde ab 1935 schrittweise angehoben, bis er im Fiskaljahr 1939/40 bei 40 v.H. lag.[94]

Im Oktober 1934 änderte man die Steuerbemessungsgrundlage für die Berechnung der Vermögensteuer von Aktien. Seitdem wurde bei der Ermittlung der Vermögensteuer nicht mehr 50 v.H. sondern 100 v.H. des Kurswertes von Aktien zugrundegelegt.[95] Auch bei (nominal) unveränderten Steuersätzen kam diese Maßnahme einer Verdoppelung der Steuerlast gleich. Insgesamt gesehen verlor infolge dieser Änderungen im Steuerrecht eine Kapitalanlage in Aktien an Attraktivität.

---

91 §§ 22 u. 23 des Einkommensteuergesetzes vom Oktober 1934. RGBL 1934, Teil I, S. 1012. Vgl. Hoeres: Die Besteuerung von Spekulationsgewinnen nach dem neuen Einkommensteuergesetz, in: Bank-Archiv. Zeitschrift für Bank- und Börsenwesen, 34. Jahrgang, 1934/35, S. 294-296.

92 Walter Blümich: Einkommensteuergesetz, 4. Auflage, Berlin 1940, S. 389.

93 Vgl. Kurz (1939), S. 145.

94 Gemäß § 1 des Körperschaftsteuergesetzes von 1920 waren alle inländischen Kapitalgesellschaften körperschaftsteuerpflichtig. Bis 1935 betrug der Steuersatz unverändert 20 v.H. 1935 wurde der Körpersteuersatz auf 25 v.H. angehoben. Ab 1937 betrug der Körpersteuersatz 30 v.H., ab 1938 35 v.H., und für das Fiskaljahr 1939/40 wurde er auf 40 v.H. angehoben. Walter Blümich: Körperschaftsteuergesetz, Berlin 1939, S. 15f.

95 Vermögensteuergesetz vom 16. Oktober 1934. RGBL 1934, Teil I, S. 1052ff.

5.2.3 Direkt auf die Börsenorganisation zielende Maßnahmen

Obwohl der tatsächliche oder scheinbare spekulative Charakter vieler Börsengeschäfte den grundsätzlichen Vorstellungen der Nationalsozialisten widersprach, machte sich die NS-Regierung 1933 nicht sogleich an die Abschaffung der Börsen.[96] In den ersten Jahren entsprach das Vorgehen gegenüber den Börsen vielmehr der allgemeinen Einstellung der Nationalsozialisten, bestehende Organisationen und Institutionen weitgehend in die eigenen Vorstellungen einzubeziehen. Infolgedessen war es ein vorrangiges Ziel der NS-Regierung, die Börsen in der Art und Ausgestaltung ihrer Struktur und Verfassung den „neuen Verhältnissen" anzupassen.[97]

Bereits im März 1933 wurden vom Reichswirtschaftsministerium Grundzüge einer Umgestaltung der Börsenordnung für die Berliner Börse bekanntgegeben.[98] Die innere Struktur der Berliner Börse sollte dem Führerprinzip unterworfen werden, indem man anstelle des mit Mehrheitsbeschlüssen arbeitenden und gewählten Börsenvorstandes als leitendes Organ der Selbstverwaltung den Börsenpräsidenten als „Führer" an die Spitze der Börse setzen wollte. Der Börsenvorstand sollte den Charakter eines dem Börsenpräsidenten unterstellten und daher im wesentlichen nur ausführenden Gremiums erhalten. Die Börsenvorstände sollten nicht mehr von den Mitgliedern der Börse gewählt, sondern zukünftig von der IHK-Berlin ernannt werden. Die Ernennung eines Börsenvorstandsmitgliedes sollte ohne Angabe von Gründen versagt oder zurückgenommen werden können.[99] Außerdem war geplant, den Vorstand der Wertpapierbörse von

---

96 Als Hitler an der Macht war, verstörten die eingeführten direkten Kontrollen und weitere Maßnahmen insbesondere jene Sympathisanten der NSDAP, die entsprechend der NS-Ideologie ein weitaus schärferes Vorgehen gegen die Börse erwartet hatten. Vgl. o.V.: Stock Exchanges under Dictatorship, in: The Banker, Vol. 41, London 1937, Reprint Bad Feilnbach 1991, pp. 153-155.

97 Bezeichnend dafür, wie subtil hier zum Teil vorgegangen wurde, war, daß im Oktober 1933 der neue von NS-Seite dominierte Berliner Börsenvorstand anregte, die Börse nicht mehr „Börse" sondern „Handelshof" zu nennen. Argentarius: Braucht die Wirtschaft eine Börse?, in: Die Bank. Wochenhefte für Finanz- und Bankwesen, 26. Jahrgang, Berlin 1933, S. 1437f.

98 o.V.: Die neue Börse, in: BBC vom 18.3.1933.
Die im März 1933 ausgearbeitete neue Börsenordnung trat rund ein Jahr später in Kraft, zusammen mit der Novelle des Börsengesetzes. (Näheres dazu siehe unten)

99 Dadurch bekam natürlich das Bestätigungsrecht eine wesentlich erhöhte Bedeutung. Nach der 1924 bis 1933 unverändert gültigen Berliner Börsenordnung bedurften nur die drei Präsidiumsmitglieder des Börsenvorstandes einer förmlichen Bestätigung

38 auf 24 Personen zu verkleinern, was man vor allem dazu nutzen wollte, mißliebige Personen auszuwechseln. Gleichzeitig sollten die Befugnisse des Börsenvorstandes erweitert werden. Unter anderem war vorgesehen, dem Börsenvorstand das Recht zur Buchprüfung bei den Börsenteilnehmern zu verleihen. Auch die bis dahin dem Ehrengericht obliegende Aufgabe, den Ausschluß unehrenhafter Elemente vom Börsenbesuch zu betreiben, sollte auf den Börsenvorstand übergehen.

Ab April 1933 wurden bei der weit überwiegenden Zahl der deutschen Börsen die bis dahin an der Spitze der Börsenorganisation stehenden Personen durch „geeignetere Kräfte" - wie die Arisierung von NS-Seite euphemistisch genannt wurde - ersetzt. Die Arisierung der Kursmakler leitete man in Berlin im Rahmen der von der NSDAP Ende März 1933 ausgerufenen „Boykottbewegung zur Abwehr der ausländischen Greuelpropaganda" ein.[100] Jüdische Kursmakler hatten ihre Tätigkeit einzustellen und ihr Amt auf ihre Stellvertreter zu übertragen. Für diejenigen jüdischen Kursmakler, die auch jüdische Vertreter hatten, zog man Kursmaklervertreter aus anderen Gruppen heran.[101]

---

durch die IHK-Berlin. Der Börsenvorstand an sich war ein weitgehend autonomes Gremium der Selbstverwaltung der Börse. Vgl. dazu die §§ 2-8 der Berliner Börsenordnung, in: Schneider, August u. Dahlheim, Louis: Usancen der Berliner Fonds-Börse. Ein Handbuch zum praktischen Gebrauch für Börsen-Interessenten, bearb. von K. Hartung, 22. Aufl., Berlin, 1924.

100 Schreiben des Kommissars des Reiches, Schniewind, vom 31.3.1933 an den Staatskommissar bei der Berliner Börse. GStAPK, I. HA Rep. 120 / CXI 1, Nr. 45-5. Der Völkische Beobachter vom 12. April 1933 stellte es als ein wesentliches Ziel der NS-Regierung heraus, auch an der Berliner Börse die gleichen Verhältnisse zu schaffen, wie sie im Rahmen der allgemeinen Gleichschaltung den Zeiterfordernissen entsprächen. Bekanntlich seien von den Berliner Kursmaklern 50 v.H. Juden. Der Vorstand der Gemeinschaft freier Makler - insgesamt 14 - sei mit 9 Juden besetzt. Der Vorstand der Berliner Wertpapierbörse sei zu 50 v.H. mit Juden besetzt und die Vorstände der Produkten- und Metallbörse gar zu 90 v.H. bzw. gänzlich mit Juden besetzt. Auch bei der Gesamtbesucherzahl an der Börse betrage der Anteil von Juden mindestens 50 v.H. o.V.: Gleichschaltung der amtlichen Börsenorgane, in: Völkischer Beobachter, 102. Ausgabe vom 12.4.1933, München/Berlin 1933, 1. Beiblatt.

101 Unter dem Begriff „Juden" verstand man vor 1933 stets die Angehörigen des jüdischen Glaubens. Auch in dem o.a. Schreiben des Reichskommissars Schniewind wurde nach Konfessionen (zwischen *jüdischen* und *christlichen* Kursmaklern) unterschieden. Später dominierte die von den Nationalsozialisten dann auch bei den Nürnberger Rassengesetzen vom September 1935 verwendete Definition von „rassischen Juden". Als Jude galt demnach, „wer von mindestens drei der Rasse nach volljüdischen Großeltern" abstammte.

An der Frankfurter Börse wurde vorübergehend ein Beirat mit der Durchführung der Geschäfte beauftragt.[102] Dieser bestand aus je zwei der NS-Regierung genehmen Vertretern der Banken, der Kursmakler und der Börse. Nach Anhörung durch den Beirat wurden 25 der insgesamt 52 Kursmakler entlassen. Im Gegenzug bestimmte man 19 Kursmakler neu, die aus den Reihen der freien Makler und der Angestellten der Kursmakler kamen. Die entlassenen Kursmakler waren ausnahmslos Juden. Nach offizieller Lesart war die „Auswahl" der ausgeschiedenen Kursmakler nach den Gesichtspunkten Überalterung, Unfähigkeit und offensichtliche Einstellung gegen die nationale Regierung erfolgt.
Die Arisierung der Kursmakler fand im Herbst 1935 ihren Abschluß. Mit Wirkung vom 22. November 1935 ordnete der mit der Geschäftsführung des Reichswirtschaftsministeriums beauftragte RWM Schacht an, daß die noch an deutschen Börsenplätzen tätigen jüdischen Kursmakler unverzüglich auszuscheiden hätten.[103]

Auch unter den freien Maklern an der Berliner Börse fand eine - beschönigend als „personelle Bereinigung" bezeichnete - Arisierung statt. Gemäß einer „Verordnung zur Neuordnung des Maklerwesens" vom 15. Juli 1933 erloschen zum 30. September 1933 die Börsenzulassungen sämtlicher freier Makler.[104] Wer an der Berliner Börse weiterhin tätig sein wollte, hatte einen Wiederzulassungsantrag zu stellen. Die Ablehnung dieses Antrages konnte ohne Angabe von Gründen erfolgen. Von den 539 freien Maklern an der Berliner Börse wurden nur 317 erneut zugelassen.[105] Unter den nicht wieder zugelassenen freien Maklern befanden sich 91 v.H. Juden.[106] Die nachfolgende Übersicht in Tabelle II-5.3 gibt ge-

---

[102] Schreiben der IHK-Frankfurt am Main vom 7.4.1933 an den preußischen Handelsminister zur Neuordnung der Börse. GStAPK, I. HA Rep. 120 / CXI 1, Nr. 12-4. Auch im Jahresbericht der Maklerkammer der Börse Frankfurt am Main von 1933 findet sich eine Beschreibung der Vorgänge im Zusammenhang mit der Arisierung der Kursmakler. Archiv der Industrie- und Handelskammer Frankfurt am Main: MD 270/4.

[103] Vgl. o.V.: Keine amtlichen jüdischen Kursmakler mehr, in: Kölnischer Beobachter vom 23.11.1935. o.V.: Das Ausscheiden der vereidigten jüdischen Kursmakler, in FZ vom 23.11.1935. BAP, 25.01 Nr. 1469.

[104] o.V.: Bereinigung der freien Maklerschaft in Berlin, in: BBZ vom 15.7.1933.

[105] o.V.: Die neue Berliner Maklerliste, in: BBC vom 30.9.1933. Pressearchiv des LAB - Berlin, Rep. 200-02, Nr. 208/1.

[106] Unter „Juden" wurden hier offensichtlich Angehörige des jüdischen Glaubens verstanden, denn die Richtlinien für den Maklerausschluß an der Berliner Börse vom Oktober 1933 sahen vor, daß nach der *Rasse* nicht gefragt werden sollte. Vgl. dazu

naueren Aufschluß über die Arisierungsaktion unter den freien Maklern an der Berliner Börse.

Tabelle II-5.3:

Die „personelle Bereinigung“ unter den freien Maklern an der Berliner Börse im September 1933

Mitglieder der Maklergemeinschaft e.V. an der Berliner Börse	Gesamt	Christen	Juden
vor dem 30.9.1933	539	222	317
Zum 30.9.1933 ausgeschieden:			
Zwangsliquidiert	14	4	10
Gestrichen	3	-	3
Gestorben	2	-	2
Pensioniert	25	6	19
Freiwillig ausgeschieden	25	6	19
Nicht wieder zugelassen	153	14	139
Summe	222	30	192
Mitglieder ab dem 1.10.1933	317	192	125

Quelle: Mitgliederstatistik der Maklergemeinschaft e.V. an der Berliner Börse. BAP, 31.03 Nr. 55.

Die an den Börsen tätigen Personen schloß man in Berufsverbänden zusammen, die nationalsozialistisch beherrscht und nach dem Führerprinzip aufgebaut waren.[107] So kam es an den Börsen zu Gründungen von Maklerkammern, die nicht mehr mit den schon zuvor an einigen Börsen bestehenden Kammern identisch waren. Meistens war damit auch eine Verminderung der Mitgliederzahlen verbunden, um das ganze als Reform, d.h. als Verbesserung, erscheinen zu lassen. Eine entsprechende Gleichschaltung fand auch bei den Börsenausschüssen, bei den Schiedsstellen und bei den Zulassungsausschüssen statt.[108]

Die IHK-Berlin resümierte in ihrem Jahresbericht für 1933, daß die nationale Erhebung zu einer weitgehenden Umgestaltung der Organisation der Börse geführt habe. Da in früheren Zeiten zahlreiche unberufene Elemente Zugang zur Börse gefunden hätten, sei zunächst eine Säuberung

o.V.: Der Maklerausschluß an der Berliner Börse, in: FZ vom 1.10.1933. Pressearchiv des LAB-Berlin, Rep. 200-02, Nr. 2492.

107 Vgl. Henning (1992), S. 274.

108 ebd., S. 275.

der Börse von ungeeigneten Personen durchgeführt worden. In Berlin sei in den meisten Fällen die Entfernung unerwünschter Börsenbesucher durch deren freiwilligen Verzicht gelungen, doch habe auch von dem neuen Recht des Börsenvorstandes - von sich aus die Zulassung zum Börsenbesuch zurückzunehmen - Gebrauch gemacht werden müssen.[109]
Im November 1937 war die Arisierung der Börsenbesucher der Berliner Börse so weit fortgeschritten, daß sich unter den Kursmaklern, Presseberichterstattern und sonstigen Angestellten kein „Nichtarier" mehr befand.[110]

Mit der Novelle des Börsengesetzes am 5. März 1934[111] wurde vor allem das Maklerrecht neu gefaßt und die Stellung der Kursmakler ausgebaut.[112] Die Kursmakler waren nach nationalsozialistischer Lesart nun nicht mehr „Hilfspersonen des Börsenvorstandes" bei der Kursfeststellung, sondern wurden zu sogenannten „Vertrauenspersonen des Reiches" ernannt,[113] die der Aufsicht der Maklerkammern als Einrichtung der scheinbaren Selbstverwaltung der Makler unterstanden.[114] Die Änderung der formellen Zuständigkeiten der Kursfeststellung war nach Aussage des Regierungsrates im preußischen Ministerium für Wirtschaft und Arbeit, Martini, vor allem deshalb notwendig geworden, da in den Börsenvorständen - in denen die Direktoren der großen Kreditinstitute stark vertreten wären - nicht mehr genug sachverständige Leute säßen.[115] Infolge des Strukturwandels im Bankgewerbe seien gerade die Direktoren der Großbanken kaum mehr im Börsengeschäft groß geworden.

---

109 Jahresbericht der IHK-Berlin für das Jahr 1933, Berlin 1934, S. 96. WWA, S 6 Nr. 911.

110 Nicht genauer gekennzeichneter Vermerk der IHK-Berlin vom 11. November 1937. LAB-Berlin, Rep. 200-02, Nr. 163/55-46.

111 Gesetz zur Änderung des Börsengesetzes vom 5.3.1934. RGBL 1934, Teil I, S. 170.

112 Vgl. Henning (1992), S. 276. Oberascher (1935), S. 79f. o.V.: Begründung zum Gesetz zur Änderung des Börsengesetzes, in: Deutscher Reichsanzeiger vom 13.3.1934, Berlin 1934, S. 2.

113 Die Wahl der Begriffe *Hilfspersonen* und *Vertrauenspersonen* sollte mit dazu beitragen, die Gesetzesnovelle als Fortschritt, als eine Verbesserung erscheinen zu lassen. Tatsächlich hatten die amtlichen Makler schon immer ein öffentlichrechtliches Amt, und ihre Tätigkeit ging de facto weit über die Aufgaben hinaus, die eine „Hilfsperson" üblicherweise ausübt.

114 Dem § 29 Abs. 1 BG - der die Feststellung des Börsenpreises regelte - wurde ein zweiter Satz hinzugefügt. Danach erfolgte an Wertpapierbörsen, an denen eine Maklerkammer bestand, die amtliche Feststellung der Börsenpreise durch die Kursmakler unter der Aufsicht der Maklerkammer. RGBL 1908, Teil I, S. 221.

115 Martini. Zur Reform der Wertpapierbörsen, in: Ministerialblatt für Wirtschaft und Arbeit, hrsg. im preuß. Ministerium für Wirtschaft und Arbeit, 34. Jahrgang, Nr. 1-20, Berlin 1934, S. 51ff. und 96ff.

Zeitgleich mit der Novelle des Börsengesetzes im März 1934 setzte man die 1933 überarbeitete Berliner Börsenordnung in Kraft und erklärte diese als für sämtliche Börsen im Deutschen Reich verbindlich.[116] Bald folgte die Übertragung der Zuständigkeiten hinsichtlich der Regelungen für die Börsen von den Ländern auf das Reich. Um den politischen Einfluß des Reiches gegenüber den Ländern zu verstärken, wurde durch eine „Verordnung über die Börsen-, Hypothekenbank - und Schiffspfandbriefaufsicht" vom 28. September 1934 verfügt, daß die bisher von den Ländern ausgeübte Aufsicht über die Börsen auf den Reichswirtschaftsminister überging.[117] Börsenvorstände und Börsenkommissare[118] wurden nunmehr vom Reichswirtschaftsminister bestellt.

Das „Gesetz über den Wertpapierhandel" vom 4. Dezember 1934 leitete eine grundlegende Neuorganisation der deutschen Börsenstruktur in die Wege.[119] Laut der Gesetzesbegründung war es das vorrangige Ziel des Gesetzes, die Anzahl der Börsenplätze im Deutschen Reich zu verringern und dadurch die Stellung der übriggebliebenen Provinzbörsen zu stärken.[120] Außerdem wollte man zu einer „zweckmäßigen Arbeitsteilung" zwischen der Berliner Börse - als Zentralbörse im Deutschen Reich - und den gestärkten Provinzbörsen kommen. In der Nachkriegszeit sei mit der Zentralisierung des Wertpapiergeschäftes in Berlin eine Verödung eines großen Teils der übrigen Börsen einhergegangen. Eine Änderung dieses Zustandes und eine Belebung der Provinzbörsen könne nur erwartet werden, wenn eine Neuverteilung der Wertpapiere vorgenommen würde, bei der die Wertpapiere lokalen Charakters wieder den Provinzbörsen zuge-

---

116 o.V.: Die neue Börsenordnung, in: BBZ vom 8.3.1934. Doll (1940), S. 14f. Gerber (1939), S. 77.

117 RGBL 1934, Teil I, S. 863.

118 Die „Börsenkommissare" ersetzten nach 1933 die bisherigen „Staatskommissare". In der NS-Zeit verloren die bisherigen Länder („Staaten") ihren staatlichen Charakter. Da der Begriff „Reichskommissar" für Höheres vorgesehen war, blieb als zutreffender Ausdruck der Begriff „Börsenkommissar".

119 RGBL 1934, Teil I, S. 1202.

120 Begründung zum Gesetz über den Wertpapierhandel vom 4.12.1934. PA/AA, R 117140.
Inwieweit das vorgebliche Ziel einer Stärkung der übriggebliebenen Provinzbörsen durch die Zusammenlegung erreicht wurde, ist schwer zu sagen. Sofern an einer Provinzbörse durch die Neuverteilung der Wertpapiere die Umsätze anstiegen, war damit eine Stärkung dieser Börse verbunden. Allerdings ist zu bedenken, daß in den Fällen, wo Papiere bisher an mehreren Plätzen notiert worden waren, ein wesentliches Element jeden Börsenverkehrs - die Arbitragemöglichkeit - wegfiel.

führt würden. Deshalb müsse eine Abgrenzung der Interessengebiete der einzelnen Börsen derart erfolgen, daß eine Umsatzzersplitterung zukünftig vermieden werde.
Mit Wirkung vom 1. Januar 1935 wurden die Börsen zu Königsberg, Magdeburg, Stettin und Zwickau aufgelöst. Die Börsen zu Berlin, Breslau, Hannover und Stuttgart blieben unverändert. Augsburg und München fusionierten zur Bayerischen Börse München. Bremen, Hamburg und Lübeck wurden zur Hanseatischen Börse Hamburg zusammengefaßt. Chemnitz, Dresden und Leipzig bildeten die Mitteldeutsche Börse in Leipzig. Düsseldorf, Essen und Köln vereinigte man zur Rheinisch-Westfälischen Börse Düsseldorf. Mannheim und Frankfurt bildeten die Rhein-Main Börse in Frankfurt. Insgesamt verringerte sich damit die Zahl der Börsenplätze von 21 auf 9.[121] Bei der Zusammenlegung von Börsen wurden die Papiere der aufzulösenden Börse an die aufnehmende Börse übertragen. Die gänzlich aufgelösten Börsen übertrugen ihre Papiere nach Berlin. Berlin war nun Hauptbörse für Deutschland und Heimatbörse für den Nord-Osten.
Ergänzend legte eine „Verordnung betreffend die Zulassung von Wertpapieren zum Börsenhandel“ fest, daß nur noch solche Wertpapiere zum Börsenhandel zugelassen werden durften, bei denen der Mindestbetrag der Summe aller Nennwerte einen je nach Börsenplatz festgelegten Grenzwert überschritt.[122] Diese Mindestgrenze lag für Berlin bei 1,5 Mio. Reichsmark, für die Börsen Frankfurt am Main und Hamburg bei 500.000 Reichsmark und für die übrigen Börsen bei 250.000 Reichsmark. Folglich verloren jene Wertpapiere die Zulassung an der Berliner Börse, die diesen Mindestnominalbetrag nicht erreichten. Solche Wertpapiere wurden an die zugehörige Heimatbörse verwiesen.[123]

In dieser Arbeit wurde bereits dargelegt, daß sich die schon seit dem ausgehenden 19. Jahrhundert zu beobachtende Tendenz der Ausdehnung von Zahl und Umfang der nicht über den amtlichen Markt an der Börse abgewickelten Wertpapiergeschäfte in der Zwischenkriegszeit deutlich verstärkte.[124]

---

121 o.V.: Die Zusammenfassung der Börsen, in: Frankfurter Zeitung, Abendblatt vom 19.12.1934, Frankfurt a.M. 1934, S. 3.

122 Verordnung betreffend die Zulassung von Wertpapieren zum Börsenhandel vom 4.12.1934. RGBL 1934, Teil I, S. 1215.

123 Vgl. Kalveram (1935/36), S. 46.

124 Wie im Kapitel 2.4 (Teil II) gezeigt, klagten die Kursmakler bereits nach der Stabilisierung der Währung darüber, daß ein immer größer werdender Teil des Effektengeschäftes außerhalb des amtlichen Marktes abgewickelt werde.

Nach Überwindung des Krisentiefs erwies sich der Umsatzrückgang im amtlichen Handel als so stark, daß die Diskussion darüber zum zeitweise beherrschenden Thema in den Fachkreisen wurde.[125] Wieder wurde den Banken vorgeworfen, nur einen Teil des Angebots und der Nachfrage über „die Börse“ zu leiten, wesentliche Teile jedoch unter Umgehung des amtlichen Handels zum Ausgleich zu bringen. Nach einer später veröffentlichten Schätzung des Präsidenten der Berliner Börse, Reinhart, wurde 1935 nur rund ein Drittel der gesamten deutschen Wertpapierumsätze im amtlichen Börsenhandel umgesetzt.[126] Der Präsident der Berliner Maklerkammer hob im Februar 1935 auf einer Sitzung des Börsenvorstandes hervor, daß die „amtlichen Kurse nach wie vor oft nur durch Ausgleich kleinster Spitzenbeträge zustande kämen, während sich die wirklichen Umsätze außerhalb des Marktes abspielten.“[127]

Am 6. April 1936 monierte die Frankfurter Maklerkammer, daß schon seit Monaten mit kleinsten Beträgen die amtlichen Kurse konstruiert und auf der anderen Seite zugleich Posten, die in die Hunderttausende gingen, außerhalb des amtlichen Skontros gehandelt würden.[128] Damit werde man den Interessen zahlreicher Marktteilnehmer und des Börsenpublikums an einer geordneten, der Absicht des Börsengesetzes entsprechenden Preisbildung nicht mehr gerecht. Zwei Tage später schloß sich die Berliner Maklerkammer der Frankfurter Stellungnahme an.[129] Geradezu beschämend sei, wie der amtliche Handel vornehmlich von den Vertretern der staatseigenen Institute bewußt umgangen würde. So hätten bei der Festsetzung des Kassakurses einer Reichsanleihe, die zuletzt variabel bei 111,20 notierte, dem Kursmakler Kauforders in Höhe von ca. 15.000 Reichsmark mit 111,25 vorgelegen. Der Vertreter eines Staatsinstitutes habe nun an mehrere freie Makler mit 111,25 Papiere gegeben. Dann habe er dafür gesorgt, daß der amtliche Kassakurs bei geringfügigen Umsätzen mit 111,30 festgesetzt werden mußte.

---

125 Arbeitsbericht der Wirtschaftsgruppe Privates Bankgewerbe für die Jahre 1933 bis 1936 (erstattet am 4.12.1936 auf der Tagung der Arbeitsausschüsse). BAK, R 2 Nr. 13626, Blatt 300.

126 Reinhart (1937), S. 150.

127 BHStA, MWi Nr. 519.

128 Schreiben der Maklerkammer Frankfurt am Main vom 6.4.1936 an Peter Röttger, den Präsidenten der Maklerkammer Berlin. GStAPK, I. HA. Rep. 120, CXI Nr. 12-5.

129 Schreiben der Berliner Maklerkammer vom 8.4.1936 an den Reichskommissar bei der Berliner Börse. Quelle ebd.

Es mochte wie der Versuch einer Neubelebung der Börsenaktivität und damit einer Stärkung der Bedeutung der Börse aussehen, als im Oktober 1936 Börsenpräsident Reinhart in einer Rede auf der Arbeitstagung der Reichsbetriebsgemeinschaft Banken und Versicherungen forderte, die künstliche Verringerung des Angebotes im amtlichen Börsenhandel im Interesse einer größeren Kurswahrheit zu beseitigen.[130] Sein Vorschlag, einen allgemeinen *Börsenzwang* einzuführen, diente in diesem Augenblick aber nicht vornehmlich der Verbreiterung des Marktes und der Verbesserung der Kursbildung, sondern zielte auf eine weitergehende Erfassung der Kapitalströme ab.
Nach Auffassung von Reinhart war es seit der Machtergreifung gelungen, die Forderungen, die der Nationalsozialismus an eine gut funktionierende Börse stellte, von der personellen Seite her durchzusetzen. Nicht gelungen sei es hingegen, die Börse zu einer Stätte zu machen, an der jedes Angebot und jede Nachfrage in Wertpapieren befriedigt werden könne und darüber hinaus ein fairer Marktpreis gefunden würde. Noch immer gelange das Material nicht weitgehend genug in den amtlichen Handel, und noch immer liege der eigentliche Markt oft außerhalb der Börse. Es gebe an der Börse zahlreiche Märkte, die aufgrund bedeutender außerbörslicher Umsätze verödet seien und wo der amtliche Börsenkurs von einer interessierten Stelle einfach diktiert werde. Seit dem Erlaß des Börsengesetzes habe sich aber der Standpunkt immer stärker geltend gemacht, daß die Börse eine Einrichtung im Interesse der Gesamtwirtschaft sei. Die Durchsetzung dieses Standpunktes sei durch den Staat bis 1933 nur mit übertriebener Vorsicht gefördert worden. Erst die nationalsozialistische Börsenreform von 1934 habe mit großer Entschiedenheit dieser Anschauung prinzipiell zum Durchbruch verholfen. Die Börse sei nicht nur ein Markt, sondern auch Kapitalbeschaffungsstelle. Die gewaltigen Aufgaben des neuen Vierjahresplanes seien nur unter weitgehender Mitwirkung der privaten Wirtschaft möglich. Der Börse falle dabei die große Aufgabe zu, die Placierung der neuen Werte zu vermitteln. Die Stärkung der Leistungsfähigkeit der Börse habe zur Voraussetzung, daß das eigentliche Börsengeschäft tunlichst restlos über die Börse geführt werde.
Gemäß der grundsätzlichen Linie der Umgestaltung des Börsenwesens im NS-Staat solle nun auch hier eine Änderung angestrebt werden. Notwendig sei, die außerbörslichen Geschäfte genauso wie die Insichgeschäfte der Großbanken einzudämmen. Des weiteren müsse der Telefonhandel,

---

130 o.V.: Aufgaben der Börse, in: Kölnische Zeitung, Nr. 531 vom 18.10.1936, Köln 1936. o.V.: Die Börse im nationalsozialistischen Staat, in: Chemnitzer Tageblatt und Anzeiger vom 17.10.1936, S. 11.

der sich seit der Börsenschließung eingebürgert und neuerdings infolge der Emissionssperre ausgedehnt habe, aufgegeben werden. Auch der Pakethandel mit Aktien müsse untersagt werden. Ziel sei es, das gesamte vom Publikum ausgehende Geschäft in der Hand der Kursmakler zu konzentrieren. Weil dies bisher nicht durch überzeugende Argumente gelungen sei, müsse man die gesetzliche Verhängung eines Börsenzwanges ins Auge fassen. Nur die Emissionen des Reiches, der öffentlichen Körperschaften und die eigenen Aktienplazierungen der Banken sollten ausgenommen werden. Dann werde es möglich sein, die Börse zu dem zu machen, was sie sein müsse, zu einem wichtigen Instrument des nationalsozialistischen Staates zur Bewältigung seiner gewaltigen Aufgaben.

Zur Durchführung des Börsenzwanges zog ein Beamter im Reichsfinanzministerium die Einführung einer Sondersteuer auf jene Geschäfte in Erwägung, die außerhalb des amtlichen Handels abgewickelt wurden. Dazu wurde im Reichsfinanzministerium ein entsprechender Entwurf zur Änderung des Kapitalverkehrsteuergesetzes von 1934 ausgearbeitet.[131] In der Begründung zu diesem Gesetzesentwurf heißt es u.a., daß die von Reinhart skizzierten Zustände an den deutschen Wertpapierbörsen und im deutschen Wertpapierhandel nicht neueren Datums seien.[132] Vielmehr hätten dazu mancherlei Umstände beigetragen: die mit der Kapitalarmut zusammenhängende Verringerung des Geschäfts überhaupt; die übermäßig lange Schließung der Wertpapierbörsen nach der Bankenkrise im Sommer 1931, während der der Verkehr notgedrungen immer mehr gelernt habe, sich ohne Börsen zu behelfen, namentlich mit Hilfe der verbesserten Telefoneinrichtungen; schließlich die verstärkte Konzentration im Bankwesen. Wenn von Reinhart die Konzentration dieser Transaktionen an der Börse als das erstrebte Ziel bezeichnet werde, so sei damit der Handel an der Börse gemeint, der für die Bildung der amtlich zu notierenden Kurse maßgebend sei. Nur wenn es im großen und ganzen gelänge, das gesamte vom Publikum ausgehende Angebot und die gesamte Nachfrage in der Person des notierenden Kursmaklers zusammenzuführen, sei wirklich gewährleistet, daß der Kurs dem wahren Verhältnis von

---

131 Der hier angesprochene Gesetzesentwurf hat aber nie Gesetzeskraft erlangt, denn das Kapitalverkehrsteuergesetz vom 16.10.1934 (RGBL 1934, Teil I, S. 1061.) wurde bis zum Kriegsausbruch nicht mehr geändert. Vgl. Schneider, August u. Dahlheim, Louis: Usancen der Berliner Wertpapier-Börse, bearb. von K. Hartung, 38. Aufl., Berlin 1940, S. 78ff.

132 Undatierte Abschrift der Begründung zum Entwurf des Gesetzes zur Änderung des Kapitalverkehrsteuergesetzes von 1934. BAP, 80 Ba 2 Nr. P-344, Blatt 8-16.

Angebot und Nachfrage entspräche. Außerdem würde die Erreichung dieses Zieles die wirtschaftliche Position der Kursmakler wesentlich stärken und damit die dringend notwendige wirtschaftliche Ergänzung zu der erfolgten Hebung ihrer Stellung bringen.
Wenn die erstrebte Regelung zur Folge haben sollte, daß die auf diese Einnahmen angewiesenen Makler ihre Tätigkeit an der Börse aufgäben, so müsse dies in Kauf genommen werden. Wie es Staatsrat Reinhart in seiner Rede ausgedrückt habe, sei die Börse nun einmal eine Einrichtung, an der man ohne eigenes Kapital auf die Dauer nicht tätig sein könne. Keinesfalls könne der Wunsch einer Anzahl kleiner Börsenfirmen, ihnen eine auch noch so dürftige Existenzmöglichkeit an der Börse zu bieten, die Schonung einer Tätigkeit rechtfertigen, die wirtschaftlich zwecklos und der Zuverlässigkeit der Kursbildung abträglich sei. Es bedürfe andererseits keiner Darlegung, wie wichtig das Vorhandensein einer marktausgleichenden Kulisse für die möglichst vollkommene Erfüllung der Marktfunktion einer großen Börse sei. Bei der näheren Ausgestaltung der vorzuschlagenden Maßnahmen werde man daher beachten müssen, daß dieser Betätigung der Kulisse der nötige Spielraum bleibe.
Nach § 403 HGB sei der Kommissionär, der das Gut selbst als Verkäufer liefere oder als Käufer übernehme, zu der gewöhnlichen Provision berechtigt und könne die bei Kommissionsgeschäften sonst regelmäßig vorkommenden Kosten berechnen. Es fehle jeder Grund, daß zum Beispiel ein Bankier, der einen Ankaufsauftrag erhalte, den er telefonisch durch ein Geschäft mit einem anderen Bankier decke, hinter dem Schleier des Selbsteintrittsrechts seinen Kunden Spesen und Courtage berechnen könne, als hätte er ein Deckungsgeschäft an der Börse durch Vermittlung des Kursmaklers abgeschlossen. Es erscheine durchaus begründet, wenn das Reich diese und ähnliche sachlich nicht gerechtfertigten Gewinne zum Anlaß einer die Kommissionäre selbst treffenden Besteuerung nehme.

Insbesondere von seiten der Großbanken und Hypothekenbanken, aber auch von anderen Anleiheemittenten wurde die Idee der Einführung eines Börsenzwanges prinzipiell und die Umsetzung mit Hilfe einer Sondersteuer im besonderen abgelehnt.[133] Der Vorstand der DeDi-Bank, Mosler, führte in einer Entgegnung zur Rede Reinharts von Mitte Oktober 1936 aus,[134] daß die wahren Gründe der Verödung der Börse - nämlich 1) die

133 E. Breuer: Kampf um Börsenumsätze, in: Ruhr und Rhein. Wirtschaftszeitung, 17. Jahrgang, Heft 44, Essen 1936, S. 934-935.

134 „Bemerkungen zur Rede Staatsrats Reinhart vom 15.10.1936." Ausarbeitung von E. Mosler vom 20.10.1936. BAP, 80 Ba 2 P-344, Blatt 51ff.

inflationsbedingte Verarmung hunderttausender von Familien, die in Deutschland mittlere Vermögen besaßen, 2) den sich bewährenden Telefonhandel während der Börsenschließung, 3) die Auswanderung oder Verarmung jüdischer Börsenbesucher und Kundschaft - nicht durch organisatorische Maßnahmen oder gar durch Straf-Verkehrsteuern zu beheben seien. Nur durch allmähliche Kapitalkräftigung der Börsenbesucher und der Effekten-Kundschaft könne eine Besserung erwartet werden. Darüber hinaus sei ein außerbörslicher Handel zu Nettopreisen nicht nur für Reichs- und sonstige öffentliche Werte, Zinsscheine, Steuergutscheine, sondern auch für Pfandbriefe und die übrigen festverzinslichen Werte unerläßlich. Große Geschäfte zur Reprivatisierung oder zur Durchführung industrieller Kombinationen vertrügen weder Makler-Zwang noch Kompensationsteuer. Die Schätzung des Umfangs der Kompensationsgeschäfte bei den Großbanken und insbesondere bei der DeDi-Bank sei wesentlich zu hoch. Die Durchführung des sogenannten Totalitätsanspruchs der Börse mit Hilfe einer Straf-Verkehrsteuer bereichere und begünstige nur die Kursmakler, die höhere Courtageeinnahmen ohne jedwedes Risiko erhielten, schädige aber Bankiers und freie Makler, deren Kräftigung von Bedeutung sei, während die Bereicherung der Kursmakler bei ihrer risikofreien Arbeit für die Allgemeinheit bedeutungslos sei.

Die Filiale Mannheim der DeDi-Bank hob in ihrer Stellungnahme zur Rede Reinharts hervor, daß der Pakethandel, wenn er restlos über die Börse geleitet werde, mitunter groteske Kursnotierungen zur Folge haben könnte.[135] Wie die Praxis lehre, gebe es keine Möglichkeit, an Transaktionen, wie sie der außerbörsliche Pakethandel mit sich bringe, alle Aktionäre teilhaben zu lassen. Die Forderung, daß die Umsätze an der Börse eine Kurswahrheit erbringen müßten, würde Dinge aufs Spiel setzen, welche für die zukünftige Entwicklung der deutschen Börsen zwecks Erfüllung volkswirtschaftlicher Aufgaben wichtiger seien. So müßte z.B. die Streichung von Kursen festverzinslicher Werte in Zukunft noch häufiger erfolgen, wenn plötzlich auftretende größere Nachfrage oder größeres Angebot lediglich durch die Einheitsnotiz der Börse reguliert werden sollte. Es fehle bei einer solchen Art der Geschäftsabwicklung jede Wahrscheinlichkeit des Perfektwerdens. Insgesamt gesehen genüge es nicht, alle Orders an die Börse zu legen, um gut funktionierende Märkte zu bekommen.

---

135 Schreiben der Filiale Mannheim der DeDi-Bank vom 20.11.1936 an den Zentralvorstand Dr. Sippell. Das Schreiben bezog sich auf den Vortrag von Reinhart „Aufgaben der Börse“ vom 15.10.1936. BAP, 80 Ba 2 P-344, Blatt 76ff.

Das Vorhaben Reinharts, einen Börsenzwang einzuführen, fand in der zeitgenössischen Presse zunehmende Beachtung. Bereits im Juni 1936 hatte die *Wirtschaftskurve* in Zweifel gezogen, daß der Unterschied zwischen inner- und außerbörslichen Umsätzen wirklich so groß sei, wie Reinhart seit einiger Zeit behaupte.[136] Die entscheidende Frage, die im Zusammenhang mit der erhobenen Forderung nach einem Börsenzwang gestellt werden müsse, laute, ob die Börse ein Monopol beanspruchen könne. Darauf könne nur mit „nein“ geantwortet werden. Bekanntlich müßten gewisse Wertpapiergeschäfte der Natur der Sache nach außerhalb der Börse abgeschlossen werden. Außerdem habe die Börse nie ein Monopol besessen. Eine Reihe von Umsätzen sei von jeher außerhalb der Börse erfolgt. Eine restlose Ausschaltung sämtlicher außerbörslichen Wertpapiergeschäfte sei unmöglich. Der eigentliche Grund für die mangelhafte Börsenbeschäftigung sei der, daß der Kapitalmarkt nicht ergiebig genug sei. Die Forderung nach einer Börsenbelebung sei also im Grunde gleichbedeutend mit der Forderung nach einer Begünstigung der Kapitalbildung.

Die Diskussion über den Börsenzwang nahm in der Folgezeit zum Teil sehr heftige Formen an, ohne daß sich die Position der Befürworter und Gegner einander annäherten und ohne daß der Börsenzwang in den nächsten Jahren eingeführt wurde.[137] Nach Kriegsausbruch brachte Reinhart die unter dem Schlagwort „Totalitätsanspruch der Börse“ bekannt gewordene Forderung nach Einführung eines Börsenzwanges erneut vor. Seine Eröffnungsansprache auf der Sitzung des engeren Börsenausschusses des Beirats der Deutschen Reichsbank Anfang Dezember 1939 machte deutlich, daß mittels des Börsenzwanges ein kontrollierter bzw. kontrollierbarer Markt für sämtliche Wertpapiertransaktionen geschaffen werden sollte.[138]

136 o.V.: Börsenmonopol?, in: Die Wirtschaftskurve, Heft 2, Juni 1936, S. 97-100.

137 o.V.: Ein Instrument des Staates: Leipziger Neueste Nachrichten, Nr. 335 vom 1.12.1937, Leipzig 1937, S. 17. o.V.: Staatsrat Reinhart über die Funktionsfähigkeit der Börse: BBZ, Nr. 561 vom 1.12.1937, Berlin 1937, S. 9. o.V.: Was ist eigentlich die "Funktion" der Börse?: Deutsche Bergwerks-Zeitung, vom 7.12.1937, S. 1.

138 Eröffnungsansprache Reinharts bei der Sitzung des engeren Börsenausschusses des Beirats der Deutschen Reichsbank am 4.12.1939. BAP, 25.01 Nr. 7177, Blatt 28-36.

5.3 Die Börse in der Kriegswirtschaft

Ab 1939 stand der deutsche Kapitalmarkt ganz im Zeichen der Kriegsfinanzierung. Die von der Reichsbank vorfinanzierten Staatsausgaben erhöhten die Liquidität der Wirtschaft und der privaten Haushalte.[139] Allerdings konnte die Bevölkerung mit ihrem Einkommen nicht viel anfangen, da Geld nicht mehr der alleinige Schlüssel zu den Gütermärkten war.[140] Das nun im Überfluß vorhandene Geld strömte deshalb in erheblichem Umfang an die Aktienmärkte und sorgte dort für steigende Kurse.

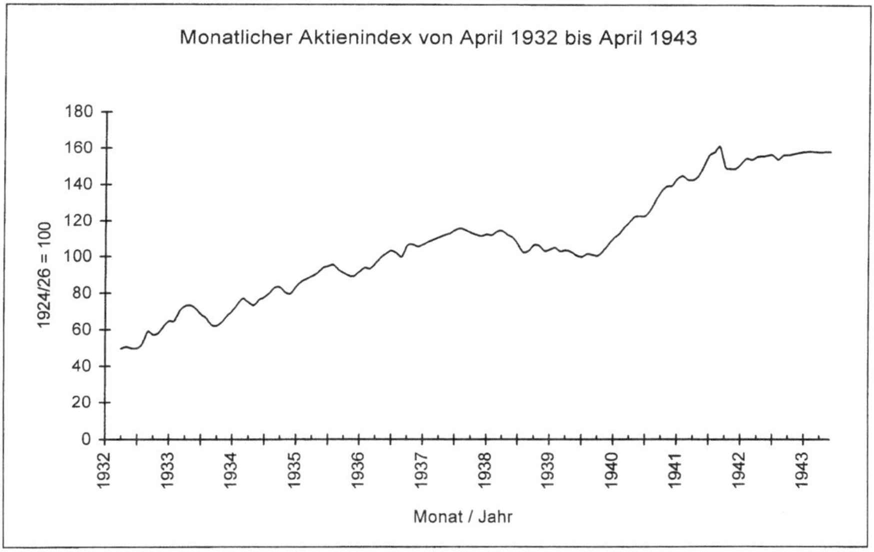

Abbildung II-5.2: Monatlicher Aktienkursindex von April 1932 bis April 1943

Quelle: Tabelle I-3I im Anhang (Basis: 1913 = 100, umbasiert auf 1924/26 = 100)

Wie Abbildung II-5.2 zeigt, stieg der Aktienindex im Zeitraum April 1932 bis Juli 1937 von 50 auf 120 an, ehe er in eine Seitwärtsbewegung überging, die ab dem Frühjahr 1938 in leicht zurückgehende Kurse mündete. Der Anstieg des Aktienindex nach Kriegsbeginn fiel deutlich steiler

[139] Borchardt (1971), S. 142f.
[140] Stucken (1964), S. 179.

als in den Jahren 1932-1937 aus. Auffallend ist der Kurseinbruch Mitte 1941 (um ca. 10 Prozentpunkte), bevor ab 1942 die Kurve des Aktienindex nahezu horizontal verläuft.

Die im Herbst 1939 einsetzende Hausse am Aktienmarkt stellte für die NS-Regierung in einer Welt weitgehend regulierter Märkte (Preis- und Lohnstopp) ein Ärgernis dar. Aus diesem Grund war die Börsenpolitik in den Kriegsjahren maßgeblich davon geprägt, die unerwünschten Kurssteigerungen am Aktienmarkt zu beschränken.[141]

Mit einer „Verordnung zur Begrenzung von Gewinnausschüttungen" vom 12. Juni 1941[142] (der sogenannten Dividendenabgabeverordnung) wurden die Dividendensätze auf 6 v.H. beschränkt. Gewinnausschüttungen über 6 v.H. schöpfte man durch eine progressiv gestaffelte Steuer (die Dividendenabgabe) ab, so daß Dividendenausschüttungen von mehr als 7 v.H. wirtschaftlich nicht mehr tragbar waren.[143] Gleichzeitig erleichterte man den Aktiengesellschaften die Möglichkeiten zur Umwandlung offener Reserven in Aktienkapital.[144] Ein willkommener Nebeneffekt der daraufhin zum Teil sehr hohen Aufstockungen des Grundkapitals durch die Ausgabe von Berichtigungsaktien war ein entsprechender Druck auf die Aktienkurse. Darüber hinaus wurde die Presse aufgefordert, ihre Erörterungen über die Vorgänge an den Aktienmärkten auf das äußerste Maß zu beschränken.[145]

Mitte September 1941 schlug auch Reichsbankvizepräsident Lange vor, der Reichswirtschaftsminister möge anordnen, sämtliche Aktienumsätze über die Börse zu leiten.[146] Auf der Sitzung des Börsenausschusses der Reichsbank am 18. September 1941 kündigte Reichswirtschaftsminister

---

141 Zu den Regulierungen im Börsenwesen während des Zweiten Weltkrieges vergleiche auch die Ausführungen bei Henning (1992), S. 280ff.

142 RGBL 1941, Teil I, S. 323.

143 Vgl. Günther Schmölders: Aktienkurse und Dividenden in der gelenkten Volkswirtschaft, in: Wirtschaft und Arbeit. Monatsschrift für das deutsche Wirtschaftsleben, 11. Jahrgang, Heft 2, Berlin 1942, S. 31-37. Martin Lohmann: Die Dividendenabgabeverordnung im Rahmen der Kriegswirtschaftspolitik, in: Jahrbücher für Nationalökonomie und Statistik, Band 155, 1942, S. 63 und 83f.

144 Spoerer (1996), S. 87f.

145 Abschrift aus einer Pressekonferenz des Reichsfinanzministeriums vom 31.7.1941. BAP, R 2 Nr. 14685, Blatt 29.

146 Schreiben von Reichsbankvizepräsident Lange vom 16.9.1941 an Min.Dir. Bayrhoffer, Mitglied des Reichsbankdirektoriums. BAP, R 2 Nr. 14685, Blatt 47-50.

Funk an, daß eine Verordnung über die Registrierung und Anbietungspflicht des im Kriege erworbenen Aktienbesitzes in Vorbereitung sei.[147] Daneben sei geplant, den von Staatsrat Reinhart seit langem geforderten „Totalitätsanspruch der Börse" zu verwirklichen, also alle Aktienumsätze an die Börse zu bringen und notfalls auch die freie Kursbildung einzuschränken. So sah es dann ein Erlaß des Reichswirtschaftsministers vom 15. Oktober 1941 vor. Die Kreditinstitute wurden verpflichtet, ab 1. November 1941 sämtliche Transaktionen für zum amtlichen Handel zugelassene Aktien, Kuxe und Kolonialanteile über die amtlichen Makler an der Börse zu leiten.[148] Ausnahmen waren nur mit Genehmigung des Reichswirtschaftsministers für Paketverkäufe vorgesehen.

Im Februar 1943 schlug Reichswirtschaftsminister Funk die Einführung von Stoppkursen vor.[149] Seiner Ansicht nach sei nicht einzusehen, daß ausgerechnet die Aktienbörse ein Sonderdasein in der Wirtschaft spielen solle, welches der Wirklichkeit in anderen Bereichen schon lange nicht mehr entspreche.

Die zweite „Verordnung über Maßnahmen auf dem Gebiet des Börsenwesens während des Krieges" vom 30. März 1943 bestimmte, daß unter Zugrundelegung der Kurse vom 23. Januar 1943 nur noch Kursschwankungen von 1 Prozent erlaubt waren.[150] Die Börsensitzungen wurden auf drei Tage in der Woche beschränkt. Mit der Einstellung des amtlichen Verkehrs in Wertpapieren an der Berliner Börse am 18. April 1945 kam der Börsenhandel in Deutschland schließlich vollständig zum Erliegen.

---

147 Protokoll der Börsenausschußsitzung bei der Reichsbank vom 18.9.1941. BAP, 25.01 Nr. 7177, Blatt 70-72.

148 Aktenvermerk des Reichsfinanzministers vom 10.11.1941 betreffend die Lenkung der Umsätze von Dividendenwerten über die Börse. BAP, R 2 Nr. 14685, Blatt 102. Vgl. auch o.V.: Börse am Zügel, in: Bank-Archiv. Zeitschrift für Bank- und Börsenwesen, Jahrgang 1941, Nr. 21, S. 429-431.

149 Aktenvermerk von Februar 1943 über Maßnahmen zur Regulierung der Börse. BAK, R 2 Nr. 14688.

150 Verordnung über Maßnahmen auf dem Gebiet des Börsenwesens während des Krieges. RGBL 1941, Teil I, S. 176. In der Begründung dieser Verordnung heißt es u.a., daß die Verhältnisse an der Börse es unmöglich erscheinen lassen, das Bild einer freien Börse aufrechtzuerhalten. Man habe daher vor der Entscheidung gestanden, die Börse zu schließen oder offizielle Stoppkurse einzuführen. Reichswirtschaftsminister Funk habe sich für den zweiten Weg entschieden. BAK, R 2 Nr. 14688.

Zusammenfassung

Zielsetzung dieser Arbeit war es, den Funktionswandel der deutschen Wertpapierbörse in der Zwischenkriegszeit - schwerpunktmäßig von 1924 bis 1939 - nachzuzeichnen und dessen tieferliegenden Gründe zu ermitteln. Dafür war es zunächst notwendig, die unterschiedlichen Funktionen der Wertpapierbörse systematisch aufzuführen. Im Rahmen dieser gewissermaßen propädeutischen Darstellung wurde zugleich aufgezeigt, von welchen Einflußfaktoren die verschiedenen Börsenfunktionen prinzipiell bestimmt werden.

Erste Hinweise auf einen Funktionswandel ergaben sich aus einer Auswertung von zeitgenössischen Beobachtungen und Urteilen, durch die der Wandel in der Einschätzung der Rolle der Wertpapierbörse erschlossen werden konnte. Gegen Ende der zwanziger Jahre registrierten Zeitgenossen, daß es nach dem Krieg an der Wertpapierbörse und in ihrem Umfeld zu tiefgreifenden Veränderungen gekommen war. Dieser Zeitpunkt überraschte insofern, als einige der in dieser Arbeit vorgestellten Indikatoren den Schluß nahelegen, daß sich die Börse bereits seit der Jahrhundertwende einem Funktionswandel ausgesetzt sah. Insofern hätte man erwarten können, daß bestimmte Symptome dieses Funktionswandels von den Zeitgenossen schon deutlich früher registriert und zum Gegenstand von Erörterungen gemacht worden wären. Bei den von Fachleuten in der Folgezeit angebotenen Erklärungsansätzen wurde vor allem auf augenscheinliche Probleme ihrer Zeit verwiesen, zum Beispiel auf die Nachwirkungen der Inflation oder auf die nach 1933 erfolgten Umgestaltungen. Weniger wurde erkannt, daß sich die Börse auch langfristig wirksamen Momenten des Strukturwandels ausgesetzt sah, wie zum Beispiel den neuen Möglichkeiten zum telefonischen Wertpapierhandel, die sich aufgrund der Fortschritte in der Kommunikationstechnik eröffneten.
Zu den schon in der zeitgenössischen Literatur zur Erklärung des Funktionswandels angeführten langfristig wirksamen Momenten gehören die Auswirkungen der seit dem ausgehenden 19. Jahrhundert zu beobachtenden Konzentration im Bankwesen. In der betrachteten Periode 1885 bis 1939 kam es zu einer weitgehenden Verdrängung der Privatbankiers durch die Großbanken. Allerdings stellt sich dieser Prozeß bis zur Bankenkrise von 1931 vor allem als qualitative Auslese der vergleichsweise kapitalschwachen Privatbankiers in der Provinz dar. Erst im Zuge der Bankenkrise bekamen auch die großen und renommierten Privatbankiers an den Börsenplätzen massive wirtschaftliche Schwierigkeiten.

Von einer Verdrängung dieser für die Liquidität der Börse wichtigen Marktteilnehmer durch die Großbanken wird man deshalb wohl erst ab 1931 sprechen können.
Vielfach ist im wissenschaftlichen Schrifttum dargelegt worden, daß es parallel zu diesem Konzentrationsprozeß im Bankwesen einen Trend zur Ausdehnung der sogenannten Kompensationsgeschäfte im Filialnetz der Großbanken gegeben habe.[1] Die in dieser Arbeit angestellten Überlegungen deuten indes darauf hin, daß Zweifel angebracht sind, ob man tatsächlich von einem seit dem 19. Jahrhundert andauernden Trend sprechen kann. Nach der hier vertretenen Argumentation kann wohl nur für die Jahre 1924-1931 mit einiger Sicherheit von einer Ausdehnung des Anteils der im Filialnetz der Großbanken kompensierten Wertpapierorders an den insgesamt von den Banken abgewickelten Wertpapierorders ausgegangen werden.

Aufbauend auf einer Zusammenstellung des zum Teil verstreuten Materials zur Börsenstatistik vom ausgehenden 19. Jahrhundert bis 1939 wurden verschiedene Zeitreihen vorgestellt, die u.a. einer quantitativen Abschätzung der Geschäftstätigkeit an der Börse dienten. Unter Rückgriff auf die eingangs der Arbeit skizzierten Zusammenhänge in bezug auf die Funktionsfähigkeit einer Wertpapierbörse[2] zeigte sich, daß diese Zeitreihen wenigstens näherungsweise als quantitative Indikatoren des Funktionswandels angesehen werden konnten.
Die Zeitreihe zur Entwicklung des Wertpapierbestandes legte den Schluß nahe, daß man die Jahre 1924-1928 nicht als gelungene Rekonstruktionsperiode bezeichnen kann.[3] Im Rahmen der Diskussion der Ziffern über die Wertpapieremission konnte gezeigt werden, daß es nach Überwindung der Krisenjahre 1931/32 offensichtlich zu keinem den Emissionsziffern entsprechenden Anstieg des für den Börsenhandel frei verfügbaren Materials kam. Vielmehr wurde ab 1933 ein wachsender Anteil der vorwiegend von der öffentlichen Hand ausgegebenen Wertpapiere nicht mehr in den

---

1 Eine bislang an fehlenden Daten gescheiterte Aufgabe bleibt es freilich zu quantifizieren, wie sich die Quote der von den Großbanken im eigenen Filialnetz kompensierten Börsenorders an den insgesamt abgewickelten Börsenorders seit dem ausgehenden 19. Jahrhundert entwickelt hat.

2 Eine größtmögliche Marktbreite bzw. Markttiefe und dementsprechende Umsatztätigkeit, niedrige Transaktionskosten sowie Informationseffizienz sind wesentliche Kennzeichen eines funktionsfähigen Wertpapiermarktes.

3 In Preisen von 1913 und je Kopf der jeweiligen Bevölkerung gerechnet kam es sogar nicht einmal bis 1939 zu einer Wiederauffüllung der Bestände an Kapitalmarkttiteln.

Verkehr gebracht, sondern bei Kapitalsammelstellen stillgelegt. Insgesamt scheint der amtliche Markt an der Börse im Zeitraum von 1924 bis 1939 im Vergleich zur Vorkriegszeit erheblich enger und weniger liquide gewesen zu sein.

Da die Börsenumsätze im Deutschen Reich vor dem Zweiten Weltkrieg nicht erhoben wurden, hat man im wissenschaftlichen Schrifttum als Näherungsmaß dafür vielfach die Börsenumsatzsteuereinnahmen verwendet. Diese stellen aber einen sehr fragwürdigen Maßstab für die gesuchte Größe (Börsenumsatz) dar. Der in dieser Arbeit eingeschlagene Weg, den Wertpapierumsatz mittels eines neuen Ansatzes[4] anhand der Börsenumsatzsteuereinnahmen zu schätzen, ist sowohl aufgrund der Datenlage als auch aus methodischen Gründen mit erheblichen Risiken verbunden, so daß sich dagegen ebenfalls eine Reihe von Einwänden vorbringen lassen. Dennoch konnten der Börsenumsatzsteuerstatistik für den Zeitraum von 1885 bis 1939 mehr und aussagekräftigere Hinweise auf die Entwicklung der Wertpapierumsätze abgewonnen werden, als dies bislang gelungen war. Die Zeitreihe des geschätzten preisbereinigten Wertpapierumsatzes pro Kopf wies eine langfristig sinkende Tendenz auf.[5] Das Ergebnis war insofern überraschend, als es den Schluß nahelegt, daß es schon vor dem Ersten Weltkrieg eine Ausdünnung der Börsenumsätze und eine damit einhergehende Schwächung der Marktfunktion gegeben hat. Wesentlich für diese Arbeit war, daß sich für die Zwischenkriegszeit (1925-1939) ein im Vergleich zu den Vorkriegsjahren (1885-1913) nochmals signifikant niedrigeres Umsatzniveau feststellen ließ.

Darüber hinaus deuteten auch andere Zeitreihen auf einen nachhaltigen Geschäftsrückgang an der Wertpapierbörse in der Zwischenkriegszeit hin, wie zum Beispiel der 1926 bis 1939 zu beobachtende Rückgang der Anzahl amtlich notierter Aktien an der Berliner Börse, das seit der Einstellung des Terminhandels im Juli 1931 vollständig brachliegende Effektenkreditgeschäft sowie die nach 1932 stark rückläufige Zahl der sogenannten selbständigen Besucher an der Berliner Börse.

---

4 Bei dem in dieser Arbeit ermittelten Maß „preisbereinigter Wertpapierumsatz pro Kopf“ wurden die bislang vernachlässigten Faktoren Steuersatzänderungen, Befreiungen von der Umsatzstempelpflicht, Aufteilung in Kunden- und Händlergeschäfte, Preisentwicklung sowie Änderung der Wirtschaftskraft infolge Gebietsänderung mit berücksichtigt.

5 Dieser Befund steht im Gegensatz zu dem bisher unter Verwendung der unbereinigten Börsenumsatzsteuereinnahmen gezeichneten Bild von der Entwicklung der Effektenumsätze.

Im zweiten Teil der Arbeit wurden anhand von zum Teil erstmals herangezogenen Quellen einzelne Faktoren des Funktionswandels der Wertpapierbörse genauer betrachtet. Außerdem wurde versucht darzulegen, welche Momente des Funktionswandels als spezifische Symptome dieser Zeit zu werten waren und welche eher als Elemente langfristiger Tendenzen der Entwicklung angesehen werden konnten. Die Darstellung der Inflationszeit diente vornehmlich dazu, deutlich zu machen, unter welch außergewöhnlichen Umständen sich der Wertpapierhandel in den Jahren von 1914 bis 1923 abgespielt hat. Wie gezeigt, nahm infolge der Überlastung des Börsenapparates das Volumen außerbörslicher Geschäfte zu. Außerdem stieg die Zahl der unnotierten Werte deutlich an. Die Auswertung der Ziffern des Effektengiroverkehrs am Platz Berlin (1919-1923) zeigte schließlich, wie sehr die außergewöhnliche Geschäftstätigkeit mit den realen Umsatzvolumina kontrastierte.

Nach der Stabilisierung lautete eine wichtige Frage, ob es „der Börse" gelingen würde, wieder in ihre alte Rolle zurückzufinden und an die Vorkriegsverhältnisse anzuknüpfen. Wie in der Arbeit gezeigt, war dies jedoch nicht der Fall.
Vor allem in den ersten beiden Jahren wirkten noch einige während der Inflationszeit ergriffene Maßnahmen einer raschen Normalisierung der Verhältnisse entgegen. So kam es im Zuge der vorübergehenden Besteuerung des Börsenbesuchs im Jahre 1924 zu einer Veränderung der Zusammensetzung der Börsenbesucher, die von den Zeitgenossen als Verschlechterung angesehen wurde.[6] Darüber hinaus trugen die Börsensteuern dazu bei, den Börsenhandel einzuschränken und den bereits vorhandenen Trend zur Ausdehnung des außerbörslichen Handels zu verstärken. Die hohen Transaktionskosten - insbesondere die exorbitanten Stempelsätze für Aktiengeschäfte - sahen die betroffenen Bank- und Börsenkreise, aber auch das Reichswirtschaftsministerium, die Reichsbank und der preußische Handelsminister als Mitursache für das 1924 nur schleppende Wieder-In-Gang-Kommen des Aktienhandels an. Nicht zuletzt wegen der aus fiskalischen Gründen nur zögerlich vorgenommenen Herabsetzung der Transaktionskosten wandten sich institutionelle Marktteilnehmer in der Folge oft günstigeren ausländischen Börsenplätzen zu, während sich das private Publikum von der Börse weitgehend fernhielt.

6 Zahlreiche renommierte Firmen sowie sachkundige Entscheidungsträger zogen sich 1924 von der Börse zurück.

Im Herbst 1924 unterbreiteten die Großbanken den Vorschlag, eine halbamtliche Notierung für die sogenannten unnotierten Werte einzuführen und somit neben dem amtlichen Handel ein zweites Marktsegment an der Börse zu etablieren. Dieser letztlich erfolglose Vorstoß blieb zwar ohne erkennbare Auswirkungen auf die Börsen. Anhand der Darstellung der zeitweise intensiv geführten Debatte konnte allerdings deutlich gemacht werden, welchem „Wettbewerbsdruck“ sich die Börse angesichts eines sich rasch wandelnden Marktumfeldes ausgesetzt sah.
Nach Abklingen der Inflationshausse klagten die Kursmakler über ihre sich verschlechternde wirtschaftliche Lage und eine drohende Aushöhlung der Verfassung ihres Berufsstandes. Den hier ausgewerteten Quellen nach haben die Großbanken die bei ihnen vorliegenden Wertpapierorders den Kursmaklern und damit dem amtlichen Börsenhandel in großem Umfang vorenthalten. Die Darstellung dieser Zusammenhänge erlaubte den Rückschluß auf eine nachhaltige Verengung des amtlichen Börsenhandels sowie auf eine Beeinträchtigung der Bewertungsfunktion der Börse.

Zwei Jahre nach der Stabilisierung war es zu einer spürbaren Belebung am Aktienmarkt gekommen, welche u.a. in einem deutlichen Anstieg der Aktienkurse ihren Ausdruck fand. Nach Ansicht von Reichsbankpräsident Schacht bestand zwischen den hereinströmenden Auslandsgeldern, dem nach 1925 sprunghaften Anstieg des Effektenkreditvolumens bei den Großbanken sowie den zeitgleich steil ansteigenden Aktienkursen ein kausaler Zusammenhang. Im Herbst 1926 stellte die Volkswirtschaftliche Abteilung der Reichsbank fest, daß die Aktienkurse in keinem vernünftigen Verhältnis zur Unternehmensrentabilität mehr stünden und das an die Börse gelangte Geld seiner Natur nach nur vorübergehend Anlage in Effekten suche.
Reichsbankpräsident Schacht wies ab Januar 1927 wiederholt darauf hin, daß die Entwicklung an der Börse nicht so weiterlaufen könne wie bisher. Am 13. Mai 1927 kam es dann infolge einer 25-prozentigen Kürzung der von den Großbanken gewährten börsenmäßigen Reportgeldhergabe zu einem kräftigen Kurssturz am Aktienmarkt. Im wissenschaftlichen Schrifttum wird überwiegend die Meinung vertreten, daß die Reichsbank die *alleinige Verantwortung* für die Börsenkreditrestriktion vom Mai 1927 zu tragen habe.[7] Auch wenn diese Formulierung den hier ausgewerteten

7 Henning (1992), S. 246 spricht von einer „von der Reichsbank ausgehenden Krediteinschränkung“. James (1985), S. 39 und 61 schreibt, daß die Banken gezwungen worden seien, ihre Börsenkredite einzuschränken, was die bekannten Kursrückgänge herbeigeführt habe. Merkt (1997), S. 99 sah die Kreditreduzierung von der Reichsbank initiiert. Ähnlich auch Kiehling (1991), S. 113. Knapp (1939), S. 28,

Quellen nach überzeichnet wirkt, so scheinen doch ziemlich direkte Hinweise vorzuliegen, daß die Banken von der Reichsbank zumindestens massiv zur Reportgeldkürzung gedrängt worden sind.
Die Börsenkreditrestriktion vom 13. Mai hatte für zahlreiche Spekulanten empfindliche Kapitalverluste zur Folge, und das nunmehr stark verunsicherte private Publikum zog sich mehr und mehr von der Börse zurück. Bei rückläufigen Aktienkursen und Wertpapierumsätzen wurde der Markt in der Folgezeit nahezu ausschließlich vom Berufshandel bestimmt.[8] Auch 1928 setzte sich die im Trend abwärts gerichtete Kurs- und Umsatzentwicklung an der Börse fort, und im Herbst 1929 sprachen Zeitgenossen erstmals von einer „Krise der Börse".
Nicht zuletzt deshalb trat in Berlin im Oktober 1929 eine Kommission zur Beratung über eine Börsenreform zusammen. Die im ersten Halbjahr 1930 ausgearbeiteten Reformpläne sahen Maßnahmen vor, von deren Umsetzung man sich sowohl eine effizientere Gestaltung der Börsenorganisation als auch eine Belebung des Börsenhandels erhoffte.[9] Warum die Pläne zur Reform der Berliner Börse im Frühjahr 1931 fallengelassen worden sind, ist aufgrund der lückenhaften Quellenlage eine bis heute offene Frage. Auch wenn man über die Wirksamkeit der damals nicht umgesetzten Maßnahmen folglich nur spekulieren kann, bleibt als Faktum, daß hier eine Chance zur Stärkung der Wertpapierbörse verpaßt worden sein könnte.

Die monatelange Börsenschließung im Deutschen Reich 1931/32 war ein einmaliges Phänomen in der Zwischenkriegszeit. Bei der sich von August 1931 bis Februar 1932 hinziehenden Diskussion um die Börsenwiedereröffnung zeigte sich, vor welchem Dilemma die damals Verantwortlichen standen: Auf der einen Seite zeichnete sich ab, daß es mit Fortdauer der Schließung zu einer nachhaltigen Beschädigung der Börse kommen würde. Auf der anderen Seite verstieß nach Auffassung der politisch Verant-

---

Stucken (1964), S. 69ff. ten Cate (1987), S. 196f. Balderston (1993), S. 208. Müller (1973), S. 55.

8 Ein vom Berufshandel dominierter Wertpapiermarkt, wie er sich in Ansätzen bereits ab 1924 und verstärkt dann ab 1927 herausbildete, agierte und reagierte anders als ein Markt, der eine zwischen privatem Publikum, Berufshandel und Großanlegern ausgewogenere Besucherstruktur aufzuweisen hatte.

9 Zur Erreichung des ersten Zieles war die Ausgründung einer eigenen Terminbörse und die Neugruppierung bzw. Aussonderung von Börsenbesuchern vorgesehen. Eine allgemeine Geschäftsbelebung erhoffte man sich durch die Überführung der Kompensationsgeschäfte sowie der außerbörslich abgeschlossenen Geschäfte in den amtlichen Handel.

wortlichen eine zu rasche Wiedereröffnung der Börsen gegen wirtschafts- und staatspolitische Interessen von übergeordneter Bedeutung. So zögerten Reichsbank und Reichsregierung die Börsenöffnung im Sommer 1931 aus Furcht vor einem krisenverschärfenden Kurssturz bzw. mit Rücksicht auf die laufenden Stillhalteverhandlungen hinaus. Im Herbst 1931 waren dann zunächst devisen- und später reparationspolitische Bedenken maßgebend und im Winter 1932 war die noch ausstehende Bankensanierung ein wichtiges Motiv, die Börsen weiter geschlossen zu halten. In den Augen der Reichsregierung war die in Deutschland herangereifte Situation derart kritisch, daß man die mit der Aufrechterhaltung der Börsenschließung verbundenen negativen Effekte in Kauf nahm.[10]
Die Unterbrechung des amtlichen Handels schaltete zwangsläufig die Funktionen der Börse aus. Währenddessen spielten sich bei den Banken Verhaltensweisen ein, die in den folgenden Jahren zu einer weiter fortschreitenden Ausdünnung des über den (seit April 1932 wiederaufgenommenen) amtlichen Handel abgewickelten Orderstromes führten. Das Funktionieren des Telefonverkehrs zeigte auf, daß es zwischen vergleichsweise wenigen Marktpartnern nicht eines so aufwendig organisierten Marktes bedurfte, wie es die Börse war.[11] Nach der Wiederaufnahme des amtlichen Kassahandels im April 1932 wurde rasch offenbar, daß die Börse nicht einmal mehr an ihre bereits reduzierte Rolle der ausgehenden zwanziger Jahre anknüpfen konnte.

Nicht alles, was dann ab 1933 in Deutschland im Hinblick auf den Funktionswandel der Börse geschah, war jedoch Ausdruck von NS-Gesinnung. Manches lag auch im Zug der Zeit, geprägt vor allem von den Erfahrungen in der Krise. So war die starke Zurückhaltung der Anleger in Deutschland gegenüber Wertpapieranlagen zum Teil wohl auf die negativen Erfahrungen während der Börsenschließung zurückzuführen.[12] Außerdem war im Zuge der Desintegration der Weltwirtschaft auch interna-

---

10 Wie in der Arbeit gezeigt, fehlte es im Herbst 1931 nicht an warnenden Stimmen, die darauf aufmerksam machten, daß der anhaltende Ausfall einer für das kapitalistische System notwendigen Funktion (der Kapitalallokation durch die Börse) auf Dauer zu Schäden für das ganze System führen müsse.

11 Neue Markttechniken stellen immer zugleich auch den Nährboden für neue Verhaltensweisen der Marktteilnehmer dar. Dies können wir zur Zeit an dem Verdrängungsprozeß der Parkettbörsen durch elektronische Handelssysteme beobachten.

12 Dieses Mißtrauen gegen die Kapitalanlage in Börsentiteln sollte noch bis weit in die Zeit nach dem Ende des Zweiten Weltkrieges eines der grundlegenden Strukturprobleme des deutschen Kapitalmarktes bleiben.

tional eine Isolierung der Börsenplätze mit infolgedessen zurückgehender Bedeutung des (grenzüberschreitenden) Börsenhandels festzustellen.
Einige der unter NS-Herrschaft vorgenommenen Umgestaltungen können darüber hinaus durchaus in der Tradition der Kapitalmarktregulierungen der Weimarer Zeit gesehen werden, wie zum Beispiel die Neufassung der Berliner Börsenordnung, die Novelle des Börsengesetzes von 1934, der Abbau des personellen Überhangs an den Börsen und die Einführung eines Börsenzwanges. Allerdings erhielten diese Maßnahmen erst durch die NS-Wirtschaftsideologie ihre spezifische Ausprägung. Angesichts dieser zum Teil in der Kontinuität der Geschichte stehenden Maßnahmen muß in strikt ökonomischer Sicht das Gewicht jener für den Funktionswandel der Börse verantwortlichen und zugleich ursächlich auf das politische System der NS-Herrschaft zurückzuführenden Eingriffe - wie z.B. die Arisierung und Gleichschaltung der Börsen sowie die Diskriminierung von Aktiengeschäften und Aktiengesellschaften durch das Anleihestockgesetz - geringer gewesen sein, als es bei isolierter Betrachtung den Anschein erweckt.

Im Ergebnis komme ich zu dem Schluß, daß die Kapitalmarkt-Institution Börse 1939 (noch vor dem Krieg) etwas ganz und gar anderes als die vor 1914 gewesen ist. Es hat einen Funktionswandel gegeben. Aber es ist nicht zulässig, gleichsam nur die Eckpunkte zu verbinden und zu behaupten, der Wandel folge einem eindeutig auszumachenden kontinuierlichen Trend. So gibt es zwar Hinweise darauf, daß gewisse identifizierbare ökonomische Umstände wie z.B. die Konzentration im Bankwesen und in der Industrie zu einem Funktionswandel beigetragen haben. Auch schuf die Verbreitung des Telefons eine Situation, in der ein zunehmender Anteil des gesamten Wertpapierverkehrs - telefonisch - außerhalb des amtlichen (Parkett)Handels an der Börse abgewickelt werden konnte, so daß es für die Marktteilnehmer nicht mehr notwendig war, zum Abschluß von Wertpapiergeschäften persönlich an der Börse zu erscheinen. Diese langfristig wirksamen Elemente bildeten somit gewissermaßen die Grundlage dafür, daß es zu einer fortgesetzten Ausdünnung des über den organisierten Wertpapiermarkt an der Börse geleiteten Orderstromes kam.[13]
Darüber hinaus haben jedoch insbesondere auch exogene politische Ereignisse und außergewöhnliche historische Konstellationen Richtung und

---

13 In Deutschland wird auch heutzutage ein erheblicher Anteil der gesamten Aktienumsätze außerbörslich abgewickelt. Wie Stenzel jüngst empirisch belegte, betrug der Anteil der außerbörslichen Aktienumsätze inländischer Aktien am gesamten Aktienumsatz 1992 in Deutschland 45-55 Prozent. In Großbritannien lag diese Quote bei 20 Prozent und in den USA bei 10 Prozent. Stenzel (1995), S. 100.

Tempo des erkennbaren Funktionswandels mitbestimmt. Zu den interessantesten Fragen gehört in diesem Zusammenhang, ob die Perioden, in denen die Börsen geschlossen waren (1914-1917 und 1931/1932) oder in denen an der Börse ganz ungewöhnliche „Zustände“ herrschten (1918-1923), Institutionen und Verhaltensweisen gefördert haben, die nicht nur kurzfristig (vorübergehend) sondern auch langfristig die Funktionen der Börsen im Kapitalmarkt veränderten. Nach der hier vorgetragenen Auffassung gab es eine Art Sperrklinkeneffekt. Man kehrte nach Wiederöffnung der Börsen resp. Überwindung der Inflation eben nicht zur „Normalität“ des langfristigen Trends zurück.
Während der Inflation (1918-1923) war das politisch-soziale Umfeld in der Zeit der anhaltend großen „Unordnung“ erheblich gestört.[14] Und auch im Anschluß an die Stabilisierung (1924) gelang keine rasche „Rekonstruktion der Vorkriegsverhältnisse“.[15] Nach der Wiedereröffnung der Börse im April 1932 folgte alsbald der politische Regimewechsel, der auch die Börse dem Primat der NS-Politik unterstellte. Damit wurde der Funktionswandel ab 1933 auch von zum Teil bis dahin unbekannten ideologisch motivierten Faktoren mitbestimmt.

In der vorliegenden Arbeit ist der Funktionswandel der deutschen Wertpapierbörse in der Zwischenkriegszeit unter verschiedenen Aspekten beleuchtet und nachgezeichnet worden. Dabei wurden unterschiedliche Gründe identifiziert, die einerseits langfristigen Grundströmungen zuzuordnen, andererseits als spezifische Symptome dieser Zeit zu werten sind. Angesichts der Komplexität der Materie gelang es im Rahmen dieser Arbeit allerdings nicht, diese unterschiedlichen Gründe für den Funktionswandel plausibel zu gewichten und in einem theoretisch stringenten Gedankengebäude zu vereinen, welches ein zuverlässiges Gesamtbild des Funktionswandels und seiner Ursachen zeichnet. Doch sind immerhin wichtige Bausteine für den vielleicht einmal möglichen Bau eines solchen Gedankengebäudes beigebracht worden.

---

14 Auf das eine Extrem, den Totalausfall des Börsenhandels, folgte das andere Extrem, die totale Überlastung der Börsenorganisation.

15 Zunächst wirkten noch einige spezifisch auf die Inflationszeit zurückzuführende Faktoren einer „Normalisierung“ entgegen. Später zeigten die Ereignisse um den 13. Mai 1927 symptomatisch auf, in welch hohem Maße die Börse damals von wirtschaftspolitischen Umständen mitbestimmt worden ist. In den Jahren bis zur Börsenschließung im Sommer 1931 häuften sich die Krisenzeichen an der Börse, so daß erstmals 1929 von einer „Krise der Börse“ gesprochen wurde.

Anhang

Teil I

Tabelle I-4A:
Umlauf von Wertpapieren inländischer Emittenten zum Jahresende 1895 bis 1913 in Mio. Mark

	Im Inland begebene Schuldverschreibungen				
Jahres-ende	Gebietskörperschaften	Kreditinstitute	Unternehmen (Aktienges.)	Insgesamt	Aktien
1895	13.883	7.819	978	22.680	5.932
1896	14.083	8.388	998	23.469	6.390
1897	14.288	8.956	1.161	24.405	7.362
1898	14.525	9.375	1.363	25.263	8.472
1899	15.074	9.862	1.566	26.502	9.562
1900	15.355	10.120	1.883	27.358	10.384
1901	16.503	10.503	2.116	29.122	10.535
1902	17.135	11.002	2.278	30.415	10.525
1903	17.713	11.683	2.419	31.815	10.757
1904	18.341	12.324	2.515	33.180	11.172
1905	19.165	13.026	2.556	34.747	11.628
1906	20.165	13.556	2.841	36.562	12.755
1907	20.968	13.995	2.802	37.765	12.789
1908	22.454	14.738	2.942	40.134	13.201
1909	24.366	15.551	3.134	43.051	13.721
1910	24.577	16.335	3.219	44.131	14.228
1911	24.984	17.084	3.372	45.440	14.880
1912	25.635	17.595	3.560	46.790	15.501
1913	26.691	17.909	3.737	48.337	15.954

Quelle: Deutsche Bundesbank (1976), S. 290.

Erläuterung: Die Rubrik „Gebietskörperschaften“ weist den Umlauf von Schuldverschreibungen des Reichs sowie der Länder und Gemeinden aus. Unter der Rubrik „Kreditinstitute“ wurde der Umlauf von Pfandbriefen der privaten und öffentlich rechtlichen Bodenkreditinstitute ausgewiesen. Die Angaben über die Wertpapierverschuldung der „Unternehmen“ beziehen sich auf den Umlauf von Schuldverschreibungen der Aktiengesellschaften, jedoch ohne Banken und Versicherungen.

Tabelle I-4B:
Umlauf von Wertpapieren inländischer Emittenten zum Jahresende 1924 bis 1939 in Mio. Reichsmark

Jahres-ende	Im Inland begebene Schuldverschreibungen: Gebietskörperschaften	Kreditinstitute	Unternehmen	Insgesamt	Aktien
1924	606	750	73	1.430	3.293
1925	5.876	1.423	125	7.430	19.121
1926	6.692	3.764	432	10.922	20.655
1927	7.071	6.382	581	14.078	21.542
1928	7.919	8.484	836	17.282	22.885
1929	8.963	9.558	825	19.388	23.728
1930	9.504	10.894	847	21.292	24.189
1931	10.645	11.335	1.010	22.990	24.653
1932	10.687	10.851	1.009	22.547	22.264
1933	10.838	10.869	824	22.531	20.635
1934	10.391	13.338	948	24.677	19.790
1935	12.159	13.747	966	26.872	19.558
1936	14.397	13.849	1.065	29.311	19.228
1937	17.042	13.897	1.301	32.240	18.707
1938	24.178	14.229	1.392	39.799	18.666
1939	23.506	14.495	1.798	45.288	20.335

Quellen:
Der Aktienumlauf von 1924-1939 entstammt den graphisch-statistischen Tabellen der Reichsbank, Ausgabe Juli 1939. BAK, R 28 Nr.135, Blatt 155. Der Umlauf der Schuldverschreibungen wurde aus zwei Quellen entnommen. Die Zahlen für die Jahre 1924-1932 fanden sich in dem Artikel: Wiederaufbau des Geld- und Kapitalmarktes, Referat III/4 im Untersuchungsausschuß für das Bankwesen 1933. BAK, RD 51/8, Anlage 2. Die Zahlen nach 1933 wurden dem Statistischen Jahrbuch für das Deutsche Reich, 49. bis 59. Jahrgang, Berlin 1930-1941/42 entnommen. Ab 1939 beziehen sich die Zahlen auch auf Österreich. Da den verschieden Quellen nicht in jedem Fall explizit entnommen werden konnte, ob sich die dort präsentierten Zahlen stets auf die gleichen Grundgesamtheiten beziehen, kann nicht ausgeschlossen werden, daß sich ein gewisser Bruch in der Zeitreihe ergeben hat. Vergleicht man diese Tabelle mit den schon bekannten Zahlenwerken - zum Beispiel den Angaben der Deutschen Bundesbank (1976) - so zeigen sich nur geringfügige Abweichungen. Hervorzuheben ist, daß die Lücke im Rentenumlauf für das Jahr 1927 geschlossen werden konnte.

Erläuterung: bitte wenden

Die einzelnen Rubriken entsprechen grundsätzlich denen wie in der Tabelle I-4A, wobei folgende Ausnahmen zu beachten sind: Die Rubrik „Gebietskörperschaften“ weist neben Anleihen und Schuldverschreibungen von Reich, Ländern und Gemeinden auch die von öffentlichen Unternehmen und Körperschaften aus. Unter der Rubrik „Aktien“ ist das Nominalkapital ausgewiesen. Da sich ein erheblicher Teil des Aktienkapitals in Form von festen Beteiligungen im Besitz von anderen Unternehmungen befand, müßte dieser Betrag vom gesamten Bestand abgesetzt werden. Angaben, um welche Größenordnungen es sich hierbei gehandelt hat, liegen jedoch nicht vor. Der Umlauf der im Inland begebenen Schuldverschreibungen wurde ab 1933 aufgrund der Angaben des Statistischen Jahrbuches unter „Nr. F. Kreditvolumen“ berechnet. Von dem jeweiligen Jahresendbetrag aller Schuldverschreibungen wurden die Werte für die im Ausland begebenen Schuldverschreibungen subtrahiert.

Tabelle I-4C:
Wertpapierausgabe in- und ausländischer Emittenten im Deutschen Reich 1897 bis 1913 und 1924 bis 1939 in Mio. Mark bzw. Reichsmark

	Aktien	Renten	Gesamt
1897	668	1.372	2.040
1898	1.002	1.493	2.495
1899	1.055	1.354	2.409
1900	614	1.024	1.638
1901	164	1.103	1.267
1902	178	1.925	2.103
1903	345	1.617	1.962
1904	538	1.296	1.834
1905	707	2.451	3.158
1906	957	1.893	2.850
1907	352	1.563	1.915
1908	431	2.763	3.194
1909	486	2.741	3.227
1910	410	2.223	2.633
1911	651	1.933	2.584
1912	894	1.711	2.606
1913	442	2.124	2.566

	Aktien	Renten	Gesamt	
			Brutto	Netto
1924	148	440	588	550
1925	656	1.080	1.736	1.341
1926	988	3.579	4.567	4.095
1927	1.438	2.841	4.279	3.857
1928	1.339	2.905	4.244	3.953
1929	979	1.685	2.664	2.011
1930	555	2.926	3.481	2.472
1931	635	1.973	2.608	1.171
1932	150	974	1.124	-29
1933	91	1.539	1.630	-138
1934	143	1.015	1.158	96
1935	156	2.811	2.967	1.856
1936	395	3.972	4.367	3.320
1937	333	4.628	4.961	3.992
1938	890	7.808	8.698	8.483
1939	853	9.914	10.767	-

Quellen: Zahlen vor 1913 nach der Emissionsstatistik der Frankfurter Zeitung, aus: Kleiner (1914), S. 125ff. Zahlen für 1924-1939 aus: Statistisches Jahrbuch für das Deutsche Reich, 47. bis 59. Jahrgang, Berlin 1928-1941/42. Graphisch-statistische Tabellen der Reichsbank. Jahrgang 1939. BAK, R 28 Nr. 135, Blatt 13.

Tabelle I-4D:
Nettosozialprodukt (NSP) zu Marktpreisen 1891 bis 1913 und 1925 bis 1938 in Mrd. Mark bzw. Reichsmark

Jahr	NSP	Jahr	NSP	Jahr	NSP	Jahr	NSP	Jahr	NSP
1891	22,6	1899	31,8	1907	43,0	1925	67,3	1932	50,8
1892	24,1	1900	32,4	1908	42,4	1926	65,5	1933	56,7
1893	24,4	1901	31,6	1909	44,4	1927	80,5	1934	64,6
1894	24,4	1902	31,9	1910	45,8	1928	84,0	1935	72,0
1895	25,3	1903	34,4	1911	48,1	1929	79,5	1936	78,9
1896	27,0	1904	36,3	1912	51,6	1930	71,9	1937	87,9
1897	28,7	1905	38,9	1913	52,4	1931	58,5	1938	98,0
1898	31,0	1906	40,6						

Quelle:
Hoffmann (1965), S. 825f.

Tabelle I-4E:
Börsenumsatzsteueraufkommen ausgewählter Jahre nach Henning:

Jahr	1000 M	Jahr	1000 M	Jahr	1000 RM
1910	60.000	1920	50.000	1924	113.000
1911	66.000	1921	35.000	1925	40.000
1912	66.000	1922	20.000.000		
1913	72.000	1923	40.000.000		

Quelle:
Henning (1992), S. 213. Zur Verwertbarkeit der Angaben siehe Kapitel I-4.4.

Tabellen I-4F:
Entwicklung der Steuersätze für Anschaffungsgeschäfte in Wertpapieren in Promille

Das erste Reichsstempelgesetz datiert vom 1.7.1881. Es besteuerte alle Wertpapierumsätze mit einem fixen Schlußnotenstempel von 20 Pfg. je Stück. Das zweite Gesetz vom 29.5.1885 brachte an Stelle des Fixstempels für Schlußnoten eine Steuer in Höhe von 0,1 Promille vom Kurswert. Das dritte Gesetz vom 27.4.1894 brachte eine Verdoppelung des Umsatzstempels auf 0,2 Promille. Das vierte Gesetz vom 1.7.1900 brachte für Aktien eine um die Hälfte erhöhte Steuer.[1] Der Umsatzstempel betrug nun 0,2 Promille für in- und ausländische Schuldverschreibungen, sowie 0,3 Promille für in- und ausländische Aktien.

	I[2]	II[3]	III[4]	IV[5]	V[6]
1885	-	0,10	0,10	0,10	0,10
1894	-	**0,20**	**0,20**	**0,20**	**0,20**
1900	-	0,20	0,20	0,20	**0,30**

Die 5. bis 7. Änderung des Reichsstempelgesetzes brachte keine Erhöhung der Umsatzsteuer, wohl aber Erhöhungen des Effektenstempels.[7] In der achten Änderung des Reichsstempelgesetzes vom 26.7.1918 kam es zu einer Erweiterung und Ausdifferenzierung der Steuersätze.[8]
Unter anderem wurde eine Unterteilung in Händlergeschäfte, bei denen sämtliche Vertragspartner Händler waren, und Kundengeschäfte, bei denen nur ein Vertragspartner Händler war, eingeführt.

1 Saling's Börsen-Papiere. Erster allgemeiner Teil. Die Börse und die Börsengeschäfte, hrsg. von A. Schütze, 19. Aufl., Berlin / Leipzig 1925, S. 606f. Vgl. auch RGBL 1900, S. 266ff.

2 Schuldverschreibungen des Reichs und inländischer Gemeinden, die während des Krieges 1914/18 ausgegeben worden sind.

3 Die übrigen Schuldverschreibungen des Reichs und der Länder.

4 Pfandbriefe, aber auch Schuldverschreibungen der Gemeinden und inländischer Gemeinde-kreditanstalten sowie der inländischen Körperschaften, Realkreditinstitute und Schiffs-pfandbriefbanken.

5 Industrieobligationen, aber auch andere inländische Schuldverschreibungen, die nicht unter I bis III fallen, sowie alle ausländischen Schuldverschreibungen.

6 Aktien, Bezugsrechte und Genußscheine.

7 ebd. S. 607f. Vgl. auch RGBL 1906, S. 616f., RGBL 1909, S.717f., RGBL 1913, S. 521ff.

8 RGBL 1918, S. 813f.

26.7.1918	I	II	III	IV	V
Händlergeschäfte	**0,10**	0,20	**0,30**	**0,40**	**0,50**
Kundengeschäfte	**0,20**	**0,40**	**0,60**	**1,00**	**2,00**

Mit dem Gesetz über die Erhöhung der Börsenumsatzsteuer vom 7.11.1921 wurde die Reichsregierung ermächtigt, den Steuersatz für Aktienumsätze bis auf 1 v. H. zu erhöhen.[9] Diese Ermächtigung wurde mit der Verordnung über die Erhöhung der Börsenumsatzsteuer vom 9.11.1921 umgesetzt.[10]

9.11.1921	I	II	III	IV	V
Händlergeschäfte	010	0,20	0,30	0,40	**1,00**
Kundengeschäfte	0,20	0,40	0,60	1,00	**10,00**

Am 21.3.1922 löste das Kapitalverkehrsteuergesetz das alte Reichsstem-pelgesetz ab.[11] Damit war eine vollständige Umgestaltung verbunden.[12] Die Steuersätze für Aktienumsätze wurden ermäßigt. Der § 53 legte fest, daß für je 100 Mark Umsatz bei einem Händlergeschäft 0,10 Mark und bei einem Kundengeschäft 0,60 Mark zu entrichten waren.

21.3.1922	I	II	III	IV	V
Händlergeschäfte	0,10	0,20	0,30	**0,50**	1,00
Kundengeschäfte	0,20	0,40	0,60	**2,00**	**6,00**

In der Verordnung vom 6.12.1922 wurden die Steuersätze für Geschäfte in Aktien wieder angehoben.[13]

6.12.1922	I	II	III	IV	V
Händlergeschäfte	0,10	0,20	0,30	0,50	1,00
Kundengeschäfte	0,20	0,40	0,60	2,00	**10,00**

9 RGBL 1921, S. 1331.
10 RGBL 1921, S. 1333.
11 RGBL 1922, Teil 1, S. 366f.
12 Vgl. § 49 des Kapitalverkehrsteuergesetzes vom 20.3.1922.
13 RGBL 1922, Teil 1, S. 922.

Im Gesetz zur Änderung des Kapitalverkehrsteuergesetzes vom 9.7.1923 wurde die Reichsregierung ermächtigt, die Steuersätze weiter zu erhöhen.[14] Für wertbeständige Schuldverschreibungen - die in der Tabelle unter den Nummern II-IV zu finden sind - auf das Doppelte und bei auf ausländische Währung lautenden Schuldverschreibungen für Händlergeschäfte auf 6 Promille und für Kundengeschäfte auf 3 Prozent.

In der Verordnung über die Börsenumsatzsteuer vom 14.7.1923 wurde die Steuer für diejenigen Schuldverschreibungen, die als wertbeständig galten oder auf ausländische Währung lauteten, weiter angehoben. Die übrigen Sätze blieben gleich.[15]

14.7.1923	I	II[16]	III[17]	IV[18]	V
Händlergeschäfte	0,10	0,20	0,30	0,50	**2,00**
Kundengeschäfte	0,20	0,40	0,60	2,00	**20,00**

In der Verordnung über die Börsenumsatzsteuer vom 3.8.1923 wurden nur die Steuersätze für Aktien und für Schuldverschreibungen, soweit diese auf ausländische Währung lauteten, weiter erhöht.[19] Für Händlergeschäfte wurde der Satz in beiden Fällen auf 3 Promille und für Kundengeschäfte auf 30 Promille erhöht.

3.8.1923	I	II	III	IV	V
Händlergeschäfte	0,10	0,20	0,30	0,50	**3,00**
Kundengeschäfte	0,20	0,40	0,60	2,00	**30,00**

In der Verordnung über die Börsenumsatzsteuer vom 29.10.1923 wurden die Steuersätze für Aktien und für Schuldverschreibungen, soweit diese auf ausländi-

---

14 RGBL 1923, Teil 1, S. 555.

15 Nach § 4 der Verordnung galten Schuldverschreibungen als wertbeständig, wenn in ihnen die Zahlung einer Geldsumme versprochen wurde, deren Höhe nicht durch Angabe eines festen Betrages bestimmt war, sondern durch Bezeichnung des Maßstabes, nach dem der geschuldete Geldbetrag zu errechnen war. RGBL 1923, Teil 1, S. 615f.

16 Wertbeständige Schuldverschreibungen 0,40 bzw. 0,80 Promille. Auf ausländische Währung lautende Schuldverschreibungen 2 bzw. 20 Promille.

17 Wertbeständige Schuldverschreibungen 0,60 bzw. 1,20 Promille. Auf ausländische Währung lautende Schuldverschreibungen 2 bzw. 20 Promille.

18 Wertbeständige Schuldverschreibungen 1,00 bzw. 4,00 Promille. Auf ausländische Währung lautende Schuldverschreibungen 2 bzw. 20 Promille.

19 RGBL 1923, Teil 1, S. 759f.

sche Währung lauteten, nochmals erhöht.[20] Für Händlergeschäfte wurde der Satz in beiden Fällen auf 6 Promille angehoben, die Sätze für Kundengeschäfte blieben gleich.

29.10.1923	I	II	III	IV	V
Händlergeschäfte	0,10	0,20	0,30	0,50	**6,00**
Kundengeschäfte	0,20	0,40	0,60	2,00	30,00

In der Verordnung über die Umstellung der Börsenumsatzsteuer auf Gold vom 2.4.1924 wurden die Sätze erstmals gesenkt.[21] Außerdem wurde festgelegt, daß für Gegenstände, deren Wert in Reichsmark ausgedrückt wurde, die Steuer nach dem gültigen Goldumrechnungssatz in Goldmark umzurechnen sei.

2.4.1924	I	II[22]	III[23]	IV[24]	V
Händlergeschäfte	0,10	0,20	0,30	0,50	**4,00**
Kundengeschäfte	0,20	0,40	0,60	2,00	**15,00**

In der Verordnung über die Ermäßigung der Börsenumsatzsteuer vom 10.11.1924 wurden die Sätze erneut gesenkt. Außerdem waren ab jetzt Reichsmark-Werte zugrunde zu legen.[25]

10.11.1924	I	II	III	IV	V
Händlergeschäfte	0,10	0,20	0,30	0,50	**2,00**
Kundengeschäfte	0,20	0,40	0,60	2,00	**6,00**

Im Gesetz zur Änderung der Verkehrssteuern vom 10.8.1925 wurden die Sätze für Aktiengeschäfte nochmals gesenkt.[26]

20 RGBL 1923, Teil 1, S. 1035.

21 RGBL 1924, Teil 1, S. 399ff.

22 Wertbeständige Schuldverschreibungen 0,40 bzw. 0,80 Promille. Auf ausländische Währung lautende Schuldverschreibungen 2 bzw. 12 Promille.

23 Wertbeständige Schuldverschreibungen 0,60 bzw. 1,20 Promille. Auf ausländische Währung lautende Schuldverschreibungen 4 bzw. 15 Promille.

24 Wertbeständige Schuldverschreibungen 1,00 bzw. 4,00 Promille. Auf ausländische Währung lautende Schuldverschreibungen 4 bzw. 15 Promille.

25 RGBL 1924, Teil 1, S. 741.

26 RGBL 1925, Teil 1, S. 241.

10.8.1925	I	II	III	IV	V
Händlergeschäfte	-	0,20	0,30	0,50	**1,00**
Kundengeschäfte	-	0,40	0,60	**1,00**	**3,00**

In der Verordnung über die Ermäßigung der Börsenumsatzsteuer vom 29.4.1926 wurden die Sätze für Aktiengeschäfte abermals gesenkt.[27]

29.4.1926	I	II	III	IV	V
Händlergeschäfte	-	0,20	0,30	0,50	**0,75**
Kundengeschäfte	-	0,40	0,60	1,00	**1,50**

Diese Sätze fanden sich auch im Kapitalverkehrsteuergesetz vom 22.5.1931 wieder[28] und wurden bis zum Beginn des Zweiten Weltkrieges unverändert beibehalten.

Tabelle I-4G:
Geschätzter Wertpapierumsatz 1885 bis 1913 und 1925 bis 1939 in Mrd. Mark bzw. Mrd. Reichsmark in laufenden Preisen

Jahr	Umsatz	Jahr	Umsatz	Jahr	Umsatz	Jahr	Umsatz
1885	19	1897	31	1909	44	1928	22
1886	30	1898	31	1910	48	1929	14
1887	28	1899	34	1911	49	1930	9
1888	47	1900	32	1912	49	1931	5
1889	57	1901	26	1913	37	1932	5
1890	50	1902	27			1933	6
1891	41	1903	28			1934	7
1892	35	1904	35			1935	7
1893	31	1905	41			1936	9
1894	31	1906	33	1925	6	1937	9
1895	37	1907	19	1926	36	1938	9
1896	26	1908	25	1927	30	1939	10

Quelle: Eigene Berechnungen wie im Kapitel I-4.4 ausgeführt.

27 RGBL 1926, Teil 1, S. 215.
28 RGBL 1931, Teil 1, S. 249.

Tabelle I-4H:
Geschätzter Wertpapierumsatz 1885 bis 1913 und 1925 bis 1939 in Mark bzw. Reichsmark in Preisen von 1913 je Kopf der jeweiligen Bevölkerung

Jahr	Umsatz	Jahr	Umsatz	Jahr	Umsatz	Jahr	Umsatz
1885	539	1897	759	1909	763	1928	273
1886	877	1898	709	1910	805	1929	175
1887	798	1899	735	1911	801	1930	127
1888	1.293	1900	638	1912	726	1931	83
1889	1.421	1901	561	1913	557	1932	80
1890	1.178	1902	576			1933	114
1891	966	1903	579			1934	125
1892	869	1904	725			1935	122
1893	783	1905	795			1936	153
1894	821	1906	586	1925	96	1937	148
1895	996	1907	309	1926	458	1938	145
1896	696	1908	451	1927	369	1939	150

Quelle: Eigene Berechnungen wie im Kapitel I-4.4 ausgeführt.

Tabelle I-4I:
Monatswerte des Aktienkursindex 1870 bis 1943 (Basis: 1913 = 100)

	1870	1871	1872	1873	1874	1875	1876	1877	1878	1879
Jan.	55,0	55,3	78,6	94,8	70,8	59,1	45,2	40,5	39,4	41,4
Feb.	55,1	55,8	82,9	99,4	67,5	56,8	44,6	39,5	40,8	42,2
März	57,2	58,2	84,7	100,8	66,1	58,2	45,2	39,0	41,1	42,9
April	56,6	59,2	83,5	99,0	65,7	57,4	43,2	37,1	40,1	46,7
Mai	56,9	62,0	80,0	86,8	68,2	54,3	43,1	36,8	39,8	49,7
Juni	57,8	64,9	84,5	88,0	66,2	52,1	43,0	36,8	41,7	48,8
Juli	51,1	65,8	83,0	81,6	63,5	51,6	41,8	39,6	44,3	50,8
Aug.	54,4	69,7	88,4	83,7	67,0	53,5	42,3	40,3	46,4	52,4
Sept.	55,8	69,2	91,8	83,1	69,7	52,1	43,0	44,1	43,6	51,8
Okt.	56,6	72,5	97,0	78,2	66,7	47,7	43,1	41,1	43,2	53,7
Nov.	56,6	75,1	102,4	73,2	65,9	44,2	41,7	41,1	38,5	57,2
Dez.	56,5	76,7	98,0	73,1	64,5	47,8	40,8	39,7	41,0	63,6

	1880	1881	1882	1883	1884	1885	1886	1887	1888	1889
Jan.	67,0	63,1	67,9	65,7	64,1	64,0	63,1	67,8	67,8	85,9
Feb.	70,4	63,9	65,1	67,3	64,4	64,9	63,5	61,9	69,0	87,8
März	66,1	63,8	65,4	69,2	66,4	65,4	65,0	64,3	68,4	88,1
April	64,7	64,4	67,1	69,7	67,0	61,8	63,4	63,9	69,7	89,0
Mai	62,0	67,0	67,1	69,9	66,4	63,3	63,1	63,5	71,4	89,0
Juni	62,2	67,0	67,4	69,1	64,7	63,8	63,5	63,9	71,8	85,4
Juli	63,9	70,5	68,0	69,7	64,3	63,3	62,6	64,5	75,8	86,7
Aug.	65,6	71,4	69,8	70,8	66,8	62,4	62,1	66,6	79,6	89,3
Sept.	64,6	69,8	69,6	69,8	65,2	62,8	62,6	66,6	81,7	94,4
Okt.	62,2	70,6	68,9	67,4	65,0	61,4	63,8	68,3	82,0	97,5
Nov.	62,4	69,7	68,3	64,3	66,2	60,7	65,9	66,1	79,9	97,7
Dez.	63,1	70,5	66,7	64,5	65,9	64,0	66,4	67,4	80,4	102,2

	1890	1891	1892	1893	1894	1895	1896	1897	1898	1899
Jan.	99,7	85,2	71,7	71,7	74,4	83,2	89,3	95,9	100,7	101,2
Feb.	94,9	83,9	71,8	75,5	76,0	83,9	91,5	95,1	100,5	103,1
März	89,5	82,6	70,2	77,5	79,0	85,7	90,8	93,3	100,6	102,7
April	86,5	80,3	72,7	76,6	78,6	86,8	91,1	92,4	98,9	103,3
Mai	86,0	77,7	74,8	75,0	77,9	89,1	91,3	95,7	99,6	105,1
Juni	86,6	76,8	76,0	73,9	77,0	90,8	91,9	98,0	100,6	104,7
Juli	86,0	74,5	74,6	73,3	77,7	90,0	91,9	98,9	99,4	103,4
Aug.	87,8	72,6	75,8	71,8	79,8	91,5	92,2	99,9	100,5	102,8
Sept.	89,5	73,0	74,4	72,4	81,5	94,5	93,4	98,9	100,9	101,3
Okt.	86,9	73,4	72,9	72,2	81,8	95,2	92,2	97,6	100,4	98,7
Nov.	84,1	70,0	72,8	71,1	82,1	90,7	92,6	98,9	99,3	100,7
Dez.	84,1	70,5	71,0	72,6	83,3	88,4	93,6	100,3	100,5	100,5

	1900	1901	1902	1903	1904	1905	1906	1907	1908	1909
Jan.	100,1	86,8	83,4	85,5	92,9	100,1	103,2	101,8	91,6	93,0
Feb.	102,1	87,6	86,7	87,3	90,7	102,1	103,3	100,7	91,7	93,6
März	102,2	89,4	86,3	88,3	90,3	102,5	102,6	96,8	90,9	92,3
April	101,6	89,0	85,1	88,6	92,2	103,2	104,1	96,0	92,3	94,7
Mai	98,6	88,6	85,5	87,5	92,9	102,1	103,9	95,1	91,7	96,0
Juni	94,7	85,0	86,5	86,4	92,9	102,4	102,5	92,5	89,9	95,4

Juli	90,1	80,7	84,8	86,3	93,1	103,4	100,3	92,2	89,7	96,1
Aug.	89,1	80,3	84,4	87,4	95,5	105,2	101,8	90,1	91,8	98,6
Sept.	87,1	78,6	85,0	87,9	96,8	106,7	102,0	93,1	93,5	101,3
Okt.	87,1	77,4	83,4	90,4	97,7	106,3	100,9	93,3	92,1	101,7
Nov.	90,0	79,0	83,5	92,7	99,6	105,0	101,0	90,8	92,3	101,7
Dez.	88,4	80,8	84,0	93,8	100,1	102,5	102,2	90,9	92,6	103,9

	1910	1911	1912	1913	1914	1915	1916	1917	1918	1919
Jan.	103,9	104,0	105,5	103,7	102	-	-	-	101,93	49,57
Feb.	102,8	105,5	104,2	102,4	104	-	-	-	104,12	45,18
März	102,9	105,7	102,8	101,5	102	-	-	-	106,70	39,33
April	101,9	105,5	104,0	102,0	99	-	-	-	109,35	32,06
Mai	103,1	104,5	104,6	101,5	98	-	-	-	112,61	29,75
Juni	102,7	104,5	103,4	98,0	97	-	-	-	107,00	28,79
Juli	102,0	104,9	104,4	97,4	87	-	-	-	99,71	27,79
Aug.	103,5	104,5	106,4	99,3	-	-	-	-	98,64	22,05
Sept.	104,9	101,3	107,4	100,2	-	-	-	-	85,92	19,59
Okt.	104,6	100,9	103,0	99,0	-	-	-	-	69,57	19,38
Nov.	104,2	103,6	101,8	97,0	-	-	-	-	53,46	13,71
Dez.	104,3	105,4	100,7	98,2	-	-	-	-	44,82	11,36

	1920	1921	1922	1923	1924	1925	1926	1927	1928	1929
Jan.	10,73	18,00	16,27	5,24	35,76	31,14	19,04	40,86	37,17	36,81
Feb.	8,47	17,82	16,98	6,79	39,88	30,13	20,92	43,32	36,24	35,58
März	9,82	17,84	14,57	6,66	31,48	28,70	22,15	42,06	35,73	35,43
April	12,93	18,17	14,69	8,61	22,65	27,30	24,11	44,55	37,27	35,46
Mai	14,45	18,71	12,63	8,38	18,86	25,34	23,78	42,72	38,37	34,00
Juni	17,93	18,12	10,89	13,44	15,37	22,30	25,29	38,97	38,65	34,83
Juli	19,92	18,45	7,63	16,03	15,77	21,47	27,35	40,23	37,54	34,08
Aug.	17,98	19,36	4,28	11,33	22,50	19,58	29,98	39,55	37,47	33,70
Sept.	15,94	19,69	3,61	22,56	22,58	20,74	30,69	38,15	37,54	33,25
Okt.	15,06	18,00	2,72	28,47	21,32	19,56	33,70	36,92	37,02	31,32
Nov.	14,12	14,94	2,96	39,36	22,35	17,83	35,76	33,45	36,94	30,08
Dez.	15,79	15,99	4,97	26,89	25,92	17,13	35,63	35,38	37,34	28,93

	1930	1931	1932	1933	1934	1935	1936	1937	1938	1939
Jan.	30,13	20,54	-	16,22	17,63	20,97	23,05	26,77	28,20	26,09
Feb.	30,29	21,50	-	16,27	18,56	21,70	23,56	27,15	28,08	26,32
März	29,88	22,88	-	17,65	19,34	22,05	23,43	27,45	28,60	25,84
April	30,69	23,20	12,46	18,28	18,83	22,43	24,16	27,77	28,68	25,99
Mai	30,56	20,84	12,71	18,41	18,41	22,85	24,94	28,08	28,15	25,77
Juni	29,23	19,06	12,48	17,98	19,14	23,53	25,51	28,33	27,75	25,31
Juli	27,62	19,29	12,53	17,20	19,51	23,78	25,89	28,78	26,79	25,11
Aug.	25,94	-	13,18	16,62	20,09	23,98	25,56	29,06	25,72	25,51
Sept.	25,69	14,31	14,82	15,70	20,87	23,28	25,11	28,83	25,92	25,39
Okt.	24,06	-	14,36	15,59	20,89	22,85	26,62	28,43	26,70	25,26
Nov.	23,18	-	14,62	16,07	20,19	22,48	26,77	28,13	26,62	25,87
Dez.	21,92	-	15,52	16,93	20,04	22,43	26,47	27,95	25,89	26,77

	1940	1941	1942	1943
Jan.	27,64	36,00	38,06	39,72
Feb.	28,23	36,41	38,77	39,78
März	29,18	35,87	38,61	39,71
April	29,91	35,87	39,01	39,65
Mai	30,71	36,46	39,07	39,72
Juni	30,82	37,81	39,19	39,71

	1940	1941	1942	1943
Juli	30,86	39,21	39,25	-
Aug.	31,73	39,64	38,64	-
Sept.	33,08	40,35	39,21	-
Okt.	34,25	37,55	39,24	-
Nov.	34,94	37,35	39,41	-
Dez.	35,05	37,39	39,57	-

Quellen:
Zur Basis 1913 = 100: Donner (1934), S. 97f. Wirtschaft und Statistik, 3. Jahrgang, Berlin 1923, S. 119. Zahlen zur Geldentwertung in Deutschland 1914 bis 1923, in: Sonderhefte zu Wirtschaft und Statistik, Nr. 1, Berlin 1925, S. 44. Statistisches Jahrbuch für das Deutsche Reich, 45. bis 47. Jahrgang, Berlin 1926-1928. Zur Basis 1924/26 = 100: Konjunkturstatistisches Handbuch 1933 und 1936, hrsg. vom IfK bzw. E. Wagemann, Berlin 1933 und 1935, S. 130 bzw. S. 115. Statistisches Jahrbuch für das Deutsche Reich 55. bis 59. Jahrgang, Berlin 1936-1941/42. Wirtschaft und Statistik, 20. bis 23. Jahrgang, Berlin 1940-1943, darin 1940-1943.

Tabelle I-4J:
Reports und Lombards der Berliner Großbanken 1900 bis 1913 und 1924 bis 1939 in Mio. Mark bzw. Mio. Reichsmark

Jahr	R u. L	Jahr	R u. L	Jahr	R u. L	Jahr	R u. L
1900	280	1910	1.232	1920	-	1930	353
1901	295	1911	1.100	1921	-	1931	132
1902	498	1912	936	1922	-	1932	32
1903	513	1913	826	1923	-	1933	24
1904	589	1914	-	1924	46	1934	22
1905	664	1915	-	1925	149	1935	13
1906	687	1916	-	1926	844	1936	18
1907	477	1917	-	1927	620	1937	14
1908	710	1918	-	1928	789	1938	11
1909	1.116	1919	-	1929	562	1939	17

Quellen:
L. A. Hahn: Zur Frage des volkswirtschaftlichen Erkenntnisinhalts der Bankbilanzziffern, in: Vierteljahreshefte zur Konjunkturforschung, hrsg. vom IfK, 1. Jahrgang, Ergänzungsheft 4, Berlin 1927, S. 69, darin: 1900-1913. Deutsches Geld- und Bankwesen in Zahlen 1876-1975, hrsg. von der Deutschen Bundesbank, Frankfurt am Main 1976, S. 79, darin 1923-1944.

Tabelle I-4K:
Zum Börsenhandel zugelassene selbständige Besucher (I) sowie die Gesamtzahl der Besucher (II) an der Berliner Börse für bestimmte Jahre im Zeitraum 1901 bis 1939

II. Halbjahr	I	II	II. Halbjahr	I	II	II. Halbjahr	I	II
1901	1.770	2.874	1906	1.800	2.950	1911	1.836	3.112
1902	1.804	2.882	1907	1.774	2.893	1912	1.806	3.187
1903	1.790	2.880	1908	1.748	2.835	1913	1.782	3.161
1904	1.783	2.894	1909	1.743	2.859			
1905	1.768	2.890	1910	1.750	2.984			

Fortsetzung Tabelle I-4K bitte wenden

Monat / Jahr	I	II	Monat / Jahr	I	II	Monat / Jahr	I	II
11.1922	2.414	-	1.1928	2.330	3.798	1.1934	1.274	-
12.1923	2.561	6.323				1.1935	1.135	-
1.1924	2.466	5.231	4.1930	2.316	-	1.1936	1.128	-
			12.1931	1.908	-	1.1937	946	-
1.1926	2.565	-	9.1932	2.004	-	4.1938	775	-
			10.1933	1.368	-	2.1939	497	-

Quellen: Berliner Jahrbuch für Handel und Industrie. Bericht der Ältesten der Kaufmannschaft von Berlin, Band I, Jahrgang 1903-1913, Berlin 1904-1914, darin: 1901-1913. „Kleiner, aber feiner." Die gesäuberte Börse, Berliner Lokal-Anzeiger vom 31.01.1934, darin: 1922, 1930-1933, in: GStAPK, I. HA Rep. 109, Nr. 1188. Schmidt, Richard (1925), S. 92, darin: 1913, 1923/24. Vermerk des Staatskommissars bei der Berliner Börse über die Zahl der Börsen-besucher. BAP, 31.03 Nr. 55, darin: 1924, 1928, 1930, 1932. Lewinsohn (1925), S. 192f, darin: 1923. Prion (1932), S. 17, darin: 1926. Statistik des Berliner Börsenvorstandes über die selbständigen Börsenbesucher, darin 1933-1942, in: LAB, (Sta.), Rep. 200-02, Nr. 163/55-46. Verhandlungen des 6. Allgemeinen Deutschen Bankiertages zu Berlin am 14., 15. und 16. September 1925, Berlin/Leipzig 1925, S. 186.

Tabelle I-4L:
Quotient aus geschätztem Wertpapierumsatz und Nettosozialprodukt 1885 bis 1913 sowie 1925 bis 1938

Jahr	Quotient	Jahr	Quotient	Jahr	Quotient	Jahr	Quotient
1885	2,7	1897	2,4	1909	2,3	1928	0,6
1886	4,2	1898	2,2	1910	2,4	1929	0,5
1887	3,8	1899	2,4	1911	2,3	1930	0,3
1888	6,0	1900	2,2	1912	2,2	1931	0,3
1889	6,8	1901	1,8	1913	1,6	1932	0,2
1890	5,7	1902	1,8			1933	0,2
1891	4,9	1903	1,8			1934	0,3
1892	3,9	1904	2,1			1935	0,2
1893	3,3	1905	2,3			1936	0,3
1894	3,4	1906	1,8	1925	0,3	1937	0,2
1895	3,9	1907	0,9	1926	1,2	1938	0,2
1896	2,4	1908	1,4	1927	0,8		

Quelle: Eigene Berechnungen aufgrund der Tabellen I-4D und I-4F im Anhang.

Teil II:

Tabelle II-1A:
Anzahl der Neugründungen (I) und Kapitalerhöhungen (II) von Aktiengesellschaften Januar 1921 bis Dezember 1923 im Deutschen Reich

	1921		1922		1923	
Monat	I	II	I	II	I	II
Januar	73	259	279	338	501	636
Februar	70	258	202	220	462	495
März	58	173	231	263	515	592
April	99	227	223	325	479	633
Mai	74	176	230	324	456	542
Juni	72	198	253	333	508	557
Juli	89	205	184	208	520	616
August	85	167	354	312	586	498
September	81	153	207	276	643	607
Oktober	100	197	256	310	875	702
November	130	219	225	288	642	439
Dezember	244	385	389	550	795	523

Quelle:
Wirtschaft und Statistik, 1. - 4. Jahrgang, Berlin 1921-1924.

Tabelle II-3A:
Monatlicher Aktienindex 1926 bis 1930 (Basis: 1924-1926 = 100)

	Jan.	Feb.	März	Apr.	Mai	Juni	Juli	Aug.	Sept.	Okt.	Nov.	Dez.
1926	75,8	83,3	88,2	96,0	94,7	100,7	108,9	119,4	122,2	134,2	142,4	141,9
1927	162,7	172,5	167,5	177,4	170,1	155,2	160,2	157,5	151,9	147,0	133,2	140,9
1928	148,0	144,3	142,3	148,4	152,8	153,9	149,5	149,2	149,5	147,4	147,1	148,7
1929	146,6	141,7	141,1	141,2	135,4	138,7	135,7	134,2	132,4	124,7	119,8	115,2
1930	120,0	120,6	119,0	122,2	121,7	116,4	110,0	103,3	102,3	95,8	92,3	87,3

Quelle:
Konjunkturstatistisches Handbuch 1936, hrsg. von E. Wagemann, Berlin 1935, S. 115.

Tabelle II-4A:
Kursentwicklung wichtiger Aktien- und Rentenwerte im außerbörslichen Telefonhandel bzw. Freiverkehr an der Frankfurter Börse zu bestimmten Stichtagen in der Zeit von Juli 1931 bis April 1932

Datum	I	II	III	IV	V	VI	VII	VIII	IX	X
1931										
11.07.	124	142	57	37	146	71	125	100	49	57
03.09.	93	103	36	26	115	50	102	75	44	50
18.09.	92	55	30	19	114	35	104	60	44	38
01.10.	93	103	30	18	-	40	98	56	42	34
15.10.	104	126	40	19	135	46	101	56	34	38
30.10.	94	115	29	13	136	44	94	50	30	41
20.11.	97	120	34	18	138	53	93	50	32	43
27.11.	89	105	30	17	130	47	81	50	30	39
02.12.	87	107	32	17	135	46	70	49	25	35
15.12.	72	104	31	14	136	43	64	41	32	39
18.12.	66	99	30	14	137	40	65	40	32	38
31.12.	80	108	33	15	138	40	86-79	41	39	41
1932										
18.01.	88	119	40	18	138	50	85	41	40	44
25.01.	95	125	42	19	142	51	97	41	38	47
04.02.	98	130	44	18	147	52	110	41	42	52
10.02.	91	123	39	17	151	48	100	41	39	49
17.02.	100	138	44	17	168	52	110	38	41	50
01.03.	99	-	41	14	163	51	116	45	37	46
09.03.	91	113	40	15	160	49	117	45	36	45
16.03.	94	114	40	16	163	51	123	45	39	48
24.03.	91	111	38	17	159	48	106	45	38	46
01.04.	91	104	36	15	155	40	105	45	37	45
08.04.	85	98	35	14	156	28	98	45	35	46
11.04.	84	97	33	12	154	31	98	45	35	46

Quelle:
Frankfurter Zeitung vom 12.4.1932, Nr. 270/72. Zeitungsausschnittssammlung der Reichsbank. BAP, 25.01 Nr. 1512.

Erläuterung:
Folgende Aktien- bzw. Rentenwerte werden in der Tabelle gezeigt. I = I.G. Farben; II = Siemens; III = Mannesmann; IV = Stahlverein; V = Rhein. Braunkohle; VI = Aku; VII = Reichsbank; VIII = DeDi-Bank; IX = Altbesitzanleihe; X = Reichsschuldbuchforderungen. Bei den Zahlenangaben handelt es sich durchweg um Schätzkurse, da die Angaben gerade während des Telephonverkehrs häufig stark von einander abwichen.

Tabelle II-4B:
Offizieller Aktienindex des Statistischen Reichsamtes (I), durchschnittliche Aktienkurse im außerbörsliche Telefon- und Freiverkehr (II), Anleihedurchschnittskurse im Freiverkehr der Berliner Börse (III) sowie Kurse deutscher Anleihen in New York (IV) 1931/32 in v.H.

1931	I	II	III	IV	1932	I	II	III	IV
Jan.	81,8	89	91	79	Jan.	-	43	61	33
Feb.	85,6	89	92	82	Feb.	-	48	63	38
März	91,1	95	93	85	März	-	51	64	39
April	92,4	100	93	87	April	49,6	49	63	38
Mai	93,0	95	93	88	Mai	50,6	48	65	34
Juni	75,9	84	92	82	Juni	49,7	49	64	30
Juli	76,8	80	90	82	Juli	49,9	50	63	35
Aug.	-	77	88	61	Aug.	52,5	51	64	40
Sept.	57,0	65	83	62	Sept.	59,0	56	65	45
Okt.	-	55	70	43	Okt.	57,2	61	69	51
Nov.	-	48	62	45	Nov.	58,2	60	71	52
Dez.	-	44	58	39	Dez.	61,8	63	74	54

Quellen:
Verwaltungsbericht der Reichsbank 1932, Berlin 1933, S. 8. in: BAK, RD 51/3. Statistisches Jahrbuch für das Deutsche Reich, 52/53 Jahrgang, 1932/33, S. 354f. bzw. 362f. Konjunkturstatistisches Handbuch 1936, hrsg. von E. Wagemann, Berlin 1935, S. 115 und 119.

Tabelle II-4C:
Gold- und Devisenbestand der Reichsbank[29] in Mio. Reichsmark sowie Deckung des Bargeldumlaufes durch Gold und Devisen in v.H. zum Monatsende

	1930		1931		1932	
	G / D	Deckung	G / D	Deckung	G / D	Deckung
Januar	2.694	57,9	2.444	55,7	1.093	24,8
Februar	2.828	59,9	2.451	55,3	1.077	25,2
März	2.883	60,0	2.512	56,4	1.021	24,1
April	2.893	62,0	2.526	58,2	990	24,0
Mai	2.942	72,4	2.577	59,9	991	25,0
Juni	3.078	76,2	1.721	40,1	962	24,1
Juli	2.880	70,6	1.610	36,1	894	22,5
August	2.988	63,5	1.722	39,3	925	24,2
September	2.650	55,8	1.440	31,2	929	24,7
Oktober	2.379	50,9	1.275	26,9	940	26,0
November	2.705	58,8	1.175	25,3	937	26,5
Dezember	2.685	56,2	1.156	24,2	920	25,8

Quelle:
Konjunkturstatistisches Handbuch 1936, hrsg. von E. Wagemann, Berlin 1935, S. 135.
James (1985), S. 358ff.

Erläuterung :
Wie die Übersicht zeigt, verbesserte sich von Januar bis Juni 1930 die Gold und Devisensituation und der Grad der Notendeckung nahm zu. In den Sommermonaten zeigten sich die Auswirkungen der Kapitalfluchtwelle u.a. in dem Rückgang der Gold- und Devisenvorräte. Im Herbst 1930 stabilisierte sich die Lage. Von Januar 1931 bis Mai 1931 weisen die Zahlen eine leicht ansteigende Tendenz auf. Von Mai 1931 bis Dezember 1931 beobachten wir dann einen massiven Devisenverlust von ca. 1,4 Mrd. Reichsmark. Die Notendeckung sank im Juli 1931 erstmals weit unter die gesetzlich vorgeschriebene 40-Prozent-Marke. Auch 1932 setzte sich der Gold- und Devisenabfluß noch in vermindertem Umfang fort, während die Notendeckung um einen anhaltend niedrigen Wert von ca. 25 v.H. herumpendelte.

29 Ausschließlich Anlagen, die unter sonstigen Aktiven verbucht waren und zur Deckung ausländischer Rediskontkredite dienten: ab Juli 1931 630 Mio. RM, ab März 1932 588 Mio. RM und ab Juni 1932 567 Mio. RM.

Tabelle II-4D
Entwicklung des Reichsbankdiskont (I) bzw. Reichsbanklombardsatzes (II) 1931/32 in v.H.

1931	I	II	1931	I	II	1931/32	I	II
ab 13.06	7	8	ab 12.08	10	15	ab 10.12	7	8
ab 16.07	10	15	ab 19.08	10	12	ab 09.03	6	7
ab 01.08	15	20	ab 02.09	8	10	ab 09.04	5,5	6,5

Quelle:
Deutsche Bundesbank (1976), S. 276.

Tabelle II-5A:
Die Anlagen der Lebens- und Sozialversicherungen[30] in Mio. Mark bzw. Mrd. Reichsmark für 1900 und 1913 sowie 1932 bis 1940

Jahresende	Spalte I Wertpapiere	Spalte II Hypotheken	Spalte III Darlehen	Spalte IV Gesamt	Spalte V I in v.H von IV
1910	708,8	4.329,1	1.049,1	6.087,0	11,6
1913	945,4	5.263,1	1.547,4	7.755,9	12,2
1932	1.335,9	3.509,2	1.247,6	6.092,7	21,9
1933	1.539,5	3.591,7	1.264,1	6.395,3	24,0
1934	2.177,3	3.683,5	1.177,5	7.038,3	30,9
1935	2.717,5	3.818,1	1.298,6	7.834,2	34,7
1936	3.408,8	4.047,3	1.486,8	8.942,9	38,1
1937	4.028,2	4.272,5	1.950,2	10.250,9	39,3
1938	5.457,3	4.508,7	2.052,9	12.018,9	45,4
1939	7.035,2	4.599,5	2.025,9	13.660,6	51,5
1940	10.252,4	4.740,6	2.149,8	16.942,8	60,5

Quelle: Strathus (1958), S. 975. Statistisches Jahrbuch für das Deutsche Reich, 48. bis 59. Jahrgang, Berlin 1929-1941/42. Vergleichbare Angaben finden sich auch in der Wirtschaftskurve der Frankfurter Zeitung.

---

30 Dazu gehörten private und öffentlich-rechtliche Versicherungsunternehmen, die Invalidenversicherung sowoe die Reichsversicherungs-Anstalt für Angestellte.

Tabelle II-5B:
Durchschnittskurse von 6% bzw. ab April 1935 4,5% Rentenwerten von April 1932 bis Dezember 1939 an der Berliner Börse

Jahr	1932	1933	1934	1935	1936	1937	1938	1939
Januar	-	81,38	91,97	95,96	95,1	96,7	99,9	99,0
Februar	-	79,88	91,63	95,48	95,2	97,4	100,0	99,0
März	-	83,62	91,90	96,07	95,3	97,7	100,0	98,9
April	62,98	85,75	91,29	95,05	95,3	98,5	100,0	98,9
Mai	64,37	81,51	90,65	95,28	95,5	98,8	100,0	98,9
Juni	60,43	80,14	90,08	95,25	95,8	98,9	100,0	98,9
Juli	62,15	78,23	87,80	95,29	95,9	99,0	99,9	98,9
August	63,17	78,47	87,89	95,35	96,1	99,4	99,9	98,9
September	67,42	78,17	88,97	95,14	96,1	99,3	99,8	98,9
Oktober	70,05	84,74	91,55	94,92	96,2	99,4	99,8	98,9
November	72,94	[31]87,89	92,21	94,90	96,3	99,6	99,7	98,9
Dezember	76,32	89,55	93,81	94,90	96,4	99,7	99,2	99,0

Quellen: Konjunkturstatistisches Handbuch 1936, hrsg. von E. Wagemann, Berlin 1935, S. 119, darin: 1928 bis Oktober 1935. Statistisches Jahrbuch für das Deutsche Reich 45. bis 47. Jahrgang und 57/58 Jahrgang, Berlin 1926-28 und 1938-1939/40, darin: 1924-1927 und 1935-1939. Vgl. auch Wirtschaft und Statistik, hrsg. vom Statistischen Reichsamt, 8. bis 19. Jahrgang, Berlin 1928-1939, darin 1928-1939.

Tabelle II-5C:
Eigenkapitalquote (I) und Anleihequote (II) deutscher Industrieaktiengesellschaften 1907 bis 1914 und 1924 bis 1938 (Angaben in v.H.)

Jahr	I	II	Jahr	I	II	Jahr	I	II
1907	53,8	28,3				1931	50,4	21,7
1908	54,3	29,2	1924	61,9	4,3	1932	50,2	20,0
1909	54,0	29,5	1925	57,1	6,8	1933	50,5	17,8
1910	53,3	28,0	1926	54,2	16,6	1934	48,7	16,6
1911	52,4	27,1	1927	50,9	16,3	1935	46,9	14,8
1912	51,9	26,6	1928	50,1	18,7	1936	45,2	13,1
1913	51,7	26,2	1929	49,3	19,4	1937	42,3	12,0
1914	51,9	26,4	1930	49,8	20,5	1938	41,0	11,0

Quelle: Lipfert (1962), S. 609ff.

31 Ab November 1933 ohne die mit $-Klausel versehenen Anleihen.

Quellen und Literatur

I. Unveröffentlichte Quellen

Bundesarchiv Koblenz[1]

R 2	Reichsfinanzministerium
R 11	Reichswirtschaftskammer
R 24	Statistisches Reichsamt
R 28	Deutsche Reichsbank
R 43 I	Reichskanzlei
R 43 II	Reichskanzlei
R 111	Bankers Trust
NL 4	Nachlaß Hermann Dietrich
NL 5	Nachlaß Hermann Pünder
NL 9	Nachlaß Hans Luther
NL 133	Nachlaß Rudolf ten Hompel
NL 233	Nachlaß Wilhelm Lautenbach
RD 51/3	Verwaltungsberichte der Reichsbank 1919-1935
RD 51/8	Untersuchungsausschuß für das Bankwesen 1933

Bundesarchiv Potsdam

21.01	Reichsfinanzministerium
25.01	Deutsche Reichsbank
31.01	Reichswirtschaftsministerium
31.02	Statistisches Reichsamt
31.03	Reichskommissar bei der Berliner Börse
80 Ba 2	Deutsche Bank
80 IG 1	IG-Farben

Politisches Archiv des Auswärtigen Amtes, Bonn

Sonderreferat Wirtschaft

---

[1] Aus organisatorischen und fachlichen Gründen wurden die zuvor als Folge der Teilung Deutschlands willkürlich getrennten Bestände des Bundesarchivs inzwischen an einer Stelle zusammengeführt. Die Aktenüberlieferungen staatlicher Herkunft aus der Zeit 1867-1945 (R 2 und R 43) wurden im April 1994 nach Potsdam verbracht.

Geheimes Staatsarchiv Preussischer Kulturbesitz, Berlin

GStAPK, I. Hauptabteilung:

Rep. 109 Preußische Staatsbank
Rep. 120 Ministerium für Handel und Gewerbe;
Abteilung C XI 1, Börsen- und Maklerwesen

Landesarchiv Berlin

LAB (Sta.), Rep. 200-02, (Bestand der IHK Berlin)

Bayerisches Hauptstaatsarchiv, München

Ministerium des Äusseren (MA)
Ministerium der Finanzen (MF)
Ministerium für Handel (MH)
Ministerium des Inneren (MInn)
Ministerium der Justiz (MJu)
Ministerium für Wirtschaft (MWi)

Westfälisches Wirtschaftsarchiv, Dortmund

K 1 IHK Dortmund
K 3 IHK Bielefeld
S 6 910, 911

IHK-Wirtschaftsarchiv für München und Oberbayern

Hauptgruppe XIV: Bank- und Börsenwesen
Hauptgruppe XVII: Steuern

Archiv der Industrie- und Handelskammer Frankfurt am Main

Börsenorganisation, Jahresberichte der Handelskammer bzw. Industrie- und Handelskammer Frankfurt am Main, Frankfurt am Main 1914-1932.

Institut für Zeitgeschichte, München

ED 93 (Nachlaß Hans Schäffer)
F 71/2 (Handakten Lösener)
Fa 199/14 (Neue Reichskanzlei)
MA 1190 (Nachlaß Karl Haushofer)
MA 1559 (Tagebuch Hans Schäffer)

Bayer Archiv, Leverkusen

Finanzwesen: 015 - A - 001
I.G. Farben AG: 004 - C - 005

Bayerische Hypotheken- und Wechsel-Bank AG, München, Historisches Archiv

Sitzungsprotokolle der Direktion von 1920, 1924-1926, 1928-1929, 1931-1932, 1934-1935

Historisches Archiv Krupp, Essen

Familienarchiv Hügel - FAH
Wirtschaftsarchiv - WA

Siemens-Archiv, München

Siemens-Archiv-Akte (SAA)

4 Lk 1 (Nachlaß Wilhelm v. Siemens), 4 Lp 157
11 Ld 738 (Nachlaß Jessen),
11 Lg 867 (Nachlaß Jessen),
11 Lf 226 (Nachlaß Köttgen)
11.43 Lm 396 (Nachlaß v. Witzleben)
15 Ld 501
20 Ld 331, 20 Ld 366, 20 Lt 393
49 Lb 440

II. Veröffentlichte Quellen

Akten der Partei-Kanzlei der NSDAP, Rekonstruktion eines verlorengegangenen Bestandes, Teil I, Mikrofiches Band 1 und 2, hrsg. vom Institut für Zeitgeschichte, München u.a. 1983.

Akten der Partei-Kanzlei der NSDAP, Rekonstruktion eines verlorengegangenen Bestandes, Teil II, Mikrofiches Band 1, hrsg. vom Institut für Zeiteschichte, München u.a. 1983.

Akten der Reichskanzlei. Weimarer Republik, Das Kabinett Scheidemann, bearb. von H. Schulze, Boppard a. R. 1971.

Akten der Reichskanzlei. Weimarer Republik, Das Kabinett Fehrenbach, bearb. von P. Wulf, Boppard a. R. 1972.

Akten der Reichskanzlei. Weimarer Republik, Die Kabinette Wirth I und II, 2 Bände, bearb. von I. Schulze-Bidlingmaier, Boppard a. R. 1973.

Akten der Reichskanzlei. Weimarer Republik, Die Kabinette Stresemann I und II, 2 Bände, bearb. von K. D. Erdmann und M. Vogt, Boppard a. R. 1978.

Akten der Reichskanzlei. Weimarer Republik, Die Kabinette Marx I und II, 2 Bände, bearb. von G. Abramowski, Boppard a. R. 1973.

Akten der Reichskanzlei. Weimarer Republik, Die Kabinette Luther I und II, 2 Bände, bearb. von K. H. Minuth, Boppard a. R. 1977.

Akten der Reichskanzlei. Weimarer Republik, Die Kabinette Marx III und IV, 2 Bände, bearb. von G. Abramowski, Boppard a. R. 1988.

Akten der Reichskanzlei. Weimarer Republik, Das Kabinett Müller II, bearb. von M. Vogt, Boppard a. R. 1970.

Akten der Reichskanzlei. Weimarer Republik, Die Kabinette Brüning I und II, 3 Bände, bearb. von T. Koops, Boppard a. R. 1982.

Akten der Reichskanzlei. Weimarer Republik, Das Kabinett Hitler bearb. von K. Repgen / H. Booms, Teil I 193/34, Bd. I, Boppard a. R. 1983.

Ausschuß zur Untersuchung der Erzeugungs- und Absatzbedingungen der deutschen Wirtschaft. Verhandlungen und Berichte. Allgemeiner Teil, Band I; Berlin 1927.

Ausschuß zur Untersuchung der Erzeugungs- und Absatzbedingungen der deutschen Wirtschaft. Verhandlungen und Berichte des Unterausschusses für allgemeine Wirtschaftsstruktur (I. Unterausschuß). 3. Arbeitsgruppe, Wandlungen in den wirtschaftlichen Organisationsformen. Erster und Dritter Teil, Wandlungen in den Rechtsformen der Einzelunternehmungen und Konzerne, Berlin 1928 bzw. 1930.

Ausschuß zur Untersuchung der Erzeugungs- und Absatzbedingungen der deutschen Wirtschaft. Verhandlungen und Berichte des Unterausschusses für allgemeine Wirtschaftsstruktur (I. Unterausschuß). 6. Arbeitsgruppe, Die deutsche Zahlungsbilanz, Berlin 1930.

Ausschuß zur Untersuchung der Erzeugungs- und Absatzbedingungen der deutschen Wirtschaft. Verhandlungen und Berichte des Unterausschusses für Geld-, Kredit- und Finanzwesen (V. Unterausschuß), Die Reichsbank und Der Bankkredit, Berlin 1929 bzw. 1930.

Bevölkerung und Wirtschaft 1872-1972. Herausgegeben anläßlich des 100 jährigen Bestehens der zentralen amtlichen Statistik, Stuttgart / Mainz 1972.

Börsengesetz in der Fassung vom 27.05.1908 mit allen Änderungen, in: Bankrecht, 16. Auflage, München 1987, S. 231-254.

Deutscher Börsen-Kalender und Effekten-Handbuch. Beilage zur Frankfurter Zeitung (später: Börsen- und Wirtschaftskalender), hrsg. von der Frankfurter Zeitung, 36. bis 71. Jahrgang, Frankfurt am Main 1899 bis 1939.

Die Börsensachverständigenkommission: 1968-1975, Aufgaben und Ergebnisse. Im Auftrag der Kommission zusammengestellt und bearbeitet von Heinz Bremer, Berlin/New York 1976.

Deutsches Geld- und Bankwesen in Zahlen 1876-1975, hrsg. von der Deutschen Bundesbank, Frankfurt am Main 1976.

Geschäftsberichte der Bayerischen Hypotheken- und Wechsel-Bank AG, München, von 1915-1937.

Geschäftsberichte der Bayerischen Staatsbank, München, von 1928-1939.

Geschäftsberichte der Bayerischen Vereinsbank, München, von 1920-1937.

Geschäftsberichte der Commerz- und Privat- Bank AG, Hamburg - Berlin, 1927 und 1933.

Geschäftsberichte der Daimler-Benz AG, Stuttgart, von 1924-1939.

Geschäftsberichte der Darmstädter und Nationalbank, Berlin, von 1918-1929.

Geschäftsberichte der Deutschen Bank AG, Berlin, von 1919-1938.

Geschäftsberichte der Disconto - Gesellschaft in ,Berlin, von 1916-1926.

Geschäftsberichte der Dresdner Bank AG, Berlin - Dresden, von 1917-1933.

Geschäftsberichte der I.G. Farbenindustrie Aktiengesellschaft, Frankfurt am Main, von 1925-1939.

Geschäftsberichte der Siemens & Halske AG, Berlin, von 1922-1932.

Geschäftsberichte der Vereinigten Stahlwerke AG, Düsseldorf, von 1935-1939.

Das Baseler Gutachten über die deutsche Wirtschaftskrise. Der Layton-Bericht. Bericht des auf Empfehlung der Londoner Konferenz von 1931 ernannten Sachverständigenausschusses bei der B. I. Z., Frankfurt am Main 1931.

Einzelschriften zur Statistik des Deutschen Reichs, Nr. 3, Die Deutschen Banken 1924 bis 1926, bearb. im Statistischen Reichsamt, Berlin 1927.

Einzelschriften zur Statistik des Deutschen Reichs Nr. 5, Die Wirtschaft des Auslandes 1900-1927, bearb. im Statistischen Reichsamt, Berlin 1928.

Einzelschriften zur Statistik des Deutschen Reichs Nr. 13, Die öffentliche Verschuldung im Deutschen Reich am 31. März 1928 und am 31. Dezember 1929, bearb. im Statistischen Reichsamt, Berlin 1930.

Einzelschriften zur Statistik des deutschen Reichs, Die deutsche Finanzwirtschaft vor und nach dem Kriege, bearb. im Statistischen Reichsamt, Berlin 1930.

Einzelschriften zur Statistik des Deutschen Reichs Nr. 24, Das deutsche Volkseinkommen vor und nach dem Kriege, bearb. im Statistischen Reichsamt, Berlin 1932.

Halbjahresberichte zur Wirtschaftslage, in: Schriften des Instituts für Konjunkturforschung, hrsg. von E. Wagemann, 12-13 Jahrgang, N.F., Hamburg 1937/38-1938/39.

Konjunkturstatistisches Handbuch 1933, hrsg. vom Institut für Konjunkturforschung, Berlin 1933.

Konjunkturstatistisches Handbuch 1936, hrsg. von E. Wagemann, Berlin 1935.

Statistisches Handbuch für das Deutsche Reich, I. Teil, hrsg. vom Kaiserlichen Statistischen Amt, Berlin 1907.

Statistisches Handbuch der Weltwirtschaft, Ausgabe 1937, bearb. im Statistischen Reichsamt, Berlin 1937.

Statistisches Handbuch von Deutschland 1928-1944, hrsg. vom Länderrat des Amerikanischen Besatzungsgebietes, München 1949.

Hitler, Adolf: Mein Kampf, 474. Auflage, München 1939.

Berliner Jahrbuch für Handel und Industrie. Bericht der Ältesten der Kaufmannschaft von Berlin, Band I, Jahrgang 1903-1913, Berlin 1904-1914[2].

Statistisches Jahrbuch für das Deutsche Reich, 14. bis 59. Jahrgang, hrsg. vom kaiserlichen Statistischen Amt bzw. Statistischen Reichsamt, Berlin 1893-1941/42.

40 Jahre Deutsche Mark. Monetäre Statistiken 1948-1987, hrsg. von der Deutschen Bundesbank, Frankfurt am Main 1988.

Jahresbericht der Handelskammer zu Berlin bzw. der Industrie- und Handelskammer zu Berlin, Jahrgang 1920-1933, Berlin 1920-1933.

Luther, Hans: Vor dem Abgrund 1930-1933. Reichsbankpräsident in Krisenzeiten, Berlin 1961.

Materialien zur Frage des Depositenwesens. Für die Zwecke der Bankenenquete bearbeitet in der statistischen Abteilung der Reichsbank, Berlin 1910.

Materialien zur Vorbereitung der Banken-Enquete 1933, zusammengestellt vom Centralverband des Deutschen Bank- und Bankiergewerbes (E.V.), Berlin 1933.

Meyers großes Konversationslexikon. Ein Nachschlagewerk des allgemeinen Wissens, 6. Auflage, Leipzig/Wien, 1909-1910.

---

[2] Nach 1914 Erscheinen eingestellt.

Ministerialblatt für Wirtschaft und Arbeit, hrsg. im preuß. Ministerium für Wirtschaft und Arbeit, 34. Jahrgang, Nr. 1-20, Berlin 1934.

Hessische Monatszahlen 1949-1951, hrsg. vom Hessischen Statistischen Landesamt, Wiesbaden, 1949-1951.

Politik und Wirtschaft in der Krise 1930-1932. Quellen zur Ära Brüning, in: Quellen zur Geschichte des Parlamentarismus und der politischen Parteien, hrsg. von K. D. Bracher, E. Matthias, R. Morsey, Band 4 / II, 1. und 2. Teil, Düsseldorf 1980.

Reichsgesetzblatt Teil I (RGBL I), Jahrgang 1900-1943.

Saling's Börsen-Papiere. Erster allgemeiner Teil. Die Börse und die Börsengeschäfte, hrsg. von A. Schütze, 19. Aufl., Berlin / Leipzig 1925.

Schneider, August u. Dahlheim, Louis: Usancen der Berliner Fonds-Börse. Ein Handbuch zum praktischen Gebrauch für Börsen-Interessenten, 2. Aufl., Berlin 1900.

Schneider, August u. Dahlheim, Louis: Usancen der Berliner Fonds-Börse. Ein Handbuch zum praktischen Gebrauch für Börsen-Interessenten, bearb. von K. Hartung, 15., 18., 22., 23., 26. und 30. Aufl., Berlin 1913, 1919, 1924, 1925, 1928 und 1932.

Schneider, August u. Dahlheim, Louis: Usancen der Berliner Wertpapier-Börse, bearb. von K. Hartung, 34., 38., 40. Aufl., Berlin 1936, 1940, 1942.

Schulthess' Europäischer Geschichtskalender, hrsg. von U. Thürauf, N.F. 72. und 78. Band, Reprint Nedeln/Liechtenstein 1976.

Sonderhefte zu Wirtschaft und Statistik, Sonderheft 1: Zahlen zur Geldentwertung in Deutschland 1914 bis 1923, hrsg. vom Statistischen Reichsamt, Berlin 1925.

Spiethoff, Arthur : Die wirtschaftlichen Wechsellagen, Band II, Lange statistische Reihen über die Merkmale der wirtschaftlichen Wechsellagen, Tübingen 1955.

Die Statistik in Deutschland nach ihrem heutigen Stand, hrsg. von F. Burgdörfer, Band II, Berlin 1940.

Statistik des In- und Auslands, in: Schriften des Instituts für Konjunkturforschung, hrsg. von E. Wagemann, 12. bis 14. Jahrgang, Hamburg 1937-1939/40.

Tewaag, Carl: Versuche zur Beeinflussung des Kapitalmarktes, in: Untersuchung des Bankwesens 1933, 1. Teil, 2. Band, Berlin 1933, S. 121-133.

Verhandlungen des 5. Allgemeinen Deutschen Bankiertages zu Berlin am 25., 26. und 27. Oktober 1920, Berlin/Leipzig 1920.

Verhandlungen des 6. Allgemeinen Deutschen Bankiertages zu Berlin am 14., 15. und 16. September 1925, Berlin/Leipzig 1925.

Verhandlungen des 9. deutschen Bankiertages zu Köln am 9. und 10. Oktober 1958, Frankfurt a.M. 1959.

Verhandlungen des 10. deutschen Bankiertages in München am 14. und 15. Oktober 1963, Frankfurt a.M. 1964.

Verhandlungen des Reichstages. I. Wahlperiode 1920, Band 351 und 358, Stenographische Berichte, Reprint Bad Feilnbach 1986.

Verhandlungen des Reichstages. III. Wahlperiode 1924, Band 391, Stenographische Berichte, Reprint Bad Feilnbach 1986.

Verhandlungen des Reichstages. IV. Wahlperiode 1928, Band 424, 425, 427, Stenographische Berichte, Reprint Bad Feilnbach 1986.

Verhandlungen des Reichstages. V. Wahlperiode 1930, Band 444, Stenographische Berichte, Reprint Bad Feilnbach 1986.

Verhandlungen und Gutachten der Konferenz von Eilsen. Erster Teil, hrsg. von G. Colm u. H. Neisser, in: Veröffentlichungen der Friedrich List-Gesellschaft e.V., 3. und 4. Band, Berlin 1930.

Verwaltungsberichte der Reichsbank für die Jahre 1935/36, Berlin 1936/37.

Vierteljahreshefte zur Konjunkturforschung, hrsg. vom Institut für Konjunkturforschung, 1. bis 8. Jahrgang, Heft 1-4, Berlin 1926-1933.

Vierteljahreshefte zur Konjunkturforschung, hrsg. vom Institut für Konjunkturforschung, 9 bis 11. Jahrgang, Heft 1-4, Hamburg 1934-1936/37.

Wirtschaft und Statistik, hrsg. vom Statistischen Reichsamt, 1. bis 23. Jahrgang, Berlin 1921-1943.

Deutschlands Wirtschaft, Währung und Finanzen. Im Auftrage der Reichsregierung den von der Reparationskommission eingesetzten Sachverständigen übergeben, Berlin 1924.

Die Wirtschaftskurve, hrsg. unter Mitwirkung der Frankfurter Zeitung, 1. bis 21. Jahrgang, Heft 1-4, Frankfurt am Main 1922-1942.

Die Währungs- und Wirtschaftslage Deutschlands 1925-1938, hrsg. von der Bank für Internationalen Zahlungsausgleich, Basel 1938.

Deutschlands Wirtschaftslage unter den Nachwirkungen des Weltkrieges, Zusammengestellt vom Statistischen Reichsamt, Berlin 1923.

Wirtschaftspolitik in der Krise. Die (Geheim-)Konferenz der Friedrich List-Gesellschaft im September 1931 über Möglichkeiten und Folgen einer Kreditausweitung, hrsg. von K. Borchardt u. H. O. Schötz, Baden-Baden 1991.

III. Zeitungen und Fachzeitschriften

Baseler Nachrichten
Berliner Börsen-Courier
Berliner Börsen-Zeitung
Berliner Tageblatt
Chemnitzer Tageblatt und Anzeiger
Darmstädter Tageblatt
Deutsche Allgemeine Zeitung
Deutsche Bergwerks-Zeitung
Deutsche Tageszeitung
Deutsche Wirtschafts-Zeitung
Hannoverscher Kurier
Frankfurter Zeitung
Germania
Kölnische Volkszeitung
Leipziger Neueste Nachrichten
Münchner Neueste Nachrichten
Neue Freie Presse

Neues Wiener Journal
Der Reichsbote
Rheinisch-Westfälische Zeitung
Stuttgarter Neues Tageblatt
Süddeutsche Zeitung
Völkischer Beobachter
Vossische Zeitung
Weltwirtschafts-Zeitung

Die Bank
Bank-Archiv
The Banker
Plutus
Wirtschaftliche Nachrichten für Rhein und Ruhr
Magazin der Wirtschaft
Der deutsche Oekonomist
Technik und Wirtschaft
Die Deutsche Volkswirtschaft
Die neue Wirtschaft
Wirtschaft und Arbeit
Die Wirtschaftskurve
Zahlungsverkehr und Bankbetrieb
Zeitschrift für das gesamte Kreditwesen

IV. Literatur

Abelshauser, Werner u. Petzina, Dietmar (1981): Krise und Rekonstruktion, Zur Interpretation der gesamtwirtschaftlichen Entwicklung Deutschlands im 20. Jahrhundert, in: Deutsche Wirt-schaftsgeschichte im Industriezeitalter, hrsg. von W. Abelshauser u. D. Petzina, Düsseldorf 1981, S. 47-93.

Achterberg, Erich (1962): Fünf Jahrzehnte Frankfurter Wertpapierbörse, Frankfurt a.M. 1962.

Adler, Paul (1934): Die langfristigen Zinskonvertierungen seit der Stabilisierung der Mark, Diss. München, Erlangen 1934.

Andreas, Kurt (1988): Kapitalmarkt, in: Obst/Hintner, Geld-, Bank- und Börsenwesen: Ein Handbuch, hrsg. von N. Kloten u. J. H. von Stein, 38. Auflage, Stuttgart 1988, S. 955-997.

Apostolopoulos, Athanase (1986): Aktienkurse und Rationale Erwartungen, Frankfurt am Main 1986.

Aron, Arno (1927): Die Kapitalveränderungen deutscher Aktiengesellschaften nach dem Kriege, Berlin / Wien 1927.

Balderston, Theo (1983): The Beginning of the Depression in Germany, 1927-30: Investment and the Capital Market, in: The Economic History Review, 2. Series, Vol. 36, No. 3, London 1983, pp. 395-415.

Balderston, Theo (1985): Links between Inflation and Depression: German Capital and Labour Markets, 1924-31, in: Die Nachwirkungen der Inflation auf die deutsche Geschichte 1924-1933, hrsg. von G. D. Feldman, München 1985, S. 157-185.

Balderston, Theo (1993): The Origins and Course of the German Economic Crisis. November 1923 to May 1932, Berlin 1993.

Baltzarek, Franz (1973): Die Geschichte der Wiener Börse. Öffentliche Finanzen und privates Kapital im Spiegel einer österreichischen Wirtschaftsinstitution, Wien 1973.

Barkai, Avraham (1975): Die Wirtschaftsauffassung der NSDAP, in: Aus Politik und Zeitgeschichte. Beilage zur Wochenzeitung Das Parlament, Jahrgang 25, Band 9, Bonn 1975, S. 3-16.

Barkai, Avraham (1977): Das Wirtschaftssystem des Nationalsozialismus. Der historische und ideologische Hintergrund 1933-1936, Köln 1977.

Barkai, Avraham (1988): Vom Boykott zur "Entjudung". Der wirtschaftliche Existenzkampf der Juden im Dritten Reich 1933-1943, Frankfurt am Main 1988.

Barth, Kuno (1953): Die Entwicklung des deutschen Bilanzrechts und der auf ihm beruhenden Bilanzauffassungen handelsrechtlich und steuerrechtlich, Stuttgart 1953.

Bauer, Lothar (1933 bzw. 1934): Die Börsen, in: Die Wirtschaftskurve, hrsg. unter Mitwirkung der Frankfurter Zeitung, Jahrgang 1933 bzw. 1934, Frankfurt am Main 1933 & 1934.

Beerbohm, Hansheinrich (1929): Die Kapitalversorgung der Industrie über die Börse, Diss. Freiburg, Berlin 1930.

Benning, Bernhard (1929): Der "schwarze Freitag". Eine Untersuchung des Börseneingriffs vom 13. Mai 1927, in: Effektenbörse und Volkswirtschaft, Heft 6 der Münchner Volkswirtschaftlichen Studien, hrsg. von A. Weber u.a., Jena 1929, S. 73-183.

Bernhard, Georg (1909): Die Börse, in: März, Halbmonatsschrift für deutsche Kultur, hrsg. von L. Thoma u.a., 3. Jahrgang, Heft 1, München 1909, S. 449-456.

Bienert, Horst (1995): Der Marktprozeß an Aktienbörsen, Wiesbaden 1995.

Blümich, Walter (1937): Finanzen und Steuern, Berlin 1937.

Blumer, Karl (1930): Die Besteuerung der Effekten bei der Ausgabe und beim Umsatz, Diss. Zürich, Glarus 1930.

Boelcke, Willi A. (1985): Die Kosten von Hitlers Krieg, Paderborn 1985.

Boelcke, Willi A. (1992): Die Finanzpolitik des Dritten Reiches, in: Deutschland 1933-1945. Neue Studien zur nationalsozialistischen Herrschaft, hrsg. von K. D. Bracher u.a., Bonn 1992, S. 95-117.

Borchardt, Knut (1971): Realkredit- und Pfandbriefmarkt im Wandel von 100 Jahren, in: 100 Jahre Rheinische Hypothekenbank, Frankfurt a.M. 1971, S. 107-195.

Borchardt, Knut (1972): Strukturwirkungen des Inflationsprozesses, Sonderheft des IFO-Instituts für Wirtschaftsforschung Nr. 38, Berlin 1972.

Borchardt, Knut (1982): Wachstum, Krisen, Handlungsspielräume der Wirtschaftspolitik. Studien zur Wirtschaftsgeschichte des 19. und 20. Jahrhunderts, Göttingen 1982.

Borchardt, Knut (1985): Das Gewicht der Inflationsangst in den wirtschaftspolitischen Entscheidungsprozessen während der Weltwirtschaftskrise, in: Die Nachwirkungen der Inflation auf die deutsche Geschichte 1924-1933, hrsg. von G. D. Feldman, München 1985, S. 233-260.

Borchardt, Knut (1990): A Decade of Debate About Brüning's Economic Policy, in: Economic Crisis and Political Collapse. The Weimar Republic 1924-1933, ed. by J. von Kruedener, Oxford 1990, S. 99-152.

Born, Karl Erich (1967): Die deutsche Bankenkrise 1931, München 1967.

Born, Karl Erich (1977): Geld und Banken im 19. und 20. Jahrhundert, Stuttgart 1977.

Born, Karl Erich (1983): Vom Beginn des Ersten Weltkriegs bis zum Ende der Weimarer Republik (1914-1933), in: Deutsche Bankengeschichte, Band 3, hrsg. im Auftrag des Instituts für bankhistorische Forschung e.V. von seinem Wissenschaftlichen Beirat: Manfred Pohl u.a., Frankfurt a.M. 1983, S. 17-147.

Bracher, Karl-Dietrich (1965): Die deutsche Diktatur, Köln / Berlin 1965.

Brenner, Ernst (1926): Die Liquidationskassen der Terminbörsen, ihre Funktion und ihre Struktur, Bonn 1926.

Bresciani-Turroni, Costatino (1968): The Economics of Inflation. A Study of Currency Depreciation in Post-War Germany, 3. Impression, London 1968.

Broszat, Martin (1981): Der Staat Hitlers. Grundlegung und Entwicklung seiner inneren Verfassung, 9. Auflage, München 1981.

Buchheim/Hutter/James (1994): Zerrissene Zwischenkriegszeit. Wirtschaftshistorische Beiträge, hrsg. von Chr. Buchheim / M. Hutter / H. James, Baden-Baden 1994.

Büschgen, Hans E. (1991): Bankbetriebslehre: Bankgeschäfte und Bankmanagement, Wiesbaden 1991.

Burkhalter, Jakob (1938): Der schweizerische Effektenmarkt 1922-1932, Diss. Zürich 1938.

Burkheiser, Karl (1936): Funktionswandel der Börse, in: Die Bank. Wochenhefte für Finanz- und Bankwesen, Berlin 1936, S. 394-398.

Buss, Georg (1913): Berliner Börse von 1685-1913. Zum 50. Gedenktage der ersten Versammlung im neuen Hause, Berlin 1913.

Cassis, Youssef (1990): British finance: success and controversy, in: Capitalism in a Mature Economy: financial institutions, capital exports and British industry, 1870-1939, ed. by J.J. van Helten u. Y. Cassis, Brookfield 1990, pp. 1-22.

Croner, Johannes (1923): Die Entwicklung der deutschen Börsen von 1870-1914, in: Preußische Jahrbücher, hrsg. von W. Schotte, 192. Band, Berlin 1923, S. 343-356.

Czernin, Peter G. (1937): Die Börse, in: Deutsche Beiträge zur Wirtschafts- und Gesellschaftslehre, hrsg. von O. Spann, Band 13, Jena 1937.

Daunton, M. J. (1992): Financial elites and British society, 1880-1950, in: Financiers in European History, ed. by Y. Cassis, Cambridge u.a. 1992, pp. 121-146.

Dannemann, Werner (1959): Struktur und Funktionsweise des Kapitalmarktes in der Bundesrepublik Deutschland, Tübingen 1959.

Diehl, Karl (1932): Die Ursachen des hohen Zinsfußes in Deutschland, in: Wirkungen und Ursachen des hohen Zinsfußes in Deutschland, hrsg. von K. Diehl, Jena 1932, S. 831-914.

Döring, Franz (1932): Kreditmärkte und Zinssätze in Deutschland seit der Stabilisierung, in: Wirkungen und Ursachen des hohen Zinsfußes in Deutschland, hrsg. von K. Diehl, Jena 1932, S. 386-425.

Donner, Otto (1934): Die Kursbildung am Aktienmarkt. Grundlagen zur Konjunkturbeobachtung an den Effektenmärkten, in: Vierteljahreshefte zur Konjunkturforschung, hrsg. vom Institut für Konjunkturforschung, Sonderheft 36, Berlin 1934.

Dorner; Rudolf (1960): Die Industriefinanzierung über den Effektenmarkt von der Währungsreform bis Ende 1956, Diss. München 1960.

Dröse, H. (1937): Brauchen wir noch eine Börse?, in: Stuttgarter Neues Tageblatt, Abend-Ausgabe vom 24.05.1937, Stuttgart 1937.

Düring, Siegfried (1928): Der deutsche Geld- und Kapitalmarkt als Erreger der Konjunkturbewegung in den Jahren 1900-1913, Diss. Gießen 1928.

Eberstadt, Rudolph (1901): Der deutsche Kapitalmarkt, Leipzig 1901.

Ehrenberg, Richard (1883): Die Fondsspekulation und die Gesetzgebung, Berlin 1883.

Ehrenberg, Richard (1909): Börsenwesen, in: Handwörterbuch der Staatswissenschaften, 3. Band, 3. Auflage, Jena 1909, S. 168-198.

Ehrlicher, Werner (1956): Geldkapitalbildung und Realkapitalbildung, Tübingen 1956.

Ehrlicher, Werner (1968): Wandlungen des Kapitalproblems im Industriezeitalter, in: Kredit und Kapital, hrsg. von W. Ehrlicher u. H. Lipfert, 1. Jahrgang, Berlin 1968, S. 76-97.

Ehrlicher, Werner (1984): Wandlungen des Kapitalmarktes. Auf dem Weg zum Interbankenmarkt, in: Standortbestimmung: Entwicklungslinien der deutschen Kreditwirtschaft, hrsg. vom Deutschen Sparkassen- und Giroverband, Stuttgart 1984, S. 236-257.

Elbel, Georg (1938): Devisenvorschriften für den Wertpapierverkehr, München 1938.

Elsberg, Paul (1925): Sind die Börsenspesen schuld?, in: Vossische Zeitung, Nr. 112 vom 10.05.1925, Berlin 1925, 3. Beilage.

Engels, Wolfram (1980): Börsen und Börsengeschäfte, in: Handwörterbuch der Wirtschaftswissenschaft, 2. Band, Stuttgart u.a. 1980, S. 56-69.

Engels, Wolfram (1983): Industriefinanzierung im Wandel, in: Wandlungen der Industriefinanzierung, 9. Beiheft zum Bankhistorischen Archiv, hrsg. von M. Pohl, Frankfurt a.M. 1983, S. 35-42.

Erbe, René (1958): Die nationalsozialistische Wirtschaftspolitik 1933-39 im Lichte der Modernen Theorie, Zürich 1958.

Erhardt, Jens (1977): Kursbestimmungsfaktoren am Aktienmarkt, München 1977.

Ernst, Gernot (1987): Veränderungen und Trends im Börsenrecht, in: Zweihundert Jahre Geld und Brief. Herausforderungen an die Kapitalmärkte. Festgabe an die Niedersächsische Börse zu Hannover aus Anlaß ihres 200-jährigen Bestehens, hrsg. von C.P. Carsten u.a., Frankfurt am Main 1987, S. 271ff.

Eschenbach, A. (1893): Die Erträgnisse der sogenannten Börsensteuern, in: Jahrbücher für Nationalökonomie und Statistik, 3. Folge, 6. Band, 1893, S. 879-892.

Eschwege, Ludwig (1917): Der freie Makler an der Berliner Börse, in: Die Bank 1917.

Feder, Gottfried (1927): Das Programm der NSDAP und seine weltanschaulichen Grundgedanken, München 1927.

Feldenkirchen, Wilfried (1988): Zur Unternehmenspolitik des Hauses Siemens in der Zwischenkriegszeit, in: Zeitschrift für Unternehmensgeschichte, hrsg. von H. Pohl u. W. Treue, 33. Jahrgang, Heft 1, Stuttgart 1988, S. 22-57.

Feldmann, Gerald D. (1993): The Great Disorder. Politics, Economics, and Society in the German Inflation, 1914-1924, New York / Oxford 1993.

Feldman, Gerald D. (1994): Jakob Goldschmidt, The History of the Banking Crisis of 1931, in: M. Hutter & H. James Hg., Zerrissene Zwischenkriegszeit: Wirtschaftshistorische Beiträge. Baden-Baden 1994, S. 307ff.

Fendler, Arnold (1926): Zur Kapitalkonzentration der Berliner Großbanken von 1914-1923, Diss. Berlin 1926.

Fischer, Otto Chr. (1937): Das deutsche Bankwesen; Strukturwandlungen und Neubau, in: Probleme des deutschen Wirtschaftslebens. Erstrebtes und Erreichtes, hrsg. vom Deutschen Institut für Bankwissenschaft und Bankwesen, Berlin/Leipzig 1937, S. 83-162.

Fischer, Albert (1994): Jüdische Privatbanken im Dritten Reich, Scripta Mercaturae. Jahrgang 28, Heft ½, St. Katharinen 1994, S: 1-55.

Flersheim, Fritz (1914): Die Bedeutung der Börse für die Emission von Wertpapieren, Mannheim/Berlin/Leipzig 1914.

Freude, Siegfried (1929/30): Die Konjunkturreflexe in den Wertpapieremissionen, in: Bankwissenschaft, hrsg. von W. Kalveram, 6. Jahrgang, 1. Halbjahr, Berlin 1929/30, S. 59-66.

Fritsche, Heinrich (1913): Ausländische Anleihen auf dem deutschen Geldmarkte, Diss. Heidelberg, Leipzig 1913.

Fürst, Max (1914): Zur Frage der Wiederaufnahme des Börsenverkehrs, in: Frankfurter Zeitung, Abendblatt vom 15.10.1914, S. 4.

Fürst, Max (1917): Für die Wiederaufnahme des amtlichen Börsenhandels, in: Zeitschrift für Handelswissenschaft und Handelspraxis, hrsg. von H. Rehm, 10. Jahrgang, Heft 1/3, Leipzig 1917, S. 17-21.

Gammerdinger, Dieter (1959): Der Kapitalmarkt in der Bundesrepublik und die Voraussetzungen seiner Funktionsfähigkeit, Tübingen 1959.

Geld-, Bank- und Börsenwesen: Ein Handbuch, hrsg. von N. Kloten u. J. H. von Stein, 38. Auflage, Stuttgart 1988.

Genschel, Helmut (1962): Die Verdrängung der Juden aus der Wirtschaft im Dritten Reich, Diss. Göttingen 1962.

Gerber, Karl (1939): Die deutsche Kapitalmarktpolitik seit 1933, Diss. Leipzig 1939.

Gerlach, Wilhelm (1905a): Die Wirkungen der deutschen Börsensteuergesetzgebung, in: Zeitschrift für die gesamte Staatswissenschaft, hrsg. von K. Bücher, 61. Jahrgang, Tübingen 1905, S. 461-520.

Gerlach, Wilhelm (1905b): Die deutsche Börsensteuergesetzgebung, Diss. Tübingen 1905.

Gömmel, Rainer (1988): Probleme der deutschen Industriefinanzierung im 19. Jahrhundert, Nürnberg 1988.

Gömmel; Rainer (1992): Entstehung und Entwicklung der Effektenbörse im 19. Jahrhundert bis 1914, in: Deutsche Börsengeschichte, hrsg. von H. Pohl, Frankfurt am Main 1992, S. 135-209.

Göppert, Heinrich (1930): Börse und Publikum. Zwei Vorträge, gehalten als Gastvorlesungen am 22. und 23. Mai 1930 in der Ludwig-Maximilians-Universität München, Berlin 1930.

Göppert, Heinrich (1931): Die rechtliche Natur der Zulassung zum Börsenbesuche, in: Öffentlich - rechtliche Abhandlungen, hrsg. von H. Triepel u. E. Kaufmann u. R. Smend, 12. Heft, Berlin 1931.

Goldschmidt, Raymond W. (1926): Aktienkurse und Geldentwertung in Frankreich, in: Zeitschrift für Handelswissenschaft und Handelspraxis, hrsg. von H. Nicklisch u. a., 19. Jahrgang, Heft 9, Stuttgart 1926, S. 201ff.

Goldschmidt, Raymond W. (1928): Das deutsche Großbankkapital in seiner neueren Entwicklung, Berlin 1928.

Goldsmith, Raymond W. (1985): Comparative National Balance Sheets: A study of Twenty Countries, 1688-1978, Chicago 1985.

Grabas, Margrit (1992): Konjunktur und Wachstum in Deutschland von 1895 bis 1914, Berlin 1992.

Gunzert, Rudolf (1929): Effektenmarkt und Konjunktur, in: Effektenbörse und Volkswirtschaft, Heft 6 der Münchner Volkswirtschaftlichen Studien, hrsg. von A. Weber u.a., Jena 1929, S. 5-72.

Haberler, Gottfried (1976): Die Weltwirtschaft und das internationale Währungssystem in der Zeit zwischen den beiden Weltkriegen, in: Währung und Wirtschaft in Deutschland 1876-1975, hrsg. von der Deutschen Bundesbank, Frankfurt am Main 1976, S. 205-248.

Haller, Heinz (1976): Die Rolle der Staatsfinanzen für den Inflationsprozeß, in: Währung und Wirtschaft in Deutschland 1876-1975, hrsg. von der Deutschen Bundesbank, Frankfurt am Main 1976, S. 115-156.

Handbuch der Finanzwissenschaft, Band 2, hrsg. von F. Neumark, Tübingen 1980.

Handbuch der politischen Ökonomie, hrsg. von G. von Schönberg, Band 2.2, 4. Auflage, Tübingen 1898.

Handwörterbuch des Bankwesens, hrsg. von M. Palyi u. P. Quittner, Berlin 1933.

Handwörterbuch der Sozialwissenschaften, 1. und 2. Band, Göttingen 1956-1959.

Handwörterbuch der Staatswissenschaften, 1., 3., 6. Band, Jena 1909-1929.

Handwörterbuch der Wirtschaftswissenschaft, 2. und 4. Band, Stuttgart 1978-1980.

Hansen, Herbert (1996): Der deutsche Aktienmarkt. Entwicklungen, Veränderungen, Strukturen, Köln 1996.

Hansmeyer, Karl-Heinrich (1984): Der Beitrag der Kreditwirtschaft zur Finanzierung der öffentlichen Haushalte, in: Standortbestimmung: Entwicklungslinien der deutschen Kreditwirtschaft, hrsg. vom Deutschen Sparkassen- und Giroverband, Stuttgart 1984, S. 217-235.

Hardach, Fritz (1950): Wandlungen in der Finanzierung der Aktiengesellschaft, in: Zeitschrift für Handelswissenschaftliche Forschung, hrsg. von K. Hax, N.F. 2. Jahrgang, Köln 1950, S. 252-279.

Harder, Erich (1952): Funktionswandel des Kapitalmarktes und der Effektenbörse, Diss. Freiburg 1953, Konstanz 1952.

Hartmann, Felix (1921): Die Kriegsmaßnahmen im Börsenrecht, Diss. Jena 1921.

Hartmann, Walter (1936): Pfandbrief und Börse, in: Die Bank. Wochenhefte für Finanz- und Bankwesen, Berlin 1936, S. 1883-1888.

Heichen, A. (1926): Der Sinn der Börsenhausse, in: Hannoverscher Kurier, Nr. 41 vom 26.1.1926, Morgenblatt, Hannover 1926.

Heim, Richard (1936): Kapitalmarkt-Probleme, in: Die Bank. Wochenhefte für Finanz- und Bankwesen, Berlin 1936, S. 940-943.

Heinsch, o. Vornamen (1937): Umfang und Bedeutung der Aktienpakete, in: Die Deutsche Volkswirtschaft, 6. Jahrgang, Berlin 1937, S. 263-265.

Heizmann, Willi (1924): Der Einfluß der Geldentwertung auf die Kurse der deutschen Industrieaktien, Diss. Freiburg 1924.

Helten, Josef (1922): Entwicklung und Organisation der Kölner Börse. (1553-1921), Diss. Köln 1922.

Heni, Karl (1934): Der deutsche Privatbankierstand in der Nachkriegszeit, Diss. Frankfurt a.M. 1934.

Henning, Friedrich-Wilhelm (1991): Börsentermingeschäfte in historischer Sicht, in: Bankhistorisches Archiv. Beiheft 19, Frankfurt am Main 1991, S. 12-33.

Henning, Friedrich-Wilhelm (1992): Börsenkrisen und Börsengesetzgebung von 1914 bis 1945 in Deutschland, in: Deutsche Börsengeschichte, hrsg. von H. Pohl, Frankfurt am Main 1992, S. 211-291.

Henning, Friedrich- Wilhelm (1992b): Die Börse als Informationsdrehscheibe und Handelsplatz bis zur Mitte des 20. Jahrhunderts, in: Börse als Informationsdrehscheibe und Handelsplatz. 15. Symposium zur Bankengeschichte am 5. Juni 1992 in der Frankfurter Wertpapierbörse-IHK. Beiheft 23 des Bankhistorischen Archivs, Frankfurt am Main 1992.

Herrmann, Kurt A. (1937): Wandlungen in der Investitionsfinanzierung, in: Die Bank. Wochenschrift für Finanz- und Bankwesen, hrsg. von A. Lansburgh, 30. Jahrgang, Heft 13, Berlin 1937, S. 433-437.

Heyl, J. D. (1973): Hitler's Economic Thought: A Reappraisal, in: Central European History, Vol. 6, 1973/74, S. 83-96.

Hielscher, Udo (1988): Börsen, in: Obst/Hintner, Geld-, Bank- und Börsenwesen: Ein Handbuch, hrsg. von N. Kloten u. J. H. von Stein, 38. Auflage, Stuttgart 1988, S. 998-1053.

Hirschstein, Hans (1933): Reorganisation der Deutschen Börse, in: Die Wirtschaft, 15. Jahrgang, Prag 1933, S. 369.

Hoffmann, Walther G. (1959): Die unverteilten Gewinne der Kapitalgesellschaften in Deutschland, 1871-1957, in: Zeitschrift für die gesamte Staatswissenschaft, hrsg. von F. Böhm u. a. , 115 Band, Tübingen 1959, S. 271-291.

Hoffmann, Walther G. (1965): Das Wachstum der Deutschen Wirtschaft seit der Mitte des 19. Jahrhunderts, Berlin / Heidelberg / New York 1965.

Holtfrerich, Carl-Ludwig (1980): Die deutsche Inflation 1914-1923. Ursachen und Folgen in internationaler Perspektive, Berlin/New York 1980.

Holzapfel, Kurt (1958): Die Zusammensetzung und Entwicklung der Geschäfte der deutschen Geschäftsbanken seit der Währungsumstellung von 1923, Diss. Bonn 1958.

Hopt / Rudolph / Baum (1997): Börsenreform. Eine ökonomische, rechtsvergleichende und rechtspolitische Untersuchung. hrsg. von K. J. Hopt / B. Rudolph / H. Baum, Stuttgart 1997.

Irmler, Heinrich (1976): Bankenkrise und Vollbeschäftigungspolitik (1931-1936), in: Währung und Wirtschaft in Deutschland 1876-1975, hrsg. von der Deutschen Bundesbank, Frankfurt am Main 1976, S. 282-330.

James, Harold (1985): The Reichsbank and Public Finance in Germany: 1924-1933, Frankfurt am Main 1985.

James, Harold (1988): Deutschland in der Weltwirtschaftskrise 1924-1936, Stuttgart 1988.

James, Harold (1992a): Banks and bankers in the German interwar depression, in: Financiers in European History, ed. by Y. Cassis, Cambridge et al. 1992, pp. 263-282.

James, Harold (1992b): Banks and economic development: comments, in: Financiers in European History, ed. by Y. Cassis, Cambridge et al. 1992, pp. 113-118.

James, Harold (1992c): Financial flows across frontiers during the interwar depression, in: The Economic History Review, Vol. XLV, Oxford 1992; pp. 594-613.

James, Harold (1995): Die Deutsche Bank und die Diktatur 1933-1945, in: Die Deutsche Bank: 1870-1991, hrsg. von L. Gall u.a., München 1995.

Jessen, Arnd (1937): Wehrwirtschaft und Börse, Berlin 1937.

Jostock, Paul (1955): The long term Growth of National Income in Germany, in: Income and Wealth, Series 5, edited by International Association for Research into Income and Wealth, London 1955, S. 79-122.

Jostock, Paul u. Ander, Albert (1960): Konzentration der Einkommen und Vermögen, in: Die Konzentration in der Wirtschaft, hrsg. von H. Arndt, Schriften des Vereins für Socialpolitik, N.F. Band 20/I, Berlin 1960, S. 179-235.

Kaliski, Hans (1932): Die Stellung der Börse im modernen Wirtschaftssystem, in: Plutusbriefe zur Heranbildung leitender Bankbeamter, Nr. 5, Berlin 1932, S. 106-110.

Kalveram, Wilhelm (1935-38): Die Börse und ihre Aufgaben, in: Die Deutsche Bankwissenschaft, Hrsg. von J. Löffelholz u.a., 5. Band, Berlin 1935-38, S. 1-52.

Kasten, Hans (1959): Börsen, in: Handwörterbuch der Sozialwissenschaften, 2. Band, Göttingen 1959, S. 359-377.

Katona, Georg (1930): Politik und Börse, in: Der Deutsche Volkswirt, 4. Jahrgang, Nr. 52 vom 26.09.1930, Berlin 1930, S. 1759-1761.

Kaul, Gautam (1987): Stock Returns and Inflation: The Role of the Monetary Sector, in: Journal of Financial Economics, Amsterdam 1987, S. 253-276.

Keese, Dietmar (1967): Die volkswirtschaftlichen Gesamtgrößen für das Deutsche Reich in den Jahren 1925-1936, in: Die Staats- und Wirtschaftskrise des Deutschen Reichs 1929/33, hrsg. von W. Conze u. H. Raupach, Stuttgart 1967, S. 35-81.

Keiser, Günther u. Benning, Bernhard (1931): Kapitalbildung und Investitionen in der deutschen Volkswirtschaft 1924 bis 1928, in: Vierteljahreshefte zur Konjunkturforschung, Sonderheft 22, hrsg. vom Institut für Konjunkturforschung, Berlin 1931.

Kiehling, Hartmut (1991): Kursstürze am Aktienmarkt, München 1991.

Kiehling, Hartmut (1997): Die deutsche Börse in den Jahren 1920-1923, in Bankhistorisches Archiv, 21. Jg. Frankfurt a.M. 1995, S. 67-104.

Klebba, Walter (1920): Börse und Effektenhandel im Kriege unter besonderer Berücksichtigung der Berliner Börse, Berlin 1920.

Kleiner, Hermann (1914): Emissions-Statistik in Deutschland, Diss. München, Stuttgart 1914.

Knapp, Lotte (1939): Die volkswirtschaftliche Funktion und Problematik der Effektenbörse in ihrem Wandel seit der Vorkriegszeit, Diss. Hamburg 1939.

Kokotkiewicz, Gerhard (1927): Die Bedeutung der Veröffentlichung der Börsenumsätze. Ein Vorschlag zur Analyse des Effektenmarktes, in: Der Deutsche Oekonomist. Wochenschrift für Wirtschafts- und Finanzfragen, Geld-, Bank- und Börsenwesen, 45. Jahrgang, Nr. 2161, Berlin 1927, S. 784-785.

Kopper, Christopher (1995): Kreditlenkung im nationalsozialistischen Deutschland, in: Banken, Konjunktur und Politik. Beiträge zur Geschichte deutscher Banken im 19. und 20. Jahrhundert, hrsg. von M. Köhler & K. Ulrich, Essen 1995, S. 117-125.

Kopper, Christopher (1995): Zwischen Marktwirtschaft und Dirigismus, Bonn 1995.

Kroll, Gerhard (1958): Von der Weltwirtschaftskrise zur Staatskonjunktur, Berlin 1958.

Kronenberger, Fritz (1920): Die Preisbewegung der Effekten in Deutschland während des Krieges, Berlin 1920.

Kurz, Alfred (1939): Strukturwandlungen am deutschen Rentenmarkt, Diss. Berlin 1939.

Kuske, Bruno (1953): 400 Jahre Börse zu Köln, Köln 1953.

Lansburgh, Alfred (1910): Die Divinationsgabe der Börse, in: Die Bank. Monatshefte für Finanz- und Bankwesen, hrsg. von A. Lansburgh, 1. Halbjahr 1910, Berlin 1910, S. 211-223.

Lansburgh, Alfred (1927): Der Börsenkredit und die industrielle Kapitalversorgung, in: Frankfurter Zeitung, Abendblatt vom 11.05.1927, Frankfurt a.M. 1927, S. 4.

Enzyklopädisches Lexikon für das Geld-, Bank- und Börsenwesen, 2. und 3. Auflage, Frankfurt am Main 1958 und 1967/68.

Lewandowski, o.Vornamen (1928/29): Die Beziehungen der deutschen Börsen zum Auslande, in: Bankwissenschaft, hrsg. von W. Kalveram, 5. Jahrgang, 1. Halbjahr, Berlin 1928/29, S. 1-89.

Lewinsohn, Richard (1925): Die Umschichtung der Europäischen Vermögen, Berlin 1925.

Lichtenfels, Reinhard (1975): Das Effektenkommissionsgeschäft, Köln u.a. 1975.

Lindenlaub, Dieter (1982): Maschinenbauunternehmen in der Inflation 1919 bis 1923: Unternehmenshistorische Überlegungen zu einigen Inflationstheorien, in: Die deutsche Inflation - eine Zwischenbilanz, hrsg. von G. D. Feldman u. a. , Berlin / New York 1982, S. 49-105.

Link, Werner (1970): Die amerikanische Stabilisierungspolitik in Deutschland 1921 - 32, Düsseldorf 1970.

Lipfert, Helmut (1964): Wandlungen von Kapitalstruktur und Finanzierungsformen deutscher Industrieaktiengesellschaften, in: Strukturwandlungen einer wachsenden Wirtschaft, hrsg. von F. Neumark, Schriften des Vereins für Socialpolitik, N.F. Band 30/II, Berlin 1964, S. 576-637.

Löb, Ernst (1896): Kursfeststellung und Maklerwesen an der Berliner Effektenbörse, in: Jahrbücher für Nationalökonomie und Statistik, 3. Folge, 11. Band, Jena 1896, S. 237-273.

Loistl, Otto (1990): Computergestütztes Wertpapiermanagement, München 1990.

Lossos, Harald (1940): Bilanz der deutschen Devisenbewirtschaftung, Jena 1940.

Lücke, Heinz (1929): Einheitskurs und variabler Kurs, Diss. München 1929.

Lüke, Rolf E. (1958): Von der Stabilisierung zur Krise, Zürich 1958.

Lütje, Bernd (1970): Die Funktionsfähigkeit der deutschen Aktienbörse, in: Wirtschaftspolitische Studien 18, hrsg. von H. Jürgensen, Göttingen 1970.

Machlup, Fritz (1931): Börsenkredit, Industriekredit und Kapitalbildung, in: Beiträge zur Konjunkturforschung, hrsg. vom österr. Institut für Konjunkturforschung, Band 2, Wien 1931.

Martini, o. Vornamen (1934/35): Die Neuregelung bei den Wertpapierbörsen, in: Bank-Archiv. Zeitschrift für Bank- und Börsenwesen, hrsg. von Riesser, 34. Jahrgang, Berlin 1934/35, S. 214-218.

Maurer, Ilse (1973): Reichsfinanzen und Große Koalition. Zur Geschichte des Reichskabinetts Müller (1928-1930), Bern und Frankfurt am Main 1973.
Meier, Johann Chr. (1992): Die Entstehung des Börsengesetzes vom 22. Juni 1896, Diss. St. Katharinen 1992.

Mering, Otto von (1923): Erträgnisse deutscher Aktiengesellschaften vor und nach dem Kriege, Berlin 1923.

Merten, Theo (1933): Berliner Börse, in: Handwörterbuch des Bankwesens, hrsg. von M. Payli u. P. Quittner, Berlin 1933, S. 89-94.

Merzbach, Leopold (1922): Die Börsenumsatzsteuer und ihre Wirkung auf das Wirtschaftsleben, in: Bank-Archiv. Zeitschrift für Bank- und Börsenwesen. hrsg. von Riesser, 21. Jahrgang, Nr. 18, Berlin 1922 , S. 304-305.

Meyer Alfred (1902): Die deutschen Börsensteuern 1881-1900, Stuttgart / Berlin 1902.

Meyer, Oscar (1920): Die Zulassung zum Börsenbesuch, in: Bank-Archiv. Zeitschrift für Bank- und Börsenwesen, hrsg. von Riesser, 20. Jahrgang, Nr. 1, Berlin 1920, S. 28-29.

Meyer, Oscar (1931): Börseneröffnung?, in: Bank-Archiv. Zeitschrift für Bank- und Börsenwesen, hrsg. von Riesser, 31. Jahrgang, Nr. 4, Berlin 1931, S. 69-71.

Michaelsen, Hans O. (1935): Die Kursbildung am Aktienmarkt im neuen Staat, Diss. Heidelberg 1935.

Michie, Ranald C. (1985): The London Stock Exchange and the British Securities Market, 1850-1914, in: The Economic History Review, sec. series, Vol. 38, No. 1-4, Kendal 1985, p. 61-82.

Michie, Ranald C. (1990): The Stock Exchange and the British Economy, 1870-1939, in: Capitalism in a Mature Economy: financial institutions, capital exports and British industry, 1870-1939, ed. by J.J. van Helten u. Y. Cassis, Brookfield 1990, pp. 95-114.

Mössner, Karl E. (1934): Das Deutsche Bodenkreditsystem, Berlin 1934.

Morgan, E.V. u. Thomas, W.A. (1962): The Stock Exchange. Its History and Functions, London 1962.

Moser, A. (1921): Der Haussetaumel an den deutschen Börsen, in: Bank-Archiv. Zeitschrift für Bank- und Börsenwesen, hrsg. von Riesser, 20. Jahrgang, Nr. 24, Berlin 1921, S. 349-350.

Mosler, Eduard (1933): Die Bedeutung der Börse in Krisen- und Depressionszeiten, in: Berliner-Börsen-Courier, vom 01.01.1933, Berlin 1933, 4. Beilage.

Mosler, Eduard (1936/37): Gegenwartsfragen des deutschen Bankgewerbes, in: Bank-Archiv. Zeitschrift für Bank- und Börsenwesen, hrsg. von Riesser, 36. Jahrgang, Berlin 1936/37, S. 37-142.

W. Mosse und H. Pohl (1992): Jüdische Unternehmen in Deutschland bis 1932, Stuttgart 1992.

Müller, Friedrich (1937): Reichsbank und Kapitalmarkt, Schriften der Reichsbank, Berlin 1937.

Müller, Helmut (1973): Die Zentralbank - eine Nebenregierung. Reichsbankpräsident Hjalmar Schacht als Politiker der Weimarer Republik, Opladen 1973.

Müller, Johannes (1992): Der deutsche Rentenmarkt vor dem Ersten Weltkrieg - eine Indexanalyse, Diss. Frankfurt a. M. 1992.

Münch, Georg (1924): Das Börsenjahr 1924, in: Vossische Zeitung, Nr. 593 vom 24.12.1924, Berlin 1924, 2. Beilage.

Münstermann, Ute (1996): Märkte für Risikokapital im Spannungsfeld von Organisationsfreiheit und Staatsaufsicht, Berlin 1996.

Muthesius, Volkmar (1960): Die Börse - ein Barometer?, in: Die politische Meinung, 5. Jahrgang, Heft 48, Köln 1960, S. 45-50.

Nell-Breuning, Oswald v. (1928): Grundzüge der Börsenmoral, Freiburg 1928.

Noll, Alf (1938): Die Börse im Scheinwerfer, in: Die wirtschaftspolitische Parole. Mitteilungen der Kommission für Wirtschaftspolitik der NSDAP, 3. Jahrgang, Heft 4, München 1938, S. 104-108.

Nussbaum, Arthur (1909): Der inoffizielle Börsenhandel, in: Plutus. Kritische Wochenschrift für Volkswirtschaft und Finanzwesen, hrsg. von G. Bernhard, Nr. 30/10, Berlin 1909, S. 814-816.

Oberascher, Leonhard (1935): Die Börsen im neuen Deutschland, in: Ständisches Leben. Blätter für organische Gesellschafts- und Wirtschaftslehre, hrsg. von O. Spann, 5. Jahrgang, Berlin/Wien 1935, S. 1-11 und S. 77-89.

Osthues, Heinz (1957): Einkommensverhältnisse und private Geldkapitalbildung in Westdeutschland 1925-1953, Berlin 1957.

o.V. (Anleihestockgesetz 1934): Zum Anleihestockgesetz; Anleihestockgesetz und Aktienmarkt; Weitere Anmerkungen zum Anleihestockgesetz, in: Der Deutsche Oekonomist, Wochenschrift für Wirtschafts- und Finanzfragen, Geld- und Realkreditwesen, begr. von W. Christians, 52. Jahrgang, Nr. 49, Berlin 1934, S. 1619, 1653-1656.

o.V. (Begründung 1934): Begründung zum Gesetz zur Änderung des Börsengesetzes. Vom 5.3.1934. RGBL I S. 169, in: Deutscher Reichsanzeiger, Nr. 61 vom 13.3.1934, Berlin 1934, S. 2.

o.V. (Börse 1932): Die Börse im Jahre 1932, in: Berliner Börsen-Zeitung, Nr. 603 vom 24.12.1932, Berlin 1932, Handelsbeilage.

o.V. (Börsenkurse 1936): Börsenkurse und Konjunkturverlauf, in: Die Wirtschaftskurve, hrsg. unter der Mitwirkung der Frankfurter Zeitung, Heft 1, April 1936, Frankfurt a.M. 1936, S. 355-358.

o.V. (Börsenverkehr 1915): Der freie Börsenverkehr, in: Deutsche Tageszeitung, Nr. 209, 25.04.1915, Berlin 1915, 3. Beiblatt.

o.V. (Börsen-Invaliden 1928): Börsen-Invaliden - invalide Börsen, in: Frankfurter Zeitung, Nr. 807 vom 27.10.1928, Frankfurt a.M. 1928, S. 3.

o.V. (Funktion 1938): Zur Funktion der Börse, in: Deutsche Bergwerks-Zeitung, vom 24.7.1938, S. 1.

o.V. (Funktionen 1938): Gestörte Funktionen, in: Rheinisch-Westfälische Zeitung, Nr. 356 vom 19.7.1938, Essen 1938, S. 11.

o.V. (Gegensatz 1933): Börsen und Banken im Gegensatz, in: Frankfurter Zeitung, Abendblatt vom 11.1.1933, Frankfurt a.M. 1922, S. 4.

o.V. (Inflation 1921): Börse und Inflation, in: Deutsche Allgemeine Zeitung, Nr. 389 vom 20.8.1921, Berlin 1921, S. 4.

o.V. (Konjunkturbarometer 1934): Börsen als Konjunkturbarometer, in: Kölnische Volkszeitung, Nr. 329 vom 1.12.1934, Köln 1934.

o.V. (Segen 1939): Segen oder Unsegen der Börse?, in: Wirtschaft und Arbeit, 4. Jahrgang, Berlin 1939, S. 136-139.

o.V. (Seitenblick 1940): Seitenblick auf die Börse, in: Völkischer Beobachter, Nr. 278 vom 4.10.1940, München/Berlin 1940, S. 7.

o.V. (Spekulationstreiben 1920): Die Börse im Spekulationstreiben, in: Frankfurter Zeitung, Nr. 795, Abendblatt vom 26.10.1920, Frankfurt a.M. 1920, S. 2.

o.V. (Spiegel 1933): Die Börsen als Spiegel der Frühjahrskonjunktur, in: Germania, Nr. 82 vom 23.3.1933, Berlin 1933.

o.V. (Steuerung 1942): Steuerung der Aktienkurse, in: Berliner Börsen-Zeitung, Nr. 613 vom 31.12.1942, Berlin 1942, Wirtschaftsblatt.

o.V. (Untersuchungen 1928): Untersuchungen zur Frage der Marktzusammenhänge, in: Vierteljahreshefte zur Konjunkturforschung, hrsg. vom Institut für Konjunkturforschung, 3. Jahrgang, Heft 2, Teil A, Berlin 1928, S. 30-41.

o.V. (Wandlung 1941): Die Wandlung der Börse, in: Frankfurter Zeitung, 23.11.1941, Frankfurt a.M. 1941, S. 6.

Overy, R.J. (1984): The Nazi Economic Recovery 1932-1938, Oxford 1982.

Pfeiffer, Kurt (1926): Die Einwirkung des Weltkriegs und der Nachkriegszeit auf die deutsche Effektenbörse, Diss. Bern, Landau 1926.

Picot / Bortenlänger / Röhrl (1996): Picot, Arnold & Bortenlänger, Christine & Röhrl, Heiner: Börsen im Wandel. Der Einfluß von Informationstechnologie und Wettbewerb auf die Organisation von Wertpapiermärkten, Frankfurt am Main 1996.

Plumpe; Gottfried (1990): Die IG-Farbenindustrie-AG, Berlin 1990.

Pöhler, Herrmann (1930): Die Börsenumsatzsteuer. Eine finanzwissenschaftliche Studie, in: Münsterer Wirtschafts- und Sozialwissenschaftliche Abhandlungen, hrsg. von W.F. Bruck / F. Hoffmann / H. Weber, Heft 6, Münster 1930.

Pohl, Hans (1983): Formen und Phasen der Industriefinanzierung bis zum zweiten Weltkrieg, in: Wandlungen der Industriefinanzierung, 9. Beiheft zum Bankhistorischen Archiv, hrsg. von M. Pohl, Frankfurt a.M. 1983, S. 13-34.

Pohl, Manfred (1982): Festigung und Ausdehnung des deutschen Bankwesens zwischen 1870 und 1914, in: Deutsche Bankengeschichte, Band 2, hrsg. im Auftrag des Instituts für bankhistorische Forschung e.V. von seinem Wissenschaftlichen Beirat: Manfred Pohl u.a., Frankfurt a.M. 1982, S. 213ff.

Prion, Willi (1910): Die Preisbildung an der Wertpapierbörse, 1. Auflage, Leipzig 1910.

Prion, Willi (1918): Der internationale Geld- und Kapitalmarkt nach dem Kriege, München/Leipzig 1918.

Prion, Willi (1924): Börsenwesen, in: Handwörterbuch der Staatswissenschaften, 2. Band, 4. Auflage, Jena 1924, S. 1035-1094.

Prion, Willi (1928): Aktienkurse und Aktienrente, in: Zeitschrift für Handelswissenschaft und Handelspraxis, hrsg. von H. Nicklisch u. a., 21. Jahrgang, Heft 1, Stuttgart 1928, S. 1-6.

Prion, Willi (1929a): Die Preisbildung an der Wertpapierbörse, 2. Auflage, Leipzig 1929.

Prion, Willi (1929b): Der deutsche Geld- und Kapitalmarkt seit der Stabilisierung, in: Strukturwandlungen der Deutschen Volkswirtschaft, hrsg. von B. Harms, 2. Band, 2. Aufl., Berlin 1929, S. 332-367.

Prion, Willi (1930a): Banken und Börse, in: Weltwirtschaft. Monatsschrift für Weltwirtschaft und Weltverkehr, hrsg. von der Deutschen Weltwirtschaftlichen Gesellschaft, 18. Jahrgang, Heft 1, Berlin 1930, S. 38-39.

Prion, Willi (1930b): Börsenkonjunktur, in: Technik und Wirtschaft, hrsg. vom Verein Deutscher Ingenieure, 23. Jahrgang, Berlin 1930, S. 237-239.

Prion, Willi (1930c): Kapitalbildung und Börse, in: Weltwirtschaft. Monatsschrift für Weltwirtschaft und Weltverkehr, hrsg. von der Deutschen Weltwirtschaftlichen Gesellschaft, 18. Jahrgang, Heft 1, Berlin 1930, S. 36-38.

Prion, Willi (1931a): Organisation des deutschen Kapitalmarktes und der deutschen Bankwirtschaft, in: Kapital und Kapitalismus, hrsg. von B. Harms, 1. Band, Berlin 1931, S. 327-355.

Prion, Willi (1931b): Die Selbstfinanzierung der Unternehmungen, in: Kapital und Kapitalismus, hrsg. von B. Harms, 1. Band, Berlin 1931, S. 230-250.

Prion, Willi (1931c): Wandlungen am deutschen Kapitalmarkt, in: Vierteljahresschrift für Steuer- und Finanzrecht, hrsg. von M. Lion, 5. Jahrgang, Berlin 1931, S. 80-93.

Prion, Willi (1932): Ist die Börse reformbedürftig?, Berlin 1932.

Prion, Willi (1936): Börsen ohne Hinterland, in: Wirtschaftsdienst, hrsg. vom Hamburgischen Welt-Wirtschafts-Archiv, N.F. 21. Jahrgang, Heft 16, Hamburg 1936, S. 537-538.

Prion, Willi (1939): Börsen - wozu? Acht Gespräche, Berlin 1939.

Rappoport, Peter and White, Eugene N. (1993): Was There a Bubble in the 1929 Stock Market?, in: The Journal of Economic History, Vol. 53, No. 3, Cambridge 1993, pp. 549-572.

Rappoport, Peter and White, Eugene N. (1994): Was the Crash of 1929 Expected?, in: The American Economic Review, Vol. 84, No. 1, March 1994, Princeton/Menasha 1994, pp. 271-281.

Reichardt, Wolfgang (1937): Kapitalbildung und Kapitalmarkt in Deutschland seit der Stabilisierung, in: Probleme des deutschen Wirtschaftslebens. Erstrebtes und Erreichtes, hrsg. vom Deutschen Institut für Bankwissenschaft und Bankwesen, Berlin/Leipzig 1937, S. 585-617.

Reinhardt, Fritz (1929): Die Herrschaft der Börse, in: Nationalsozialistische Bibliothek, Heft 2, hrsg. von G. Feder, München 1929.

Reinhart, Friedrich (1937): Die Aufgaben der Börse, in: Die erste Reichsarbeitstagung der Reichsarbeitsgemeinschaft Banken und Versicherungen in der DAF, Berlin 1937, S. 144-156.

Richter, Hermann (1928): Strukturveränderungen im deutschen Börsengeschäft, in: Schweizerische Handelswissenschaftliche Zeitschrift, 22. Jahrgang, Nr. 1, Basel 1928, S. 1-7 und S. 45-48.

Ritschl, Albrecht (1991): Die NS-Wirtschaftsideologie - Modernisierungsprogamm oder reaktionäre Utopie? in: Nationalsozialismus und Modernisierung, hrsg. von M. Prinz u. R. Zitelmann, Darmstadt 1991, S. 48-70.

Ritschl, Albrecht (1992a): Über die Höhe und Struktur der gesamtwirtschaftlichen Investitionen in Deutschland 1935-38, in: VSWG, 79. Band, Heft 2, Stuttgart 1992, S. 156-176.

Ritschl, Albrecht (1992b): Wirtschaftspolitik im Dritten Reich - Ein Überblick, in: Deutschland 1933-1945. Neue Studien zur nationalsozialistischen Herrschaft, hrsg. von K. D. Bracher u. a., Bonn 1992, S. 118-134.

Ritschl, Albrecht (1993): NS-Devisenbewirtschaftung und Bilateralismus in Zahlen: Eine Auswertung der bilateralen Devisenbilanzen Deutschlands aus den Jahren 1938-1940, in: Geld und Währung vom 16. Jahrhundert bis zur Gegenwart, hrsg. von E. Schremmer, Stuttgart 1993, S. 289-314.

Ritschl, Albrecht (1994): Goldene Jahre? zu den Investitionen in der Weimarer Republik, in Zeitschrift für Wirtschafts- und Sozialwissenschaften. 114. Jahrgang, Berlin 1994, S. 99ff.

Robroeks, Marcel Franz (1979): Der Einfluss der Inflation auf die Aktienkursbildung. Eine theoretische Untersuchung mit besonderer Berücksichtigung des Aktienmarktes der Bundesrepublik Deutschland, Diss. Hamburg 1979.

Röhrl, Heiner (1996): Börsenwettbewerb. Die Organisation der Bereitstellung von Börsenleistungen, Wiesbaden 1996, Diss. München 1996.

Rudolph, Bernd (1992): Effekten- und Wertpapierbörsen, Finanztermin- und Devisenbörsen seit 1945, in: Deutsche Börsengeschichte, hrsg. von H. Pohl, Frankfurt am Main 1992, S. 293-375.

Schacher, Gerhard (1926): Die Kapitalbildung der Aktiengesellschaften an den Märkten des Inlandes und Auslandes, Frankenstein (Schlesien) 1926.

Schacht, Heinrich (1934): Die Börse im Dritten Reich. Ein Gegenwarts- und Zukunftsbild, Berlin 1934.

Schaeffer, Hans (1931): Die Problematik der kapitalistischen Gegenwart, in: Kapital und Kapitalismus, hrsg. von B. Harms, 1. Band, Berlin 1931, S. 38-52.

Scheller, Georg (1924): Der Handel in amtlich nicht notierten Werten, Berlin 1924.

Schiereck, Dirk (1995): Internationale Börsenplatzentscheidungen institutioneller Investoren, Wiesbaden 1995.

Schmidt, E. W. (1931): Börse, Wirtschaft und Publikum, in: Berliner Börsen-Zeitung, Nr. 187, vom 23.04.1931, Berlin 1931, S. 9.

Schmidt, Richard (1925): Die deutsche Effekten-Börse von 1923-1925, Diss. Frankfurt a. M. 1925.

Schmölders, Günther (1938): Die Kapitalbildung im deutschen Wirtschaftsaufschwung 1933-1937, in: Die deutsche Volkswirtschaft, 7. Jahrgang, Nr. 15, Berlin 1938, S. 542-545.

Schmoller, Gustav (1904): Grundriß der Allgemeinen Volkswirtschaftslehre, Teil 2, Leipzig 1904.

Schuker, Stephen A. (1988): American Reparations to Germany, 1919-1933: Implications for the Third-World Debth Crisis, in: Princeton Studies in International Finance, Nr. 61, Princeton 1988.

Schwark, Eberhard (1994): Kommentar zum Börsengesetz und zu den börsenrechtlichen Nebenbestimmungen, München 1994.

Schulz, Wolfgang (1994): Das deutsche Börsengesetz. Die Entstehungsgeschichte und wirtschaftlichen Auswirkungen des Börsengesetzes von 1896, Frankfurt am Main 1994.

Seegardel, Willi (1930): Die Bilanzen der deutschen Kreditbanken 1924-1928, Diss. Berlin 1930.

Sombart, Werner (1922): Die Juden und das Wirtschaftsleben, München / Leipzig 1922.

Sombart, Werner (1924): Der Moderne Kapitalismus, 2. Bd., 6. Aufl., München/Leipzig 1924.

Sombart, Werner (1927): Der Moderne Kapitalismus, 3. Band, zweiter Halbband, München/Leipzig 1927.

Sommariva, Andrea and Tullio, Giuseppe (1989): The German Depression and the Stock Market crash of the thirties, in: Journal of Banking and Finance, Amsterdam 1989, pp. 515-536.

Splettstößer, J. (1934): Effektenspekulation und Effektenbörse, in: Berliner Börsen-Zeitung, Nr. 44 vom 26.01.1934, Abendausgabe, Berlin 1934, S. 11.

Spoerer, Mark (1996): Von Scheingewinnen zum Rüstungsboom. Die Eigenkapitalrentabilität der deutschen Industrieaktiengesellschaften 1925-1941, Stuttgart 1996.

Stamm, Karl (1939): Deutsche Kapitalmarktpolitik seit 1933 - ein Beitrag zur Wirtschaftspolitik der Gegenwart, Diss. Köln 1939.

Steffens, Daniel (1926): Kapital und Börse von Babylon bis Wall Street, Gotha 1926.

Steiner/Bruns (1993): Steiner, Manfred und Bruns, Christoph: Wertpapiermanagement, Stuttgart 1993.

Stenzel, Stefan (1995): Ausserbörslicher Aktienhandel. Teilband I: Umfang und Ursachen, Berlin 1995.

Stolper, Gustav (1926): Börse und Kapitalmarkt, in: Der Deutsche Volkswirt, 1. Jahrgang, Nr. 11 vom 10.12.1926, Berlin 1926, S. 331-334.

Stolper, Gustav (1929): Börsenkrise, in: Der Deutsche Volkswirt, 4. Jahrgang, Nr. 4 vom 25.10.1929, Berlin 1929, S. 107-110.

Stolper/Häuser/Borchardt (1966): Gustav Stolper, Karl Häuser, Knut Borchardt: Deutsche Wirtschaft seit 1870, Tübingen 1966.

Strathus, Heinrich (1958): Kapitalmarkt, in: Enzyklopädisches Lexikon für das Geld-, Bank- und Börsenwesen, Band 2, 2. Auflage, Frankfurt a.M. 1958, S. 969-987.

Strauß, Willi (1928): Die Konzentrationsbewegung im deutschen Bankgewerbe, Berlin / Leipzig 1928.

Stucken, Rudolf (1964): Deutsche Geld- und Kreditpolitik 1914 bis 1963, 3. Auflage, Tübingen 1964.

Stucken, Rudolf (1976): Schaffung der Reichsmark, Reparationsregelungen und Auslandsanleihen, Konjunkturen (1924-1930), in: Währung und Wirtschaft in Deutschland 1876-1975, hrsg. von der Deutschen Bundesbank, Frankfurt am Main 1976, S. 249-282.

Stürmer / Teichmann / Treue (1994): Wägen und Wagen. Sal. Oppenheim jr. & Cie. Geschichte einer Bank und einer Familie, von M. Stürmer, G. Teichmann, W. Treue, München 3. Aufl. 1994.

Stützel, Wolfgang (1959): Die Aktie im Wandel der Zeiten - Die Aktie als Instrument der Industrieverflechtung, in: Finanzierung in der öffentlichen und privaten Wirtschaft, hrsg. von der Deutschen Gesellschaft für Betriebswirtschaft, Berlin 1959, S. 59-70.

Stützel, Wolfgang (1964): Banken, Kapital und Kredit in der zweiten Hälfte des zwanzigsten Jahrhunderts, in: Strukturwandlungen einer wachsenden Wirtschaft, hrsg. von F. Neumark, Schriften des Vereins für Socialpolitik, N.F. Band 30/II, Berlin 1964, S. 527-575.

Sulzbach, Walter (1926): Der Börsenindex als Konjunkturbarometer der Wirtschaft, in: Frankfurter Zeitung, Nr. 74, Abendblatt vom 28.1.1926, Frankfurt a.M. 1926, S. 4.

ten Cate Johannes H. (1987): Hjalmar Schacht als Reparationspolitiker (1926-1930), in: VSWG, 74. Band, Wiesbaden 1987, S. 187-224.

Thalheim, Karl E. (1934): Die Finanzierung der Wirtschaft. Bank- und Börsenwesen, in: Wirtschaftslehre Band 2, Teil 10, Leipzig 1934.

Tilly, Richard H. (1973): Zur Entwicklung des Kapitalmarktes und Industrialisierung im 19. Jahrhundert unter besonderer Berücksichtigung Deutschlands, in: VSWG, Band 60, Heft 2, Stuttgart 1973, S. 145-165.

Turner, Henry A. (1985): German Big Business and the Rise of Hitler, New York 1985.

Ulrich, Keith (1995): Das Privatbankhaus Simon Hirschland im Nationalsozialismus, in: Banken, Konjunktur und Politik. Beiträge zur Geschichte deutscher Banken im 19. und 20. Jahrhundert, hrsg. von M. Köhler & K. Ulrich, Essen 1995, S. 129-142.

Veesenmayer, Edmund (1929): Neugestaltung des Effektentermingeschäfts, in: Effektenbörse und Volkswirtschaft, Heft 6 der Münchner Volkswirtschaftlichen Studien, hrsg. von A. Weber u.a., Jena 1929, S. 183-280.

Walter, Rolf (1989): Märkte, Börsen, Messen, Ausstellungen und Konferenzen im 19. und 20. Jahrhundert, in: Die Bedeutung der Kommunikation für Wirtschaft und Gesellschaft, hrsg. von H. Pohl, Stuttgart 1989, S. 379-437.

Walter, Rolf (1992): Jüdische Bankiers in Deutschland bis 1932, in: Jüdische Unternehmer in Deutschland im 19. und 20. Jahrhundert, hrsg. von Werner E. Mosse und Hans Pohl, Stuttgart 1992, S. 78-99.

Wandel, Eckhard (1974): Hans Schäffer. Steuermann in wirtschaftlichen und politischen Krisen, Stuttgart 1974.

Wandel, Eckhard (1983): Das deutsche Bankwesen im Dritten Reich (1933-1945), in: Deutsche Bankengeschichte, Band 3, hrsg. im Auftrag des Instituts für bankhistorische Forschung e.V. von seinem Wissenschaftlichen Beirat: Manfred Pohl u.a., Frankfurt a.M. 1983, S. 149-202.

Wanner, Eckhardt (1992): Die Finanzierung des Zweiten Weltkriegs, in: Die Bank 6/92, hrsg. vom Bundesverband deutscher Banken, Köln 1992, S. 362-364.

Warschauer, Otto (1905): Die deutsche Börsensteuer und die Versuche ihrer Umgestaltung, in: Jahrbücher für Nationalökonomie und Statistik, III. Folge, 30. Band, Jena 1905, S. 57-65.

Weber, Adolf (1922): Depositenbanken und Spekulationsbanken. Ein Vergleich deutschen und englischen Bankwesens, München/Leipzig 1922.

Weber, Adolf (1928): Hat Schacht recht? Die Abhängigkeit der deutschen Volkswirtschaft vom Ausland, München / Leipzig 1928.

Weber, Adolf (1941): Deutsches Wirtschaftsleben, Berlin 1941.

Weber, Adolf (1947): Geld, Banken, Börsen, 2. Auflage, München 1947.

Weber, Max (1895): Die Ergebnisse der deutschen Börsenenquete, in: Zeitschrift für das gesamte Handelsrecht, Band 43, Stuttgart 1895, S. 83-219 u. S. 499-514.

Weitkemper, Franz-Josef (1977): Die Bedeutung der Selbstfinanzierung, in: Transparenzprobleme des Kapitalmarktes. Kolloquien-Beiträge in der Schriftenreihe des Instituts für Kapitalmarktforschung an der J. W. Goethe-Universität in Frankfurt am Main, hrsg. von G. Bruns u. K. Häuser, Frankfurt a.M. 1977, S. 89-118.

Wetzel, Christoph (1996): Die Auswirkungen des Reichsbörsengesetzes von 1896 auf die Effektenbörsen im Deutschen Reich, insbesondere auf die Berliner Fondsbörse, Diss. Münster 1996.

White, Eugene N. (1988): When the Ticker Ran Late: The Stock Market Boom and the Crash of 1929, in: Crashes and panics: the lessons from history, ed. by E. N. White, Homewood 1988, pp. 141-187.

Wiener, Fritz A. (1905): Die Börse. Eine Studie über die Entwicklung des Rechts und der Verfassung der deutschen, insbesondere der Berliner Börse und der hauptsächlichen Börsen des Auslandes, Berlin 1905.

Wilson/Sylla/Jones (1988): Jack W. Wilson / Richard E. Sylla / Charles P. Jones: Financial Market Panics and Volatility in the Long Run, 1830-1988, in: Crashes and panics: the lessons from history, ed. by E. N. White, Homewood 1988, pp. 85-125.

Witt, Peter-Christian (1985): Die Auswirkungen der Inflation auf die Finanzpolitik des Deutschen Reiches 1924-1935, in: Die Nachwirkungen der Inflation auf die deutsche Geschichte 1924-1933, hrsg. von G. D. Feldman, München 1985, S. 43-96.

Wixforth, Harald (1995): Die Banken und der Kollaps der Mark. Zur Lage des Bankwesens während der Inflation von 1918 bis 1923, in: Banken, Konjunktur und Politik. Beiträge zur Geschichte deutscher Banken im 19. und 20. Jahrhundert, hrsg. von M. Köhler & K. Ulrich, Essen 1995, S. 55-73.

H. Wixforth u D. Ziegler (1997): Deutsche Privatbanken und Privatbankiers im 20. Jahrhundert, in Geschichte und Gesellschaft , 23. Jg., Göttingen 1997, S. 205-235.

Wolf, Herbert (1992): Als der Kapitalmarkt wieder laufen lernte, in: Die Bank 5/92, hrsg. vom Bundesverband deutscher Banken, Köln 1992, S. 291-297.

Wolfgang, Ernst (1930): Der Neuaufbau des deutschen Rentenmarktes, in: Die Wirtschaftskurve mit Indexzahlen der Frankfurter Zeitung, hrsg. von der Frankfurter Zeitung, Heft 1, März 1930, Frankfurt a.M. 1930, S. 84-92.

Wolfgang, Ernst (1931): Die Kursbildung am Rentenmarkt, Stuttgart 1931.

Wormser, Otto (1919): Die Frankfurter Börse. Ihre Besonderheiten und ihre Bedeutung. Ein Beitrag zur Frage der Börsenkonzentration, Tübingen 1919.

Wrede, Victor (1936): Die Stellung der Wertpapierbörse im Organismus einer Volkswirtschaft, in: Zahlungsverkehr und Bankbetrieb, 18. Jahrgang, Nr. 6, Berlin 1936, S. 136-145.

Zimmermann, Carl (1933): Börse und Kapitalmarkt, in: Wirtschaftsdienst, hrsg. vom Hamburgischen Welt-Wirtschafts-Archiv, N.F. 18. Jahrgang, Heft 48, Hamburg 1933, S. 1649-1651.

Zimmermann, Heinz (1992): Börsenstrukturen der Zukunft aus ökonomischer Sicht, in: Neue Züricher Zeitung vom 19.09.1992, Zürich 1992.

Zitelmann, Rainer (1987): Hitler. Selbstverständnis eines Revolutionärs. Hamburg / Leamington Spa / New York.

Zwer, Reiner (1963): Die statistische Konjunkturforschung in Vergangenheit und Gegenwart, in: Statistische Hefte, Hrsg. von G. Menges, 4. Jahrgang, Frankfurt a.M. 1963, S. 38-79.

Michael Steiner (Hrsg.)

Wirtschaftspolitische Beratung heute

Mit Beiträgen von Wolfgang Franz, Helmut Kramer, Herbert Paierl, Gerhard Rosegger, Kurt Rothschild, Michael Steiner, Erich Streißler, Gunther Tichy

Frankfurt/M., Berlin, Bern, New York, Paris, Wien, 1998. 83 S.
ISBN 3-631-32969-5 · br. DM 28.–*

Wirtschaftspolitische Beratung bewegt sich seit jeher im Spannungsfeld vielfältiger Interessen, oft widersprüchlicher ökonomischer Erkenntnisse und unterschiedlicher Verantwortungsbereiche der Beratenen und Beratenden. Angesichts der Debatten um Globalisierung und Internationalisierung, des Konfliktes von Staatsinterventionismus versus Neoliberalismus sowie der Situation auf dem Arbeitsmarkt bleibt sie auch heute eine heikle Aufgabe. Die Beiträge dieses Bandes – von international renommierten Wirtschaftsforschern verfaßt – geben einen Einblick in die Schwierigkeiten der wirtschaftspolitischen Beratung; sie zeigen aber auch, daß man alten und neuen Problemen nicht hilflos ausgeliefert ist und ökonomischer common sense korrigierend einzugreifen vermag.

Aus dem Inhalt: Wider das Technokratentum in der Ökonomie · Wirtschaftliche Beratung als selbstreflexive Aufklärung · Beratung als kontinuierlicher Diskurs · Beratung als diktatorisches Unterfangen · Über die Liebe zwischen Politikern und Beratern und andere kontroverse Fragen der Politikberatung · Gegen wirtschaftliche und denkerische Krisen

FSC
www.fsc.org
MIX
Papier | Fördert gute Waldnutzung
FSC® C083411

Kolibri 360 GmbH
Ferdinand-Jühlke-Straße 7
99095 Erfurt, Deutschland
produktsicherheit@kolibri360.de

Druck:
CPI Druckdienstleistungen GmbH
im Auftrag der
Kolibri 360 GmbH
Ferdinand-Jühlke-Str. 7
99095 Erfurt